AF817809

Das Bayerische Beamtengesetz

nebst den wichtigeren beamtenrechtlichen Nebengesetzen, Verordnungen und Bekanntmachungen

Von

Dr. Matthias Metz

Regierungsrat
im Bayer. Staatsministerium der Finanzen

München, Berlin, Leipzig
J. Schweitzer Verlag (Arthur Sellier)
1931

Druck von Dr. F. P. Datterer & Cie., Freising-München

Vorwort.

Für das Bayerische Beamtengesetz und namentlich die beamtenrechtlichen Nebengesetze, Verordnungen und Bekanntmachungen steht derzeit keine zusammenfassende, den neuesten Stand wiedergebende Textausgabe zur Verfügung. Die zahlreichen in verschiedenen amtlichen Verkündungsblättern zerstreuten Änderungen der geltenden Bestimmungen haben bis jetzt das Auffinden des geltenden Rechtes und seine Anwendung nicht unwesentlich erschwert. So wertvoll die Herausgabe des Textes des Beamtengesetzes nach dem Stande vom Jahre 1926 in der Sammlung der Verwaltungsgesetze von Ziegler-Buchert sich erwiesen hat, so konnte sie doch aus der durch die Anlage des Werkes gebotenen Beschränkung auf die wichtigsten Gesetze den weitergehenden Wünschen selbstverständlich nicht gerecht werden. Das vorliegende Buch versucht den bestehenden Wünschen nach Möglichkeit entgegenzukommen. Es umfaßt die wichtigsten beamtenrechtlichen Gesetze, Verordnungen und Bekanntmachungen nach dem gegenwärtigen Stande. Der gebotene Rahmen hat auch diesem Buche gewisse Beschränkungen auferlegt; doch wurde angestrebt, wenigstens die im Vollzug am häufigsten benötigten Bestimmungen aufzunehmen. In diesem Sinne möge das Buch in gleicher Weise den Behörden den Vollzug wie den Beamten die Kenntnis ihrer Rechte und Pflichten erleichtern.

München, im November 1930.

Dr. Matthias Metz,
Regierungsrat im Bayerischen Staatsministerium der Finanzen.

Inhaltsverzeichnis.

1. Auszug aus der
Verfassung des Deutschen Reiches.

Vom 11. Aug. 1919 (RGBl. S. 1383).

Art. 128. Alle Staatsbürger ohne Unterschied sind nach Maßgabe der Gesetze und entsprechend ihrer Befähigung und ihren Leistungen zu den öffentlichen Ämtern zuzulassen.

Alle Ausnahmebestimmungen gegen weibliche Beamte werden beseitigt.

Die Grundlagen des Beamtenverhältnisses sind durch Reichsgesetz zu regeln.

Art. 129. Die Anstellung der Beamten erfolgt auf Lebenszeit, soweit nicht durch Gesetz etwas anderes bestimmt ist. Ruhegehalt und Hinterbliebenenversorgung werden gesetzlich geregelt. Die wohlerworbenen Rechte der Beamten sind unverletzlich. Für die vermögensrechtlichen Ansprüche der Beamten steht der Rechtsweg offen.

Die Beamten können nur unter den gesetzlich bestimmten Voraussetzungen und Formen vorläufig ihres Amtes enthoben, einstweilen oder endgültig in den Ruhestand oder in ein anderes Amt mit geringerem Gehalt versetzt werden.

Gegen jedes dienstliche Straferkenntnis muß ein Beschwerdeweg und die Möglichkeit eines Wiederaufnahmeverfahrens eröffnet sein. In die Nachweise über die Person des Beamten sind Eintragungen von ihm ungünstigen Tatsachen erst vorzunehmen, wenn dem Beamten Gelegenheit gegeben war, sich über sie zu äußern. Dem Beamten ist Einsicht in seine Personalnachweise zu gewähren[1]).

---

[1]) Zu vgl. Bek. über die Personalnachweise der Beamten v. 19. März 1929 (GBl. S. 42), siehe unten S. 165.

Die Unverletzlichkeit der wohlerworbenen Rechte und die Offenhaltung des Rechtswegs für die vermögensrechtlichen Ansprüche werden besonders auch den Berufssoldaten gewährleistet. Im übrigen wird ihre Stellung durch Reichsgesetz geregelt.

Art. 130. Die Beamten sind Diener der Gesamtheit, nicht einer Partei.

Allen Beamten wird die Freiheit ihrer politischen Gesinnung und die Vereinigungsfreiheit gewährleistet.

Die Beamten erhalten nach näherer gesetzlicher Bestimmung besondere Beamtenvertretungen.

Art. 131. Verletzt ein Beamter in Ausübung der ihm anvertrauten öffentlichen Gewalt die ihm einem Dritten gegenüber obliegende Amtspflicht, so trifft die Verantwortlichkeit grundsätzlich den Staat oder die Körperschaft, in deren Dienste der Beamte steht. Der Rückgriff gegen den Beamten bleibt vorbehalten. Der ordentliche Rechtsweg darf nicht ausgeschlossen werden.

Die nähere Regelung liegt der zuständigen Gesetzgebung ob.

2. Auszug aus der Verfassung des Freistaates Bayern.

Vom 14. August 1919 (GVBl. S. 531).

§ 67. I Den Beamten wird die Freiheit der religiösen und politischen Gesinnung und des Zusammenschlusses gewährleistet.

II Dienstrecht, Diensteinkommen und Versorgung werden gesetzlich geregelt. Die wohlerworbenen Rechte der Beamten sind unverletzlich. Für die vermögensrechtlichen Ansprüche der Beamten steht der Rechtsweg offen.

III Unwiderruflich angestellte Staatsbeamte können wegen schuldhaften Verhaltens nur unter den gesetzlichen Voraussetzungen und Formen vorläufig ihres Amtes enthoben, einstweilen oder endgültig in den Ruhestand oder in ein anderes Amt mit geringerem Gehalte versetzt oder entlassen werden.

§ 68. I Zu einem öffentlichen Amte kann nur berufen werden, wer seit mindestens fünf Jahren die deutsche Reichsangehörigkeit besitzt. Ausnahmen sind nur auf Grund eines Beschlusses des Gesamtministeriums zulässig.

II Die Staatsbeamten werden ernannt. Die Ernennung geschieht, soweit nicht das Gesetz anderes bestimmt, auf Lebenszeit.

§ 69. I [1]) Richter können nur aus gesetzlichen Gründen und im gesetzlich geregelten Verfahren gegen ihren Willen versetzt, ihres Amtes enthoben, in den Ruhestand versetzt oder entlassen werden. Die Mitglieder des Rechnungshofes sind den Richtern gleichgestellt.

---

[1]) Die Absätze II mit IV sind beamtenrechtlich nicht von Bedeutung.

3. Bayer. Beamtengesetz.

Vom 15. Aug. 1908 (GVBl. S. 581).

I. Abschnitt.

Allgemeine Bestimmungen.

Art. 1. Beamte im Sinne dieses Gesetzes sind die Personen, die sich auf Grund einer Entschließung des Königs[1]) oder einer vom König[1]) ermächtigten Behörde in einem Dienstverhältnisse zum Staate befinden und entweder einer in der Gehaltsordnung[2]) aufgeführten Beamtenklasse angehören oder durch Anordnung der Staatsregierung als Beamte im Sinne dieses Gesetzes erklärt sind.

Art. 2. Etatsmäßige Beamte sind diejenigen Beamten, die einer in der Gehaltsordnung[2]) aufgeführten Beamtenklasse angehören und in den in dem Artikel 5 Abs. 1 vorgeschriebenen Formen ernannt sind.

Art. 3.[4]) Zum etatsmäßigen Beamten soll nur ernannt werden, wer

[1.[3]) die deutsche Reichsangehörigkeit besitzt oder mit der Ernennung erwirbt,]

2. das einundzwanzigste Lebensjahr vollendet hat,

[3.[4]) der Militärpflicht und im Falle der Aushebung der aktiven Dienstpflicht genügt hat.]

Art. 4. 1. Die Ernennung der etatsmäßigen Beamten, die eine höhere wissenschaftliche, technische oder künstlerische Be-

---

[1]) Nunmehr des Gesamtministeriums bzw. zuständigen Ministers; zu vgl. § 61 Ziff. 4 der Verf.-Urk. v. 14. August 1919 (GVBl. S. 531); zu vgl. VO. v. 15. Nov. 1918 (GVBl. S. 1231), Ges. v. 28. März 1919 (GVBl. S. 113), Bek. v. 28. April 1919 (GVBl. S. 401).

[2]) Zu vgl. Anl. 1 und 2 zum BBesG. v. 20. April 1928 (GVBl. S. 205); weiter Art. 54 des BBesG. v. 20. April 1928 (GVBl. S. 205).

[3]) Art. 3 Ziff. 1 ist ersetzt durch § 68 Abs. I der Verf.-Urk.

[4]) Art. 3 Ziff. 3 ist hinfällig durch die Abschaffung der Wehrpflicht.

rufsbildung nachzuweisen haben, erfolgt in der Regel durch den König.[1])

². Welche Beamte hierunter fallen, für welche weitere etatsmäßige Beamte die Ernennung durch den König erfolgt und wieweit zur Ernennung die Behörden zuständig sind, wird durch Verordnung bestimmt[2]).

³. Die Vorschriften der Abs. 1, 2 gelten auch für die Versetzung, Wiederanstellung und Beförderung der etatsmäßigen Beamten.

Art. 5. ¹. Die etatsmäßigen Beamten erhalten bei ihrer Ernennung eine Urkunde, worin der Zeitpunkt, von dem an die Ernennung wirksam wird, zu bezeichnen und anzugeben ist, daß die Ernennung in etatsmäßiger Eigenschaft erfolgt.

². Die Ernennung wird durch die Aushändigung dieser Urkunde an den Beamten mit dem darin bestimmten Zeitpunkt wirksam.

³. Die amtliche Ausschreibung hat die gleiche rechtliche Wirkung wie die Aushändigung der Urkunde.

⁴. Die Vorschriften der Abs. 1 bis 3 gelten auch für die Versetzung, Wiederanstellung und Beförderung der etatsmäßigen Beamten.

Art. 6. ¹. Das Dienstverhältnis der etatsmäßigen Beamten, die in dem diesem Gesetz als Anlage I[3]) beigefügten Verzeichnis unter Buchstabe A vorgetragen sind, ist mit dem Tage der Wirksamkeit ihrer Ernennung unwiderruflich. Anl. I

². Das Dienstverhältnis der unter Buchstabe B[3]) dieses Verzeichnisses vorgetragenen Beamten ist nach einer etatsmäßigen Dienstzeit von drei Jahren unwiderruflich.

³. Das Dienstverhältnis der übrigen in der Gehaltsordnung[4]) aufgeführten Beamten ist nach einer etatsmäßigen Dienstzeit von zehn Jahren unwiderruflich.

⁴. Für etatsmäßige Beamte, die später in die Gehaltsordnung aufgenommen werden, wird die Dauer der Widerruflichkeit durch Verordnung bestimmt.

---

[1]) Zu vgl. Fußnote 1 zu Art. 1.

[2]) Zu vgl. VO. v. 10. Dez. 1908 (GVBl. S. 1041), ferner § 61 Ziff. 4 der Verf.-Urk.

[3]) Hier nicht abgedruckt.

[4]) Zu vgl. Fußnote 2 zu Art. 1.

5. Das Dienstverhältnis der nicht etatsmäßigen Beamten ist dauernd widerruflich.

Art. 7. Aus besonderen Gründen kann von dem König[1]) oder der von dem König[1]) ermächtigten Behörde das Dienstverhältnis eines zeitlich widerruflichen Beamten schon vor Ablauf der in dem Art. 6 Abs. 2, 3 bestimmten Zeit als unwiderruflich erklärt werden. Für Militäranwärter mit einer mindestens achtjährigen Militärdienstzeit kann allgemein angeordnet werden, daß ein Teil der Militärdienstzeit auf die Zeit der Widerruflichkeit angerechnet wird.

Art. 8. 1. Beamten, deren Dienstverhältnis widerruflich ist, (widerruflichen Beamten) kann jederzeit eine andere ihrer Berufsbildung entsprechende Amtsstelle übertragen werden. Der Beamte, dem ohne sein Ansuchen eine andere Amtsstelle übertragen wird, hat Anspruch auf Gewährung von Umzugskosten nach den darüber im Verordnungsweg erlassenen Vorschriften, wenn die Änderung seiner dienstlichen Stellung nicht durch sein eigenes Verhalten verschuldet wurde.

2. Das Dienstverhältnis der widerruflichen Beamten kann, soweit sie vom König[1]) ernannt sind, durch Entschließung des Königs,[1]) im übrigen durch Entschließung der zur Ernennung zuständigen Behörde jederzeit gelöst werden. Die Lösung des Dienstverhältnisses hat den Verlust des Diensteinkommens, des Titels und der Dienstabzeichen sowie der Aussicht auf Gewährung eines Ruhegehalts und auf Hinterbliebenenversorgung zur Folge. Wird das Dienstverhältnis nicht wegen Verletzung der dem Beamten obliegenden Pflichten gelöst, so ist dem Beamten der Gehalt noch für die Dauer der Dienstleistung, mindestens aber für die Dauer von drei Monaten seit der Mitteilung der das Dienstverhältnis lösenden Entschließung zu gewähren, auch wenn die Lösung vor dem Ablaufe dieser Zeit eintritt.

Art. 9. 1.[2]) Beamten, deren Dienstverhältnis unwiderruflich ist (unwiderruflichen Beamten), kann vorbehaltlich der Vorschriften des Artikel 109, ohne ihr Ansuchen eine andere

---

[1]) Zu vgl. Fußnote 1 zu Art. 1.

[2]) Abs. 1 in der Fassung des Art. 1 Ziff. I des Ges. v. 10. Juli 1927 (GVBl. S. 227).

Amtsstelle nur übertragen werden, wenn sie in etatmäßiger Weise übertragen wird, ihrer Berufsbildung entspricht und damit weder eine Zurücksetzung im Range noch eine Schmälerung des Grundgehalts verknüpft ist. Der Beamte hat in diesem Falle Anspruch auf Gewährung von Umzugskosten nach den darüber im Verordnungsweg erlassenen Vorschriften.

². Unwiderrufliche Beamte können ohne ihre Zustimmung nur im Wege des Disziplinarverfahrens aus dem Staatsdienst entlassen werden.

³. [1]) Das Dienstverhältnis erlischt mit den in Art. 10 Abs. 4 ausgesprochenen Folgen beim Eintritt in den unmittelbaren oder mittelbaren Dienst eines anderen Landes oder einer anderen Regierung, sofern nicht das zuständige Staatsministerium die Genehmigung hierzu erteilt.

Art. 10. ¹. Der Beamte kann jederzeit ohne Angabe eines Grundes um seine Entlassung aus dem Staatsdienste nachsuchen. Die sofortige Entlassung kann ihm, sofern bei seiner Ernennung nichts anderes bestimmt wurde, nur verweigert werden:

1. solange dies mit Rücksicht auf die Fürsorge für die anderweitige Wahrnehmung seiner Dienstgeschäfte notwendig ist;
2. solange der Beamte in selbstverschuldeter Weise mit der Erledigung seiner Dienstgeschäfte im Rückstande sich befindet;
3. solange er über eine ihm anvertraute Verwaltung von öffentlichem Vermögen nicht Rechenschaft abgelegt hat.

². Der Beamte darf indes aus den in Ziff. 1, 2 bezeichneten Gründen nicht länger als ein Vierteljahr im Dienste zurückgehalten werden.

³. Die Entlassung wird vom König[2]) und, sofern die Ernennung nicht durch den König[2]) erfolgt ist, von der zur Ernennung zuständigen Behörde bewilligt.

⁴. Der Beamte verliert mit dem Dienstaustritte seinen Anspruch auf Diensteinkommen,[3]) den Anspruch oder die Aussicht

---

[1]) Abs. 3 neu eingefügt durch Art. 1 Ziff. I der VO. v. 29. März 1924 (GVBl. S. 128).

[2]) Zu vgl. Fußnote 1 zu Art. 1.

[3]) Zu vgl. Art. 54 des BBesG. v. 20. April 1928 (GVBl. S. 205).

auf Ruhegehalt und Hinterbliebenenversorgung sowie den Titel und die Dienstabzeichen, sofern ihm nicht die Weiterführung des Titels und das Weitertragen der Dienstabzeichen gestattet wird. Die Erlaubnis zur Weiterführung des Titels und zum Weitertragen der Dienstabzeichen kann jederzeit zurückgenommen werden.

II. Abschnitt.

Pflichten der Beamten.

Art. 11. Der Beamte hat alle Obliegenheiten des ihm übertragenen Amtes den Gesetzen, Verordnungen und Dienstvorschriften entsprechend gewissenhaft wahrzunehmen und sich durch sein Verhalten in und außer dem Amte der Achtung, die sein Beruf erfordert, würdig zu erweisen.

Art. 12. 1. Der Beamte hat den Dienstbefehlen seiner Vorgesetzten zu gehorchen. Soweit er im Vollzug eines Dienstbefehls handelt, trifft die dienstliche Verantwortung den anordnenden Vorgesetzten.

2. Für einzelne Zweige des Staatsdienstes können mit Rücksicht auf ihre besondere Natur in den Dienstvorschriften Ausnahmen von der Vorschrift des Abs. 1 verfügt werden.

3. Die dienstliche Gehorsamspflicht gilt für Beamte so weit nicht, als sie die richterliche Gewalt ausüben.

Art. 13.[1] 1. Verletzt ein Beamter vorsätzlich oder fahrlässig seine Amtspflicht, so haftet er dem Staate für den diesem daraus entstehenden Schaden.

2. Die Vorschriften der §§ 827, 830, des § 840 Abs. 1, des § 852 Abs. 2 und des § 853 des Bürgerlichen Gesetzbuchs finden entsprechende Anwendung.

3. Der Anspruch des Staates auf Schadensersatz verjährt in drei Jahren von dem Zeitpunkt an, in dem eine zur Geltendmachung des Anspruchs zuständige Behörde von dem Schaden und der Person des ersatzpflichtigen Beamten Kenntnis erlangt hat, ohne Rücksicht auf diese Kenntnis in dreißig Jahren von der Begehung der Handlung an. Besteht der Schaden

---

[1]) Zu vgl. Art. 7 Abs. II bis IV BGG. in der Fassung des Art. I des Ges. v. 7. März 1924 (GVBl. S. 65), siehe unten S. 135.

darin, daß der Staat wegen einer durch eine Amtspflichtverletzung erfolgten Schädigung eines Dritten diesem Ersatz leisten muß, so beginnt die dreijährige Verjährungsfrist mit dem Zeitpunkt, in dem die Ersatzpflicht des Staates dem Beschädigten gegenüber anerkannt oder rechtskräftig festgelegt ist.

Art. 14. Der Beamte hat über die ihm vermöge seines Amtes bekannt gewordenen Angelegenheiten, deren Geheimhaltung ihrer Natur nach erforderlich oder von seinen Vorgesetzten vorgeschrieben ist, Verschwiegenheit zu beobachten, auch nachdem das Dienstverhältnis gelöst ist.

Art. 15. Dem Beamten ist es untersagt, ohne Erlaubnis der vorgesetzten Behörde als Sachverständiger außergerichtliche Gutachten abzugeben.

Art. 16. Die Teilnahme an einem Vereine, dessen Zwecke oder Bestrebungen den staatlichen oder dienstlichen Interessen zuwiderlaufen, ist dem Beamten untersagt.

Art. 17. 1. Ein Beamter, der eine Ehe einzugehen beabsichtigt, hat dies rechtzeitig der zuständigen Dienstbehörde anzuzeigen.

2. Durch Verordnung kann bestimmt werden, daß gewisse Klassen von Beamten zur Eingehung einer Ehe der Erlaubnis der zuständigen Dienstbehörde bedürfen.

3. Die Erlaubnis darf nur verweigert werden, wenn der Eingehung der Ehe dienstliche Bedenken entgegenstehen.

Art. 18.[1][2] 1. Der Beamte darf ein Nebenamt oder ein Nebengeschäft nur übernehmen, soweit dies mit der gewissenhaften Erfüllung seiner Pflichten und mit der Achtung, die sein Beruf erfordert, vereinbar ist.

2. Ein Beamter, der

1. ein nicht mit einer Entlohnung verbundenes Nebenamt im Dienste des Reichs oder eines anderen Bundesstaats oder

---

[1]) Zu vgl. die Bek. über die Ausübung von Nebenämtern und Nebengeschäften durch Beamte, insbesondere über die Mitgliedschaft von Beamten in Vorständen, Aufsichtsräten und Verwaltungsräten von Erwerbsgesellschaften vom 4. April 1912 (GVBl. S. 343), unten S. 137.

[2]) Zu vgl. Bek. über die gewerbsmäßige Ausübung der Musik durch Beamte v. 7. Okt. 1925 (GVBl. S. 259), unten S. 150.

2. eine ehrenamtliche Stellung in den Verwaltungsorganen einer Gemeinde, Anstalt, Stiftung, Kasse, Religions- oder Kirchengesellschaft, Erwerbsgesellschaft oder Genossenschaft oder
3. das Amt eines Schiedsrichters, Testamentsvollstreckers, Vormundes, Pflegers, Beistandes oder eine andere Verwaltung fremder Angelegenheiten übernimmt,

hat dies der vorgesetzten Dienstbehörde anzuzeigen.

3. Die Erlaubnis der zuständigen Dienstbehörde ist erforderlich:

1. zum Betrieb eines Gewerbes im Sinne der Reichsgewerbeordnung und zwar auch dann, wenn es von der Ehefrau oder von einer anderen dem Hausstande des Beamten angehörenden Person betrieben wird;
2. zur Übernahme eines Nebenamts oder Nebengeschäfts, womit eine Entlohnung verbunden ist;
3. zur Beteiligung an der Errichtung einer auf Gewinn gerichteten Gesellschaft als Gründer oder zum Eintritt in den Vorstand, Aufsichtsrat oder Verwaltungsrat einer solchen Gesellschaft. Als eine auf Gewinn gerichtete Gesellschaft gilt eine Genossenschaft nicht, deren Tätigkeit auf den Kreis ihrer Mitglieder beschränkt ist.

Die Erlaubnis kann jederzeit zurückgezogen werden.

4. In den Fällen des Abs. 3 Ziff. 3 darf die Erlaubnis nur erteilt werden, wenn mit der Tätigkeit weder unmittelbar noch mittelbar ein Gewinn oder eine Entlohnung verbunden ist.

Art. 19.[1]) Der Beamte ist zur Übernahme von Nebenämtern oder Nebengeschäften im öffentlichen Dienste auch ohne besondere Vergütung verpflichtet, wenn sie seiner Berufsbildung entsprechen.

Art. 20. Der Beamte darf Titel, Ehrenzeichen,[2]) Gehalte, Belohnungen und Geschenke von anderen Regenten oder Regierungen nur mit Erlaubnis des Königs[3]) oder der vom

---

[1]) Neufassung nach Art. 1 Ziff. II der VO. v. 29. März 1924 (GVBl. S. 128).

[2]) Hinfällig durch Art. 109 RV.

[3]) Zu vgl. Fußnote 1 zu Art. 1.

König[1]) ermächtigten Behörde und sonstige Belohnungen oder Geschenke, die ihm in bezug auf sein Amt zugedacht sind, nur mit Erlaubnis der zuständigen Dienstbehörde annehmen.

Art. 21. 1. Der Beamte hat seinen Wohnsitz derart zu nehmen, daß hiedurch die Erfüllung seiner dienstlichen Obliegenheiten nicht beeinträchtigt ist.

2. Ob der Wohnsitz dieser Anforderung entspricht, wird, wenn ein Zweifel darüber besteht, von der vorgesetzten Dienstbehörde entschieden.

Art. 22.[2]) 1. Die Vorschriften über die Sonntagsruhe und über den Urlaub werden von der Staatsregierung erlassen.

2. Jedem etatsmäßigen Beamten soll alljährlich ein angemessener Urlaub bewilligt werden, soweit nicht außergewöhnliche Verhältnisse entgegenstehen. Der Feriengenuß ist dem Urlaube gleich zu achten.

3. Ein Beamter, der sich ohne den erforderlichen Urlaub von seinem Amte fern hält oder den erteilten Urlaub überschreitet, ohne daß ihm ausreichende Entschuldigungsgründe zur Seite stehen, ist, unbeschadet dienststrafrechtlichen Einschreitens, für die Zeit des unerlaubten Fernbleibens vom Amte seines Diensteinkommens[3]) verlustig.

4. Die Einziehung des Diensteinkommens[3]) (Abs. 3) wird von der Behörde verfügt, die den Urlaub zu erteilen hat. Gegen die Verfügung steht dem Beamten die Beschwerde im Instanzenzuge frei. Die Frist zur Einlegung der Beschwerde beträgt zwei Wochen, vom Tage der Eröffnung der Verfügung an gerechnet.

Art. 23. 1. Der Beamte ist vor dem Dienstantritt auf die getreue Erfüllung seiner Obliegenheiten eidlich zu verpflichten.[4])

2. Der geleistete Eid verpflichtet auch für alle Ämter, die später übertragen werden.

---

[1]) Zu vgl. Fußnote 1 zu Art. 1.

[2]) Zu vgl. Bek. die Sonntagsruhe und den Urlaub der Staatsbeamten betreffend v. 14. Juli 1909 (GVBl. S. 427), siehe unten S. 152.

[3]) Zu vgl. Art. 54 des BBesG. v. 20. April 1928 (GVBl. S. 205).

[4]) Zu vgl. Ges. v. 6. Nov. 1919 (GVBl. S. 783) und VO. v. 3. Mai 1920 (GVBl. S. 191), siehe unten S. 160 und 161.

³. Ist die eidliche Verpflichtung unterblieben, so ist dies auf die Gültigkeit der Amtshandlungen und auf die Verantwortlichkeit für Pflichtverletzungen ohne Einfluß, soweit nicht durch besondere Gesetze für die Übernahme gewisser Ämter die Ableistung eines Diensteids ausdrücklich vorgeschrieben ist.

Art. 24. ¹. Die Vorschrift in dem Artikel 11 über das Verhalten außer dem Amte sowie die Vorschriften der Artikel 14, 17, 20 finden auch auf die einstweilen oder zeitlich in den Ruhestand versetzten Beamten entsprechende Anwendung.

². Auf die im dauernden Ruhestande befindlichen Beamten finden lediglich die Vorschriften in dem Artikel 11 über das Verhalten außer dem Amte sowie die Vorschriften der Artikel 14, 20 entsprechende Anwendung.

Art. 25. Die Vorschriften des Artikel 11, des Artikel 12 Abs. 1, 2, der Artikel 13, 14, 16, 17, des Artikels 18 Abs. 1, der Artikel 20, 21, des Artikels 22 Abs. 1 und des Artikel 23 finden auch auf die Staatsdienstaspiranten entsprechende Anwendung, die nicht als Beamte im Sinne des Artikel 1 erklärt sind, ferner auf Personen, die, ohne als Beamte im Sinne des Artikel 1 erklärt zu sein, mit den Verrichtungen solcher Beamten ständig oder vorübergehend betraut sind.

III. Abschnitt.[1]

Diensteinkommen der etatsmäßigen Beamten.

Art. 28.[2]) Abs. 7. Verzögerte sich die Ernennung eines Staatsdienstaspiranten zum etatsmäßigen Beamten dadurch, daß er seiner aktiven Militärpflicht genügte oder wegen zeitiger Untauglichkeit von der Aushebung zurückgestellt oder als überzählig vorerst nicht eingestellt wurde, oder wegen des Krieges, so kann die Zeit der Verzögerung bei der späteren Ernennung zum etatsmäßigen Beamten für die Bemessung des Gehalts entsprechend angerechnet werden.

---

¹) Abschnitt III ist mit Ausnahme des Art. 28 Abs. 7 ersetzt durch das BBesG. v. 2. Juni 1920 (GVBl. S. 275) bzw. durch das BBesG. in der Fassung der Bek. v. 24. März 1923 (GVBl. S. 109). Seit 1. Okt. 1927 gilt das BBesG. v. 20. April 1928 (GVBl. S. 205).

²) Art. 28 Abs. 7 in der Fassung des Art. 44 des BBesG. in der Fassung der Bek. v. 24. März 1923 (GVBl. S. 109).

IV. Abschnitt.

Versetzung der etatsmäßigen Beamten in den Ruhestand.

A. Einstweilige Versetzung in den Ruhestand mit Wartegeld.

Art. 38. Der unwiderrufliche Beamte kann unter Bewilligung des gesetzlichen Wartegeldes einstweilen in den Ruhestand versetzt werden, wenn zu seiner Verwendung im Staatsdienst infolge einer Änderung in der Organisation der Behörden oder ihrer Bezirke keine Gelegenheit mehr gegeben ist oder wenn ohne sein Verschulden Umstände vorliegen, durch die seine amtliche Wirksamkeit auch auf einer anderen Stelle nicht bloß vorübergehend gestört wäre.

Art. 39. 1. [1]) Das Wartegeld beträgt achtzig vom Hundert des pensionsfähigen Diensteinkommens. Hat der Beamte zur Zeit der einstweiligen Versetzung in den Ruhestand eine pensionsfähige Dienstzeit von 22 Jahren noch nicht zurückgelegt, so wird das Wartegeld für jedes volle oder angefangene Jahr, das dem Beamten an der Dienstzeit von 22 Jahren fehlt, um je 2 vom Hundert des pensionsfähigen Diensteinkommens gekürzt. Das Wartegeld beträgt jedoch mindestens fünfzig vom Hundert dieses Diensteinkommens. Es darf achtzig vom Hundert des pensionsfähigen Diensteinkommens eines Beamten der letzten Dienstaltersstufe der Besoldungsgruppe A XIII [2]) nicht übersteigen, es sei denn, daß sich im Zeitpunkte der einstweiligen Versetzung in den Ruhestand ein höherer Ruhegehalt berechnen würde.

2. [3]) Zum pensionsfähigen Diensteinkommen zählen der Grundgehalt, der pensionsfähige Satz des Ortszuschlags und der als pensionsfähig erklärte Teil des Nebeneinkommens. In den Fällen des Art. 28 des Beamtenbesoldungsgesetzes wird der pensionsfähige Satz des Ortszuschlags im gleichen Verhältnisse gekürzt wie der Ortszuschlag.

---

[1]) Abs. 1 in der Fassung des Art. 1 Ziff. III der VO. v. 29. März 1924 (GVBl. S. 128) und des Art. 1 Ziff. II Ges. v. 10. Juli 1927 (GVBl. S. 227).

[2]) Nunmehr A 1a der Anl. 1 zum BBesG. v. 20. April 1928 (GVBl. S. 205).

[3]) Abs. 2 in der Fassung des Art. 45 BBesG. n. F. (GVBl. 1923 S. 109); gemäß Art. 62 Abs. II des BBesG. v. 20. April 1928 ist Art. 28 des BBesG. 1920 (1923) ersetzt durch Art. 15 Abs. II BBesG. 1928.

3. Einem Beamten, der seinen dienstlichen Wohnsitz außerhalb des Königreichs hat, sind bei seiner einstweiligen Versetzung in den Ruhestand die Kosten des Umzugs an den von ihm innerhalb des Königreichs gewählten Wohnort nach der für die Vergütung der Umzugskosten an die Staatsbeamten maßgebenden Verordnung zu ersetzen.

4. Bezieht ein Wartegeldempfänger auf Grund der Unfallversicherungsgesetze eine Rente aus der Staatskasse, so wird das Wartegeld um den Betrag der Unfallrente gekürzt.

Art. 40.[1]) Der Anspruch auf Wartegeld beginnt mit dem Ablaufe des Vierteljahrs, das auf den Monat folgt, in dem die einstweilige Versetzung in den Ruhestand dem Beamten bekannt gegeben wurde. Bis dahin bezieht er noch seinen bisherigen Gehalt. Ist in der Verfügung ein späterer Zeitpunkt für die Wirksamkeit der einstweiligen Versetzung in den Ruhestand bestimmt, so beginnt der Anspruch auf Wartegeld mit diesem Zeitpunkte.

Art. 41.[2]) 1. Das Wartegeld wird monatlich vorausgezahlt.

2. Das Staatsministerium der Finanzen kann die mehrmonatliche Vorauszahlung im Rahmen der jeweils für die Reichsbeamten geltenden Regelung einfügen.

Art. 42. Der einstweilen in den Ruhestand versetzte Beamte kann unter den gleichen Voraussetzungen wieder zur Dienstleistung berufen werden, unter denen nach Artikel 9 Abs. 1 einem unwiderruflichen Beamten eine andere Amtsstelle übertragen werden kann.

Art. 43. Der Anspruch auf das Wartegeld erlischt:

1. wenn der Beamte nach Maßgabe des Artikel 42 im Staatsdienste wieder angestellt wird;
2. wenn er zeitlich oder dauernd in den Ruhestand versetzt wird;
3. wenn er des Dienstes entlassen oder kraft des Gesetzes seines Amtes verlustig wird;
4. mit Ablauf des Monats, in dem er stirbt.

---

[1]) Nunmehrige Fassung des Satzes 1 nach Art. 1 Ziff. III des Ges. vom 10. Juli 1927 (GVBl. S. 227).

[2]) Fassung nach Art. 2 des Ges. v. 19. Juli 1926 (GVBl. S. 381).

Art. 44. Der Anspruch auf das Wartegeld ruht:

1. wenn der Beamte die deutsche Reichsangehörigkeit verliert, bis zu ihrer Wiedererlangung;
2. wenn er ohne Erlaubnis der zuständigen Behörde seinen Wohnsitz außerhalb des Deutschen Reichs nimmt, bis zur Rückverlegung des Wohnsitzes oder bis zur nachträglichen Genehmigung der Verlegung;
3. [1]) solange der Beamte aus der Verwendung im Staats- oder in einem sonstigen öffentlichen Dienste ein Diensteinkommen bezieht, soweit als dieses unter Hinzurechnung des Wartegeldes das von ihm im Zeitpunkte des Ausscheidens aus dem Dienste bezogene Diensteinkommen übersteigt. Erdient der Beamte in der neuen Verwendung eine Versorgung (Wartegeld, Ruhegehalt oder einen ähnlichen Bezug), so findet daneben der Bezug des ursprünglichen Wartegeldes nur bis zur Erreichung des Betrages statt, der sich nach Maßgabe der gesamten Dienstzeit (Art. 53 bis 58) aus dem der Festsetzung des ursprünglichen Wartegeldes zugrunde gelegten pensionsfähigen Diensteinkommen berechnet; Abs. 3 gilt entsprechend.

Als Verwendung im Staats- oder in einem sonstigen öffentlichen Dienste im Sinne dieser Vorschrift gilt ohne Rücksicht auf die Art der Beschäftigung jede Tätigkeit, für die eine Vergütung gewährt wird, die ganz oder zum Teil unmittelbar oder mittelbar aus öffentlichen Mitteln fließt. Als Verwendung im sonstigen öffentlichen Dienst ist auch die Beschäftigung bei der Reichsbank zu erachten.

Bei Berechnung des früheren und des neuen Diensteinkommens bleiben die Entschädigungen für den Dienstaufwand, die jederzeit widerruflichen Zulagen für eine Tätigkeit bei bestimmten Behörden und die Auslandszulagen außer Betracht. Dagegen sind sowohl dem früheren und dem neuen Diensteinkommen als auch dem Wartegeld die neben diesen dem Beamten jeweils

[1]) Neufassung der Ziff. 3 nach Art. 2 Ziff. II des Ges. v. 29. Aug. 1923 (GVBl. S. 309) und Art. 1 Ziff. V der VO. v. 29. März 1924 (GVBl. S. 128).

zustehenden Zuschläge hinzuzurechnen, und zwar nach dem Familienstand und nach den Sätzen zur Zeit der Verwendung. Nach Ortsklassen abgestufte Diensteinkommensteile sind in dem früheren Diensteinkommen mit den für den Ort der Verwendung maßgebenden Sätzen zu berücksichtigen.

Art. 45. 1. Die Einziehung oder Kürzung des Wartegeldes tritt mit Schluß des Monats ein, in dem das die Einziehung oder Kürzung bedingende Ereignis sich vollzogen hat. Vollzieht sich dieses Ereignis am ersten Tage eines Monats, so tritt, abgesehen von dem Falle des Artikel 43 Ziff. 4, die Einziehung oder Kürzung mit dem Beginne dieses Monats ein.

2. Die Wiedergewährung des Wartegeldes tritt mit dem Beginne des Monats ein, in dem das die Wiedergewährung bedingende Ereignis sich vollzogen hat.

3. Hat der einstweilen in den Ruhestand versetzte Beamte das Wartegeld über den in Abs. 1 bezeichneten Zeitpunkt hinaus bezogen, so hat er den zuviel bezogenen Betrag zurückzuerstatten oder sich auf anderweitige Bezüge aus der Staatskasse anrechnen zu lassen.

Art. 46. Die Vorschriften der Artikel 38 bis 45 können auch auf widerrufliche etatsmäßige Beamte entsprechende Anwendung finden.

B. Versetzung in den Ruhestand mit Ruhegehalt.

Art. 47.[1][2] 1. Der unwiderrufliche Beamte tritt mit Ablauf des Monats in den dauernden Ruhestand, der auf den Monat folgt, in dem er das fünfundsechzigste Lebensjahr vollendet hat. Wenn dringende dienstliche Rücksichten die Fortführung der Dienstgeschäfte durch bestimmte Beamte erfordern, so kann das vorgesetzte Ministerium im Einverständnisse mit dem Staatsministerium der Finanzen die Versetzung in den Ruhestand hinausschieben.

---

[1] Fassung nach Art. 1 Z. VI der VO. vom 29. März 1924 (GVBl. S. 128).

[2] Zu vgl. § 3 des Ges. v. 29. März 1924 (GVBl. S. 125) über die Einrichtung der Gerichte und die Einführung einer Altersgrenze für Richter; zu vgl. VO. v. 19. Juli 1927 (GVBl. S. 268) über das Inkrafttreten der Altersgrenze für Richter in der Pfalz.

². Der unwiderrufliche Beamte kann die Versetzung in den Ruhestand beanspruchen, wenn er infolge eines körperlichen Gebrechens oder Schwäche seiner körperlichen oder geistigen Kräfte zur Erfüllung seiner Amtspflichten unfähig ist.

Art. 48.[1]) Der unwiderrufliche Beamte kann ohne sein Ansuchen in den Ruhestand versetzt werden, wenn er

1. infolge eines körperlichen Gebrechens oder Schwäche seiner körperlichen oder geistigen Kräfte zur Erfüllung seiner Amtspflichten unfähig ist oder
2. wenn durch sein Verschulden Umstände vorliegen, durch die seine amtliche Wirksamkeit auch auf einer anderen Stelle nicht bloß vorübergehend gestört wäre, ein Disziplinarverfahren aber wegen Verjährung ausgeschlossen ist.

Art. 49. Wird ein Beamter infolge eines körperlichen Gebrechens oder Schwäche seiner körperlichen oder geistigen Kräfte zur Erfüllung seiner Amtspflichten unfähig und ist der Wiedereintritt der Dienstfähigkeit nicht ausgeschlossen, so ist die Versetzung in den Ruhestand zunächst nur auf die Dauer der voraussichtlichen Dienstunfähigkeit zu verfügen.

Art. 50. ¹. Zum Nachweise der Dienstunfähigkeit eines die Versetzung in den Ruhestand nachsuchenden Beamten ist die Erklärung der ihm unmittelbar vorgesetzten Dienstbehörde erforderlich, daß sie nach pflichtmäßigem Ermessen die Voraussetzungen für die Versetzung in den Ruhestand für gegeben erachtet.

². Nach Lage des Falles können weitere Beweismittel gefordert oder die vorliegenden Beweismittel entgegen der Erklärung der unmittelbar vorgesetzten Behörde für ausreichend erachtet werden.

Art. 51.[2]) ¹. Sucht ein Beamter, bei dem die Voraussetzungen für die Versetzung in den Ruhestand nach Artikel 48 als gegeben erachtet werden, nicht selbst um diesen nach, so wird ihm unter Angabe der Gründe schriftlich eröffnet, daß der Fall seiner Versetzung in den Ruhestand vorliege.

---

[1]) Fassung nach Art. 1 Z. VII der VO. v. 29. März 1924 (GVBl. S. 128).

[2]) Abs. 1 in der Fassung nach Art. 1 Ziff. VIII der VO. v. 29. März 1924 (GVBl. S. 128).

². Ist eine Verständigung mit dem Beamten nicht möglich und ein gesetzlicher Vertreter für ihn nicht vorhanden, so hat die zuständige Dienstbehörde ihm einen Vertreter zu bestellen. Die Eröffnung nach Abs. 1 hat in diesem Falle an den gesetzlichen Vertreter oder an den ihm bestellten Vertreter zu erfolgen.

³. Erhebt der Beamte innerhalb einer Frist von zwei Wochen nach der Eröffnung keine Einwendungen, so wird in derselben Weise verfügt, als wenn er seine Versetzung in den Ruhestand selbst nachgesucht hätte.

⁴. Erhebt der Beamte gegen die Versetzung in den Ruhestand Einwendungen, so entscheidet das zuständige Staatsministerium und, sofern zur Versetzung in den Ruhestand eine dem Staatsministerium untergebene Behörde zuständig ist, diese Behörde, ob das Verfahren fortzusetzen sei oder nicht. Bejahendenfalls ist ein Beamter zu beauftragen, die streitigen Tatsachen, soweit nötig unter eidlicher Vernehmung von Zeugen und Sachverständigen, zu untersuchen. Der Beamte, der in den Ruhestand versetzt werden soll, darf den Vernehmungen beiwohnen. Er darf mit einem Beistand erscheinen oder einen Vertreter schicken. Über das Ergebnis der Ermittlungen ist er mit seinen Erklärungen und Anträgen zu hören. Auch hiezu darf er mit einem Beistand erscheinen. Ungeeignete Vertreter oder Beistände können zurückgewiesen werden.

⁵. Ist die Eröffnung dem gesetzlichen oder bestellten Vertreter gemacht worden, so hat das Staatsministerium oder die zur Versetzung in den Ruhestand zuständige untergebene Behörde darüber, ob das Verfahren fortzusetzen sei oder nicht, auch dann zu entscheiden, wenn Einwendungen nicht erhoben worden sind. Auf das Verfahren finden die Vorschriften des Abs. 4 entsprechende Anwendung.

⁶. [1]) Nach Schluß der Verhandlungen werden die Akten dem Staatsministerium oder der zur Versetzung in den Ruhestand zuständigen untergebenen Behörde zur Entscheidung darüber vorgelegt, ob die Versetzung in den Ruhestand zulässig ist. Gegen die Entscheidung steht dem Beamten Beschwerde an das Staatsministerium zu; ist die Entscheidung von dem

¹) Abs. 6 Satz 2 in der Fassung nach Art. 1 Ziff. IV des Ges. v. 10. Juli 1927 (GVBl. S. 227).

Staatsministerium ausgegangen, so steht dem Beamten hinsichtlich der Frage, ob die gesetzlichen Voraussetzungen für die Ruhestandsversetzung erfüllt sind, die Beschwerde an den Verwaltungsgerichtshof zu; auf das Verfahren vor dem Verwaltungsgerichtshof finden die für Verwaltungsrechtssachen geltenden Vorschriften Anwendung.

7. Die baren Auslagen, die durch unbegründete Einwendungen des Beamten oder seines Vertreters erwachsen sind, fallen dem Beamten zur Last, falls ihm bekannt oder infolge grober Fahrlässigkeit unbekannt war, daß die Einwendungen unbegründet sind.

Art. 52. 1.[1]) Der Ruhegehalt, den der unwiderrufliche Beamte im Falle seiner Versetzung in den Ruhestand zu beanspruchen hat, beträgt für die ersten zehn Dienstjahre fünfunddreißig vom Hundert und steigt mit dem Antritte jedes weiteren Dienstjahrs bis zum Eintritt in das fünfundzwanzigste Dienstjahr jährlich um zwei vom Hundert und vom Eintritt in das sechsundzwanzigste Dienstjahr an jährlich um eins vom Hundert des pensionsfähigen Diensteinkommens (Artikel 39 Abs. 2).

2.[1]) Der Ruhegehalt darf achtzig vom Hundert des pensionsfähigen Diensteinkommens nicht übersteigen.

3. Für einen einstweilen mit Wartegeld in den Ruhestand versetzten Beamten wird im Falle seiner Versetzung in den zeitlichen oder dauernden Ruhestand der Ruhegehalt aus dem vor seiner einstweiligen Versetzung in den Ruhestand bezogenen pensionsfähigen Diensteinkommenn berechnet.

4. Einem Beamten, der seinen dienstlichen Wohnsitz außerhalb des Königreichs hat, sind bei seiner Versetzung in den Ruhestand die Kosten des Umzugs an den von ihm innerhalb des Königreichs gewählten Wohnort nach der für die Vergütung der Umzugskosten an die Staatsbeamten maßgebenden Verordnung zu ersetzen.

Art. 53. Die der Berechnung des Ruhegehalts zugrunde zu legende Dienstzeit wird vom Tage der ersten eidlichen Verpflichtung als Beamter (Artikel 23), sofern jedoch die Eigen-

---

[1]) Abs. 1 und 2 in der Fassung des Art. 2 Ziff. III des Ges. v. 29. Aug. 1923 (GVBl. S. 309).

schaft eines Beamten im Sinne dieses Gesetzes früher gegeben war, von diesem Zeitpunkt an gerechnet.

Art. 54.[1]) 1. Bei der Feststellung der Dienstzeit (Artikel 53) wird auch die Zeit gerechnet, während welcher der Beamte

1. im einstweiligen Ruhestand im Dienste des Staates oder des Reiches verwendet wurde oder
2. im Dienste des Reichs oder
3. als anstellungsberechtigte ehemalige Militärperson auf einer ihm später in etatsmäßiger Eigenschaft übertragenen Amtsstelle gleicher Art zunächst auf Probe oder zur probeweisen Dienstleistung verwendet war oder
4. als Staatsdienstaspirant den für die Ernennung zum etatsmäßigen Beamten angeordneten oder zugelassenen Vorbereitungsdienst ableistete.

2. Außerdem wird auch, soweit nicht Abs. 1 Ziff. 1 zutrifft, die Hälfte der Zeit gerechnet, während der der Beamte mit Bezug von Wartegeld im einstweiligen Ruhestande sich befand.

Art. 55.[2]) 1. Der Zivildienstzeit wird die Zeit des aktiven Militärdienstes im deutschen Heere oder in der Kaiserlichen Marine oder bei den Kaiserlichen Schutztruppen sowie die Zeit eines früheren aktiven Militärdienstes in einem zum Deutschen Reiche gehörigen Bundesstaate hinzugerechnet.

2. Für jeden Krieg, an dem ein Beamter im deutschen Heere, in der Kaiserlichen Marine oder bei den Kaiserlichen Schutztruppen oder in der bewaffneten Macht eines Bundesstaates teilgenommen hat, wird zu der wirklichen Dauer der Dienstzeit ein Jahr (Kriegsjahr) hinzugerechnet; jedoch ist für mehrere in ein Kalenderjahr fallende Kriege die Anrechnung nur eines Kriegsjahrs zulässig.

3. Wer als Teilnehmer an einem Kriege anzusehen ist, unter welchen Voraussetzungen bei Kriegen von längerer Dauer mehrere Kriegsjahre anzurechnen sind, welche militärische

---

[1]) Art. 54 in der Fassung des Art. 1 Z. IX der VO. v. 29. März 1924 (GVBl. S. 128).

[2]) Über die Anrechnung von Dienstzeiten während des Krieges 1914—1918 zu vgl. Ges. v. 9. August 1921 (GVBl. S. 479), unten S. 258, und Bek. v. 19. Juli 1926 (GVBl. S. 384), unten S. 260.

Unternehmungen als ein Krieg im Sinne dieses Gesetzes anzusehen und welche Zeit als Kriegszeit zu rechnen ist, wenn keine Mobilmachung oder Demobilmachung stattgefunden hat, bemißt sich nach den für die Reichsbeamten geltenden Vorschriften und, soweit in der Vergangenheit solche Vorschriften für die Reichsbeamten nicht getroffen wurden, nach den Entschließungen des Königs[1]).

4. Wieweit die Zeit eines Festungsarrestes oder einer Kriegsgefangenschaft angerechnet werden kann, ist nach den für die Pensionierung der Militärpersonen geltenden gesetzlichen Vorschriften zu bemessen.

Art. 56. 1. Bei der Feststellung der Dienstzeit (Artikel 53) kann ganz oder teilweise auch die Zeit gerechnet werden, während welcher der Beamte

1. im Dienste eines anderen deutschen Bundesstaats oder eines dem Deutschen Reiche nicht angehörenden Staates oder
2. als nicht aus der Staatskasse besoldeter Beamter des Staates oder
3. in einem sonstigen öffentlichen Dienste verwendet oder
4. außerhalb des öffentlichen Dienstes tätig war, sofern diese Tätigkeit für die berufliche Ausbildung förderlich ist, oder
5. vor seiner Ernennung im privatrechtlichen Vertragsverhältnisse zum Staate oder zu einem Staatsbeamten Dienst geleistet hat, sofern er mit Aussicht auf dauernde Verwendung ständig und hauptsächlich mit den Dienstverrichtungen eines Beamten betraut war und diese Beschäftigung zu seiner Ernennung zum Beamten geführt hat.

2. Dem Beamten kann bei seiner Ernennung die volle oder teilweise Anrechnung dieser Zeit (Abs. 1) zugesichert werden.

Art. 56a.[2]) 1. Der Zivildienstzeit ist die Dienstzeit in der Deutschen Wehrmacht und in der Landespolizei sowie eine dieser Dienstzeit gleichzuachtende Dienstzeit hinzuzurechnen.

---

[1]) Zu vgl. Fußnote 1 zu Art. 1.

[2]) Art. 56a neu eingefügt durch Art. 1 Ziff. V des Ges. v. 10. Juli 1927 (GVBl. S. 227).

Den Inhabern des Polizeiversorgungsscheines eines anderen Landes ist die Polizeidienstzeit (§ 5 des Reichsgesetzes über die Schutzpolizei der Länder vom 17. Juli 1922 — RGBl. Teil I S. 597 —) anzurechnen, im übrigen kann die Dienstzeit in der Schutzpolizei eines anderen Landes der Zivildienstzeit hinzugerechnet werden.

². Abs. 1 findet keine Anwendung, wenn die Lösung des Dienstverhältnisses durch eine Verletzung der dienstlichen Verpflichtung veranlaßt war.

Art. 57. ¹. Einem Beamten, dessen Dienstverhältnis nach Artikel 8 Abs. 2 oder nach Artikel 10 gelöst war und der später im Staatsdienste wieder in etatsmäßiger Eigenschaft angestellt wird, kann bei der Feststellung der Dienstzeit (Artikel 53) ganz oder teilweise die vor der Lösung des Dienstverhältnisses zurückgelegte Zivildienstzeit angerechnet werden, sofern sein Ausscheiden nicht durch eine Verletzung seiner dienstlichen Pflichten veranlaßt war.

². Die Anrechnung kann einem Beamten, dessen Dienstverhältnis auf sein Ansuchen gelöst wird, bei der Bewilligung der Entlassung zugesichert werden.

³. [1]) Einem Beamten, dessen Dienstverhältnis nach § 12 oder § 21 Abs. 1 der Personalabbauverordnung vom 31. Dezember 1923 (GVBl. S. 420) gelöst wurde, kann bei der Feststellung der Dienstzeit ganz oder teilweise auch die nicht unter Abs. 1 fallende, der Berechnung des Übergangsgeldes zugrunde gelegte Dienstzeit angerechnet werden.

Art. 58. Nicht gerechnet wird die Zivil- und Militärdienstzeit, die der Beamte vor Vollendung des einundzwanzigsten Lebensjahrs zurückgelegt hat. Nur im Kriegsfalle wird die Militärdienstzeit vom Beginne des Krieges, beim Eintritt in den Militärdienst während des Krieges vom Tage des Eintritts an nach der Vorschrift des Artikel 55 ohne Rücksicht auf das Lebensalter angerechnet.

Art. 59. Hat der in den Ruhestand versetzte Beamte aus einem früheren Dienstverhältnis einen Anspruch auf Wartegeld, Ruhegehalt oder auf einen ähnlichen Bezug gegen-

---

[1]) Abs. 3 neu eingefügt durch Art. 1 Ziff. VI des Ges. v. 10. Juli 1927 (GVBl. S. 227).

über dem Reiche, einem anderen Staate, einer Gemeinde, Religions- oder Kirchengesellschaft oder sonstigen Körperschaft, Stiftung oder Anstalt des öffentlichen Rechtes, so wird der Ruhegehalt nach der gesamten Dienstzeit (Artikel 53 bis 58) berechnet, die sich unter Einrechnung der Zeit des früheren Dienstverhältnisses ergeben würde, und sodann um den Betrag des in dem früheren Dienstverhältnis erworbenen Bezugs gekürzt.

Art. 60. 1. Bezieht der in den Ruhestand versetzte Beamte auf Grund der Unfallversicherungsgesetze eine Rente aus der Staatskasse, so wird der Ruhegehalt um den Betrag der Unfallrente gekürzt. In besonderen Fällen kann durch das dem Beamten vorgesetzte Staatsministerium von dieser Kürzung ganz oder teilweise Abstand genommen werden.

2. Den Beamten der Bergwerks-, Hütten- und Salinenverwaltung, für die der Staat als Werksbesitzer Beiträge in der Höhe der Mitgliederbeiträge geleistet hat, wird auf den nach diesem Gesetze sich berechnenden Ruhegehalt die Hälfte des Bezugs aus der Knappschaftskasse angerechnet.

Art. 61 ist aufgehoben durch Art. 183 des Volksschullehrergesetzes vom 14. August 1919 (GVBl. S. 437).

Art. 62. 1. Der Anspruch auf den Ruhegehalt beginnt mit dem Zeitpunkte, von dem an die Versetzung in den Ruhestand verfügt wird. Endigt die Dienstleistung in einem späteren Zeitpunkte, so beginnt der Anspruch auf den Ruhegehalt mit diesem Zeitpunkte.

2. Fällt dieser Zeitpunkt nicht auf den Ersten eines Monats, so beginnt die Zahlung des Ruhegehalts am Ersten des nächsten Monats. Bis dahin bezieht der in den Ruhestand versetzte Beamte noch seinen Gehalt, auch wenn er bereits seiner Dienstleistung enthoben ist.

3. Hat der Beamte seinen Gehalt[1]) über diesen Zeitpunkt (Abs. 1, 2) hinaus bezogen, so hat er den zuviel bezogenen Betrag zurückzuerstatten oder sich auf den Ruhegehalt oder auf anderweitige Bezüge aus der Staatskasse anrechnen zu lassen.

---

[1]) Zu vgl. Art. 54 Abs. III des BBesG. v. 20. April 1928 (GVBl. S. 205).

Art. 63.[1]) [1.] Der Ruhegehalt wird monatlich vorausgezahlt.

[2.] Das Staatsministerium der Finanzen kann die mehrmonatliche Vorauszahlung im Rahmen der jeweils für die Reichsbeamten geltenden Regelung verfügen.

Art. 64. [1.] Der infolge eines körperlichen Gebrechens oder Schwäche seiner körperlichen oder geistigen Kräfte zeitlich oder dauernd in den Ruhestand versetzte Beamte kann unter den gleichen Voraussetzungen, unter denen nach dem Artikel 9 Abs. 1 einem unwiderruflichen Beamten eine andere Amtsstelle übertragen werden kann, wieder zur Dienstleistung berufen werden, wenn er seine Dienstfähigkeit wieder erlangt und das fünfundsechzigste Lebensjahr noch nicht überschritten hat.

[2.] Kann ein zeitlich in den Ruhestand versetzter Beamter nach Wiedererlangung seiner Dienstfähigkeit nicht sofort auf einer geeigneten Amtsstelle wieder angestellt werden, so wird er bis zum Eintritte dieser Möglichkeit unter Fortgewährung seines Ruhegehalts im zeitlichen Ruhestand belassen.

Art. 65. Der Anspruch auf den Ruhegehalt erlischt:

1. wenn der Beamte nach Maßgabe des Artikel 64 im Staatsdienste wieder angestellt wird;
2. wenn er rechtskräftig zu einer Strafe verurteilt ist, die, wenn er im Zeitpunkte der Rechtskraft noch im Dienste gewesen wäre, kraft des Gesetzes den Verlust des Amtes zur Folge gehabt hätte, oder wenn ihm durch Urteil des Disziplinargerichts der Anspruch auf den Ruhegehalt rechtskräftig aberkannt worden ist;
3. mit Ablauf des Monats, in dem er stirbt.

Art. 66.[2]) Der Anspruch auf Ruhegehalt ruht:

1. wenn der Beamte die deutsche Reichsangehörigkeit verliert, bis zu ihrer Wiedererlangung;
2. solange der Beamte aus der Verwendung im Staats- oder in einem sonstigen öffentlichen Dienste ein Diensteinkommen bezieht, soweit, als dieses unter Hinzurech-

---

[1]) Fassung nach Art. 3 des Ges. v. 19. Juli 1926 (GVBl. 381).

[2]) Ziff. 2 in der Fassung des Art. 1 Ziff. IV des Ges. v. 29. August 1923 (GVBl. S. 309).

nung des Ruhegehalts das von ihm im Zeitpunkte des Ausscheidens aus dem Dienste bezogene Diensteinkommen übersteigt. Erdient der Beamte in der neuen Verwendung eine Versorgung (Ruhegehalt, Wartegeld oder einen ähnlichen Bezug), so findet daneben der Bezug des ursprünglichen Ruhegehalts nur bis zur Erreichung des Betrags statt, der sich nach Maßgabe der gesamten Dienstzeit (Art. 53 bis 58) aus dem der Festsetzung des ursprünglichen Ruhegehalts zugrunde gelegten pensionsfähigen Diensteinkommen berechnet. Art. 44 Ziff. 3 Abs. 2, 3 gilt entsprechend.

Art. 67. 1. Die Einziehung oder Kürzung des Ruhegehalts tritt mit Schluß des Monats ein, in dem das die Einziehung oder Kürzung bedingende Ereignis sich vollzogen hat. Vollzieht sich dieses Ereignis am ersten Tage eines Monats, so tritt, abgesehen von dem Falle des Artikel 65 Ziff. 3, die Einziehung oder Kürzung mit dem Beginne dieses Monats ein.

2. Die Wiedergewährung des Ruhegehalts tritt mit dem Beginne des Monats ein, in dem das die Wiedergewährung bedingende Ereignis sich vollzogen hat.

3. Hat der in den Ruhestand versetzte Beamte den Ruhegehalt über den in Abs. 1 bezeichneten Zeitpunkt hinaus bezogen, so hat er den zuviel bezogenen Betrag zurückzuerstatten oder sich auf anderweitige Bezüge aus der Staatskasse anrechnen zu lassen.

Art. 68. Die widerruflichen etatsmäßigen Beamten können auf Grund eintretender Dienstunfähigkeit in den Ruhestand versetzt werden. In diesem Falle kann ihnen in widerruflicher Weise ein Ruhegehalt bis zur Höhe des nach den vorstehenden Bestimmungen sich berechnenden Betrags gewährt werden.

C. Gemeinsame Bestimmungen.

Art. 69. Die Versetzung in den Ruhestand wird, sofern der Beamte durch den König[1]) ernannt wurde, durch den König[1]), außerdem durch die zur Ernennung zuständige Stelle verfügt.

---

1) Zu vgl. Fußnote 1 zu Art. 1.

Art. 70. [1]. Die in den Ruhestand versetzten Beamten sind zur Weiterführung ihres bisherigen Amtstitels mit dem Beisatz „außer Dienst" befugt. Auch kann ihnen das Weitertragen der Dienstabzeichen gestattet werden. Die Befugnis des Beamten zur Führung eines anderen ihm verliehenen Titels bleibt unberührt.

[2]. Die Erlaubnis zum Weitertragen der Dienstabzeichen kann jederzeit zurückgenommen werden. Ebenso kann den widerruflichen Beamten jederzeit die Befugnis zur Weiterführung des Titels entzogen werden. Den unwiderruflichen Beamten kann die Befugnis zur Weiterführung des Titels nur im Wege des Disziplinarverfahrens entzogen werden.

Art. 71. [1]. Die Festsetzung des Wartegeldes oder Ruhegehalts erfolgt durch die zuständigen Staatsministerien im Benehmen mit dem Staatsministerium der Finanzen. Die Staatsministerien können diese Befugnis einer untergebenen Behörde übertragen.

[2]. Der Jahresbetrag des Wartegeldes und des Ruhegehalts ist nach oben so abzurunden, daß bei Teilung durch drei sich volle Markbeträge ergeben.

V. Abschnitt.

Fürsorge für die Hinterbliebenen der etatsmäßigen Beamten.

A. Sterbegehalt.

Art. 72. [1]. Die Witwe und die ehelichen oder legitimierten Kinder eines etatsmäßigen Beamten erhalten für das auf den Sterbemonat folgende Vierteljahr noch den vollen Betrag des von dem Beamten bezogenen Gehalts[1]) (Artikel 26)[2]), Wartegeldes (Artikel 39, 46) oder Ruhegehalts (Artikel 52, 68) abzüglich des bereits zu Lebzeiten des Beamten erhobenen Teilbetrags als Sterbegehalt.

[2]. In Ermangelung solcher Hinterbliebener kann der Sterbegehalt ganz oder teilweise auch dann gewährt werden, wenn der Verstorbene Eltern, Großeltern, Geschwister, Geschwister-

[1]) Zu vgl. Art. 54 Abs. III des BBesG. v. 26. April 1928 (GVBl. S. 205).

[2]) Zu vgl. Fußnote 1 zu Abschnitt III.

kinder, Enkel, Adoptiv-, Stief- oder Pflegekinder, deren Ernährer er war, in Bedürftigkeit hinterläßt oder wenn der Nachlaß nicht ausreicht, die Kosten der letzten Krankheit und der Beerdigung zu decken.

³. An wen die Zahlung des Sterbegehalts rechtsgültig zu leisten und wie er unter mehrere Anspruchsberechtigte (Abs. 1) oder Beteiligte (Abs. 2) zu verteilen ist, bestimmt die Staatsregierung mit Ausschluß des Rechtswegs.

⁴. Der Sterbegehalt kann weder abgetreten noch verpfändet werden.

B. Witwen- und Waisengeld.

Art. 73. Die Witwe und die ehelichen oder legitimierten Kinder eines unwiderruflichen Beamten, der zur Zeit seines Todes im Genuß eines Ruhegehalts stand oder hiezu berechtigt gewesen wäre, erhalten Witwen- und Waisengeld nach Maßgabe der folgenden Vorschriften.

Art. 74. ¹. Das Witwengeld beträgt jährlich sechzig[1]) vom Hundert des Ruhegehalts, zu dessen Bezug der verstorbene Beamte berechtigt gewesen ist oder berechtigt gewesen sein würde, wenn er am Todestag in den Ruhestand versetzt worden wäre. Der Berechnung des Witwengeldes darf jedoch in keinem Falle ein höherer Betrag als achtzig[2]) vom Hundert des pensionsfähigen Diensteinkommens des Beamten (Art. 39 Abs. 2) zugrunde gelegt werden.

². Das Witwengeld soll, unbeschadet der Vorschrift des Artikel 76, mindestens ein Drittel des niedrigsten pensionsfähigen Diensteinkommens der Besoldungsgruppe A I[3]) und höchstens die Hälfte des pensionsfähigen Diensteinkommens der Besoldungsgruppe B II[4]) betragen.

³. Beziehen die Witwen oder Waisen auf Grund der Unfallversicherungsgesetze eine Witwen- oder Kinderrente aus

---

¹) In der Fassung des Art. 2 Ziff. IV des Ges. v. 9. Jan. 1923 (GVBl. S. 7).

²) In der Fassung des Art. 2 Ziff. V des Ges. v. 29. August 1923 (GVBl. S. 309).

³) Nunmehr A 12 der Anl. 1 zum BBesG. v. 20. April 1928; zu vgl. § 2 der VO. v. 13. Sept. 1928 (GVBl. S. 405).

⁴) Nunmehr B 4 der Anl. 2 zum BBesG. v. 20. April 1928; zu vgl. § 2 der VO. v. 13. Sept. 1928 (GVBl. S. 405).

der Staatskasse, so werden das Witwen- und Waisengeld je um den Betrag dieser Rente gekürzt.

Abs. 4 gestrichen durch Artikel 1 Ziff. VII des Gesetzes vom 10. Juli 1927 (GVBl. S. 227).

Art. 75. Das Waisengeld beträgt jährlich:

1. für jedes Kind, dessen Mutter noch lebt und zur Zeit des Todes des Beamten zum Bezuge von Witwengeld berechtigt war, ein Fünftel des Witwengeldes;
2. für jedes Kind, dessen Mutter nicht mehr lebt oder zur Zeit des Todes des Beamten zum Bezuge von Witwengeld nicht berechtigt war, ein Drittel des Witwengeldes.

Art. 76. 1. Witwen- und Waisengeld dürfen zusammen den Betrag des Ruhegehalts nicht übersteigen, zu dessen Bezug der Verstorbene berechtigt gewesen ist oder berechtigt gewesen sein würde, wenn er am Todestag in den Ruhestand versetzt worden wäre. Die Bestimmung des Artikel 74 Abs. 1 Satz 2 findet entsprechende Anwendung.

2. Ergibt sich an Witwen- und Waisengeld zusammen ein höherer Betrag, so werden die einzelnen Sätze im gleichen Verhältnisse gekürzt.

3. Nach dem Ausscheiden eines Witwen- oder Waisengeld-Berechtigten erhöht sich das Witwen- oder Waisengeld der verbleibenden Berechtigten vom Beginne des folgenden Monats an so weit, als sie sich noch nicht im vollen Genusse der ihnen nach den Artikeln 74, 75 und dem Artikel 76 Abs. 1 gebührenden Beträge befinden. Das Gleiche gilt im Falle des Artikel 86 Abs. 1 Ziff. 1 für die Dauer des vorübergehenden Ausscheidens eines Bezugsberechtigten.

Art. 77. 1. War die Witwe mehr als fünfzehn Jahre jünger als der verstorbene Beamte, so wird das nach Maßgabe des Artikel 74 und des Artikel 76 Abs. 1, 2 berechnete Witwengeld für jedes angefangene Jahr des Altersunterschieds über fünfzehn bis einschließlich fünfundzwanzig Jahre um ein Zwanzigstel gekürzt. Nach fünfjähriger Dauer der Ehe wird für jedes angefangene Jahr ihrer weiteren Dauer dem gekürzten Betrag ein Zehntel des nach Maßgabe des Artikel 74 und des Artikel 76 Abs. 1, 2 sich berechnenden

Witwengeldes so lange hinzugesetzt, bis der volle Betrag wieder erreicht ist.

2. [1]) Die Kürzung unterbleibt, soweit hierdurch das Witwengeld unter ein Drittel des niedrigsten pensionsfähigen Diensteinkommens der Besoldungsgruppe A I [2]) herabsinken würde.

3. Auf den nach dem Artikel 75 zu berechnenden Betrag des Waisengeldes ist diese Kürzung des Witwengeldes ohne Einfluß.

Art. 78. Liegen die Voraussetzungen einer Kürzung sowohl nach dem Artikel 76 als auch nach dem Artikel 77 vor, so ist zunächst das Witwen- und Waisengeld nach dem Artikel 76 und erst dann das Witwengeld nach dem Artikel 77 zu kürzen, demnächst aber der gemäß dem Artikel 77 an dem Witwengelde gekürzte Betrag dem nach dem Artikel 76 gekürzten Waisengelde bis zur Erreichung des vollen Betrags zuzusetzen.

Art. 79. Den Hinterbliebenen der Beamten der Bergwerks-, Hütten- und Salinenverwaltung, für die der Staat als Werksbesitzer Beiträge in der Höhe der Mitgliederbeiträge geleistet hat, wird auf das nach diesem Gesetze sich berechnende Witwen- und Waisengeld die Hälfte des Bezugs aus der Knappschaftskasse angerechnet.

Art. 80. Ist ein Beamter, dessen Hinterbliebenen im Falle seines Todes auf Grund dieses Gesetzes Witwen- und Waisengeld zustehen würde, verschollen, so kann den Hinterbliebenen das Witwen- und Waisengeld in widerruflicher Weise bereits vor der Todeserklärung gewährt werden, wenn das Ableben des verschollenen Beamten mit hoher Wahrscheinlichkeit anzunehmen ist. Den Tag, von welchem an in diesem Falle die Zahlung des Witwen- und Waisengeldes beginnt, bestimmt die zur Gewährung zuständige Behörde (Artikel 83).

Art. 81. Keinen Anspruch auf Witwen- und Waisengeld haben die Witwe und die hinterbliebenen Kinder eines Be-

---

[1]) Abs. 2 in der Fassung des Art. 2 Ziff. VI des Ges. v. 29. August 1923 (GVBl. S. 309).

[2]) Nunmehr A 12 der Anl. 1 zum BBesG. v. 20. April 1928 — zu vgl. StAnz. 1928 Nr. 214 (GVBl. 1928 S. 405).

amten aus einer Ehe, die erst nach der Versetzung des Beamten in den dauernden Ruhestand geschlossen worden ist.

Art. 82. Der Anspruch auf Witwen- und Waisengeld beginnt mit dem Ablaufe der Zeit, für die der Sterbegehalt (Artikel 72) verabfolgt wurde, für Waisen, die erst nach Ablauf dieser Zeit geboren wurden, mit dem Beginne des Monats der Geburt.

Art. 83. ¹· Die Festsetzung des Witwen- und Waisengeldes und die Bestimmung darüber, an wen die Zahlung zu leisten ist, sowie die Bewilligung der einmaligen Beihilfen (Artikel 74 Abs. 4) erfolgt durch die zuständigen Staatsministerien im Benehmen mit dem Staatsministerium der Finanzen. Die Staatsministerien können diese Befugnis einer untergebenen Behörde übertragen.

²· Der Jahresbetrag des Witwen- und Waisengeldes ist nach oben so abzurunden, daß bei Teilung durch drei sich volle Markbeträge ergeben. Im Falle einer nach den Artikeln 76, 77 oder nach beiden Bestimmungen zugleich vorzunehmenden Kürzung findet die Abrundung erst nach Vornahme dieser Kürzung statt.

Art. 84. Das Witwen- und Waisengeld wird monatlich vorausgezahlt.

Art. 85. Der Anspruch auf Witwen- und Waisengeld erlischt:

1. für jeden Berechtigten mit dem Ablaufe des Monats, in dem er sich verheiratet oder stirbt;
2. für jede Waise mit dem Ablaufe des Monats, in dem sie das einundzwanzigste Lebensjahr vollendet.

Art. 86. ¹· Der Anspruch auf Witwen- und Waisengeld ruht:

1. wenn der Berechtigte die deutsche Reichsangehörigkeit verliert, bis zu ihrer Wiedererlangung;
2. wenn einem Hinterbliebenen aus einer anderweitigen Verwendung des verstorbenen Beamten im Staats- oder einem sonstigen öffentlichen Dienste eine Versorgung zusteht, so weit, als das Witwen- und Waisengeld unter Hinzurechnung dieser anderweitigen Versorgung den Betrag überschreitet, den der Hinterbliebene nach den Vorschriften dieses Gesetzes unter Zugrunde-

legung desjenigen Betrags zu beziehen hätte, der dem verstorbenen Beamten nach dem Artikel 66 Ziff. 2 Satz 2, 3[1]) gezahlt wurde oder zu zahlen gewesen wäre;

3. [2]) bei der Ernennung zum Beamten (Artikel 1) oder bei einer anderweitigen Verwendung im Staats- oder in einem sonstigen öffentlichen Dienste, soweit als
   a) das Diensteinkommen der Witwe unter Hinzurechnung des Witwengeldes das von dem Verstorbenen im Zeitpunkte des Ausscheidens aus dem Dienste bezogene Diensteinkommen,
   b) das Diensteinkommen der Waisen unter Hinzurechnung des Waisengeldes die Hälfte des Diensteinkommens übersteigt. Erdient die Witwe aus dieser Verwendung eine Versorgung (Wartegeld, Ruhegehalt oder einen ähnlichen Bezug), so ruht das nach diesem Gesetze sich berechnende Witwengeld insoweit, als diese unter Hinzurechnung des Witwengeldes neunzig vom Hundert des Ruhegehalts (Satz 1 Buchst. a) übersteigt. Artikel 44 Ziff. 3 Abs. 2, 3 gilt entsprechend.

². Auf die Einziehung und Wiedergewährung des Witwen- und Waisengeldes finden die Vorschriften des Art. 67 entsprechende Anwendung.

Art. 87. ¹. Die Witwe und die ehelichen oder legitimierten Kinder eines widerruflichen etatsmäßigen Beamten erhalten Witwen- und Waisengeld nach Maßgabe der vorstehenden Vorschriften (Artikel 74 bis 86), wenn der verstorbene Beamte im Zeitpunkte seines Todes auf Grund der Artikel 46, 68 im Genuß eines Wartegeldes oder Ruhegehalts stand oder wenn ihm nach Artikel 68 ein Ruhegehalt hätte gewährt werden können, falls er im Zeitpunkte seines Todes in den Ruhestand versetzt worden wäre.

². Der Bemessung des Witwen- und Waisengeldes ist der volle Betrag des Ruhegehalts zugrunde zu legen, der sich

[1]) Fassung nach Art. 2 Ziff. VII 1 des Ges. v. 29. August 1923 (GVBl. S. 309).

[2]) Ziff. 3 in der Fassung des Art. 2 Ziff. VII 2 des Ges. v. 29. August 1923 (GVBl. S. 309) und des Art. 1 Ziff. VIII des Ges. v. 10. Juli 1927 (GVBl. S. 227).

für den verstorbenen Beamten auf Grund der Vorschriften der Artikel 52 bis 61 berechnet hätte, auch wenn dem Beamten selbst auf Grund des Artikel 68 ein geringerer Ruhegehalt bewilligt war.

Art. 88. [1] Im Falle der Erwerbsunfähigkeit und Unterstützungsbedürftigkeit können den hinterbliebenen ehelichen und legitimierten Kindern eines etatsmäßigen Beamten (Artikel 73, 87), die das einundzwanzigste Lebensjahr bereits vollendet haben und ledigen Standes sind, fortlaufende Unterhaltsbeiträge bis zur Höhe des Waisengeldes gewährt werden, das sich bei Anwendung der Vorschriften dieses Gesetzes berechnet.

[2] [1]) Die Bewilligung dieser Unterhaltsbeiträge erfolgt durch das zuständige Staatsministerium im Benehmen mit dem Staatsministerium der Finanzen. Die Staatsministerien können diese Befugnisse auf andere Behörden übertragen.

VI. Abschnitt.

Unfallfürsorge.

A. Fürsorge bei Betriebsunfällen, die in reichsgesetzlich der Unfallversicherung unterliegenden Betrieben eintreten.

Art. 89.[2]) [1] Beamte, die in reichsgesetzlich der Unfallversicherung unterliegenden Betrieben beschäftigt sind, erhalten, wenn sie infolge eines im Dienste erlittenen Betriebsunfalls dauernd dienstunfähig werden, als Ruhegehalt sechsundsechzig zwei Drittel vom Hundert ihres jährlichen Diensteinkommens.

[2] Sind solche Beamte infolge eines im Dienste erlittenen Betriebsunfalls nicht dauernd dienstunfähig geworden, aber in ihrer Erwerbsfähigkeit beeinträchtigt worden, so erhalten sie bei ihrer Entlassung aus dem Dienste als Ruhegehalt:

1. im Falle völliger Erwerbsunfähigkeit für deren Dauer den im ersten Absatze bezeichneten Betrag;

---

[1]) Abs. 2 Satz 2 eingefügt durch Art. 20 Ziff. 3 BEG. v. 31. März 1921 (GVBl. S. 117).

[2]) Zu vgl. Bek. v. 4. Januar 1930 (GVBl. S. 25).

2. im Falle teilweiser Erwerbsunfähigkeit für deren Dauer denjenigen Teil des vorstehend bezeichneten Ruhegehalts, der dem Maße der durch den Unfall herbeigeführten Einbuße an Erwerbsfähigkeit entspricht.

3. Ist der Verletzte infolge des Unfalls nicht nur völlig dienst- oder erwerbsunfähig, sondern auch derart hilflos geworden, daß er ohne fremde Wartung und Pflege nicht bestehen kann, so ist für die Dauer dieser Hilflosigkeit der Ruhegehalt bis zum vollen Betrage des Diensteinkommens zu erhöhen.

4. Solange der Verletzte aus Anlaß des Unfalls tatsächlich und unverschuldet arbeitslos ist, kann in den Fällen des Abs. 2 Ziff. 2 der Ruhegehalt bis zum vollen Betrage des Abs. 1 vorübergehend erhöht werden.

5. Steht dem Verletzten nach den allgemeinen Vorschriften (Artikel 52 ff.) ein höherer Betrag zu, so erhält er diesen.

6. Dem Verletzten sind außerdem die Kosten des Heilverfahrens (§ 9 Abs. 1 Ziff. 1 des Gewerbeunfallversicherungsgesetzes) zu ersetzen[1]).

Art. 90. 1. Die Hinterbliebenen solcher in dem Artikel 89 bezeichneten Personen, die infolge eines im Dienste erlittenen Betriebsunfalls gestorben sind, erhalten:

1.[2]) als Sterbegeld, sofern ihnen nicht nach dem Artikel 72 Anspruch auf Sterbegehalt zusteht, den Betrag des einmonatigen Diensteinkommens oder des einmonatigen Ruhegehalts des Verstorbenen;

2. eine Rente. Diese beträgt jährlich:

a)[3]) für die Witwe bis zu ihrem Tode oder ihrer Wiederverheiratung, ebenso für jedes Kind bis zum Ablaufe des Monats, in dem es das einundzwanzigste Lebensjahr vollendet, oder bis zur etwaigen früheren Verheiratung zwanzig vom Hundert des jährlichen Diensteinkommens des Verstorbenen, je-

1) Jetzt § 558 der Reichsversicherungsordnung.

2) Abs. 1 Ziff. 1 in der Fassung des Art. 2 Ziff. VII 1 des Ges. v. 9. Jan. 1923 (GVBl. S. 7).

3) Abs. 1 Ziff. 2 a, b und c in der Fassung des Art. 2 Ziff. VII 2 des Ges. v. 9. Jan. 1923 (GVBl. S. 7) und des Art. 3 Ziff. I des Ges. v. 29. Febr. 1924 (GVBl. S. 117).

doch für die Witwe nicht unter zweihundertsechszehn Reichsmark[1]) und nicht mehr als zweitausendeinhundertsechzig Reichsmark[1]) und für jedes Kind nicht unter einhundertsechsundzwanzig Reichsmark[1]) und nicht mehr als fünfhundertvierzig Reichsmark[1]).

b) für Verwandte der aufsteigenden Linie, wenn ihr Lebensunterhalt ganz oder überwiegend durch den Verstorbenen bestritten worden war, bis zum Wegfalle der Bedürftigkeit insgesamt zwanzig vom Hundert des Diensteinkommens des Verstorbenen, jedoch nicht unter einhundertsechsundzwanzig Reichsmark[1]) und nicht mehr als fünfhundertvierzig Reichsmark[1]); sind mehrere Berechtigte dieser Art vorhanden, so wird die Rente den Eltern vor den Großeltern gewährt;

c) für elternlose Enkel, falls ihr Lebensunterhalt ganz oder überwiegend durch den Verstorbenen bestritten worden war, im Falle der Bedürftigkeit bis zum Ablaufe des Monats, in dem sie das achtzehnte Lebensjahr vollenden oder bis zur etwaigen früheren Verheiratung insgesamt zwanzig vom Hundert des Diensteinkommens des Verstorbenen, jedoch nicht unter einhundertsechsundzwanzig Reichsmark[1]) und nicht mehr als fünfhundertvierzig Reichsmark[1]).

2. Die Renten dürfen zusammen sechzig vom Hundert des Diensteinkommens nicht übersteigen. Ergibt sich ein höherer Betrag, so haben die Verwandten der aufsteigenden Linie nur so weit einen Anspruch, als durch die Renten der Witwe und der Kinder der Höchstbetrag der Renten nicht erreicht wird, die Enkel nur soweit, als der Höchstbetrag der Renten nicht für Ehegatten, Kinder oder Verwandte der aufsteigenden Linie in Anspruch genommen wird. Soweit die Renten der Witwe und der Kinder den zulässigen Höchstbetrag überschreiten, werden die einzelnen Renten in gleichem Verhältnisse gekürzt. Beim Ausscheiden eines Berechtigten erhöht sich die Rente der verbleibenden Berechtigten von dem nächstfolgenden Monat an so weit, als sie sich noch nicht im vollen Genusse der ihnen nach vorstehenden Vorschriften gebührenden Beträge befinden.

---

[1]) Zu vgl. § 1 der VO. v. 25. Nov. 1925 (GVBl. S. 265).

3. Steht nach den allgemeinen Vorschriften (Artikel 73 ff.) einem der Hinterbliebenen ein höherer Betrag zu, so erhält er diesen.

4. Der Anspruch der Witwe ist ausgeschlossen, wenn die Ehe erst nach dem Unfalle geschlossen worden ist. Bei inmitte liegenden besonderen Verhältnissen kann jedoch auch in diesem Falle eine Witwenrente gewährt werden.

5. Im Falle der Wiederverheiratung kann der Witwe auf Ansuchen eine einmalige Beihilfe bis zum fünffachen Jahresbetrage der Witwenrente (Abs. 1 Ziff. 2a) gewährt werden.

Art. 91. Die Fürsorge erstreckt sich auf die Folgen von Unfällen bei häuslichen und anderen Diensten, zu denen die in dem Artikel 89 bezeichneten Personen neben der Beschäftigung im Betriebe von ihren Vorgesetzten herangezogen werden.

Art. 92. Bei der Festsetzung der nach den Artikeln 89 bis 91 zu gewährenden Bezüge wird der Berechnung des Diensteinkommens [1]) das gesamte von dem Beamten zuletzt bezogene dienstliche Einkommen nach Maßgabe der folgenden Vorschriften zugrunde gelegt:

1. [2]) Feststehende Nebenbezüge werden mit ihrem vollen Betrag eingerechnet, soweit nicht in den Etats eine anderweitige Bestimmung getroffen ist. Freie Dienstwohnungen kommen mit ihrem festgesetzten Werte zur Anrechnung. Der Ortszuschlag wird mit dem pensionsfähigen Satz eingerechnet. In den Fällen des Artikel 27 des Beamtenbesoldungsgesetzes [3]) wird der pensionsfähige Satz des Ortszuschlags im gleichen Verhältnisse gekürzt wie der Ortszuschlag.
2. Einkommensbestandteile, die ihrer Natur nach steigend und fallend sind, wie Fahrgelder, Materialersparnisprämien, werden nur, soweit sie als pensionsfähig erklärt sind, zur Anrechnung gebracht, und zwar nach

[1]) Zu vgl. Art. 54 Abs. I des BBesG. v. 20. April 1928 (GVBl. S. 205).

[2]) Ziff. 1 Satz 3 u. 4 eingefügt durch Art. 20 Ziff. 5 des PFG. vom 23. März 1921; nunmehrige Fassung nach Art. 2 Ziff. VIII des Ges. v. 9. Jan. 1923 (GVBl. S. 7).

[3]) Zu vgl. nunmehr Art. 22 Abs. II des BBesG. v. 20. April 1928 (GVBl. S. 205).

den in der Gehaltsordnung, in den Etats oder sonst bei Verleihung des Anspruchs auf diese Bezüge deshalb getroffenen Festsetzungen oder in Ermanglung solcher Festsetzungen nach ihrem durchschnittlichen Betrage während der drei letzten Rechnungsjahre vor dem Rechnungsjahr, in dem der Ruhegehalt oder die Rente festgesetzt wird. Stand der Verunglückte noch nicht während dreier voller Rechnungsjahre im Genusse der angeführten Einkommensbestandteile, so ist der dreijährige Durchschnitt der von einem anderen, in der gleichen Dienstgruppe im regelmäßigen Dienste verwendeten Beamten bezogenen Einkommensbestandteile zugrunde zu legen. War der Verunglückte im letzten Rechnungsjahre längere Zeit durch den Unfall dienstunfähig, so ist der Durchschnittsbetrag anzunehmen, der sich ergeben würde, wenn der Verunglückte auch während der Zeit der Dienstunfähigkeit regelmäßig Dienst geleistet hätte.

3. [1]) Kinder- und Teuerungszuschläge sowie die zur Bestreitung von Dienstaufwands- und Repräsentationskosten bestimmten Einkünfte sowie die Ortszulagen der Auslandsbeamten kommen nicht zur Anrechnung. Die Kinder- und Teuerungszuschläge zählen dagegen zum Diensteinkommen im Sinne des Art. 90 Abs. 1 Ziff. 1.

4. Bloß zufällige Diensteinkünfte, wie Tagegelder für Dienstreisen, widerrufliche Gewinnanteile, außerordentliche Remunerationen, kommen gleichfalls nicht zur Anrechnung.

Art. 93. [1.] [2]) Erreicht das jährliche Diensteinkommen nicht den dreihundertfachen Betrag des für den Beschäftigungsort festgesetzten ortsüblichen Taglohns gewöhnlicher erwachsener Tagarbeiter (§§ 149—152 Reichsversicherungsordnung), so ist dieser Betrag der Berechnung zugrunde zu legen.

[2.] Bleibt der nach Abs. 1 zugrunde zu legende Betrag hinter dem Jahresarbeitsverdienste zurück, den während des letzten

---

[1]) Ziff. 3 in der Fassung nach Art. 47 BBesG. n. F. (GVBl. 1923 S. 109).

[2]) Abs. 1 in der Fassung des Art. 20 Ziff. 6 PEG. v. 23. März 1921 (GVBl. S. 117).

Jahres vor dem Unfalle Personen bezogen haben, die mit Arbeiten derselben Art in demselben Betrieb oder in benachbarten gleichartigen Betrieben beschäftigt waren, so ist dieser Jahresarbeitsverdienst der Berechnung der Rente zugrunde zu legen.

3. [1]) Die Bestimmungen der Reichsversicherungsordnung, wonach bei Bemessung der Unfallrente der Jahresarbeitsverdienst nur zu einem Teile angerechnet wird, finden entsprechende Anwendung.

4. Bleibt bei den Beamten im Sinne des Artikels 89, die nicht mit Pensionsberechtigung angestellt sind, die nach vorstehenden Vorschriften der Berechnung zugrunde zu legende Summe unter dem niedrigsten Diensteinkommen derjenigen Stellen, in denen solche Beamte nach den bestehenden Grundsätzen zuerst mit Pensionsberechtigung angestellt werden können, so ist der letztere Betrag der Berechnung zugrunde zu legen.

Art. 94. Ist das der Berechnung der Hinterbliebenenrente zugrunde zu legende Diensteinkommen infolge eines früher erlittenen, nach den reichsgesetzlichen Vorschriften über Unfallversicherung oder nach den Vorschriften über Unfallfürsorge entschädigten Unfalls geringer als der vor diesem Unfalle bezogene Lohn oder das vor diesem Unfalle bezogene Diensteinkommen, so ist die aus Anlaß des früheren Unfalls bei Lebzeiten bezogene Rente oder der aus diesem Anlasse bezogene Ruhegehalt dem Diensteinkommen bis zur Höhe des der früheren Entschädigung zugrunde gelegten Jahresarbeitsverdienstes oder Diensteinkommens hinzuzurechnen.

Art. 95. 1. Der Anspruch auf Ruhegehalt (Artikel 89) beginnt mit dem Wegfalle des Diensteinkommens, der Anspruch auf Hinterbliebenenrente (Artikel 90) mit dem Ablaufe der Zeit, für die der Sterbegehalt bezogen wurde, oder, soweit ein solcher nicht gewährt wird, mit dem Ablaufe der Zeit, für die nach dem Artikel 90 Abs. 1 Ziff. 1 das Diensteinkommen oder der Ruhegehalt weiter bezogen worden ist.

2. Der Anspruch auf Ruhegehalt (Artikel 89) erlischt mit dem Ablaufe des Monats, in dem der Beamte stirbt oder

[1]) Abs. 3 in der Fassung des Art. 20 Ziff. 7 BEG. v. 23. März 1921 (GVBl. S. 117).

die der Bewilligung zugrunde liegenden Voraussetzungen ihr Ende erreicht haben.

3. Der Anspruch auf Hinterbliebenenrente (Artikel 90) erlischt für jeden Berechtigten mit dem Ablaufe des Monats, in dem er sich verheiratet oder stirbt. Außerdem erlischt der Anspruch auf diese Renten:

1. für jedes Kind mit dem Ablaufe des Monats, in dem es das einundzwanzigste Lebensjahr vollendet;
2. für die Verwandten der aufsteigenden Linie und für die elternlosen Enkel mit dem Ablaufe des Monats, in dem die Voraussetzung der Bedürftigkeit in Wegfall gekommen ist oder die elternlosen Enkel das achtzehnte Lebensjahr vollendet haben.

4. Gehört der Verletzte auf Grund gesetzlicher oder statutarischer Verpflichtung einer Krankenkasse oder der Gemeinde-Krankenversicherung an, so wird bis zum Ablaufe der dreizehnten Woche nach dem Eintritte des Unfalls der Ruhegehalt und der Ersatz der Kosten des Heilverfahrens um den Betrag der von der Krankenkasse oder der Gemeinde-Krankenversicherung geleisteten Krankenunterstützung gekürzt. Der Anspruch auf das Sterbegeld und vom Beginne der vierzehnten Woche ab auch der Anspruch auf den Ruhegehalt sowie auf den Ersatz der Kosten des Heilverfahrens geht bis zum Betrage des von der Krankenkasse gezahlten Sterbegeldes oder bis zum Betrage der von ihr gewährten weiteren Krankenunterstützung auf die Krankenkasse über. Als Wert der freien ärztlichen Behandlung, der Arznei und der Heilmittel (§ 6 Abs. 1 Ziff. 1 des Krankenversicherungsgesetzes) [1]) gilt die Hälfte des gesetzlichen Mindestbetrags des Krankengeldes.

Art. 96. 1. Ein Anspruch auf die in den Artikeln 89 bis 91 bezeichneten Bezüge besteht nicht, wenn der Verletzte den Unfall vorsätzlich oder durch ein Verschulden herbeigeführt hat, wegen dessen auf Dienstentlassung oder auf Verlust des Titels und Ruhegehaltsanspruchs gegen ihn erkannt oder wegen dessen ihm die Fähigkeit zur Beschäftigung in einem öffentlichen Dienstzweig aberkannt worden ist. Die Verhängung der Dienstentlassung mit der Wirkung des Verlustes des

[1]) Nunmehr § 182 Ziff. 1 der Reichsversicherungsordnung.

Anspruchs auf Unfallfürsorge erfolgt auch hinsichtlich der widerruflichen Beamten nach den für die Dienstentlassung der unwiderruflichen Beamten maßgebenden Vorschriften (Artikel 118 ff.).

2. Der Anspruch kann, auch ohne daß ein Urteil der bezeichneten Art ergangen ist, ganz oder teilweise abgelehnt werden, falls das Verfahren wegen des Todes oder der Abwesenheit des Betreffenden oder aus einem anderen in seiner Person liegenden Grunde nicht durchgeführt werden kann.

Art. 97. 1. Ansprüche auf Grund der Artikel 89 bis 91 sind, soweit ihre Feststellung nicht von Amts wegen erfolgt, bei Vermeidung des Ausschlusses vor Ablauf von zwei Jahren nach dem Eintritte des Unfalls bei der dem Verletzten unmittelbar vorgesetzten Dienstbehörde anzumelden. Die Frist gilt auch dann als gewahrt, wenn die Anmeldung bei der für den Wohnort des Entschädigungsberechtigten zuständigen unteren Verwaltungsbehörde erfolgt ist. In solchem Falle ist die Anmeldung unverzüglich an die zuständige Behörde abzugeben und der Beteiligte davon zu benachrichtigen.

2. Nach Ablauf dieser Frist ist der Anmeldung nur dann eine Folge zu geben, wenn zugleich glaubhaft bescheinigt wird, daß eine den Anspruch begründende Folge des Unfalls erst später bemerkbar geworden oder daß der Berechtigte von der Verfolgung seines Anspruchs durch außerhalb seines Willens liegende Verhältnisse abgehalten worden ist, und wenn die Anmeldung innerhalb dreier Monate, nachdem eine Unfallfolge bemerkbar geworden oder das Hindernis für die Anmeldung weggefallen war, erfolgt ist.

3. Jeder Unfall, der von Amts wegen oder durch Anmeldung der Beteiligten einer vorgesetzten Dienstbehörde bekannt wird, ist sofort zu untersuchen. Den Beteiligten ist Gelegenheit zu geben, selbst oder durch Vertreter ihre Interessen bei der Untersuchung zu wahren.

Art. 98. 1. Soweit vorstehend nichts anderes bestimmt ist, finden auf die nach den Artikeln 89 bis 91 zu gewährenden Bezüge die für die Beteiligten geltenden allgemeinen Vorschriften über Ruhegehalte der Beamten (Artikel 52 ff.) und über die Fürsorge für die Witwen und Waisen (Artikel 73 ff.) Anwendung. Auf die Bezüge von Verwandten der aufsteigenden Linie und von Enkeln finden diese Vorschriften entsprechende Anwendung.

³. Die nach den Artikeln 89 bis 91 zu gewährenden Bezüge treten an die Stelle des Ruhegehalts und des Witwen- und Waisengeldes, die den Beteiligten auf Grund der Artikel 47 ff., 73 ff. zustehen, soweit nicht die letzteren Beträge die nach Maßgabe der Artikel 89 bis 91 zu gewährenden Bezüge übersteigen (Artikel 89 Abs. 5 und Artikel 90 Abs. 3).

Art. 99. Die in den Artikeln 89, 90 bezeichneten Personen können, auch wenn sie einen Anspruch auf Ruhegehalt oder Rente nicht haben, wegen eines im Dienste erlittenen Betriebsunfalls gegen den bayerischen Staat weitere Ansprüche, als sie ihnen nach diesem Gesetze zustehen, nicht geltend machen.

Art. 100. ¹. Die in den Artikeln 89, 90 bezeichneten Personen können, auch wenn sie einen Anspruch auf Ruhegehalt oder Rente nicht haben, wegen eines im Dienste erlittenen Betriebsunfalls aus bayerischen Landesgesetzen gegen die im § 10 des Reichs-Unfallfürsorgegesetzes vom 18. Juni 1901 aufgeführten Personen einen Anspruch auf Schadensersatz nur nach Maßgabe der §§ 10, 11 dieses Reichsgesetzes geltend machen.

². Steht den in den Artikeln 89, 90 bezeichneten Personen wegen eines im Dienste erlittenen Betriebsunfalls auf Grund der Reichsgesetze oder der bayerischen Landesgesetze ein Schadensersatzanspruch gegen die im § 10 des Reichs-Unfallfürsorgegesetzes vom 18. Juni 1901 aufgeführten Personen zu, so geht dieser Anspruch in der Höhe der den Entschädigungsberechtigten auf Grund des gegenwärtigen Gesetzes vom Staate zu zahlenden Beträge auf den Staat über.

³. Ebenso gehen diejenigen Entschädigungsansprüche, die den in den Artikeln 89, 90 bezeichneten Personen wegen eines im Dienste erlittenen Betriebsunfalls auf Grund bayerischer Landesgesetze gegen andere als die im § 10 des Reichs-Unfallfürsorgegesetzes vom 18. Juni 1901 bezeichneten Personen zustehen, in der Höhe der den Entschädigungsberechtigten auf Grund des gegenwärtigen Gesetzes vom Staate zu zahlenden Beträge auf den Staat über.

B. Fürsorge bei Unfällen, die in einem der reichsgesetzlichen Unfallversicherung nicht unterliegenden Betrieb oder Dienstzweig eintreten.

Art. 101. ¹· Die Vorschriften der Artikel 89 bis 100 dieses Gesetzes finden, unbeschadet der Vorschrift im § 5 des Reichshaftpflichtgesetzes vom 7. Juni 1871, auch Anwendung, wenn Beamte in Ausübung des Dienstes in einem reichsgesetzlich der Unfallversicherung nicht unterliegenden Betrieb oder Dienstzweig einen Unfall erleiden.

²· Ansprüche auf Ersatz des durch den Unfall verursachten Schadens, die dem Beamten oder seinen Hinterbliebenen gegen Dritte auf Grund gesetzlicher Vorschrift zustehen, gehen bis zur Höhe der ihnen nach dem gegenwärtigen Gesetze zukommenden Leistungen an den Staat über.

VII. Abschnitt.

Dienstaufsicht und Dienststrafrecht.

A. Dienstaufsicht.

Art. 102. ¹· Die Vorschriften über die Qualifikation der Beamten werden von der Staatsregierung erlassen.

²· [1]) Auf Verlangen ist dem Beamten der wesentliche Inhalt der Einträge in seiner Qualifikationsliste bekannt zu geben. Gegen die Einträge ist Beschwerde zulässig.

Art. 103. ¹· Jeder Vorgesetzte ist befugt, den ihm untergebenen Beamten mündlich oder schriftlich Ermahnungen oder Warnungen zu erteilen.

²· Wer als Vorgesetzter zu erachten ist, wird durch die Dienstvorschriften bestimmt.

Art. 104. ¹· Die vorgesetzten Dienstbehörden sind befugt, einem Beamten für den Fall, daß er ein Amtsgeschäft nicht innerhalb einer bestimmten Frist erledigt, die Absendung eines Wartboten auf seine Kosten oder Zwangsstrafen anzudrohen, die für den gleichen Anlaß den Gesamtbetrag von fünfzig Reichsmark [2]) nicht übersteigen dürfen. Nach frucht-

---

[1]) Zu vgl. Art. 129 Abs. III der Reichsverf.; Bek. über die Personalnachweise der Beamten v. 19. März 1929 (GVBl. S. 42) unten S. 165.

[2]) Zu vgl. § 1 der VO. v. 25. Nov. 1925 (GVBl. S. 265).

losem Ablaufe der Frist kann die Androhung ohne weiteres verwirklicht werden.

2. Die vorgesetzten Dienstbehörden sind auch befugt, einem säumigen Beamten auf seine Kosten zur Erledigung rückständiger Amtsgeschäfte eine Geschäftsaushilfe beizugeben.

3. Die Zwangsstrafen werden den Wohlfahrtseinrichtungen für die Beamten zugewendet.

B. Dienststrafrecht für unwiderrufliche aktive Beamte.[1])

1. Dienstvergehen und Dienststrafen.

Art. 105. Ein Beamter, der die ihm obliegenden Pflichten schuldhaft verletzt, macht sich eines Dienstvergehens schuldig.

Art. 106. Die Dienststrafen sind:
1. Ordnungsstrafen;
2. Disziplinarstrafen.

Art. 107. 1. Die Ordnungsstrafen sind:
1. Verweis;
2. Geldstrafe bis zum Betrage des einmonatigen Gehalts.[2])

2. Der Höchstbetrag der Geldstrafe darf auch beim Zusammenflusse mehrerer Dienstvergehen nicht überschritten werden.

3. Die Geldstrafen werden den Wohlfahrtseinrichtungen für die Beamten zugewendet.

Art. 108. Die Disziplinarstrafen sind:
1. Strafversetzung;
2. Dienstentlassung.

Art. 109. 1. Die Strafversetzung erfolgt entweder
1. durch Versetzung auf eine Amtsstelle mit dem gleichen Range und dem gleichen Gehalt[3]) oder
2. durch Versetzung auf eine Amtsstelle mit einem geringeren Range und einem geringeren Gehalte[3]).

---

[1]) Zu vgl. die Bek. v. 22. Okt. 1909 (GVBl. S. 737), die Dienstaufsicht und das Dienststrafrecht für nichtrichterliche Beamte betreffend unten S. 170.

[2]) Zu vgl. Art. 54 Abs. II des BBesG. vom 20. April 1928 (GVBl. S. 205).

[3]) Zu vgl. Art. 54 Abs. II des BBesG. v. 20. April 1928 (GVBl. S. 205).

2. Mit der Versetzung auf eine Amtsstelle mit dem gleichen Gehalte[1]) kann eine Geldstrafe verbunden werden, die den dritten Teil des zuletzt bezogenen Jahresgehalts nicht übersteigen darf.

3. Im Falle der Versetzung auf eine Amtsstelle mit einem geringeren Gehalte[1]) darf die Minderung des Gehalts den fünften Teil des zuletzt bezogenen Jahresgehalts nicht übersteigen.

4. Die Strafversetzung schließt den Anspruch auf Vergütung der Umzugskosten aus.

Art. 110. 1. Die Dienstentlassung hat den Verlust des Titels und der Dienstabzeichen sowie des Anspruchs auf Diensteinkommen, Ruhegehalt und Hinterbliebenenversorgung von Rechts wegen zur Folge.

2. Lassen besondere Umstände eine mildere Beurteilung zu, so kann in dem Urteile des Disziplinargerichts ausgesprochen werden, daß dem Beamten vom Zeitpunkte seiner Entlassung an auf Lebenszeit oder auf bestimmte Zeit als Unterhaltsbeitrag ein Teil des Ruhegehalts zu gewähren sei, den er anzusprechen hätte, wenn er im Zeitpunkte der Entlassung in den Ruhestand versetzt würde. Auch kann bei gleicher Voraussetzung den Hinterbliebenen des aus dem Dienste entlassenen Beamten durch das Urteil des Disziplinargerichts der Anspruch auf Versorgung ganz oder teilweise, mit oder ohne Zeitbeschränkung vorbehalten werden.

3. Liegen berücksichtigungswerte Verhältnisse vor, so kann durch Königliche Entschließung[2]) dem aus dem Dienste entlassenen Beamten oder seiner Familie ausnahmsweise sofort oder später ein widerruflicher Unterhaltsbeitrag gewährt werden; der Unterhaltsbeitrag soll jedoch in der Regel die Hälfte des Betrags nicht übersteigen, der sich als Ruhegehalt berechnet hätte, wenn der Beamte im Zeitpunkte seiner Dienstentlassung in den Ruhestand versetzt worden wäre. Unter der gleichen Voraussetzung (Satz 1) kann durch Königliche Entschließung den Hinterbliebenen eines aus dem Staatsdienst entlassenen Beamten ausnahmsweise ein widerruflicher

---

[1]) Zu vgl. Art. 34 Abs. II des BBesG. v. 20. April 1928 (GVBl. S. 205).

[2]) Zu vgl. Fußnote 1 zu Art. 1.

Unterhaltsbeitrag gewährt werden; dieser soll in der Regel die Hälfte der Beträge nicht übersteigen, die sie als Witwen- und Waisengeld zu beanspruchen hätten, wenn der Beamte im Zeitpunkte der Dienstentlassung gestorben wäre.

Art. 111. Welche der in den Artikeln 106 bis 110 bestimmten Strafen anzuwenden sei, ist nach der größeren oder geringeren Erheblichkeit des Dienstvergehens mit besonderer Rücksicht auf die gesamte Führung des Beschuldigten zu ermessen.

Art. 112. 1. Hat ein Beamter während seines früheren Dienstverhältnisses als Richter, Notar oder als öffentlicher Beamter ein Dienstvergehen begangen, so unterliegt er auch hiewegen den Vorschriften dieses Gesetzes.

2. Wegen einer Handlung, die ein Beamter vor dem Eintritt in den Staatsdienst zu einer Zeit begangen hat, in der er weder Staatsbeamter noch öffentlicher Beamter war, ist ein Einschreiten im Dienststrafverfahren nur dann zulässig, wenn die Handlung die Strafversetzung oder Dienstentlassung begründet.

Art. 113. 1. Die Strafverfolgung von Dienstvergehen verjährt in fünf Jahren. Verstößt die Tat auch gegen ein Strafgesetz, so verjährt die Strafverfolgung des Dienstvergehens nicht, bevor die Strafverfolgung der Straftat verjährt ist.

2. Jede Handlung des Strafrichters oder des Disziplinarrichters oder des mit der Führung der Voruntersuchung beauftragten Beamten oder des von diesem ersuchten Gerichts oder Beamten (Artikel 134 Abs. 2, 7), die wegen der begangenen Tat gegen den Täter gerichtet ist, unterbricht die Verjährung. Nach der Unterbrechung beginnt eine neue Verjährung.

Art. 114. Das Dienststrafverfahren wird eingestellt, wenn der Beschuldigte unter Verzicht auf Titel und Dienstabzeichen sowie auf Diensteinkommen, Ruhegehalt und Hinterbliebenenversorgung um Entlassung aus dem Staatsdienste nachsucht, vorausgesetzt, daß er in Bezug auf seinen Dienst sich nicht in verschuldetem Rückstande befindet und über eine ihm anvertraute Verwaltung von öffentlichem Vermögen Rechenschaft abgelegt hat.

Art. 115. [1] Hat der Staatsanwalt in einem strafrechtlichen Verfahren die öffentliche Klage erhoben oder ist in einem militärgerichtlichen Verfahren die Anklage verfügt worden, so darf vor Beendigung dieses Verfahrens gegen den Beschuldigten wegen der nämlichen Tatsachen ein Dienststrafverfahren weder eingeleitet noch fortgesetzt werden.

[2] Ist wegen Abwesenheit des Beschuldigten die vorläufige Einstellung des Strafverfahrens beschlossen, so kann von diesem Zeitpunkt an das Dienststrafverfahren eingeleitet oder fortgesetzt werden.

Art. 116. [1] Ist von den Strafgerichten auf Freisprechung erkannt, so findet wegen der Tatsachen, die in dem strafrechtlichen Verfahren Gegenstand der Aburteilung waren, ein Dienststrafverfahren nur noch insofern statt, als diese Tatsachen an sich und ohne ihre Beziehung zu dem gesetzlichen Tatbestande der strafbaren Handlung, auf die das Strafverfahren sich erstreckte, ein Dienstvergehen enthalten.

[2] Die Freisprechung wegen Verjährung im strafrechtlichen Verfahren schließt die Einleitung oder Fortsetzung eines Dienststrafverfahrens nicht aus, solange die Strafverfolgung wegen Dienstvergehens noch nicht gemäß Artikel 113 ausgeschlossen ist.

[3] Ist in einem strafrechtlichen Verfahren eine Verurteilung erfolgt, die den Verlust des Amtes nicht zur Folge gehabt hat, so kann von diesem Zeitpunkt an das Dienststrafverfahren eingeleitet oder fortgesetzt werden.

2. Ordnungsstrafverfahren.

Art. 117. [1] Zur Verhängung der Ordnungsstrafen (Artikel 107) sind die vorgesetzten Behörden und Beamten zuständig.

[2] Vor der Verhängung einer Ordnungsstrafe ist dem Beamten Gelegenheit zu geben, sich über die ihm zur Last gelegte Verletzung seiner Dienstpflicht zu äußern, sofern nicht die Ordnungsstrafe schon vorher für den Fall einer bestimmt bezeichneten Verfehlung angedroht war.

[3] Die Verhängung der Ordnungsstrafe erfolgt unter Angabe der Gründe durch schriftliche Verfügung oder zu Protokoll.

4. [1]) Die näheren Vorschriften über die Zuständigkeit der Behörden und Beamten zur Verhängung von Ordnungsstrafen und über das Beschwerdeverfahren werden von der Staatsregierung erlassen.

3. Disziplinarverfahren.

Art. 118. Zur Verhängung der Disziplinarstrafen sind die Disziplinargerichte zuständig. Für Dienstvergehen wegen Zuwiderhandlung gegen die Vorschrift des Artikel 16 sind sie auch zuständig, wenn das Dienstvergehen eine Ordnungsstrafe begründet.

Art. 119. 1. Die Disziplinargerichte sind:

1. in erster Instanz die Disziplinarkammern;
2. in zweiter Instanz der Disziplinarhof.

2. Die Disziplinarkammern führen die Bezeichnung „Disziplinarkammer für nichtrichterliche Beamte", der Disziplinarhof die Bezeichnung „Disziplinarhof für nichtrichterliche Beamte".

Art. 120.[1]) 1. Am Sitze jedes Oberlandesgerichts wird eine Disziplinarkammer errichtet.

[2]. Die Disziplinarkammer besteht aus einem Präsidenten, den Mitgliedern und stellvertretenden Mitgliedern der bei demselben Oberlandesgerichte gebildeten Disziplinarkammer für richterliche Beamte, ferner nach näherer Anordnung der Staatsregierung aus je zwei bis sechzehn unwiderruflichen Beamten aus dem Geschäftskreise jedes Ministeriums und sechs unwiderruflichen Volksschullehrern sowie der erforderlichen Anzahl von Stellvertretern.

3. Diese unwiderruflichen Beamten und Volksschullehrer und ihre Stellvertreter werden von den amtlichen Berufsvertretungen der Beamten und Volksschullehrer auf Grund einer Wahl vorgeschlagen und von den zuständigen Staatsministerien auf die Dauer der Wahlzeiten der Berufsvertretungen ernannt. Die Staatsregierung erläßt die näheren Vorschriften über die Zahl der Vorzuschlagenden, über das Wahlverfahren und über die Aufwandsentschädigungen für die Beisitzer.

---

[1]) Zu vgl. Fußnote 1 zu Art. 105.

[2]) Neufassung nach Art. 183 des VolksschullehrerG. v. 14. August 1919 (GVBl. S. 437).

4. Präsident der Disziplinarkammer ist der Präsident des Oberlandesgerichts. Im Verhinderungsfalle wird dieser durch den Senatspräsidenten und, wenn mehrere Senatspräsidenten vorhanden sind, durch den dienstältesten, bei gleichem Dienstalter durch den der Geburt nach ältesten Senatspräsidenten des Oberlandesgerichts vertreten.

Art. 121. 1. Die Disziplinarkammer entscheidet mit Einschluß des Präsidenten in der Besetzung von fünf Mitgliedern.

2. Bei der Entscheidung müssen außer dem Präsidenten zwei Mitglieder oder stellvertretende Mitglieder der Disziplinarkammer für richterliche Beamte mitwirken; die beiden anderen Mitglieder werden dem Geschäftskreise des Ministeriums entnommen, dem der beschuldigte Beamte untersteht, und, wenn sich das Verfahren gegen Beamte aus dem Geschäftskreise mehrerer Ministerien richtet, dem Geschäftskreise dieser Ministerien.

3. Die Zusammensetzung der Disziplinarkammer erfolgt durch den Präsidenten.

Art. 122. 1. Zuständig im einzelnen Falle ist die Disziplinarkammer, in deren Bezirk der Beschuldigte zur Zeit der Einleitung des Disziplinarverfahrens seinen Amtssitz hat, und, wenn dieser außerhalb Bayerns sich befindet, die Disziplinarkammer in München.

2. Meinungsverschiedenheiten über die Zuständigkeit verschiedener Disziplinarkammern entscheidet der Disziplinarhof.

Art. 123. Der Disziplinarhof kann auf Antrag des Staatsanwalts oder des Beschuldigten die Verweisung der Sache an eine andere Disziplinarkammer beschließen, wenn Gründe vorliegen, welche die Unbefangenheit der zuständigen Disziplinarkammer zweifelhaft machen.

Art. 124. 1. Der Disziplinarhof hat seinen Sitz in München.

2. Er besteht aus einem Präsidenten, den Mitgliedern und stellvertretenden Mitgliedern des Disziplinarhofs für richter-

---

1) Neufassung nach Art. 183 des VolksschullehrerG. v. 14. August 1919 (GVBl. S. 437).

liche Beamte, ferner nach näherer Anordnung der Staatsregierung aus je drei bis sechzehn unwiderruflichen Beamten aus dem Geschäftskreise jedes Ministeriums und sechs unwiderruflichen Volksschullehrern sowie der erforderlichen Anzahl von Stellvertretern. Artikel 120 Abs. 3 gilt entsprechend.

³. Präsident des Disziplinarhofs ist der Präsident des Obersten Landesgerichts. Im Verhinderungsfalle wird dieser durch den dienstältesten Senatspräsidenten und bei gleichem Dienstalter durch den der Geburt nach ältesten Senatspräsidenten des Obersten Landesgerichts vertreten.

Art. 125. ¹. Der Disziplinarhof entscheidet mit Einschluß des Präsidenten in der Besetzung von sieben Mitgliedern.

². Bei jeder Entscheidung müssen außer dem Präsidenten drei Mitglieder oder stellvertretende Mitglieder des Disziplinarhofs für richterliche Beamte mitwirken; die drei anderen Mitglieder werden dem Geschäftskreise des Ministeriums entnommen, dem der beschuldigte Beamte untersteht, und, wenn das Verfahren sich gegen Beamte aus dem Geschäftskreise mehrerer Ministerien richtet, dem Geschäftskreise dieser Ministerien.

³. Die Zusammensetzung des Disziplinarhofs erfolgt durch den Präsidenten.

Art. 126. ¹. Die Verrichtungen der Staatsanwaltschaft bei der Disziplinarkammer obliegen dem Oberstaatsanwalte bei dem Oberlandesgerichte.

². Bei dem Disziplinarhofe besorgt der Generalstaatsanwalt bei dem Obersten Landesgerichte die Geschäfte der Staatsanwaltschaft.

³. Den Dienst des Gerichtsschreibers bei den Disziplinargerichten versehen die Gerichtsschreiber der betreffenden Gerichtshöfe.

⁴. Der Oberstaatsanwalt und der Generalstaatsanwalt haben den Weisungen des Ministeriums und den Anregungen der Stelle, welche die Einleitung des Verfahrens veranlaßt haben, Rechnung zu tragen.

Art. 127. Eine besondere Verpflichtung der Mitglieder der Disziplinarkammern und des Disziplinarhofs auf die Erfüllung ihrer Obliegenheiten findet nicht statt.

Art. 128. 1. Hinsichtlich der Ausschließung und Ablehnung von Mitgliedern der Disziplinarkammern und des Disziplinarhofs finden die Vorschriften der Reichs-Strafprozeßordnung über die Ausschließung und Ablehnung von Gerichtspersonen mit Ausnahme des § 23 Abs. 3 dieses Gesetzes entsprechende Anwendung.

2. Über die Ausschließung oder Ablehnung entscheidet das Disziplinargericht, dem das Mitglied angehört.

3. Wird die Disziplinarkammer durch Ausscheiden der abgelehnten Mitglieder beschlußunfähig, so entscheidet der Disziplinarhof und verweist erforderlichenfalls die Aburteilung der Sache an eine andere Disziplinarkammer.

4. Ablehnungsgesuche wegen Besorgnis der Befangenheit sind bei Vermeidung des Ausschlusses spätestens vor Beginn der Hauptverhandlung bei dem Disziplinargericht anzubringen, dem die abzulehnenden Mitglieder angehören.

5. Gegen den auf ein Ablehnungsgesuch erlassenen Beschluß des Disziplinargerichts findet ein Rechtsmittel nicht statt.

Art. 129. 1. Das Disziplinarverfahren ist auf Antrag des zuständigen Ministeriums oder der von diesem ermächtigten Stelle durch Verfügung des Präsidenten der Disziplinarkammer einzuleiten.

2. Ist Gefahr auf Verzug, so können auch vor der Einleitung des Disziplinarverfahrens von den dem Beschuldigten vorgesetzten Behörden und Beamten Untersuchungshandlungen zur Sicherung des Beweises vorgenommen werden. Zu diesen Untersuchungshandlungen ist ein beeidigter Protokollführer beizuziehen. In dringenden Fällen kann der Beamte eine andere geeignete Persönlichkeit als Protokollführer beiziehen und beeidigen.

Art. 130. Die Vorschriften der Reichs-Strafprozeßordnung über den Fristenlauf und über die Wiedereinsetzung in den vorigen Stand gegen Ablauf von Fristen (§§ 42 bis 47) finden auf das Disziplinarverfahren entsprechende Anwendung.

Art. 131. 1. Zeugen und Sachverständige werden, soweit nicht durch die in Abs. 2 bezeichneten Vorschriften Ausnahmen begründet sind, eidlich vernommen.

2. Die Vorschriften der Reichs-Strafprozeßordnung über die Verpflichtung, vor Gericht zu erscheinen und sich als Zeuge oder Sachverständiger vernehmen zu lassen, über die Folgen des Nichterscheinens und der Verweigerung des Zeugnisses oder der Eidesleistung sowie über die Zulässigkeit der Beeidigung und der Berufung auf einen früher geleisteten Eid, ferner die Vorschriften der Reichs-Strafprozeßordnung und des Gesetzes zu ihrer Ausführung vom 18. August 1879 über die Form der Eidesleistung und über den Gebrauch gewisser Beteuerungsformeln an Stelle des Eides gelten auch für das Disziplinarverfahren[1]).

Art. 132. 1. Die im Disziplinarverfahren an den Beschuldigten ergehenden schriftlichen Mitteilungen sollen unter Umschlag, der mit dem Dienstsiegel zu versehen ist, zugestellt werden.

2. Die Zustellung ist als gültig erfolgt anzusehen, wenn sie an die Person, an welche die Mitteilung gerichtet ist, nachweislich bewirkt wurde.

3. Wird der Beschuldigte nicht angetroffen, so kann die Zustellung in seiner Wohnung an einen zu der Familie gehörigen erwachsenen Hausgenossen oder an eine in der Familie dienende erwachsene Person oder, wenn solche Personen nicht angetroffen werden, an den in demselben Hause wohnenden Hauswirt oder Vermieter erfolgen, sofern diese zur Annahme des Schriftstücks bereit sind.

4. Ist die Zustellung nach diesen Bestimmungen nicht ausführbar, so kann sie an den Bürgermeister oder seinen Stellvertreter geschehen.

5. Ist der Aufenthalt des Beschuldigten unbekannt oder hält er sich außerhalb seines Amtssitzes im Ausland auf, so kann die Zustellung an seinem letzten Amtssitze bewirkt werden. Eine öffentliche Ladung ist unzulässig.

6. Hinsichtlich der Zustellungen an den Staatsanwalt finden die Vorschriften des § 41 der Reichs-Strafprozeßordnung Anwendung.

7. Die Staatsregierung ist ermächtigt, im übrigen die Formen der Zustellung durch Vollzugsvorschriften zu regeln.

---

[1]) Zu vgl. nunmehr Art. 176 der Reichsverf. v. 11. August 1919 (RGBl. S. 1383).

Art. 133. Alle im Disziplinarverfahren ergehenden Entscheidungen sind mit Gründen zu versehen.

Art. 134. 1. Nach der Einleitung des Disziplinarverfahrens hat eine Voruntersuchung stattzufinden.

2. Der Beamte, durch den die Voruntersuchung zu führen ist, wird durch den Präsidenten bestimmt. Mit der Führung der Voruntersuchung ist ein Beamter aus dem Geschäftskreise des Ministeriums zu beauftragen, dem der Beschuldigte untersteht. Über die Wahl des Beamten hat sich der Präsident mit dem zuständigen Ministerium oder mit der Stelle, welche die Einleitung des Verfahrens beantragt hat, zu benehmen.

3. Die Voruntersuchung hat den Zweck, den Sachverhalt zu ermitteln und die erforderlichen Beweise zu erheben.

4. Der Beschuldigte wird unter Mitteilung der Anschuldigungspunkte vorgeladen und, wenn er erscheint, in Abwesenheit des Staatsanwalts mit seinen Erklärungen und Anträgen gehört. Die Verhaftung, vorläufige Festnahme oder Vorführung des Beschuldigten ist unzulässig.

5. Den Vernehmungen der Zeugen oder Sachverständigen darf weder der Staatsanwalt noch der Beschuldigte beiwohnen. Ausnahmsweise ist ihnen die Anwesenheit zu gestatten, wenn ein Zeuge oder Sachverständiger vernommen wird, der voraussichtlich am Erscheinen in der Hauptverhandlung verhindert oder dessen Erscheinen wegen großer Entfernung besonders erschwert sein wird.

6. Ist zu befürchten, daß der Zeuge in Gegenwart des Beschuldigten die Wahrheit nicht sagen werde, so kann der Beschuldigte von der Anwesenheit bei der Verhandlung ausgeschlossen werden.

7. Ist die Vernehmung eines Zeugen oder Sachverständigen wegen großer Entfernung erschwert, so kann der die Voruntersuchung führende Beamte das Amtsgericht, in dessen Bezirk der Zeuge oder Sachverständige sich aufhält oder mit Zustimmung des Vorsitzenden der Disziplinarkammer auch einen anderen Beamten um die Vernehmung ersuchen.

Art. 135. Über jede Untersuchungshandlung ist ein Protokoll unter Beobachtung der im § 186[1]) der Reichs-Straf-

[1]) Nunmehr § 188 der Reichsstrafprozeßordnung.

prozeßordnung enthaltenen Vorschriften aufzunehmen. Hiezu ist ein beeidigter Protokollführer beizuziehen. In dringenden Fällen kann der die Voruntersuchung führende Beamte eine andere geeignete Persönlichkeit als Protokollführer beiziehen und beeidigen.

Art. 136. [1] Der Staatsanwalt kann stets, ohne daß jedoch das Verfahren dadurch aufgehalten werden darf, von dem Stande der Voruntersuchung durch Einsicht der Akten Kenntnis nehmen und Anträge stellen.

[2] Vor dem Schlusse der Voruntersuchung ist dem Beschuldigten das Ergebnis mitzuteilen und ihm nochmals Gelegenheit zu seiner Verteidigung zu geben.

[3] Auch im Laufe der Voruntersuchung soll dem Beschuldigten, soweit es ohne Gefährdung des Untersuchungszwecks geschehen kann, im Interesse seiner Verteidigung von wichtigen oder neuen Beweisergebnissen Mitteilung gemacht werden.

Art. 137. [1] Erachtet der die Voruntersuchung führende Beamte die Untersuchung für geschlossen, so übermittelt er die Akten dem Staatsanwalte.

[2] Beantragt der Staatsanwalt eine Ergänzung der Voruntersuchung, so hat der die Voruntersuchung führende Beamte, wenn er dem Antrage nicht stattgeben will, die Entscheidung des Präsidenten der Disziplinarkammer einzuholen.

[3] Auf Grund des Ergebnisses der Voruntersuchung stellt der Staatsanwalt seine Anträge an die Disziplinarkammer.

[4] Beantragt der Staatsanwalt die Verweisung der Sache zur Hauptverhandlung, so hat er eine Anschuldigungsschrift zu fertigen, in welche die wesentlichen Ergebnisse der Ermittlungen aufzunehmen sind. Diese Anschuldigungsschrift ist dem Beschuldigten zur Erklärung binnen einer von dem Präsidenten zu bestimmenden Frist mitzuteilen.

[5] Die Disziplinarkammer kann eine Ergänzung der Voruntersuchung anordnen.

Art. 138. [1] Liegt nach dem Ergebnisse der Voruntersuchung ein Dienstvergehen nicht vor, so hat die Disziplinarkammer den Beschuldigten außer Verfolgung zu setzen.

[2] Liegt ein Dienstvergehen vor, ist aber die Verurteilung zur Strafversetzung oder Dienstentlassung nicht zu erwarten,

so hat, unbeschadet der Vorschrift des Artikel 118 Satz 2, die Disziplinarkammer das Verfahren einzustellen. In diesem Falle kann die zuständige Behörde eine Ordnungsstrafe verhängen.

3. Steht dem weiteren Verfahren der Umstand entgegen, daß der Beschuldigte nach der Tat in Geisteskrankheit verfallen ist, so kann die vorläufige Einstellung des Verfahrens beschlossen werden.

4. In den Fällen der Abs. 1, 2 ist dem Beschuldigten eine Ausfertigung des Beschlusses der Disziplinarkammer zu erteilen.

Art. 139. 1. Ist der Beschuldigte nach dem Ergebnisse der Voruntersuchung eines Dienstvergehens hinreichend verdächtig, das die Strafversetzung oder Dienstentlassung begründet, so verweist die Disziplinarkammer die Sache zur Hauptverhandlung.

2. Auf die Abfassung des Beschlusses findet § 205 Abs. 1 [1]) der Reichs-Strafprozeßordnung entsprechende Anwendung.

Art. 140. Gegen die Beschlüsse nach Artikel 138 Abs. 1, 2 steht dem Staatsanwalte die Beschwerde an den Disziplinarhof zu.

Art. 141. 1. In den Fällen des Artikel 138 Abs. 1, 2 kann das Disziplinarverfahren nur auf Grund neuer Tatsachen oder Beweismittel wieder aufgenommen werden. Die Wiederaufnahme erfolgt auf Antrag des zuständigen Ministeriums oder der von diesem ermächtigten Stelle durch Beschluß der Disziplinarkammer.

2. Wurde im Falle des Artikel 138 Abs. 2 eine Ordnungsstrafe verhängt, so ist die Wiederaufnahme des eingestellten Verfahrens ausgeschlossen.

Art. 142. 1. Beschließt die Disziplinarkammer die Verweisung der Sache zur Hauptverhandlung, so hat der Präsident Termin anzuberaumen und die erforderlichen Ladungen und sonst nötigen Vorbereitungen zu bewirken.

2. Der Beschuldigte ist unter abschriftlicher Mitteilung des Beschlusses über die Verweisung der Sache zur Hauptverhandlung (des Verweisungsbeschlusses) mit der Warnung zu laden,

---

[1]) Nunmehr § 207 Abs. 1 der Reichsstrafprozeßordnung.

daß die Verhandlung im Falle seines Ausbleibens gleichwohl stattfinden werde.

3. Zwischen der Zustellung der Ladung und dem Tage der Hauptverhandlung muß eine Frist von mindestens einer Woche liegen. Ist diese Frist nicht eingehalten worden, so kann der Beschuldigte die Aussetzung der Verhandlung verlangen, solange nicht in der Sitzung mit der Verlesung des Verweisungsbeschlusses begonnen ist.

4. Die Zeugen oder Sachverständigen werden von Amts wegen geladen, soweit der Präsident der Disziplinarkammer diese Ladung nach dem Ergebnisse der Voruntersuchung für nötig erachtet. Anträge des Staatsanwalts und des Beschuldigten auf Vorladung von Zeugen oder Sachverständigen werden, unbeschadet der etwaigen Erneuerung bei der Hauptverhandlung, von dem Präsidenten beschieden.

5. Die ergehenden Verfügungen sind den Beteiligten bekannt zu geben.

6. Lehnt der Präsident den Antrag auf Ladung einer Person ab, so kann sie der Beschuldigte unmittelbar laden lassen. Der Beschuldigte hat dies dem Präsidenten gleichzeitig anzuzeigen. Eine unmittelbar geladene Person ist nur dann zum Erscheinen verpflichtet, wenn ihr bei der Ladung die gesetzliche Entschädigung für Reisekosten und Zeitversäumnis bar dargeboten oder ihre Hinterlegung bei dem Gerichtsschreiber nachgewiesen wird.

7. Der Beschuldigte kann sich des Beistandes eines Rechtsanwalts als Verteidigers bedienen. Diesem ist die Einsicht der Akten zu gestatten.

Art. 143. 1. Die Hauptverhandlung findet statt, auch wenn der Beschuldigte nicht erschienen ist.

2. Er kann sich durch einen Rechtsanwalt vertreten lassen. Der Disziplinarkammer steht es jedoch frei, das persönliche Erscheinen des Beschuldigten unter der Warnung anzuordnen, daß bei seinem Ausbleiben ein Verteidiger zu seiner Vertretung nicht würde zugelassen werden.

3. Die Verhandlung ist nicht öffentlich. Das Ministerium oder die von ihm ermächtigte Stelle ist befugt, einen Beamten in die Verhandlung abzuordnen. Auf Antrag des

Beschuldigten können einzelne Personen nach dem Ermessen des Vorsitzenden als Zuhörer zugelassen werden.

4. Hinsichtlich der Handhabung der Sitzungspolizei finden die Vorschriften des Reichs-Gerichtsverfassungsgesetzes entsprechende Anwendung.

Art. 144. 1. Bei der Hauptverhandlung wird der Verweisungsbeschluß verlesen.

2. Hierauf wird der Beschuldigte vernommen. Gesteht er die den Gegenstand der Anschuldigung bildenden Tatsachen ein und walten gegen die Glaubwürdigkeit seines Geständnisses keine Bedenken ob, so beschließt die Disziplinarkammer, daß eine Beweiserhebung nicht stattfinde.

3. Andernfalls gibt ein von dem Präsidenten der Disziplinarkammer aus der Zahl ihrer Mitglieder ernannter Berichterstatter auf Grund der bisherigen Erhebungen eine Darstellung der Beweisaufnahme, soweit sie sich auf die in dem Verweisungsbeschluß enthaltenen Anschuldigungspunkte bezieht und nicht durch unmittelbare Beweiserhebung in der Sitzung (Artikel 145, 146) ersetzt wird.

4. Urkunden und andere als Beweismittel dienende Schriftstücke sind zu verlesen, ebenso die Protokolle über die Aussagen der vernommenen Zeugen und die Gutachten der Sachverständigen, sofern diese Personen nicht bei der Hauptverhandlung vernommen werden. Die Verlesung der Aussage eines vor der Hauptverhandlung vernommenen Zeugen, der erst in der Hauptverhandlung von seinem Rechte, das Zeugnis zu verweigern, Gebrauch macht, hat zu unterbleiben.

5. Zum Schlusse wird der Staatsanwalt mit seinem Antrag und der Beschuldigte mit seiner Verteidigung gehört. Dem Beschuldigten gebührt das letzte Wort.

Art. 145. Erachtet die Disziplinarkammer im Laufe der Hauptverhandlung auf Antrag des Beschuldigten, des Staatsanwalts oder von Amts wegen die Vernehmung von Zeugen oder Sachverständigen, sei es vor der Disziplinarkammer oder durch einen beauftragten Beamten, oder die Herbeischaffung anderer Beweismittel für angemessen, so erläßt sie den erforderlichen Beschluß und verlegt nötigenfalls die Fortsetzung der Verhandlung auf einen anderen Tag, der bekannt zu geben ist.

Art. 146. Die Zeugen und Sachverständigen müssen auf Antrag des Staatsanwalts oder des Beschuldigten in der Hauptverhandlung vernommen werden, wenn die Tatsachen erheblich sind, über die sie vernommen werden sollen, und die Disziplinarkammer diese Vernehmung zur näheren Aufklärung der Sache für erforderlich erachtet.

Art. 147. 1. Stehen dem Erscheinen eines Zeugen oder Sachverständigen Krankheit oder andere unabweisbare Hindernisse entgegen oder ist ihr Erscheinen wegen großer Entfernung besonders erschwert, so ist von der Disziplinarkammer ihre Vernehmung durch einen beauftragten oder ersuchten Beamten anzuordnen.

2. Von dem zum Zwecke dieser Vernehmung anberaumten Termine sind der Staatsanwalt, der Beschuldigte und sein Verteidiger vorher zu benachrichtigen; ihrer Anwesenheit bei der Vernehmung bedarf es nicht.

Art. 148. 1. Auf Grund des Ergebnisses der Beweisaufnahme entscheidet die Disziplinarkammer nach ihrer freien, aus dem Inbegriffe der Verhandlung geschöpften Überzeugung und erkennt auf Freisprechung oder Verurteilung.

2. Findet die Disziplinarkammer auf Grund des Ergebnisses der Beweisaufnahme, daß nur eine Ordnungsstrafe zu verhängen sei, so hat sie sofort selbst auf die Ordnungsstrafe zu erkennen.

3. Die Verurteilung des Beschuldigten in eine Dienststrafe kann nur wegen der Tat erfolgen, die in dem Verweisungsbeschlusse bezeichnet ist.

4. Zu jeder dem Beschuldigten nachteiligen Entscheidung, welche die Schuldfrage oder die Verurteilung zur Strafe der Dienstentlassung betrifft, ist eine Mehrheit von zwei Dritteilen der Stimmen erforderlich.

5. Die Verkündung des Urteils erfolgt am Schlusse der Verhandlung oder spätestens innerhalb der darauffolgenden vierzehn Tage durch Verlesung der Urteilsformel und Eröffnung der Urteilsgründe. Die Eröffnung der Urteilsgründe geschieht durch Verlesung oder durch mündliche Mitteilung ihres wesentlichen Inhalts. War die Verkündung des Urteils ausgesetzt, so sind die Urteilsgründe vor derselben schriftlich

festzusetzen. Dem Beschuldigten ist eine Ausfertigung des Urteils zu erteilen.

6. [1]) Im übrigen finden hinsichtlich der Beratung und Abstimmung die Vorschriften der §§ 194 bis 199 [2]) des Reichs-Gerichtsverfassungsgesetzes und hinsichtlich der Beurkundung der Urteile und der Erteilung von Ausfertigungen und Auszügen die Vorschriften des § 275 Abs. 2 bis 4 der Reichs-Strafprozeßordnung entsprechende Anwendung. Die Reihenfolge bei der Abstimmung richtet sich nach dem Lebensalter.

Art. 149. 1. Über die Hauptverhandlung wird ein Protokoll aufgenommen, das den Ort und den Tag der Verhandlung, die Namen der mitwirkenden Mitglieder des Disziplinargerichts, des Staatsanwalts und des Gerichtsschreibers, dann des Beschuldigten und seines Verteidigers sowie das Wesentliche über den Gang und über das Ergebnis der Verhandlung enthalten und die verlesenen Schriftstücke bezeichnen muß.

2. In das Protokoll sind ferner die im Laufe der Verhandlung gestellten Anträge, die ergangenen Entscheidungen und die Urteilsformel aufzunehmen.

3. Kommt es auf die Feststellung eines Vorganges in der Hauptverhandlung oder des Wortlauts einer Aussage oder Äußerung an, so hat der Präsident die vollständige Niederschreibung und Verlesung anzuordnen. In dem Protokoll ist zu bemerken, daß die Verlesung geschehen und die Genehmigung erfolgt ist oder welche Einwendungen erhoben wurden.

4. Das Protokoll ist von dem Präsidenten und dem Gerichtsschreiber zu unterzeichnen. Ist der Präsident verhindert, so unterzeichnet für ihn das älteste beisitzende Mitglied.

Art. 150. Ist weder der Beschuldigte noch ein Vertreter bei der Hauptverhandlung erschienen, so kann der Beschuldigte gegen das Urteil binnen einer Woche nach der Zustellung die Wiedereinsetzung in den vorigen Stand unter den gleichen Voraussetzungen wie gegen die Versäumung einer Frist nachsuchen.

Art. 151. Der Antrag des Ministeriums oder der von diesem ermächtigten Stelle (Artikel 129) kann bis zur Ver-

---

[1]) Abs. 6 Satz 2 in der Fassung nach Art. 183 des VolksschullehrerG. v. 14. August 1919 (GVBl. S. 437).

[2]) Nunmehr §§ 192 bis 197 des GerichtsverfG.

kündung des Urteils der Disziplinarkammer zurückgenommen werden. Nach dem Erlasse des Verweisungsbeschlusses ist eine Zurücknahme nur mit Zustimmung des Beschuldigten zulässig. Wird der Antrag zurückgenommen, so ist das Verfahren einzustellen.

Art. 152. 1. Gegen das Urteil der Disziplinarkammer steht sowohl dem Staatsanwalt als dem Beschuldigten die Berufung an den Disziplinarhof offen.

2. Neue Tatsachen, welche die Grundlage einer anderen Beschuldigung bilden, dürfen in der Berufungsinstanz nicht vorgebracht werden.

3. Jede von dem Staatsanwalt eingelegte Berufung hat die Wirkung, daß das angefochtene Urteil auch zugunsten des Beschuldigten abgeändert oder aufgehoben werden kann.

4. War das Urteil nur von dem Beschuldigten oder zu seinen Gunsten von dem Staatsanwalt angefochten worden, so darf es nicht zum Nachteile des Beschuldigten abgeändert werden.

5. Die Zurücknahme einer zugunsten des Beschuldigten eingelegten Berufung ist nur mit seiner Zustimmung statthaft.

Art. 153. 1. Die Berufung muß bei der Disziplinarkammer, die das anzufechtende Urteil erlassen hat, schriftlich oder zu Protokoll des Gerichtsschreibers angemeldet werden. Für den Beschuldigten kann die Berufung auch durch einen mit schriftlicher Vollmacht versehenen Bevollmächtigten angemeldet werden.

2. Die Anmeldungsfrist beträgt zwei Wochen. Sie beginnt für den Staatsanwalt mit der Verkündung des Urteils, für den Beschuldigten mit dem Tage, an dem ihm die Ausfertigung des Urteils zugestellt worden ist.

3. Die Bestimmung des § 356[1]) der Reichs-Strafprozeßordnung findet, falls ein Gesuch um Wiedereinsetzung in den vorigen Stand gestellt wird, entsprechende Anwendung.

Art. 154. Durch rechtzeitige Einlegung der Berufung wird die Rechtskraft des Urteils, soweit es angefochten ist, gehemmt.

Art. 155. 1. Zur schriftlichen Rechtfertigung der Berufung steht demjenigen, der sie rechtzeitig angemeldet hat,

---

[1]) Nunmehr § 315 der Reichsstrafprozeßordnung.

eine Frist von zwei Wochen, vom Ablaufe der Anmeldungsfrist gerechnet, offen.

2. Die Berufung kann auf bestimmte Beschwerdepunkte beschränkt werden. Ist dies nicht geschehen oder ist eine Rechtfertigung überhaupt nicht erfolgt, so gilt der ganze Inhalt des Urteils als angefochten.

Art. 156. 1. Die Anmeldung der Berufung und die etwa eingegangene Rechtfertigungsschrift werden dem Gegner, und zwar dem Beschuldigten in Abschrift, dem Staatsanwalte nach Maßgabe des Artikels 132 Abs. 6 dieses Gesetzes, zugestellt.

2. Innerhalb zwei Wochen nach erfolgter Zustellung kann der Gegner eine Beantwortungsschrift einreichen.

Art. 157. Die Fristen zur Rechtfertigung und Beantwortung der Berufung können auf Antrag von dem Präsidenten der Disziplinarkammer verlängert werden.

Art. 158. 1. Nach Ablauf der in den vorstehenden Artikeln bestimmten Fristen werden die Akten an den Disziplinarhof eingesendet.

2. Der Präsident des Disziplinarhofs kann die zur Aufklärung der Sache erforderlichen Verfügungen erlassen. Sodann bestimmt er eine Sitzung zur Hauptverhandlung, zu welcher der Beschuldigte unter der in dem Artikel 142 Abs. 2 erwähnten Warnung vorzuladen und der Staatsanwalt zuzuziehen ist.

3. Hinsichtlich der Zustellung der Ladung an den Beschuldigten findet die Bestimmung des Artikel 142 Abs. 3 mit der Maßgabe Anwendung, daß der dort erwähnte Antrag auf Aussetzung der Verhandlung vor Beginn der im nachfolgenden Absatze bezeichneten Berichterstattung gestellt werden muß.

4. Bei der Hauptverhandlung gibt zunächst der von dem Präsidenten des Disziplinarhofs aus der Zahl seiner Mitglieder ernannte Berichterstatter eine Darstellung der bis dahin stattgefundenen auf die Anschuldigungspunkte bezüglichen Verhandlungen.

5. Zum Schlusse werden der Staatsanwalt und der Beschuldigte mit ihren Ausführungen und Anträgen, und zwar

der Beschwerdeführer zuerst, gehört. Dem Beschuldigten gebührt das letzte Wort.

6. [1]) Der Prüfung des Disziplinarhofs unterliegt das Urteil nur, soweit es angefochten ist. Im übrigen wird nach Maßgabe der in dem Artikel 142 Abs. 4 bis 6, dem Artikel 143, dem Artikel 144 Abs. 2 bis 4, den Artikeln 145 bis 150 enthaltenen Vorschriften verfahren.

Art. 159. Auf die Wiederaufnahme eines durch rechtskräftiges Urteil geschlossenen Verfahrens sind die Vorschriften des vierten Buches der Reichs-Strafprozeßordnung über die Wiederaufnahme des Verfahrens in den vor den Schöffengerichten verhandelten Sachen mit Ausnahme der Vorschriften des § 403 [2]), § 411 Abs. 4 [3]) entsprechend anzuwenden. Wird eine Beweisaufnahme angeordnet (§ 409) [4]), so ist sie nach den für die Voruntersuchung in Disziplinarsachen geltenden Vorschriften durchzuführen. Wird die Erneuerung der Hauptverhandlung angeordnet (§ 410 Abs. 2) [5]), so bemißt sich das weitere Verfahren nach den Vorschriften der Artikel 142 ff. des gegenwärtigen Gesetzes.

Art. 160. 1. Ein verurteilter Beamter, dessen Unschuld im Wiederaufnahmeverfahren festgestellt wird, kann Ersatz des ihm durch die Strafvollstreckung erwachsenen Vermögensschadens aus der Staatskasse beanspruchen.

2. Wird ein verurteilter Beamter im Wiederaufnahmeverfahren mit einer geringeren Strafe belegt, so kann das Disziplinargericht aussprechen, daß ihm der durch die Strafvollstreckung erwachsene Vermögensschaden ganz oder teilweise aus der Staatskasse ersetzt wird.

3. Im übrigen finden die Vorschriften des § 1 Abs. 2 bis 4, § 2 Abs. 2, § 3 Abs. 2, §§ 4, 5 des Reichsgesetzes vom 20. Mai 1898, betreffend die Entschädigung der im Wiederaufnahmeverfahren freigesprochenen Personen, entsprechende Anwendung. Der Antrag nach § 5 des Reichsgesetzes ist bei

---

[1]) Abs. 6 Satz 3 gestrichen durch Art. 183 des VolksschullehrerG. v. 14. August 1919 (GVBl. S. 437) in der Fassung des Art. VII des Ges. v. 24. März 1920 (GVBl. S. 103).
[2]) Nunmehr § 363 der Reichsstrafprozeßordnung.
[3]) Nunmehr § 371 Abs. 4 der Reichsstrafprozeßordnung.
[4]) Nunmehr § 369 der Reichsstrafprozeßordnung.
[5]) Nunmehr § 370 der Reichsstrafprozeßordnung.

der von der Staatsregierung zu bestimmenden Behörde einzureichen. Über ihn entscheidet das zuständige Ministerium oder die von diesem ermächtigte Stelle.

Art. 161. Auf die in diesem Gesetze gegen Entscheidungen der Disziplinargerichte zugelassenen Beschwerden finden die Vorschriften der Reichs-Strafprozeßordnung über die sofortige Beschwerde entsprechende Anwendung.

4. Kosten des Verfahrens.

Art. 162. 1. Für das Dienststrafverfahren werden nur bare Auslagen in Ansatz gebracht.

2. Wird der Beschuldigte verurteilt oder bleibt ein von ihm eingelegtes Rechtsmittel erfolglos, so hat er die im Verfahren erwachsenen baren Auslagen ganz oder teilweise zu erstatten.

3. Die Kosten des in Anwendung des Artikel 114 eingestellten Verfahrens trägt der Beschuldigte, die Kosten eines von dem Verurteilten zurückgenommenen Rechtsmittels dieser.

4. In allen übrigen Fällen trägt die Staatskasse die erwachsenen Kosten.

5. Wird der Beschuldigte außer Verfolgung gesetzt oder freigesprochen oder wird das Verfahren nach Artikel 151 eingestellt, so können die dem Beschuldigten erwachsenen notwendigen Auslagen einschließlich der Kosten der Verteidigung der Staatskasse auferlegt werden.

6. Über die Pflicht zur Tragung der Kosten ist gleichzeitig mit der Entscheidung in der Hauptsache zu erkennen.

5. Vollstreckung der Dienststrafen.

Art. 163. 1. Die Vollstreckung der rechtskräftigen Urteile der Disziplinargerichte wird durch das zuständige Ministerium oder die von diesem ermächtigte Stelle auf Grund einer beglaubigten Abschrift der Urteilsformel veranlaßt, die der Gerichtsschreiber der Disziplinarkammer erteilt und mit der Bescheinigung der Vollstreckbarkeit versieht.

2. Die Vollstreckung der Zwangs- und Geldstrafen erfolgt, soweit tunlich, im Wege der Aufrechnung nach dem Artikel 12 Abs. 1 des Ausführungsgesetzes zum Bürgerlichen Gesetzbuche. Andernfalls wird sie nach Maßgabe des Artikel 7 Abs. 1 des

Ausführungsgesetzes zur Reichs-Zivilprozeßordnung und Konkursordnung bewirkt; einer Zustellung der beglaubigten Abschrift der Urteilsformel bedarf es nicht.

3. Im übrigen werden die Vorschriften über die Vollstreckung der Dienststrafen von der Staatsregierung erlassen.

4. Die Umwandlung einer nicht beizutreibenden Geldstrafe in eine Freiheitsstrafe findet nicht statt.

C. Dienststrafrecht für andere Beamte.

Art. 164. Auf die widerruflichen aktiven Beamten finden, unbeschadet der Vorschrift des Artikel 96 Abs. 1 Satz 2, die Vorschriften der Artikel 105 bis 107, 111 bis 117, soweit sie sich auf Ordnungsstrafen beziehen, mit der Maßgabe entsprechende Anwendung, daß Geldstrafen gegen etatsmäßige Beamte bis zum Betrage des einmonatigen Gehalts [2]), gegen die übrigen widerruflichen Beamten bis zum Betrage von einhundert Reichsmark [1]) verhängt werden können.

Art. 165. Auf die in dem Artikel 25 bezeichneten Staatsdienstaspiranten und sonstigen Personen finden die Vorschriften der Artikel 105 bis 107, 111 bis 117, soweit sie sich auf Ordnungsstrafen beziehen, mit der Maßgabe entsprechende Anwendung, daß Geldstrafen bis zum Betrage von einhundert Reichsmark [1]) verhängt werden können.

Art. 166. 1. Auf die unter Gewährung von Wartegeld einstweilen in den Ruhestand versetzten unwiderruflichen Beamten findet das Dienststrafrecht für unwiderrufliche aktive Beamte mit der Maßgabe Anwendung, daß Geldstrafe bis zum Betrage des einmonatigen Wartegeldes zulässig ist und daß an Stelle der Strafversetzung auf Minderung des Wartegeldes um höchstens den fünften Teil für die ganze Zeit oder für einen Teil des einstweiligen Ruhestandes zu erkennen ist.

2. Auf die unter Gewährung von Wartegeld einstweilen in den Ruhestand versetzten widerruflichen Beamten finden die Vorschriften der Artikel 105 bis 107, 111 bis 117, soweit sie sich auf Ordnungsstrafen beziehen, mit der Maßgabe ent-

---

[1]) Zu vgl. § 1 der VO. v. 25. Nov. 1925 (GVBl. S. 265).
[2]) Zu vgl. Art. 54 des BBesG. v. 20. April 1928 (GVBl. S. 206).

sprechende Anwendung, daß Geldstrafe bis zum Betrage des einmonatigen Wartegeldes zulässig ist.

Art. 167. 1. Auf die zeitlich oder dauernd in den Ruhestand versetzten unwiderruflichen Beamten findet das Dienststrafrecht für die aktiven unwiderruflichen Beamten mit folgenden Einschränkungen entsprechende Anwendung:

2. Auf Verweis oder Geldstrafe kann nur wegen Verletzung der Pflicht der Amtsverschwiegenheit erkannt werden. Geldstrafe ist zulässig bis zum Betrage des einmonatigen Ruhegehalts.

3. Im übrigen ist ein Disziplinarverfahren nur wegen solcher in der Dienstesaktivität oder im Ruhestande begangener Handlungen zulässig, die gegenüber einem aktiven Beamten die Dienstentlassung begründen. An Stelle der Dienstentlassung ist auf Verlust des Titels, der Dienstabzeichen und des Ruhegehalts sowie des Anspruchs auf Hinterbliebenenversorgung zu erkennen. Die Vorschriften des Artikel 110 Abs. 2, 3 finden entsprechende Anwendung.

4. War der in den Ruhestand versetzte Beamte widerruflich, so finden die Vorschriften der Artikel 105 bis 107, 111 bis 117, soweit sie sich auf Ordnungsstrafen beziehen, mit der Maßgabe entsprechende Anwendung, daß auf diese Strafen nur wegen Verletzung der Pflicht der Amtsverschwiegenheit erkannt werden kann und daß Geldstrafe bis zum Betrage des einmonatigen Ruhegehalts zulässig ist.

Art. 168. Gegen Beamte und gegen die in dem Artikel 25 bezeichneten Staatsdienstaspiranten und sonstigen Personen, deren Dienstverhältnis auf Ansuchen oder ohne Ansuchen gelöst wurde (Artikel 8 Abs. 2, Artikel 9 Abs. 2 und Artikel 108 Ziff. 2, Artikel 10), kann, sofern nicht eine andere Strafe verwirkt ist, wegen einer Verletzung der Pflicht der Amtsverschwiegenheit auch nach der Auflösung des Dienstverhältnisses eine Geldstrafe bis zum Betrage von sechshundert Reichsmark[1]) im Disziplinarverfahren verhängt werden.

Art. 169. In einem Disziplinarverfahren nach den Artikeln 166 bis 168 ist die Disziplinarkammer zuständig,

---

1) Zu vgl. § 1 der VO. vom 25. Nov. 1925 (GVBl. S. 265).

in deren Bezirk der Beschuldigte seinen letzten Amtssitz hatte, und, wenn dieser außerhalb Bayerns sich befand, die Disziplinarkammer in München.

VIII. Abschnitt.

Vorläufige Dienstenthebung.

Art. 170. Der unwiderrufliche Beamte kann jederzeit unter Wahrung aller seiner Rechte als Beamter seines Dienstes vorläufig enthoben werden.

Art. 171. Die vorläufige Enthebung eines Beamten vom Dienste mit den Wirkungen des Artikel 174 tritt kraft des Gesetzes ein:

1. wenn ein richterlicher Haftbefehl gegen ihn erlassen wurde;
2. wenn wegen eines Verbrechens oder eines solchen Vergehens, das den Verlust des Amtes zur Folge haben kann, die Eröffnung des Hauptverfahrens, im militärgerichtlichen Verfahren die Anklageverfügung beschlossen wurde;
3. wenn im Disziplinarverfahren ein noch nicht rechtskräftiges Urteil ergangen ist, das auf Dienstentlassung lautet;
4. wenn eine Gefängnisstrafe gegen ihn in Vollzug gesetzt wird.

Art. 172. 1. Durch die zuständige Dienstbehörde kann die vorläufige Enthebung eines Beamten vom Dienste mit den Wirkungen des Artikel 174 verfügt werden, solange gegen ihn ein strafgerichtliches Verfahren oder ein Disziplinarverfahren eingeleitet ist oder eine nicht in dem Artikel 171 Ziff. 4 bezeichnete Freiheitsstrafe vollstreckt wird.

2. Gegen die Verfügung steht dem Beamten die Beschwerde im Instanzenzug offen.

Art. 173. 1. Die vorläufige Dienstenthebung dauert in den Fällen des Artikel 171 Ziff. 1, 4 bis zum Ablaufe des zehnten Tages nach Beendigung der Freiheitsentziehung.

2. In den Fällen des Artikels 171 Ziff. 2, 3 endet die vorläufige Dienstenthebung, sobald ein rechtskräftiges Urteil ergangen ist, das den Verlust des Amtes nicht zur Folge hat. Lautet jedoch im Falle des Artikel 171 Ziff. 2 das rechts-

kräftige Urteil auf Freiheitsstrafe, so dauert die vorläufige Dienstenthebung bis zum Ablaufe des zehnten Tages nach Vollstreckung der Strafe fort.

Art. 174. 1. Während der vorläufigen Enthebung eines Beamten vom Dienste nach den Artikeln 171, 172 wird ihm vom Ablaufe des Monats an, in dem sie eintritt, der dritte Teil des Gehalts[1]) einbehalten.

2. Soweit für diese Zeit der Gehalt[1]) bereits vorausgezahlt ist, wird der zuviel gezahlte Teilbetrag bei der nächstfälligen Gehaltszahlung gekürzt.

3. In Fällen der Not des Beamten ist das zuständige Ministerium oder die von diesem ermächtigte Stelle befugt, die Einbehaltung auf einen geringeren Teil des Gehalts zu beschränken.

4. Wird die Vollstreckung einer Freiheitsstrafe ohne Schuld des Verurteilten aufgehalten oder unterbrochen, so tritt für die Zeit der Verzögerung oder Unterbrechung eine Kürzung des Gehalts[1]) nicht ein. Das Gleiche gilt hinsichtlich der in dem Artikel 173 Abs. 1, 2 bestimmten Zeit von zehn Tagen, wenn nicht vor ihrem Ablaufe durch die zuständige Dienstbehörde (Artikel 172) die vorläufige Enthebung vom Dienste verfügt wird.

Art. 175. Der einbehaltene Teil des Gehalts[1]) ist zur Deckung der den Beamten treffenden Kosten des Verfahrens (Artikel 162), sodann zur Deckung der erkannten Geldstrafe und in den Fällen, in denen das Verfahren zur Strafversetzung oder zum Verluste des Amtes führt, zur Deckung der durch die Vertretung des Beamten verursachten Kosten zu verwenden, zur Deckung der Stellvertretungskosten auch, soweit sie wegen der Vollstreckung einer Freiheitsstrafe (Artikel 171 Ziff. 4, Artikel 172, Artikel 173 Abs. 1 und Abs. 2 Satz 2) erwachsen sind. Stellvertretungskosten, die durch den einbehaltenen Teil des Gehalts nicht gedeckt werden können, fallen dem Beamten nicht zur Last. Der nicht verbrauchte Teil des Gehalts ist, wenn das Verfahren zum Verluste des Amtes führt, den Wohlfahrtseinrichtungen für die Beamten zuzuwenden, sonst dem Beamten nachzuzahlen.

---

1) Zu vgl. Art. 54 Abs. I des BBesG. v. 20. April 1928 (GVBl. S. 205).

IX. Abschnitt.

Verfolgung vermögensrechtlicher Ansprüche der Beamten und ihrer Hinterbliebenen.

Art. 176. 1. Hinsichtlich der vermögensrechtlichen Ansprüche der Beamten aus ihrem Dienstverhältnis, insbesondere hinsichtlich der Ansprüche auf Gehalt [2]), Wartegeld und Ruhegehalt sowie hinsichtlich der den Hinterbliebenen der Beamten gesetzlich eingeräumten vermögensrechtlichen Ansprüche steht der Rechtsweg offen.

2. [1]) Ausgeschlossen von der Verfolgung im Rechtswege sind die Ansprüche der Beamten auf Vergütung der Umzugskosten und auf die Entschädigungen für Dienstreisen.

Art. 177. 1. Die in dem Artikel 176 bezeichneten Ansprüche können erst gerichtlich verfolgt werden, wenn der Beteiligte gegen die ihn beschwerende Verfügung bei der zunächst zuständigen höheren Verwaltungsstelle und, sofern die Verfügung von einem Ministerium ausgegangen ist, bei diesem selbst Abhilfe verlangt und entweder eine ablehnende oder innerhalb sechs Wochen eine Entschließung nicht erhalten hat.

2. Über das Abhilfegesuch ist dem Beteiligten ungesäumt und unentgeltlich Empfangsbescheinigung zu erteilen.

3. Die Klage muß bei Verlust des Klagerechts innerhalb sechs Monaten, nachdem dem Beteiligten die auf das Abhilfegesuch ergangene Entschließung eröffnet worden ist und, sofern innerhalb der Frist von sechs Wochen eine Entschließung nicht ergangen ist, binnen sechs Monaten nach Ablauf dieser sechswöchigen Frist erhoben werden.

Art. 178. Für die Beurteilung der vor dem Gerichte geltend gemachten vermögensrechtlichen Ansprüche sind die Entscheidungen der Verwaltungsbehörden und Disziplinargerichte bindend, welche diese nach ihrem pflichtgemäßen Ermessen zu treffen berechtigt sind, insbesondere die Entscheidungen

---

[1]) Zu vgl. § 67 Abs. II der bayer. VerfUrk. v. 14. August 1919 (GVBl. S. 531) und Art. 129 Abs. I RVerf. (RGBl. S. 1383).

[2]) Zu vgl. Art. 54 Abs. III des BBesG. v. 20. April 1928 (GVBl. S. 205).

1. über Versetzung auf eine andere Amtsstelle,
2. über einstweilige, zeitliche oder dauernde Versetzung in den Ruhestand,
3. über Wiederanstellung,
4. über Dienstentlassung,
5. [1]) über Versagung und nachträgliche Anweisung der Gehaltsvorrückungen,
6. über den Verlust des Diensteinkommens wegen Fernbleibens vom Amte oder wegen Überschreitung des Urlaubs,
7. über die Höhe der Entschädigungen für Dienstwohnungen, Gärten und sonstige Grundstücke,
8. [2]) über die Frage, ob die Einwendungen eines Beamten oder seines Vertreters gegen die Versetzung in den Ruhestand (Artikel 51 Abs. 7) begründet waren oder nicht, und über die Anrechnung einer Dienstzeit nach Art. 56, 56a Abs. 1 Satz 2 Halbsatz 2 und Abs. 2, 57,
9. über die Voraussetzungen, unter denen der Witwe oder den Kindern eines widerruflichen etatsmäßigen Beamten Witwen- oder Waisengeld zu gewähren ist, ferner
10. die Entscheidungen der Beamten, Behörden und Disziplinargerichte über die Verhängung von Zwangs-, Ordnungs- und Disziplinarstrafen,
11. die Entscheidungen der Dienstbehörden über die vorläufige Enthebung eines Beamten vom Dienste, endlich
12. die Entscheidungen über den Betrag, der einem vorläufig vom Dienste enthobenen Beamten für Stellvertretungskosten an dem einbehaltenen Gehalte abzuziehen ist.

X. Abschnitt.

Verfahren bei Ersatzanweisungen.

Art. 179. 1. Hat ein Beamter durch vorsätzliche oder fahrlässige Verletzung seiner Amtspflicht dem Staate einen Schaden zugefügt, so kann die zuständige Behörde beschließen,

---

[1]) Zu vgl. Art. 48 des BBesG. 1920, in der Fassung der Bek. v. 24. März 1923 (GVBl. S. 109).

[2]) Ziff. 8 in der Fassung des Art. 1 Ziff. IX des Ges. v. 10. Juli 1927 (GVBl. S. 227).

daß der Beamte für den Schaden haftbar ist und in welcher Höhe er dem Staate Ersatz zu leisten hat.

2. Der Beschluß ist mit Gründen zu versehen und dem Beamten unter Belehrung über das ihm zustehende Beschwerderecht zu eröffnen. Auf Verlangen ist ihm eine Abschrift zu behändigen.

3. Gegen den Beschluß steht dem Beamten die Beschwerde im Instanzenzug offen. Die Frist zur Einlegung der Beschwerde beträgt zwei Wochen vom Tage der Eröffnung an.

4. Der Beschluß wird mit dem Ablaufe der Beschwerdefrist oder mit der Eröffnung der Entscheidung der letzten Instanz an den Beamten nach Maßgabe der Vorschriften über das Vollstreckungsrecht der Verwaltungsbehörden (Artikel 6, 7 des Ausführungsgesetzes zur Reichs-Zivilprozeßordnung und Konkursordnung) vollstreckbar. Der Beschluß kann auch vorher für vorläufig vollstreckbar erklärt werden, wenn zu befürchten ist, daß der Beamte sein Vermögen der Verwendung zum Ersatze des Schadens entziehen werde oder wenn sonst durch die Aussetzung der Vollstreckung für den Staat ein schwer zu ersetzender Nachteil entstehen würde. Dem Beamten ist in diesem Falle zu gestatten, durch Sicherheitsleistung oder durch Hinterlegung die Vollstreckung abzuwenden.

Art. 180. 1. Gegen den vollstreckbaren Beschluß, durch den der Beamte zum Ersatz eines Schadens an den Staat verpflichtet wird, steht ihm sowohl hinsichtlich der Ersatzverbindlichkeit als auch hinsichtlich des Betrags des zu ersetzenden Schadens die Beschreitung des Rechtswegs offen.

2. Das Klagerecht erlischt binnen einer Ausschlußfrist von einem Jahre. Sie beginnt mit dem Tage, an dem der Beschluß vollstreckbar geworden ist. Auf sie finden die Vorschriften der §§ 203, 206, 207 des Bürgerlichen Gesetzbuchs entsprechende Anwendung.

3. Die Vorschrift des Artikel 2 des Ausführungsgesetzes zur Reichs-Zivilprozeßordnung und Konkursordnung findet keine Anwendung.

Art. 181. Die Vorschriften der Artikel 179, 180 finden auf die in dem Artikel 25 bezeichneten Staatsdienstaspiranten und sonstigen Personen Anwendung.

XI. Abschnitt.

Besondere Vorschriften für einzelne Klassen von Beamten.

A. Staatsminister.

Art. 182.[1])

B. Richter der ordentlichen Gerichte und Mitglieder des Verwaltungsgerichtshofs.

Art. 183.[2]) [1] Die Vorschriften dieses Gesetzes finden auf die Richter der ordentlichen Gerichte und auf die Mitglieder des Verwaltungsgerichtshofs Anwendung, soweit nicht in den Reichsgesetzen, in dem Ausführungsgesetze zum Reichsgerichtsverfassungsgesetz, in dem Disziplinargesetze für richterliche Beamte und in dem Gesetz über die Errichtung eines Verwaltungsgerichtshofs und das Verfahren in Verwaltungsrechtssachen ein anderes bestimmt ist.

[2] Für diese richterlichen Beamten gelten folgende weitere besondere Vorschriften:

1. Die Stelle eines Richters oder eines Mitglieds des Verwaltungsgerichtshofs darf nicht mit einem Verweser besetzt werden; die Vorschrift des Artikel 2 des Ausführungsgesetzes zu der Grundbuchordnung und zu dem Gesetz über die Zwangsversteigerung und die Zwangsverwaltung bleibt unberührt. Einem richterlichen Beamten darf nicht ein geringerer Gehalt[3]) als der in der Gehaltsordnung bestimmte zugewiesen werden; eine Ausnahme gilt nur für die Vorstände der Amtsgerichte und für die Vorstände der Abteilungen der Amtsgerichte, ihnen muß jedoch mindestens der Gehalt eines Oberamtsrichters zugewiesen werden.
2. . . . .
3. . . . .
4. Hat das gegen einen richterlichen Beamten eingeleitete Strafverfahren den Verlust des Amtes nicht zur Folge, wird aber wegen des nämlichen Tatbestands innerhalb zweier Wochen nach der Beendigung des

---

[1]) Hinfällig durch die bayer. VerfUrk.; zu vgl. insbes. § 60 der VerfUrk.

[2]) Zu vgl. Art. 55 des BBesG. v. 20. April 1928 (GVBl. S. 205); Abs. 2 Ziff. 2, 3 und 5 sind hienach aufgehoben.

[3]) Zu vgl. Art. 54 Abs. I des BBesG. v. 20. April 1928 (GVBl. S. 205).

Strafverfahrens ein Disziplinarverfahren eingeleitet, so bleibt die Vorrückung des richterlichen Beamten im Gehalt auch während der Zeit von der Beendigung des Strafverfahrens bis zur Erledigung des Disziplinarverfahrens ausgesetzt. Ist ein anderes Strafverfahren als ein in Artikel 32[1]) bezeichnetes gegen einen richterlichen Beamten anhängig, so kann die Disziplinarkammer vor der Einleitung des Disziplinarverfahrens die Aussetzung der Vorrückung anordnen. Führt das Strafverfahren oder das Disziplinarverfahren zum Verluste des Amtes oder zur Entziehung des Anspruchs auf Vorrückung im Gehalte, so findet eine Nachzahlung der einbehaltenen Beträge nicht statt.

5. . . . .

6. [2]) Artikel 47 Abs. 1 gilt für richterliche Beamte nicht.

7. Wird ein richterlicher Beamter wider seinen Willen in den Ruhestand versetzt, weil ohne sein Verschulden Umstände gegeben waren, die seine amtliche Wirksamkeit nicht bloß vorübergehend störten, so sind für die Bemessung und Zahlung des Ruhegehalts die Vorschriften der Artikel 39 biss 41 entsprechend anzuwenden.

   Die Vorschrift des Artikel 64 Abs. 1 gilt für richterliche Beamte mit der Maßgabe, daß die Richter der ordentlichen Gerichte nicht auf eine andere Stelle als auf eine Richterstelle dieser Gerichte, die Mitglieder des Verwaltungsgerichtshofs nicht auf eine andere Stelle als die Stelle eines Mitglieds dieses Gerichtshofs wider ihren Willen berufen werden können.

8. Die Vorschriften der Artikel 103, 104, 170 finden auf richterliche Beamte nicht Anwendung.

9. Die Vorschriften der Artikel 179, 180 gelten für richterliche Beamte nur so weit, als sie Hinterlegungsbeamte sind[3]).

---

[1]) Zu vgl. Fußnote 1 zu Abschnitt III: Art. 32 BG. ist ersetzt durch Art. 5 Abs. II BBesG. v. 20. April 1928 (GVBl. S. 205).

[2]) Die nunmehrige Ziff. 6 neu eingefügt Art. 1 Ziff. X der VO. v. 29. März 1924 (GVBl. S. 128).

[3]) Vgl. noch § 3 des Ges. über die Einrichtung der Gerichte und die Einführung einer Altersgrenze für Richter vom 29. März 1924 (GVBl. S. 125).

C. Mitglieder des Obersten Rechnungshofs.

Art. 184. 1. Auf die Mitglieder des Obersten Rechnungshofes finden in Bezug auf den Anspruch auf Gehalt und die Vorrückung im Gehalt, in Bezug auf die Dienstaufsicht und das Dienststrafverfahren, die vorläufige Dienstenthebung, die unfreiwillige Versetzung[1]) auf eine andere Stelle und die Versetzung in den Ruhestand die für die Mitglieder des Verwaltungsgerichtshofs geltenden Vorschriften Anwendung. Hiebei tritt an die Stelle des Verwaltungsgerichtshofs und seiner Mitglieder der Oberste Rechnungshof und seine Mitglieder und an die Stelle des Staatsministers des Innern der Staatsminister der Finanzen.

2. In Bezug auf die Verfolgung vermögensrechtlicher Ansprüche gegen den Staat findet auf die Mitglieder des Obersten Rechnungshofs die Vorschrift im § 9 des Reichs-Gerichtsverfassungsgesetzes entsprechende Anwendung.

D. Landtagsbeamte.

Art. 185. 1. . . . .[2]).

2. . . . . . ,.[3]), die Ernennung des Bureauvorstandes der Kammer der Abgeordneten[5]) erfolgt auf Vorschlag des Direktoriums der Kammer der Abgeordneten[5]).

3. Die Ernennung des Vorstandes und der Mitglieder des Stenographischen Instituts erfolgt auf Vorschlag der Direktorien der beiden Kammern des Landtags[4]).

4. Während der Versammlung des Landtags in ordentlicher oder außerordentlicher Tagung sowie während der Tagung eines bei nicht versammeltem Landtag einberufenen Ausschusses steht die Dienstaufsicht über den Landtagsarchivar den Direktorien der beiden Kammern[4]), die Dienstaufsicht über den Bureauvorstand der Kammer der Abgeordneten[5]) dem Direktorium der Kammer der Abgeordneten[5]) zu. Die Stel-

---

[1]) Nunmehrige Fassung nach Art. 1 Ziff. IX der VO. v. 29. März 1924 (GVBl. S. 128).
[2]) Absatz 1 hinfällig durch Ges. v. 21. Mai 1919 (GVBl. S. 253).
[3]) Abs. 2 Halbsatz 1 hinfällig durch die VerfUrk.
[4]) Jetzt Direktorium des Landtags.
[5]) Nunmehr des Landtags.

lung des Antrags auf Einleitung des Disziplinarverfahrens und die Zurücknahme dieses Antrags erfolgt während dieser Zeit mit Zustimmung der betreffenden Direktorien.[1])

5. Der Vorstand und die Mitglieder des Stenographischen Instituts sind während dieser Zeit hinsichtlich ihres Dienstes im Landtags-Stenographenbüro den Direktorien der beiden Kammern [1]) untergeordnet.

6. [2]) Die Landtagsbeamten (§ 29 der Verfassungsurkunde) haben die Rechte und Pflichten der Staatsbeamten. Ihre Anstellung erfolgt durch den Vorstand des Landtags, der ihre vorgesetzte Behörde bildet. Für ihre Besoldung sind die Grundsätze des Beamtenbesoldungsgesetzes im allgemeinen maßgebend.

E. Beamte der Versicherungskammer und des Wasserversorgungsbureaus [3]).

Art. 186. 1. Die Beamten, die einer in den besonderen Gehaltsordnungen für den Bereich der Versicherungskammer und den Bereich des Wasserversorgungsbureaus [3]) aufgeführten Beamtenklasse angehören und in den in dem Artikel 5 Abs. 1 vorgeschriebenen Formen ernannt werden, sind etatsmäßige Beamte im Sinne des Artikel 2 dieses Gesetzes. Das Dienstverhältnis dieser Beamten ist, soweit sie in dem diesem Gesetz als Anlage II[4]) beigefügten Verzeichnis aufgeführt sind, nach einer etatsmäßigen Dienstzeit von drei Jahren unwiderruflich; das Dienstverhältnis der übrigen in den besonderen Gehaltsordnungen aufgeführten etatsmäßigen Beamten ist nach einer etatsmäßigen Dienstzeit von zehn Jahren unwiderruflich.

2. Die Vorschrift des Artikel 6 Abs. 4 dieses Gesetzes findet entsprechende Anwendung.

---

[1]) Jetzt Direktorium des Landtags.

[2]) Abs. 6 neu eingefügt durch Art. 50 des BBesG. 1920 in der Fassung der Bek. v. 24. März 1923 (GVBl. S. 109).

[3]) Jetzt Landesamt für Wasserversorgung.

[4]) Hier nicht abgedruckt.

3. Bei dem Übertritt aus einer in den besonderen Gehaltsordnungen aufgeführten Klasse in eine in der Gehaltsordnung im Sinne dieses Gesetzes aufgeführte Klasse und umgekehrt gelten diese Gehaltsordnungen als eine einzige Gehaltsordnung.

F. Hochschulprofessoren.

Art. 187. 1. [2]) Die Hochschulprofessoren (Art. 1 des Diensteinkommengesetzes)[1]) beziehen außer ihrem Diensteinkommen die von den Studierenden entrichteten Vorlesungs- und Übungsgebühren nach Maßgabe der hierüber bestehenden Vorschriften.

2. Durch Verordnung kann bestimmt werden, daß die anfallenden Vorlesungs- und Übungsgebühren den Hochschulprofessoren nur bis zu einem bestimmten Betrag ungekürzt zufließen, vom Mehranfall aber ein bestimmter Anteil an einen von der Hochschule zu verwaltenden Fonds (Vorlesungsgebührenfonds) abzuführen ist, der nach Anordnung des zuständigen Staatsministeriums für sachliche Bedürfnisse der Hochschule, zur Erteilung besoldeter Lehraufträge und zur Gewährung von Zuschüssen an etwa bestehende Witwen- und Waisenkassen für Hinterbliebene von Lehrern und Beamten der Hochschulen zu verwenden ist.

3. Die Hochschulprofessoren, die das fünfundsechzigste Lebensjahr vollendet haben, können auf ihr Ansuchen von der Verpflichtung zur Abhaltung von Vorlesungen unter Belassung des von ihnen erdienten Diensteinkommens, jedoch ohne Ersatz für den Ausfall an Vorlesungsgebühren befreit werden.

4. [3]) Auf die Hochschulprofessoren findet Art. 47 Abs. 1 keine Anwendung. Sie können nach Vollendung des fünfundsechzigsten Lebensjahres sowohl die Versetzung in den dauernden Ruhestand beanspruchen als auch ohne Ansuchen in den dauernden Ruhestand versetzt werden.

---

[1]) Zu vgl. Art. 62 Abs. III des BBesG. v. 20. April 1928 (GVBl. S. 205).

[2]) Abs. 1—3 in der Fassung des Art. 51 des BBesG. 1920 in der Fassung der Bek. v. 24. März 1923 (GVBl. S. 109).

[3]) Abs. 4 neu eingefügt durch Art. 1 Abs. XII der VO. v. 29. März 1924 (GVBl. S. 128).

G. Beamte der aus Kreisfonds unterhaltenen Mittelschulen [1] [2].

Art. 188. 1. Die Beamten der Oberrealschulen, Progymnasien, Realschulen, Lateinschulen, der landwirtschaftlichen Mittelschulen und Kreisackerbauschulen, die in den in dem Art. 5 Abs. 1 vorgeschriebenen Formen ernannt werden, sind etatsmäßige Beamte im Sinne des Artikel 2 dieses Gesetzes. Das Dienstverhältnis dieser Beamten ist, soweit sie in dem diesem Gesetz als Anlage III [3]) beigefügten Verzeichnis aufgeführt sind, nach einer etatsmäßigen Dienstzeit von drei Jahren, das Dienstverhältnis der übrigen Beamten nach einer etatsmäßigen Dienstzeit von zehn Jahren unwiderruflich.

2. Die vermögensrechtlichen Ansprüche der etatsmäßigen Beamten der Kreisackerbauschulen aus ihrem Dienstverhältnis und die ihren Hinterbliebenen gesetzlich eingeräumten vermögensrechtlichen Ansprüche richten sich gegen die Kreisgemeinde, in der diese Beamten angestellt sind.

3. Die Ansprüche der übrigen in Abs. 1 aufgeführten Beamten auf Wartegeld, Ruhegehalt, Hinterbliebenenversorgung und Unfallfürsorge, dann auf Gewährung von Umzugskosten richten sich gegen den Staat, der auch die Stellvertretungskosten bei diesen Anstalten bestreitet, die sonstigen vermögensrechtlichen Ansprüche der genannten Beamten aus dem Dienstverhältnisse richten sich gegen die Kreisgemeinde, in der sie angestellt sind.

4. Die Zahl und die Art der Stellen von etatmäßigen Beamten an den in Abs. 1 aufgezählten Anstalten bestimmt das Ministerium für Unterricht und Kultus im Einvernehmen mit dem Ministerium der Finanzen.

5. Die Kreise sind verpflichtet, die Besoldung des Personals der in Abs. 1 aufgeführten Anstalten vom 1. April 1920

---

[1]) Zu vgl. Art. 53 des BBesG. 1920 in der Fassung der Bek. v. 24. März 1923 (GVBl. S. 109).

[2]) Die Artikel 188, 189 sind, soweit sie sich auf die Beamten der Kreise beziehen, aufgehoben (Art. 45 der KrO. v. 17. Okt. 1927, GVBl. S. 335). — Zu vgl. besonders auch Art. 2 des Ges. v. 28. März 1924 (GVBl. S. 116); Art. 188 ist damit in der Hauptsache gegenstandslos.

[3]) Hier nicht abgedruckt.

an nach den Grundsätzen des Beamtenbesoldungsgesetzes vom 2. Juni 1920 zu regeln unter Beachtung der nachstehenden Vorschriften:

1. Es haben zu erhalten:

den gleichen Grundgehalt wie die Oberstudiendirektoren der Gymnasien in Gruppe XII: die Oberstudiendirektoren der Oberrealschulen, der Realschulen, der höheren Landwirtschaftsschulen in Nürnberg und Pfarrkirchen;

den gleichen Grundgehalt wie die Oberstudienräte der Gymnasien in Gruppe XII: die Oberstudienräte der Oberrealschulen und Realschulen;

den gleichen Grundgehalt wie die Studienprofessoren in Gruppe XI: die Studiendirektoren der Progymnasien, der Lateinschulen, der Realschulen, die Direktoren der Kreisackerbauschulen, die Studienprofessoren der Progymnasien, Oberrealschulen, Realschulen, der höheren Landwirtschaftsschulen und der Kreisackerbauschulen;

den gleichen Grundgehalt wie die Studienräte in Gruppe X: die Studienräte der Progymnasien, der Lateinschulen, der Oberrealschulen, der Realschulen, der höheren Landwirtschaftsschulen und der Kreisackerbauschulen.

Abweichend hievon kann das Ministerium für Unterricht und Kultus im Einvernehmen mit dem Ministerium der Finanzen bestimmen, daß die Direktoren einzelner Kreisackerbauschulen den gleichen Grundgehalt wie die Oberstudiendirektoren der Gymnasien in Gruppe XII zu erhalten haben.

2. Die Grundgehalte der übrigen Beamten der in Abs. 1 aufgeführten Anstalten sowie des Personals der mit Oberrealschulen oder Realschulen organisch verbundenen gewerblichen und technischen Fachschulen sind den Grundgehalten der in die Besoldungsordnung aufgenommenen einschlägigen Beamtenklassen anzugleichen. Welche Beamtenklassen einschlägig sind, bestimmt das zuständige Ministerium.

3. Dem aushilfsweise verwendeten Lehrpersonal der in Abs. 1 aufgeführten Anstalten sind die gleichen Bezüge zu gewähren, wie dem einschlägigen Personal der aus Staatsmitteln unterhaltenen höheren Lehranstalten.

6. Die bisherigen Leistungen der Distrikte und Städte zum Personalaufwande der in Abs. 1 genannten Anstalten sind nach Maßgabe der für das Jahr 1908 festgesetzten Anstaltsetats als Bauschbeträge fortzuentrichten. Die Bauschbeträge werden von fünf zu fünf Jahren nach Maßgabe der bei dem Inkrafttreten dieses Gesetzes zwischen den Kreisen und den Distrikten oder Städten bestehenden oder künftig an deren Stelle tretenden Vereinbarungen neu festgesetzt.

H. Sonstige Beamte der Kreise und Beamte der Stiftungen.

Art. 189.[1] 1. Durch Königliche[2]) Entschließung können die Vorschriften dieses Gesetzes über die etatsmäßigen Beamten auf die nicht in dem Artikel 188 aufgeführten, aus Kreismitteln besoldeten Beamten und auf die nicht in die Gehaltsordnung aufgenommenen, aus Stiftungsmitteln besoldeten Beamten ganz oder teilweise für entsprechend anwendbar erklärt werden.

2. Die Dauer der Widerruflichkeit des Dienstverhältnisses dieser Beamten wird in der Königlichen[2]) Entschließung bestimmt. Die vermögensrechtlichen Ansprüche aus dem Dienstverhältnisse sowie die den Hinterbliebenen eingeräumten vermögensrechtlichen Ansprüche richten sich bei den aus Kreismitteln besoldeten Beamten gegen die Kreisgemeinde, in der sie angestellt sind, bei den aus Stiftungsmitteln besoldeten Beamten gegen den Staat. Die beteiligten Stiftungen sind dem Staate ersatzpflichtig.

3. Durch Königliche[2]) Entschließung können für die in Abs. 1 genannten Kreisbeamten einheitliche Grundsätze über das Mindestmaß der diesen zu gewährenden Bezüge aufgestellt werden.

J. Beamte der Fachschulen.

Art. 190. Den Beamten derjenigen Fachschulen, die ganz oder größtenteils aus staatlichen Mitteln unterhalten werden, kann nach Maßgabe des dienstlichen Bedürfnisses

---

[1]) Art. 189 ist, soweit er sich auf die Beamten der Kreise bezieht, aufgehoben (Art. 45 der Kreisordnung v. 17. Okt. 1927, GVBl. S. 335).

[2]) Vgl. Fußnote 1 zu Art. 1.

die Eigenschaft von etatsmäßigen Beamten im Sinne des Artikel 2 dieses Gesetzes verliehen werden, sofern ihre Gehalte gleichzeitig der Gehaltsordnung entsprechend geregelt werden. Die Dauer der Widerruflichkeit ihres Dienstverhältnisses ist jeweils entsprechend festzusetzen.

K. Beamte der K. Bank[1]).

Art. 191. Durch Königliche[2]) Verordnung können die Vorschriften dieses Gesetzes über die etatsmäßigen Beamten ganz oder teilweise auf die Beamten der K. Bank für entsprechend anwendbar erklärt werden[3]).

L. Beamte der Militärverwaltung[4]).

M. Militärgeistliche[5]).

N. Polizeibeamte[6]).

Art. 204. Die Vorschriften dieses Gesetzes finden auf die Beamten der uniformierten Staatspolizei und der Kriminalpolizei mit folgender Maßgabe Anwendung:

1. Angehörige der Schutzpolizei, die eine dreijährige Dienstzeit als Anwärter und eine fünfjährige Dienstzeit als nichtetatmäßige Beamte zurückgelegt haben, werden bei Eignung im Rahmen des Haushaltsplanes grundsätzlich zu etatmäßigen staatlichen Polizeibeamten ernannt oder als vollbeschäftigte Beamte im gemeindlichen Polizeidienst angestellt.

2. Das Dienstverhältnis der etatmäßigen Offiziere wird nach einer Gesamtpolizeidienstzeit von zehn Jahren, das der übrigen etatmäßigen Polizeibeamten nach einer Gesamtpolizeidienstzeit von vierzehn Jahren unwiderruflich.

3. Parteipolitische Betätigung im Dienste, in den Unter-

---

[1]) Nunmehr Bayerische Staatsbank; zu vgl. Bek. v. 15. Nov. 1918 (GVBl. S. 1241).

[2]) Vgl. Fußnote 1 zu Art. 1.

[3]) Vgl. VO. v. 10. Dez. 1908 (GVBl. S. 164) und 7. August 1920 (GVBl. S. 385).

[4]) Abschnitt L ist gegenstandslos, weil die Beamten der Militärverwaltung nunmehr Reichsbeamte sind.

[5]) Abschnitt M ist gegenstandslos, weil die Militärgeistlichen Reichsbeamte sind.

[6]) Art. 204 in der Fassung des Art. I des Polizeibeamtengesetzes v. 12. April 1928 (GVBl. S. 193).

kunftsräumen und in den Dienstgebäuden sowie der Besuch parteipolitischer Versammlungen in Dienstkleidung und sonstige parteipolitische Betätigung in Dienstkleidung sind untersagt.

4. Der unwiderrufliche Polizeibeamte tritt vorbehaltlich der Ziff. 5 Abs. 1 mit Ablauf des Monats in den dauernden Ruhestand, der auf den Monat folgt, in dem er das sechzigste Lebensjahr vollendet hat. Wenn dringende dienstliche Rücksichten die Fortführung der Dienstgeschäfte durch bestimmte Beamte erfordern, so kann das Staatsministerium des Innern die Versetzung in den Ruhestand hinausschieben.

Beim Übertritt in den dauernden Ruhestand (Abs. 1 Satz 1) erhält der Beamte neben dem Ruhegehalt eine einmalige Abfindung in Höhe der Hälfte des zuletzt bezogenen Jahresdiensteinkommens. Diese Abfindung mindert sich, wenn der Übertritt in den Ruhestand später als nach Vollendung des sechzigsten Lebensjahres erfolgt, mit jedem vollendeten Lebensjahr um ein Fünftel.

5. Der unwiderrufliche Offizier tritt mit dem Ablauf des Monats in den dauernden Ruhestand, der auf den Monat folgt, in dem er das Höchstalter seines Dienstgrades erreicht hat. Ziff. 4 Abs. 1 Satz 2 gilt entsprechend.

Abgesehen von den Fällen des Art. 47 Abs. 2 und des Art. 48 kann der unwiderrufliche Offizier in den Ruhestand versetzt werden, wenn er nach dem Urteil der zuständigen Vorgesetzten die für seine dienstliche Verwendung erforderlichen persönlichen Eigenschaften nicht besitzt. In diesem Falle ist dem Offizier die Versetzung in den Ruhestand anzukündigen; gegen die beabsichtigten Versetzung in den Ruhestand steht ihm innerhalb eines Monats der Einspruch an das Staatsministerium des Innern zu. Die Versetzung in den Ruhestand darf erst erfolgen, wenn der Einspruch zurückgewiesen ist. Art. 51 Abs. 6 Satz 2 gilt in diesem Falle nicht.

6. Der Ruhegehalt, den der unwiderrufliche Offizier im Falle seiner Versetzung in den Ruhestand zu beanspruchen hat, beträgt für die ersten zehn Dienstjahre 35 v. H. des zuletzt bezogenen ruhegehaltsfähigen Diensteinkommens und steigt mit jedem weiteren Dienstjahre bis zum vollendeten 25. Dienstjahr um 2 v. H., von da bis zum vollendeten

30. Dienstjahr um 3 v. H. bis zu 80 v. H. In Dienstesstellen der Besoldungsordnung B steigt der Ruhegehalt auch vom 25. bis 30. Dienstjahre nur um 2 v. H. und von da ab bis zum vollendeten 35. Dienstjahre nur um 1 v. H. bis auf 80 v. H.

Im Falle des Art. 68 kann den Offizieren in widerruflicher Weise ein Ruhegehalt bis zur Höhe des nach Abs. 1 sich berechnenden Betrages gewährt werden.

7. Ärzte und Veterinäre der uniformierten Staatspolizei zählen zu den Offizieren im Sinne dieses Gesetzes.

8. Bei Feststellung der Dienstzeit, die der Berechnung des Ruhegehalts zugrunde zu legen ist, wird auch die Dienstzeit gerechnet, die zwischen dem vollendeten achtzehnten und einundzwanzigsten Lebensjahr im Polizeivollzugsdienste zurückgelegt wurde.

Den Ärzten und Veterinären der uniformierten Staatspolizei werden nach zehnjähriger Polizeidienstzeit drei Jahre Studienzeit und das gesetzlich vorgeschriebene praktische Jahr angerechnet.

9. Erleiden Beamte in Ausübung eines Dienstes, der mit besonderer Gefahr für Leib und Leben verbunden ist, einen Unfall, so erhalten sie als Unfallruhegehalt einen Ruhegehalt, der um 20 v. H. des ruhegehaltsfähigen Diensteinkommens höher ist als der nach den allgemeinen Vorschriften sich berechnende Ruhegehalt; der Unfallruhegehalt beträgt jedoch mindestens $66^2/_3$ und höchstens 80 v. H. des ruhegehaltsfähigen Diensteinkommens.

Diese Bestimmung ist entsprechend auf andere Beamte anwendbar, wenn sie bei gemeinschaftlicher Verwendung mit Beamten des polizeilichen Vollzugsdienstes einen Dienstunfall erleiden, der durch die Besonderheit dieser gemeinschaftlichen dienstlichen Verwendung hervorgerufen worden ist.

Über die Frage, ob ein Dienst mit besonderer Gefahr für Leib und Leben verbunden war, entscheidet nach pflichtgemäßem Ermessen das Staatsministerium des Innern.

10. An Stelle der Erstattung der Kosten des Heilverfahrens im Sinne des Art. 89 Abs. 6 kann für die Angehörigen der Bereitschaftspolizei Heilbehandlung angeordnet werden.

Die näheren Bestimmungen hierüber und über das etwaige teilweise Ruhen des Unfallruhegehalts wegen Gewährung von Unterkunft und Verpflegung während der Heilbehandlung trifft das Staatsministerium des Innern im Einvernehmen mit dem Staatsministerium der Finanzen.

11. Hat der Verletzte eine die Heilbehandlung betreffende Anordnung ohne triftigen Grund nicht befolgt und wird dadurch seine Erwerbsfähigkeit ungünstig beeinflußt, so kann ihm der Unfallruhegehalt ganz oder teilweise versagt werden, wenn er auf diese Folge schriftlich hingewiesen worden ist. Die Frage, ob die Voraussetzungen für die Versagung des Unfallruhegehalts gegeben sind, entscheidet das Staatsministerium des Innern nach pflichtgemäßem Ermessen.

12. Unwiderrufliche Offiziere sollen nach ihrer Versetzung in den Ruhestand auf ihren Antrag zum Erwerb oder zur wirtschaftlichen Stärkung eigenen Grundbesitzes oder zur Erleichterung des Berufswechsels nach Maßgabe der folgenden Vorschriften durch Zahlung eines Kapitals abgefunden werden. Eine Kapitalabfindung soll auch dann gewährt werden, wenn die Ruhegehaltsempfänger zum Erwerb eigenen Grundbesitzes einem gemeinnützigen Bau- oder Siedlungsunternehmen beitreten wollen.

Den in Abs. 1 genannten Personen kann als Empfängern eines wegen Unfalls gewährten Ruhegehalts eine Kapitalabfindung nur unter Zugrundelegung eines Ruhegehalts nach ihrer ruhegehaltsfähigen Dienstzeit gewährt werden.

13. Eine Kapitalabfindung soll bewilligt werden, wenn:

a) der Antragsteller das fünfundfünfzigste Lebensjahr nicht überschritten hat; ausnahmsweise kann auch nach dem fünfundfünfzigsten Lebensjahr eine entsprechende Abfindung gewährt werden,

b) der Anspruch auf Ruhegehalt anerkannt ist,

c) für eine nützliche Verwendung Gewähr besteht.

Ist eine nützliche Verwendung nicht gewährleistet, so sind dem Antragsteller die Gründe der beabsichtigten Ablehnung schriftlich zu eröffnen, um ihm Gelegenheit zur Äußerung zu geben.

14. Der zu kapitalisierende Teilbetrag des Ruhegehalts darf die Hälfte des jährlichen Ruhegehalts und die Hälfte des Höchstruhegehalts der ersten Dienstaltersstufe der Besoldungsgruppe A 2a nicht überschreiten.

15. Die Abfindung ist auf den für einen Zeitraum von zehn Jahren zustehenden Ruhegehalt beschränkt. Als Abfindung wird das Achtfache des gemäß Ziff. 14 festgesetzten Jahresbetrags gezahlt.

16. Der Anspruch auf den Teil des Ruhegehalts, an dessen Stelle die Abfindungssumme tritt, erlischt für die Dauer von zehn Jahren mit Ablauf des Monats, in dem die Auszahlung erfolgt ist.

17. Die Abfindungssumme ist auf Erfordern zurückzuzahlen, wenn sie nicht innerhalb einer bemessenen Frist bestimmungsgemäß verwendet ist.

Stirbt der Empfänger der Kapitalabfindung vor Ablauf der zehnjährigen Frist (Ziff. 15), so ist die Kapitalabfindung in den Grenzen der Ziff. 18 zurückzuzahlen. Das Staatsministerium des Innern kann im Einvernehmen mit dem Staatsministerium der Finanzen die Rückzahlungsschuld beim Vorliegen besonderer Billigkeitsgründe erlassen.

18. Dem Abgefundenen kann auf Antrag der durch die Kapitalabfindung erloschene Ruhegehaltsteil vor Ablauf der zehnjährigen Frist gegen Rückzahlung der entsprechenden Abfindungssumme wieder bewilligt werden, wenn er zur Erlangung einer anderen Erwerbsmöglichkeit das Grundstück weiter veräußert oder wenn andere wichtige Gründe vorliegen. Die Verpflichtung zur Rückzahlung beschränkt sich nach Ablauf des

1. Jahres auf 92 vom Hundert der Abfindungssumme,
2. „ „ 84 „ „ „ „
3. „ „ 75 „ „ „ „
4. „ „ 66 „ „ „ „
5. „ „ 56 „ „ „ „
6. „ „ 46 „ „ „ „
7. „ „ 35 „ „ „ „
8. „ „ 24 „ „ „ „
9. „ „ 12 „ „ „ „

Der Berechnung sind die Zeitpunkte der Zahlung und der Rückzahlung zugrunde zu legen. Erfolgt die Rückzahlung im Laufe eines Jahres, so sind der nach Abs. 1 berechneten Summe vier v. H. Zinsen für die Zeit vom 1. Tage des Jahres bis zum Tage der Rückzahlung hinzuzurechnen; der Betrag des Ruhegehalts, der auf die gleiche Zeit entfallen wäre, ist abzuziehen.

19. Der nach Ziff. 16 erloschene Anspruch lebt mit Wirkung vom 1. des Monats wieder auf, in dem die Abfindungssumme gemäß Ziff. 17 Abs. 1 oder Ziff. 18 zurückgezahlt ist.

20. Die bestimmungsgemäße Verwendung des Kapitals und die weiteren Zwecke der Abfindung sind durch die Form der Auszahlung und in der Regel durch andere geeignete Maßnahmen zu sichern.

21. Die Geschäfte der freiwilligen Gerichtsbarkeit bei der Durchführung der dienstlich angeordneten oder verlangten Maßnahmen zur Sicherung der bestimmungsgemäßen Verwendung des Kapitals, der Erhaltung des Zweckes der Abfindung und der Rückzahlung der Abfindungssumme sind kosten- und stempelfrei.

Diese Vorschrift findet auf die den Notaren zukommenden Gebühren und Auslagen keine Anwendung.

22. Wird das Dienstverhältnis eines Schutzpolizeibeamten, der eine Mindestpolizeidienstzeit von sieben Jahren hat, aber noch nicht zum etatmäßigen Beamten ernannt ist, gelöst, weil er die für seine dienstliche Verwendung erforderlichen persönlichen Eigenschaften nicht besitzt, ohne daß ein Anspruch auf Unfallruhegehalt besteht, so erhält er ein einmaliges Entlassungsgeld von 2500 Reichsmark.

23. Offiziere, die wegen Erreichung der Höchstaltersgrenze oder nach einer Polizeidienstzeit von mindestens vier Jahren wegen Dienstunfähigkeit ausscheiden und die infolge Übertritts in einen anderen Beruf innerhalb von zwei Jahren nach dem Ausscheiden einen Umzug ausführen, erhalten auf Antrag eine einmalige Umzugskostenentschädigung nach Maßgabe der hierfür zu erlassenden besonderen Bestimmungen. Dies gilt auch für Offiziere, die nach einer Polizeidienstzeit von mindestens sieben Jahren ausscheiden, weil sie die für

ihre dienstliche Verwendung erforderlichen persönlichen Eigenschaften nicht besitzen, sowie für die übrigen nach Ziff. 22 ausscheidenden Beamten.

Eine Umzugskostenentschädigung wird nicht gewährt, wenn der Anspruch auf den Bezug des Ruhegehalts ruht.

24. Zur Aufrechterhaltung der Dienstzucht gegenüber Schutzpolizeibeamten, die noch nicht im etatmäßigen Dienstverhältnis stehen, erläßt das Staatsministerium des Innern eine besondere Dienststrafordnung.

25. Während der Dauer der vorläufigen Dienstenthebung ruhen für die Beamten der uniformierten Staatspolizei unbeschadet des Artikel 174 das Recht zum Tragen der Dienstkleidung sowie zur Führung dienstlicher Ausweise oder Abzeichen, außerdem der Anspruch auf Unterkunft, Verpflegung und Dienstkleidung oder Dienstkleidungszuschuß. Ausnahmsweise können Unterkunft und Verpflegung gewährt werden.

26. Im Disziplinarverfahren gegen unwiderrufliche Offiziere ist im ersten Rechtszug die Disziplinarkammer München für nichtrichterliche Beamte zuständig.

Zu weiteren nichtrichterlichen Mitgliedern der Disziplinarkammer München für nichtrichterliche Beamte und des Disziplinarhofes für nichtrichterliche Beamte ernennt das Staatsministerium des Innern je vier unwiderrufliche Offiziere und die erforderliche Anzahl von Stellvertretern.

Im Disziplinarverfahren gegen unwiderrufliche Offiziere können als nichtrichterliche Mitglieder nur unwiderrufliche Offiziere mitwirken.

27. Die Ziffern 3, 10, 11 und 24 dieses Artikels sowie Artikel 101 gelten auch für die Polizeianwärter.

O. Eichmeister sowie Steuer- und Gemeinde-Einnehmer.

Art. 205. 1. Die Eichmeister sowie die Steuer- und Gemeinde-Einnehmer im Regierungsbezirke der Pfalz gelten als Beamte im Sinne des Artikel 1 dieses Gesetzes. Auf sie finden auch die Vorschriften in dem Artikel 3, dem Artikel 6 Abs. 3, den Artikeln 7, 9 Anwendung.

2. Als Ordnungsstrafe kann gegen sie eine Geldstrafe bis zum Betrage von dreihundert Reichsmark[1]) verhängt werden.

[1]) Zu vgl. § 1 der VO. v. 25. Nov. 1925 (GVBl. S. 265).

3. Eichmeister sowie Steuer- und Gemeinde-Einnehmer, welche die Unwiderruflichkeit erlangt haben, können ohne Ansuchen unter denselben Voraussetzungen ihres Amtes enthoben werden, unter denen unwiderrufliche Beamte ohne Ansuchen in den Ruhestand versetzt werden können.

4. Die Vorschriften des Abschnittes VI finden auf die Eichmeister sowie die Steuer- und Gemeinde-Einnehmer keine Anwendung.

P. Weibliche Beamte.

Art. 206.[1][2] 1. Auf die weiblichen Beamten finden die Vorschriften dieses Gesetzes mit folgenden Änderungen Anwendung:

1. Mit der Verehelichung wird das Dienstverhältnis **dauernd widerruflich, auch wenn es bereits unwiderruflich war.**

Das Dienstverhältnis kann, wenn es bereits unwiderruflich war — abgesehen von dem Fall der Verletzung der dem Beamten obliegenden Pflichten — nur gelöst werden, wenn nach dem Ermessen der zuständigen Behörde

a) die wirtschaftliche Versorgung der weiblichen Beamten gesichert erscheint und

b) das Ausscheiden aus dienstlichen Gründen erforderlich ist.

2. Auch die unehelichen Kinder erhalten Sterbegeld (Artikel 72).

3. Das Waisengeld wird jedem ehelichen oder durch nachgefolgte Ehe legitimierten Kinde, dessen Vater nicht mehr lebt, und jedem unehelichen Kinde gewährt. Es beträgt zwanzig vom Hundert des Ruhegehalts, zu dessen Bezug die Mutter berechtigt gewesen ist oder berechtigt gewesen sein würde, wenn sie am Todestag in den Ruhestand getreten wäre, jedoch mindestens achtundsiebzig Goldmark[3]). Dieses Waisengeld wird ehelichen und legitimierten Kindern auch

---

[1]) Neufassung des Art. 206 nach Art. 53 des AG. zur RVO. v. 2. Nov. 1912 (GVBl. S. 1135), des Art. 1 Ziff. XIII der VO. v. 29. März 1924 (GVBl. S. 128) und des Art. 1 Ziff. X des Ges. v. 10. Juli 1927 (GVBl. S. 227).
getreten. (Zu vgl. Art. 7 Abs. 4 des Ges. v. 10. Juli 1927, GVBl.
[2]) Abs. 1 Ziff. 1 u. Abs. 4 sind mit dem 31. März 1929 außer Kraft
S. 227).

[3]) Nunmehr Reichsmark: zu vgl. § 1 der VO. v. 25. Nov. 1925 (GVBl. S. 265).

dann gewährt, wenn der Vater noch lebt, jedoch erwerbsunfähig ist und die Mutter den Lebensunterhalt der Familie ganz oder überwiegend aus ihrem Diensteinkommen bestritten hat oder wenn sich der Vater ohne gesetzlichen Grund von der häuslichen Gemeinschaft ferngehalten und seiner väterlichen Unterhaltspflicht entzogen hat. Die Gewährung des Waisengeldes beginnt bei ehelichen und legitimierten Kindern bei Beginn des Monats, in dem der Vater gestorben oder erwerbsunfähig geworden ist oder sich ohne gesetzlichen Grund von der häuslichen Gemeinschaft entfernt und seiner Unterhaltspflicht entzogen hat. Die Gewährung beginnt jedoch keinesfalls vor dem in Art. 82 bestimmten Zeitpunkte.

Bei der Berechnung des Waisengeldes darf als Ruhegehalt der Mutter kein höherer Betrag als achtzig vom Hundert ihres pensionsfähigen Diensteinkommens (Art. 39 Abs. 2) zugrunde gelegt werden.

Im Falle der Verehelichung nach Versetzung in den Ruhestand kann den weiblichen Beamten auf ihren Antrag eine einmalige Abfindung bis zum fünffachen Betrage des Ruhegehalts gewährt werden. Die Ansprüche der Kinder auf Waisengeld werden hiervon nicht berührt. Das Waisengeld wird in diesem Falle mit Beginn des Monats gewährt, in dem die Mutter gestorben ist.

4. Einem verheirateten weiblichen Beamten, dessen Dienstverhältnis wegen Verehelichung nach Art. 8 gelöst wurde, kann im Falle des Bedürfnisses ein Ruhegehalt in entsprechender Anwendung des Art. 68, Kindern unter 21 Jahren aus einer Ehe, die der weibliche Beamte vor der Lösung des Dienstverhältnisses geschlossen hat, kann im Falle des Todes der Eltern ein Waisengeld widerruflich gewährt werden.

Abschnitt XI a.

Fürsorge für vormalige unwiderrufliche Beamte, ihre Familien und Hinterbliebenen.

Art. 206 a.[1]) Bei nachgewiesener Bedürftigkeit können vormaligen unwiderruflichen Beamten mit Einschluß der Beamten der Militärverwaltung[2]), die den Anspruch auf Ruhe-

---

[1]) Eingefügt durch Art. 100 des ArmenG. v. 21. August 1914 (GVBl. S. 551).

[2]) Zu vgl. Fußnote 4 zu Abschnitt L.

gehalt durch freiwilliges Ausscheiden aus dem Dienste oder infolge strafgerichtlichen Urteils verloren haben, sowie ihren Familien oder Hinterbliebenen durch Königl.[1]) Entschließung widerrufliche Unterhaltsbeiträge gewährt werden. Dabei gilt Art. 110 Abs. 3 entsprechend.

XII. Abschnitt.

Schluß- und Übergangsbestimmungen.

Art. 207. Dieses Gesetz tritt am 1. Januar 1909 in Kraft.

Art. 208. 1. Mit dem Zeitpunkte des Inkrafttretens dieses Gesetzes gelten alle im Dienste befindlichen Beamten und Bediensteten, die vor diesem Zeitpunkt in pragmatischer oder in nichtpragmatischer statusmäßiger Diensteseigenschaft angestellt waren und in eine in der Gehaltsordnung aufgeführte Beamtenklasse übergeleitet werden, als etatsmäßige Beamte im Sinne dieses Gesetzes.

2. Das Gleiche gilt von den im Bereiche der Versicherungskammer und des Wasserversorgungsbureaus[2]) im Dienste befindlichen Beamten und Bediensteten, die vor dem Inkrafttreten dieses Gesetzes in pragmatischer oder in nichtpragmatischer statusmäßiger Diensteseigenschaft angestellt waren und in eine in den besonderen Gehaltsordnungen für diese Beamten aufgeführte Beamtenklasse übergeleitet werden.

3. Das Gleiche gilt ferner von den im Dienste befindlichen Beamten und Bediensteten der Oberrealschulen, Progymnasien, Realschulen, Lateinschulen, der Kreisbaugewerkschule Kaiserslautern, der landwirtschaftlichen Mittelschulen und Kreisackerbauschulen, die vor dem Inkrafttreten dieses Gesetzes in pragmatischer oder in nichtpragmatischer statusmäßiger Diensteseigenschaft angestellt waren und gemäß Artikel 188 Abs. 4 an eine in der Gehaltsordnung aufgeführte Beamtenklasse angeglichen werden.

4. Das Gleiche gilt endlich von den mit der Militärseelsorge besonders betrauten Geistlichen, deren Besoldung in Angleichung an die Gehaltsordnung für die Staatsbeamten durch den Militäretat festgestellt wird.

---

[1]) Zu vgl. Fußnote 1 zu Art. 1.
[2]) Nunmehr Landesamts für Wasserversorgung.

5. Mit dem Inkrafttreten dieses Gesetzes gelten die im Dienste befindlichen auf Lebenszeit angestellten etatsmäßigen Beamten der Militärverwaltung als unwiderrufliche, die auf Kündigung angestellten etatsmäßigen Beamten als widerrufliche etatsmäßige Beamte.

Art. 209. 1. Für den Eintritt der Unwiderruflichkeit des Dienstverhältnisses (Artikel 6 Abs. 2, 3) wird den in dem Artikel 208 bezeichneten Beamten und Bediensteten die Zeit, die sie in einer unter den Artikel 208 fallenden Diensteseigenschaft bereits zurückgelegt haben, nach Maßgabe der Vorschriften dieses Gesetzes angerechnet. In gleicher Weise wird den Eichmeistern sowie den Steuer- und Gemeinde-Einnehmern im Regierungsbezirke der Pfalz für den Eintritt der Unwiderruflichkeit die Dienstzeit angerechnet, die sie in dieser oder in einer unter den Artikel 208 fallenden Diensteseigenschaft zurückgelegt haben.

2. Für die vor dem Inkrafttreten dieses Gesetzes angestellten pragmatischen Beamten (Artikel 208), für die im Zeitpunkte des Inkrafttretens das dreijährige Dienstesprovisorium noch nicht abgelaufen ist, tritt, auch soweit sie unter den Artikel 6 Abs. 3 dieses Gesetzes fallen, die Unwiderruflichkeit nach Ablauf der im § 2 der IX. Beilage zur Verfassungsurkunde bestimmten dreijährigen Frist ein, sofern nicht nach dem Abs. 1 des gegenwärtigen Artikels die Unwiderruflichkeit früher eintritt.

3. Für die vor dem Inkrafttreten dieses Gesetzes auf Kündigung angestellten etatsmäßigen Beamten der Militärverwaltung richtet sich die Lösung des Dienstverhältnisses noch nach den bisherigen Vorschriften.

Art. 210. 1. Den Beamten und Bediensteten der Pfälzischen Eisenbahnen, die bei der Übernahme dieser Eisenbahnen durch den Bayerischen Staat zu etatsmäßigen Beamten im Sinne dieses Gesetzes ernannt werden, wird für den Eintritt der Unwiderruflichkeit des Dienstverhältnisses (Artikel 6 Abs. 2, 3) die Zeit, die sie als „Angestellte" im Dienste der Pfälzischen Eisenbahnen bereits zurückgelegt haben, nach Maßgabe der Vorschriften dieses Gesetzes angerechnet.

2. Soweit solche Beamte der Pfälzischen Eisenbahnen bei ihrer Einreihung in die Gehaltsordnung einer Klasse von

Beamten der Staatseisenbahnverwaltung zugeteilt werden, die bis zum Inkrafttreten dieses Gesetzes nach Maßgabe der IX. Beilage zur Verfassungsurkunde angestellt wurden, sind sie nach Ablauf von drei Jahren seit dem Zeitpunkte, der nach den Übernahmeverhandlungen als Zeitpunkt ihrer pragmatischen Anstellung zu erachten ist, unwiderruflich, wenn nicht nach dem Abs. 1 dieses Artikels die Unwiderruflichkeit früher eintritt.

3. Diejenigen Beamten und Bediensteten der Pfälzischen Eisenbahnen, die beim Übergange dieser Eisenbahnen auf den Bayerischen Staat gemäß Artikel 5 Abs. 1 des Gesetzes vom 7. Dezember 1905, die Erwerbung der Pfälzischen Eisenbahnen für das K. Staatsärar betreffend, unter denselben Bedingungen übernommen werden, unter denen sie von den Pfälzischen Eisenbahngesellschaften angestellt worden sind, können von dem Zeitpunkt an, in dem sie als unwiderruflich zu erachten wären, wenn sie als etatsmäßige Beamte im Sinne dieses Gesetzes (Abs. 1) übernommen worden wären, nur durch Erkenntnis der Disziplinargerichte zur Strafe entlassen werden. Wieweit im übrigen Vorschriften dieses Gesetzes auf solche Beamte entsprechende Anwendung finden, wird durch Königliche Entschließung bestimmt.

Art. 211. 1. Die Vorschriften, nach denen die im Zeitpunkte des Inkrafttretens dieses Gesetzes im Dienste befindlichen Beamten und Bediensteten (Artikel 208) in die Klassen der neuen Gehaltsordnung überzuleiten sind, werden durch Verordnung erlassen.

2. Stand ein Beamter bisher im Genuß eines höheren als des regulativmäßigen Grundgehalts, so ist ihm bei der Überleitung der treffende Mehrbetrag zu dem in der neuen Gehaltsordnung bestimmten Anfangsgehalte mit der Maßgabe zuzusetzen, daß die in der Gehaltsordnung vorgesehenen Gehaltsvorrückungen zu diesem erhöhten Grundgehalt, jedoch nicht über den Betrag von zwölftausend Mark hinaus, gewährt werden.

3. Beamte, die infolge der neuen Gehaltsvorschriften bei der Überleitung oder in einem späteren Zeitpunkt ein geringeres Gesamteinkommen beziehen würden, als sie bei fortdauernder Gültigkeit der seitherigen Vorschriften in ihrer seit-

herigen Dienstesstelle bezogen hätten, erhalten für die Dauer dieser Einbuße den nach den früheren Vorschriften sich berechnenden Mehrbezug als persönliche Zulage.

4. Bei der Abgleichung des bisherigen und des künftigen Diensteinkommens werden Einkommensbestandteile, die ihrer Natur nach steigend und fallend sind, mit dem Betrag angesetzt, der sich für die beim Inkrafttreten des Gesetzes innegehabte Dienstesstelle nach dem Anfalle der letzten drei Rechnungsjahre als Jahresdurchschnitt ergibt, sofern solche Einkommensbestandteile erst kürzere Zeit auf dieser Stelle angefallen sind, nach dem Jahresdurchschnitte des Anfalls während dieser Zeit.

5. Der Jahresbetrag der persönlichen Zulagen ist nach oben so abzurunden, daß sich bei Teilung durch drei volle Markbeträge ergeben.

6. In Bezug auf den Beginn, die Zahlung und die Einziehung der persönlichen Zulagen finden die Vorschriften in dem Artikel 34 Abs. 2 bis 4 entsprechende Anwendung.

7. Auf die Beamten im Verwaltungsdienste der Hochschulen finden die Vorschriften dieses Artikels mit der Maßgabe Anwendung, daß ihnen die für Besorgung ihres Hauptamts zur Zeit des Inkrafttretens dieses Gesetzes neben dem Gehalt eingeräumten Nebenbezüge als persönliche Zulage verbleiben und daß auf einen etwaigen Mehrbetrag des Gehalts, der sich für sie nach den neuen Gehaltsvorschriften gegenüber den seitherigen Vorschriften ergibt, ein jenem Mehrbetrag entsprechender Betrag der Nebenbezüge aufgerechnet wird. Soweit die Zuweisung solcher Nebenbezüge nicht in unentziehbarer Weise erfolgt ist, sind sie nach näherer Festsetzung des zuständigen Staatsministeriums auf einen unüberschreitbaren Höchstbetrag zurückzuführen oder sonst zu ermäßigen.

8. Hat ein Beamter im Zeitpunkte seiner Versetzung in den Ruhestand oder seines Ablebens infolge der für die Überleitung verfügten Sperre der letzten oder der beiden letzten Dienstaltersstufen nicht den seinem Dienstalter entsprechenden Gehalt bezogen, so wird der Bemessung des Ruhegehalts und des Witwen- und Waisengeldes das pensionsfähige Dienst-

einkommen zugrunde gelegt, das sich berechnet hätte, wenn die Sperre nicht verfügt gewesen wäre.

Art. 212. 1. Für die Beamten und Bediensteten (Artikel 208), die vor oder mit dem Inkrafttreten dieses Gesetzes in den Ruhestand versetzt wurden, bleiben die seitherigen Pensionsvorschriften in Kraft.

2. Ebenso bleiben für die Hinterbliebenen derjenigen Beamten und Bediensteten, die vor dem Inkrafttreten dieses Gesetzes gestorben sind oder in diesem Zeitpunkt im Ruhestande sich befinden, die seitherigen Vorschriften über die einmalige Abfertigung sowie über die Pensionen und Unterhaltsbeiträge auch fernerhin mit der Maßgabe in Kraft, daß die Vorschriften des Artikel 72 und des Artikel 74 Abs. 4 des gegenwärtigen Gesetzes entsprechende Anwendung finden. Für die in Satz 1 bezeichneten Unterhaltsbeiträge tritt die Vorschrift des Artikel XXIV § 23d der Hauptlandespragmatik vom 1. Januar 1805 außer Kraft.

3. Die Vorschriften über das Erfordernis einer Erlaubnis zum Genuß einer Pension oder eines Unterhaltsbeitrags im Auslande treten für die Fälle der Abs. 1, 2 außer Kraft.

Art. 213. 1. Bleibt für einen Beamten (Artikel 208), der sich vor dem Inkrafttreten dieses Gesetzes im aktiven Dienste befand und nach diesem Zeitpunkt in den Ruhestand versetzt wurde, das nach Abschnitt IV dieses Gesetzes sich berechnende Wartegeld oder der nach Abschnitt IV und VI dieses Gesetzes sich berechnende Ruhegehalt hinter dem Betrage zurück, der sich bei fortdauernder Gültigkeit der seitherigen Vorschriften über die Gehalte und Pensionen der Staatsbeamten und Staatsbediensteten berechnet hätte, wenn der Beamte bis zu seiner Versetzung in den Ruhestand in der vor dem Inkrafttreten dieses Gesetzes zuletzt innegehabten Dienstesstellung weitergedient hätte, so wird ihm dieser höhere Betrag gewährt.

2. Wurde bei der Berechnung der Pensionen nach den seitherigen Vorschriften eine Dienstzeit angerechnet, deren Anrechnung nach den Vorschriften dieses Gesetzes ausgeschlossen ist, so ist diese Dienstzeit für die vor dem Inkrafttreten dieses Gesetzes ernannten Beamten auch der Bemessung des Ruhe-

gehalts nach den Vorschriften dieses Gesetzes zugrunde zu legen.

Art. 214. 1. Bleibt das nach den Abschnitten V und VI dieses Gesetzes sich berechnende Witwen- und Waisengeld hinter dem Betrage zurück, der sich bei fortdauernder Gültigkeit der seitherigen Vorschriften über die Gehalte und Pensionen der Beamten und über die Pensionen und Unterhaltsbeiträge der Hinterbliebenen berechnet hätte, wenn der Beamte bis zu seiner Versetzung in den Ruhestand oder im Falle seines Ablebens im aktiven Dienste bis zum Zeitpunkte seines Ablebens in der vor dem Inkrafttreten dieses Gesetzes zuletzt innegehabten Dienstesstellung weitergedient hätte, so wird den Hinterbliebenen der höhere Betrag gewährt.

2. Sind für einen Teil der Hinterbliebenen die bisherigen Vorschriften, für einen anderen Teil aber die Vorschriften der Abschnitte V und VI dieses Gesetzes günstiger, so wird für jeden Teil das Witwen- und Waisengeld nach der für ihn günstigeren Vorschrift angewiesen.

3. Ist das Witwen- und Waisengeld nach den Vorschriften dieses Gesetzes bezogen worden, so kann, vorbehaltlich der Vorschriften in Abs. 4 dieses Artikels und in Artikel 215, in einem späteren Zeitpunkte die Anwendung der früheren Vorschriften nicht mehr in Anspruch genommen werden.

4. Den Kindern der bereits vor dem Inkrafttreten dieses Gesetzes in pragmatischer Eigenschaft ernannten Beamten bleibt der Anspruch auf den Fortbezug der Unterhaltsbeiträge nach Maßgabe des Artikel XXIV §§ 10 bis 13 der Hauptlandespragmatik über das einundzwanzigste Lebensjahr hinaus gewahrt, und zwar auch dann, wenn sie bis zur Vollendung des einundzwanzigsten Lebensjahrs das Waisengeld nach den Vorschriften des gegenwärtigen Gesetzes beziehen.

Art. 215. 1. Den Söhnen und Töchtern der Staatsminister, Ministerialreferenten, Kollegialpräsidenten und Kollegialdirektoren, die diese Dienstesstellung schon vor dem Inkrafttreten dieses Gesetzes eingenommen haben, bleibt der ihnen durch Artikel XXIV § 9 der Hauptlandespragmatik eingeräumte Anspruch auf den Genuß des Unterhaltsbeitrags bis zur Versorgung oder bis zum Ableben nach Maßgabe der bisherigen Pensionsvorschriften gewahrt, und zwar auch dann, wenn das bis zur Vollendung des einundzwanzigsten Lebensjahrs bezogene Waisengeld nach den Vorschriften in den Abschnitten V und VI des gegenwärtigen Gesetzes berechnet war.

². Das Gleiche gilt von den Söhnen und Töchtern der Kollegialräte, die diese Dienstesstellung schon vor dem Inkrafttreten dieses Gesetzes eingenommen haben und zwar gleichviel, ob diese Beamten die nach Artikel XXIV § 9 der Hauptlandespragmatik und Abschnitt III Ziffer 78b des Abschieds für die Ständeversammlung des Königreichs Bayern vom 29. Dezember 1831 erforderliche fünfundzwanzigjährige Kollegialratsdienstzeit oder das bestimmte Dienst- oder Lebensalter vor dem Inkrafttreten des gegenwärtigen Gesetzes vollendet haben oder nach diesem Zeitpunkte vollenden werden.

³. Der Berechnung des Unterhaltsbeitrags ist in den Fällen der Abs. 1, 2 die Witwenpension zugrunde zu legen, die sich bei fortdauernder Gültigkeit der seitherigen Vorschriften über die Gehalte und Pensionen der Staatsbeamten ergeben hätte, wenn der Beamte bis zu seiner Versetzung in den Ruhestand oder bis zu seinem Ableben in der vor dem Inkrafttreten dieses Gesetzes zuletzt innegehabten Dienstesstellung verblieben wäre.

⁴. Wird ein Kollegialrat, der diese Dienstesstellung schon vor dem Inkrafttreten dieses Gesetzes eingenommen hat, auf Grund des Artikel 47 Abs. 1 dieses Gesetzes[1]) oder des Artikel 71 Ziff. 1 Halbsatz 1 oder des Artikel 79 Abs. 3 Ziff. 1 Halbsatz 1 des Disziplinargesetzes für richterliche Beamte in den Ruhestand versetzt, bevor er fünfundzwanzig Jahre lang als Kollegialrat gedient hat, so sind seinen Söhnen und Töchtern die im Artikel XXIV § 9 der Hauptlandespragmatik eingeräumten Vorteile zu gewähren, wenn er den Zeitpunkt erlebt, mit dessen Eintritt er entweder die fünfundzwanzigjährige Dienstzeit als Kollegialrat vollendet oder den Anspruch erworben haben würde, auf Grund des § 22 B oder C der IX. Beilage zur Verfassungsurkunde in den Ruhestand versetzt zu werden, falls diese Bestimmungen noch in Geltung wären.

---

[1]) Zu vgl. Art. 1 Ziff. XIV der VO. v. 29. März 1924 (GVBl. S. 125).

Art. 216. 1. In Bezug auf den Beginn, die Zahlung und die Einziehung der auf Grund des Artikel 213 und des Artikel 214 Abs. 1 bis 3 nach den früheren Vorschriften angewiesenen Wartegelder, Pensionen und Unterhaltsbeiträge finden die Vorschriften in den Artikeln 40, 41, 43 bis 45, 59 bis 67, in dem Artikel 71 Abs. 2, dem Artikel 74 Abs. 4, dem Artikel 82, dem Artikel 83 Abs. 2 Satz 1, den Artikeln 84 bis 86 entsprechende Anwendung.

2. Auf die nach Maßgabe des Artikel 214 Abs. 4 und des Artikel 215 angewiesenen Unterhaltsbeiträge findet Artikel 212 Abs. 2 Satz 2 und Abs. 3 Anwendung.

Art. 217. Für die zur Zeit des Inkrafttretens dieses Gesetzes im Amte befindlichen Hochschulprofessoren, die nicht binnen einer ihnen vorzusetzenden Frist ihr Einverständnis mit einer auf Grund des Artikel 187 Abs. 2 erfolgenden Regelung erklären, bleiben in Bezug auf die Höhe ihres Diensteinkommens und ihres Ruhegehalts sowie für die Bemessung des Witwen- und Waisengeldes ihrer Hinterbliebenen die seitherigen Vorschriften in Kraft. Artikel 187 Abs. 3 hat für solche Hochschulprofessoren keine Geltung.

Art. 218.[1]).

Art. 219. 1. Für die im Zeitpunkte des Inkrafttretens dieses Gesetzes bereits anhängigen Dienststrafsachen verbleibt es in Ansehung des Verfahrens bei den bisherigen Vorschriften.

2. Für die Entscheidung der Frage, ob hinsichtlich der auszusprechenden Strafen die bisherigen Vorschriften oder die Vorschriften dieses Gesetzes anzuwenden sind, ist der § 2 Abs. 2 des Reichsstrafgesetzbuchs maßgebend. Auf die Strafe der Suspension und auf Haft oder Arrest kann nicht mehr erkannt werden.

Art. 220. 1. Alle diesem Gesetz entgegenstehenden Vorschriften treten, soweit nicht in den Artikeln 212 bis 217, 222 Vorbehalte gemacht sind, für die Beamten im Sinne dieses Gesetzes außer Kraft.

2. Insbesondere treten für diese Beamten, unbeschadet dieser Vorbehalte, außer Wirksamkeit:

---

[1]) Gegenstandslos; zu vgl. Fußnote 4 zu Abschnitt L.

1. die landesherrliche Verordnung vom 1. Januar 1805, die Verhältnisse der Staatsdiener vorzüglich in Beziehung auf ihren Stand und Gehalt betreffend (Hauptlandespragmatik);
2. Titel V § 6 der Verfassungsurkunde vom 26. Mai 1818;
3. die IX. Beilage zur Verfassungsurkunde, Edikt über die Verhältnisse der Staatsdiener vorzüglich in Beziehung auf ihren Stand und Gehalt;
4. Abschnitt III Ziffer 78 b des Abschieds für die Ständeversammlung des Königreichs Bayern vom 29. Dezember 1831.

3. Aufgehoben werden:
1. die landesherrliche Verordnung vom 23. April 1806, die Gratifikationen der Staatsdiener betreffend;
2. § 7 Ziff. I e der landesherrlichen Verordnung vom 31. Juli 1817, die Organisation der Generaladministration der Posten betreffend;
3. § 19 des Abschieds für den Landtag des Königreichs Bayern vom 28. April 1872;
4. Abschnitt III A § 12 des Abschieds für den Landtag des Königreichs vom 29. Juli 1876.

Art. 221. Das Gesetz vom 4. Juni 1848, die Verantwortlichkeit der Minister betreffend, wird dahin geändert:

I. Im Artikel I werden die Worte „welcher hiedurch einen sofort unentziehbaren Standesgehalt von 3000 fl. erhält, sofern ihm nicht aus früheren Dienstesverhältnissen ein höherer zukommt", ersetzt durch die Worte: „welcher hiedurch einen sofort unentziehbaren Anspruch auf Ruhegehalt und auf Hinterbliebenenversorgung nach Maßgabe der für unwiderrufliche Beamte geltenden Vorschriften erhält".

II. Im Artikel III werden
1. im Abs. 1 die Worte „ohne Rücksicht auf § 24 der IX. Verfassungsbeilage" gestrichen;
2. der Abs. 2 erhält folgende Fassung:

„Der auf diese Weise infolge seiner Bitte sowie der aus eigenem Antriebe des Königs enthobene Staatsminister erhält den im Artikel I bestimmten Ruhegehalt; der König kann ihm innerhalb des gesetzlich zulässigen Höchstbetrags einen höheren Ruhegehalt zuweisen."

III. Im Artikel IX Ziff. 1 werden die Worte „nach § 19 der Verfassungsbeilage IX" gestrichen.

Art. 222. 1. Das Ausführungsgesetz vom 23. Februar 1879 zum Reichs-Gerichtsverfassungsgesetze wird dahin geändert:[1])

I. Der Artikel 23 erhält folgende Fassung:

„Zu dem Amte eines Schöffen sollen nicht berufen werden:

1. der Präsident, die Senatspräsidenten und die Mitglieder des Verwaltungsgerichtshofs;
2. der Präsident und die Räte des Obersten Rechnungshofs;
3. der Präsident und die übrigen ständigen Mitglieder des Landesversicherungsamts im Hauptamte.

Welche weiteren höheren Verwaltungsbeamten zu dem Amte eines Schöffen nicht berufen werden sollen, wird durch Verordnung bestimmt."

II. Im Artikel 71 Abs. 1 werden die Worte „einhundert Mark" ersetzt durch die Worte „fünfzig Mark".

Ferner wird dem Abs. 1 der weitere Satz beigefügt:

„Die Zwangsstrafen werden den Wohlfahrtseinrichtungen für die Beamten zugewiesen."

2. Im übrigen bleiben die Vorschriften dieses Gesetzes unberührt.

Art. 223. Das Gesetz vom 18. August 1879 zur Ausführung der Reichs-Strafprozeßordnung wird dahin geändert:

I. Der Artikel 107, der Artikel 113 Abs. 2 und die Artikel 115 und 116 werden aufgehoben.

II. Die Artikel 103 bis 106, 108 bis 111, 114 finden auf Beamte keine Anwendung, deren Dienststrafrecht durch das Beamtengesetz geregelt ist.

Art. 224.[2])

---

[1]) Zu vgl. VO. v. 7. Juni 1929 (GVBl. S. 73).

[2]) betreffend Änderungen des Disziplinargesetzes für richterliche Beamte v. 26. März 1881 ist im Text des Gesetzes berücksichtigt (zu vgl. die Bek. v. 5. Dez. 1908, die Redaktion des Disziplinargesetzes betreffend, (GVBl. S. 1007).

Art. 225. Der Abs. 1 des Gesetzes vom 26. Oktober 1887, die Erläuterung und den Vollzug des Titels II § 18 der Verfassungsurkunde betreffend, erhält folgende Fassung:

„Die von dem Reichsverweser provisorisch ernannten etatsmäßigen Beamten sind während der Reichsverwesung nach Maßgabe des Beamtengesetzes zu behandeln und erlangen insbesondere nach Ablauf der in den Artikeln 6, 186, 188 bis 190, 194 des Beamtengesetzes vorgesehenen Dienstzeit die Unwiderruflichkeit des Dienstverhältnisses. Diejenigen provisorischen Beamten, deren Dienstverhältnis bei Beendigung der Reichsverwesung bereits unwiderruflich geworden ist, behalten die hienach erworbenen Heimatsrechte und Rechte auf Ruhegehalt und Hinterbliebenenversorgung auch für den Fall, daß die von dem Reichsverweser ausgegangenen Ernennungen widerrufen werden sollten. Bei den in der Anlage I zum Beamtengesetz unter Buchstabe A aufgeführten Beamten und bei Notaren kann die Ernennung nach Beendigung der Reichsverwesung nicht widerrufen werden."

Art. 226. Das Ausführungsgesetz vom 9. Juni 1899 zum Bürgerlichen Gesetzbuche wird dahin geändert:

I. Der Artikel 60 Abs. 4 Satz 1 erhält folgende Fassung:

„Die im Dienste einer Gemeinde oder eines anderen Kommunalverbandes stehenden Beamten haben dem Verbande den Schaden zu ersetzen, der diesem aus der Verletzung der Amtspflicht entsteht."

II. In dem zweiten Satze des Artikel 60 Abs. 4 werden die Worte: „des Staates oder" gestrichen.

III. Der Artikel 175 Abs. 3 wird aufgehoben.

Art. 227. Das Notariatsgesetz vom 9. Juni 1899 wird dahin geändert:

I. Dem Artikel 75 Abs. 1 wird folgender weiterer Satz beigefügt:

„Verstößt die Tat auch gegen ein Strafgesetz, so verjährt die Strafverfolgung des Dienstvergehens nicht, bevor die Strafverfolgung der Straftat verjährt ist."

II. Im Artikel 78 Abs. 1 werden nach dem Worte „erhoben" die Worte eingefügt:

„oder ist in einem militärgerichtlichen Verfahren die Anklage verfügt worden".

III. Der Artikel 84 Abs. 1 erhält folgende Fassung:

„Die Vorschriften der Artikel 12 bis 34, 34a, 35, 36, 36a, 37 bis 50, 52 Abs. 1, 54 Abs. 2 bis 6, 55, 55a, 56, 58 des Gesetzes vom 26. März 1881 in der Fassung des Artikel 224 des Beamtengesetzes finden auf das Disziplinarverfahren entsprechende Anwendung."

IV. Zwischen Abs. 3 und Abs. 4 des Artikel 90 wird folgender neuer Absatz eingefügt:

„Wird der Angeschuldigte außer Verfolgung gesetzt oder freigesprochen, so können die ihm erwachsenen notwendigen Auslagen einschließlich der Kosten der Verteidigung der Staatskasse auferlegt werden."

V. Im Artikel 92 Ziff. 2 werden nach dem Worte „eröffnet" die Worte eingefügt:

„oder in einem militärgerichtlichen Verfahren die Anklage verfügt".

Art. 228. § 17 Abs. 2 Satz 2 des Finanzgesetzes vom 30. Juni 1900 erhält folgende Fassung:

„Die Höhe dieses Zuschusses wird durch die Budgets der einzelnen Finanzperioden festgesetzt."

Art. 229.[1])

Art. 230. Die zur Ausführung dieses Gesetzes erforderlichen Vorschriften werden, soweit nichts anderes bestimmt ist, von den Ministerien erlassen.

---

[1]) Gegenstandslos durch das SchulbedarfsG. v. 14. August 1919 (GVBl. S. 489).

4. Disziplinargesetz für richterliche Beamte

in der Fassung der Bekanntmachung vom 5. Dezember 1908, die Redaktion des Disziplinargesetzes für richterliche Beamte betreffend (GVBl. S. 1007).

Erste Abteilung.

Dienstvergehen und Disziplinarstrafen.

Art. 1. Ein Richter, welcher

1. die ihm durch sein Amt auferlegten Pflichten schuldhafter Weise verletzt, oder
2. sich durch sein Verhalten in oder außer dem Amte der Achtung, die sein Beruf erfordert, unwürdig zeigt,

macht sich eines Dienstvergehens schuldig und unterliegt den Vorschriften des gegenwärtigen Gesetzes.

Art. 2. Die Strafverfolgung von Dienstvergehen verjährt in fünf Jahren. Verstößt die Tat auch gegen ein Strafgesetz, so verjährt die Strafverfolgung des Dienstvergehens nicht, bevor die Strafverfolgung der Straftat verjährt ist.

Jede Handlung sowohl des Strafrichters als des Disziplinarrichters, welche wegen der begangenen Tat gegen den Täter gerichtet ist, unterbricht die Verjährung. Nach der Unterbrechung beginnt eine neue Verjährung.

Art. 3. Das Recht der Aufsicht (Artikel 69 und 70 des Gesetzes zur Ausführung des Reichs-Gerichtsverfassungsgesetzes) gewährt die Befugnis, den Richtern, auf welche es sich erstreckt, wegen geringer Dienstvergehen mündlich oder schriftlich Ermahnungen oder Warnungen zu erteilen.

Art. 4. Wenn die schriftlich erteilte Ermahnung oder Warnung als erfolglos sich erweist oder wenn wegen der Schwere des Dienstvergehens eine Ermahnung oder Warnung als unzureichend erscheint, tritt die Disziplinarbestrafung ein.

In diesem Falle ist Mitteilung an die Disziplinarkammer zu machen.

Art. 5. Der Richter, dem von einer Aufsichtsbehörde auf Grund des Artikel 3 eine Ermahnung oder Warnung erteilt worden ist, kann die Entscheidung der Disziplinarkammer darüber beantragen, ob ihm ein Dienstvergehen zur Last fällt. Der Antrag schließt die Einlegung einer Beschwerde gegen die Verfügung der Aufsichtsbehörde, die Einlegung einer Beschwerde den Antrag aus.

Fällt dem Richter ein Dienstvergehen nicht zur Last, so hebt die Disziplinarkammer die Verfügung der Aufsichtsbehörde auf.

Fällt dem Richter ein Dienstvergehen zur Last, ohne daß die Voraussetzungen des Artikel 4 Abs. 1 gegeben sind, so weist die Disziplinarkammer den Antrag des Richters zurück.

Sind die Voraussetzungen des Artikel 4 Abs. 1 gegeben, so ist das Disziplinarverfahren einzuleiten.

Gegen den Beschluß der Disziplinarkammer steht dem Staatsanwalt und dem Richter die Beschwerde an den Disziplinarhof zu.

Art. 6. Bevor die Aufsichtsbehörde auf Grund des Artikel 3 eine Ermahnung oder Warnung erteilt, kann sie die Entscheidung der Disziplinarkammer darüber beantragen, ob dem Richter ein Dienstvergehen zur Last fällt.

Der Artikel 5 Abs. 5 findet Anwendung.

Art. 7. Die Disziplinarstrafen sind:
1. Verweis;
2. Geldstrafe bis zum Betrage des einmonatigen Gehalts[1]);
3. Entziehung des Anspruchs auf Vorrückung im Gehalt auf die Dauer von höchstens drei Jahren;
4. Strafversetzung;
5. Dienstentlassung.

---

[1]) Zu vgl. Art. 54 Abs. II des BBesG. v. 20. April 1928 (GVBl. S. 205).

Der in Ziff. 2 bestimmte Höchstbetrag der Geldstrafe darf auch beim Zusammenflusse mehrerer disziplinär strafbarer Handlungen nicht überschritten werden. Die Geldstrafen werden den Wohlfahrtseinrichtungen für die Beamten zugewendet.

Erkennt das Disziplinargericht auf Entziehung des Anspruchs auf Vorrückung im Gehalte, so hat es zugleich zu bestimmen, ob und wieweit dadurch der Zeitpunkt für die späteren Gehaltsvorrückungen hinausgeschoben wird.

Die Strafversetzung erfolgt ohne Vergütung von Umzugskosten auf ein anderes Richteramt von gleicher Dienstesklasse und gleichem Gehalte. Mit derselben kann eine Geldstrafe verbunden werden, welche ein Drittel des Jahresgehalts [1]) nicht übersteigen darf.

Die Dienstentlassung hat den Verlust des Titels und der Dienstabzeichen sowie des Anspruchs auf Diensteinkommen[1]), Ruhegehalt und Hinterbliebenenversorgung von Rechts wegen zur Folge. Lassen besondere Umstände eine mildere Beurteilung zu, so kann in dem Urteile des Disziplinargerichts ausgesprochen werden, daß dem Angeschuldigten vom Zeitpunkte seiner Entlassung an auf Lebenszeit oder auf bestimmte Zeit als Unterhaltsbeitrag ein Teil des Ruhegehalts zu gewähren sei, den er anzusprechen hätte, wenn er im Zeitpunkte der Entlassung in den Ruhestand versetzt würde. Auch kann bei gleicher Voraussetzung den Hinterbliebenen des aus dem Dienste entlassenen Richters durch das Urteil des Disziplinargerichts der Anspruch auf Versorgung ganz oder teilweise, mit oder ohne Zeitbeschränkung vorbehalten werden.

Liegen berücksichtigungswerte Verhältnisse vor, so kann durch Königliche Entschließung [2]) dem aus dem Dienste entlassenen Richter oder seiner Familie ausnahmsweise sofort oder später ein widerruflicher Unterhaltsbeitrag gewährt werden; der Unterhaltsbeitrag soll jedoch in der Regel die Hälfte des Betrages nicht übersteigen, der sich als Ruhegehalt berechnet hätte, wenn der entlassene Richter im Zeitpunkte seiner Dienstentlassung in den Ruhestand versetzt worden wäre.

[1]) Zu vgl. Art. 54 des BBesG. v. 20. April 1928 (GVBl. S. 205).

[2]) Zu vgl. VO. v. 15. Nov. 1918 (GVBl. S. 1231), Ges. v. 28. März 1919 (GVBl. S. 113).

Unter der gleichen Voraussetzung (Satz 1) kann durch Königliche Entschließung[1]) den Hinterbliebenen eines aus dem Dienste entlassenen Richters ausnahmsweise ein widerruflicher Unterhaltsbeitrag gewährt werden; dieser soll in der Regel die Hälfte der Beträge nicht übersteigen, die sie als Witwen- und Waisengeld zu beanspruchen hätten, wenn der entlassene Richter im Zeitpunkte der Dienstentlassung gestorben wäre.

Art. 8. Welche von den in Artikel 7 Ziff. 1 bis 4 bezeichneten Strafen anzuwenden sei, ist nach der größeren oder geringeren Erheblichkeit des Dienstvergehens zu ermessen.

Auf Strafversetzung ist zu erkennen, wenn durch eine Handlung, die ein schweres Dienstvergehen bildet, Umstände gegeben sind, durch die die amtliche Wirksamkeit des Richters auf der bisherigen Stelle in einer nicht bloß vorübergehenden Art gestört wird. Sind solche Umstände zwar nicht ohne Verschulden des Richters gegeben, ist aber das Verschulden nicht derart, daß die Strafversetzung angemessen ist, so kann das Disziplinargericht unabhängig von der Entscheidung über die Strafe aussprechen, daß der Richter unter Vergütung der Umzugskosten auf ein Richteramt von gleicher Dienstesklasse und gleichem Gehalte versetzt werden kann.

Auf Dienstentlassung ist zu erkennen, wenn ein Richter durch grobe Verletzung der Amtspflicht oder durch unsittliches oder die Achtung, welche der Beruf erfordert, entziehendes Handeln oder Verhalten sich eines Dienstvergehens von solcher Schwere schuldig macht, daß er ohne offenbaren Nachteil für das Richteramt nicht länger in demselben belassen werden kann.

Auf Dienstentlassung kann erkannt werden:

1. wegen Verletzung der Pflicht der Amtsverschwiegenheit sowie in den in den Artikeln 103 bis 105, 109 des Ausführungsgesetzes zur Strafprozeßordnung aufgeführten Fällen,
2. wenn in sonstigen Fällen ein Richter zufolge Artikel 1 bereits dreimalige Disziplinarbestrafung erlitten hat und sich neuerdings eines Dienstvergehens schuldig macht.

---

[1]) Zu vgl. VO. v. 15. Nov. 1918 (GVBl. S. 1231), Ges. v. 28. März 1919 (GVBl. S. 113).

Art. 9. Ein Richter, welcher ohne den vorschriftsmäßigen Urlaub sich von seinem Amte entfernt hält oder den erteilten Urlaub überschreitet, oder im Falle seiner Versetzung, Beförderung oder Reaktivierung die ihm übertragene Stelle rechtzeitig anzutreten unterläßt, ohne daß ihm ausreichende Entschuldigungsgründe zur Seite stehen, ist, sofern eine nach Artikel 4 erfolgte Ermahnung fruchtlos war, für die Zeit der unerlaubten Entfernung seines Diensteinkommens verlustig.

Art. 10. Die Vorschriften dieses Gesetzes finden auf die zeitlich oder dauernd in den Ruhestand versetzten Richter mit folgenden Einschränkungen entsprechende Anwendung:

Auf Verweis oder Geldstrafe kann nur wegen Verletzung der Pflicht der Amtsverschwiegenheit erkannt werden. Geldstrafe ist zulässig bis zum Betrage des einmonatigen Ruhegehalts.

Im übrigen ist ein Disziplinarverfahren nur wegen solcher in der Dienstesaktivität oder im Ruhestande begangener Handlungen zulässig, die gegenüber einem aktiven Richter die Dienstentlassung begründen. An Stelle der Dienstentlassung ist auf den Verlust des Titels, der Dienstabzeichen und des Ruhegehalts sowie des Anspruchs auf Hinterbliebenenversorgung zu erkennen. Die Vorschriften des Artikel 7 Abs. 5 Satz 2, 3 und Abs. 6 finden entsprechende Anwendung.

Art. 11. Das Disziplinarverfahren wird eingestellt, wenn der Richter unter Verzicht auf Titel und Dienstabzeichen sowie auf Diensteinkommen [1]), Ruhegehalt und Hinterbliebenenversorgung um Entlassung aus dem Staatsdienste nachsucht, vorausgesetzt, daß er in Bezug auf seinen Dienst sich nicht in verschuldetem Rückstande befindet und über eine ihm anvertraute Verwaltung von öffentlichem Vermögen Rechenschaft abgelegt hat.

Gegen einen im Ruhestande befindlichen Richter ist das Disziplinarverfahren einzustellen, wenn der Beschuldigte seinen Verzicht auf Titel, Dienstabzeichen, Ruhegehalt und Hinterbliebenenversorgung erklärt.

---

1) Zu vgl. Art. 54 des BBesG. v. 20. April 1928 (GVBl. S. 205).

Art. 12. Hat der Staatsanwalt in einem strafrechtlichen Verfahren die öffentliche Klage erhoben oder ist in einem militärgerichtlichen Verfahren die Anklage verfügt worden, so darf gegen den Beschuldigten wegen der nämlichen Tatsachen vor Beendigung des strafrechtlichen Verfahrens ein Disziplinarverfahren weder eingeleitet, noch ein bereits eingeleitetes Verfahren fortgesetzt werden.

Ist wegen Abwesenheit des Angeschuldigten die vorläufige Einstellung des Strafverfahrens beschlossen, so kann von diesem Zeitpunkt an sowohl die Eröffnung des Disziplinarverfahrens als die Fortführung desselben stattfinden.

Art. 13. Wenn von den Strafgerichten auf Freisprechung erkannt ist, so findet wegen derjenigen Tatsachen, welche in dem strafgerichtlichen Verfahren Gegenstand der Aburteilung waren, ein Disziplinarverfahren nur noch insoferne statt, als jene Tatsachen an sich und ohne ihre Beziehung zu dem gesetzlichen Tatbestande der strafbaren Handlung, auf welche das Strafverfahren sich erstreckte, ein Dienstvergehen enthalten.

Die Freisprechung wegen Verjährung schließt die Einleitung oder Fortsetzung eines Disziplinarverfahrens nicht aus, solange die Strafverfolgung wegen Dienstvergehen noch nicht gemäß Artikel 2 ausgeschlossen ist.

Ist in einem strafrechtlichen Verfahren eine Verurteilung erfolgt, welche den Verlust des Amtes nicht zur Folge gehabt hat, so bleibt es dem zuständigen Disziplinargerichte vorbehalten, darüber zu entscheiden, ob außerdem das Disziplinarverfahren einzuleiten oder fortzusetzen sei.

Zweite Abteilung.

Verfassung und Zuständigkeit der Disziplinargerichte.

Art. 14. Die zuständigen Disziplinargerichte sind:

1. in erster Instanz die Disziplinarkammern,
2. in zweiter Instanz der Disziplinarhof.

Art. 15. Bei jedem Oberlandesgerichte wird eine Disziplinarkammer errichtet. Dieselbe besteht aus fünf Mitgliedern und wird aus dem Präsidenten und vier Räten des Oberlandesgerichts gebildet.

Art. 16. Zuständig im einzelnen Falle ist jene Disziplinarkammer, in deren Bezirke der Beschuldigte zur Zeit der Einleitung des Disziplinarverfahrens seinen dienstlichen Wohnsitz hat, und wenn sich dieser Wohnsitz außerhalb Bayerns befindet, die Disziplinarkammer bei dem Oberlandesgerichte München.

Hinsichtlich der in den Artikeln 10, 86 bezeichneten Richter ist der letzte dienstliche Wohnsitz maßgebend.

Streitigkeiten über die Zuständigkeit verschiedener Disziplinarkammern entscheidet der Disziplinarhof.

Art. 17. Der Disziplinarhof kann auf Antrag des Staatsanwalts oder des Beschuldigten die Verweisung der Sache an eine andere Disziplinarkammer beschließen, wenn Gründe vorliegen, welche die Unbefangenheit der zuständigen Disziplinarkammer zweifelhaft machen.

Art. 18. Der Disziplinarhof besteht aus dem Präsidenten und sechs Räten des Obersten Landesgerichts.

Art. 19. Der Präsident des Obersten Landesgerichts ist kraft des Gesetzes zugleich Präsident des Disziplinarhofs und hat die Leitung der Geschäfte und den Vorsitz in den Sitzungen.

Gleiches ist der Fall bei den Präsidenten der Oberlandesgerichte bezüglich der Disziplinarkammern.

In Verhinderungsfällen treten die Senatspräsidenten der betreffenden Gerichtshöfe an die Stelle der Präsidenten.

Unter mehreren Senatspräsidenten ist zur Stellvertretung der dem Dienstalter und bei gleichem Dienstalter der der Geburt nach älteste berufen.

Die übrigen in Artikel 15 und 18 erwähnten Mitglieder der Disziplinarkammern und des Disziplinarhofs sowie die erforderliche Zahl von Stellvertretern derselben werden auf Vorschlag des Präsidiums der dort bezeichneten Gerichtshöfe auf die Dauer des von ihnen zur Zeit ihrer Ernennung bekleideten Hauptamts durch den König[1]) ernannt.

---

[1]) Zu vgl. Fußnote 2 zu Art. 7.

Art. 20. Zur Gültigkeit der Entscheidungen der Disziplinarkammern sowie des Disziplinarhofs ist die Mitwirkung der in Artikel 15 und 18 bezeichneten Mitglieder oder ihrer Stellvertreter erforderlich.

Art. 21. Die Verrichtungen der Staatsanwaltschaft bei den Disziplinarkammern obliegen dem Oberstaatsanwalt an dem betreffenden Oberlandesgerichte.

Bei dem Disziplinarhofe besorgt der Generalstaatsanwalt am Obersten Landesgerichte die Geschäfte der Staatsanwaltschaft.

Den Dienst des Gerichtsschreibers bei den vorbezeichneten Disziplinargerichten versehen die Gerichtsschreiber der betreffenden Gerichtshöfe.

Art. 22. Eine besondere Verpflichtung der Mitglieder der Disziplinarkammern und des Disziplinarhofs auf die Erfüllung ihrer Obliegenheiten findet nicht statt.

Art. 23. Die Bestimmungen der Reichs-Strafprozeßordnung über Ausschließung und Ablehnung der Gerichtspersonen finden mit Ausnahme des § 23 Abs. 3[1]) des vorbezeichneten Gesetzes auf die Mitglieder der Disziplinarkammern und des Disziplinarhofs entsprechende Anwendung.

Über die Ablehnung oder Ausschließung entscheidet das Disziplinargericht, welchem der betreffende Richter angehört.

Wird die Disziplinarkammer durch Ausscheiden der abgelehnten Mitglieder beschlußunfähig, so entscheidet der Disziplinarhof und verweist erforderlichen Falles die Aburteilung der Sache an eine andere Disziplinarkammer.

Ablehnungsgesuche wegen Besorgnis der Befangenheit sind bei Vermeidung des Ausschlusses spätestens vor Beginn der Hauptverhandlung bei jenem Disziplinargerichte anzubringen, welchem die abzulehnenden Mitglieder angehören.

Gegen den auf ein Ablehnungsgesuch erlassenen Beschluß des Disziplinargerichts findet ein Rechtsmittel nicht statt.

---

[1]) § 23 Abs. 3 StPO., aufgehoben durch § 21 der VO. v. 4. Jan. 1924 (RGBl. I S. 15).

Dritte Abteilung.

Verfahren bei den Disziplinargerichten.

Art. 24. Der Verhängung einer Disziplinarstrafe muß in allen Fällen eine mündliche Hauptverhandlung vor dem zuständigen Disziplinargerichte vorhergehen.

Steht bloß eine der in Artikel 7 Abs. 1 Ziff. 1 bis 3 bezeichneten Strafen in Aussicht, so kann von Einleitung einer Voruntersuchung Umgang genommen werden.

Dagegen hat in allen Fällen, in welchen Strafversetzung oder Dienstentlassung in Frage steht, eine förmliche Voruntersuchung stattzufinden.

Art. 25. Die Einleitung des Disziplinarverfahrens kann nur durch Beschluß der Disziplinarkammer erfolgen. Die Beschlußfassung erfolgt von Amts wegen nach Vernehmung des Staatsanwalts.

Vor der Beschlußfassung kann die Disziplinarkammer die Vornahme einzelner Ermittlungen, auch die Vernehmung von Zeugen oder Sachverständigen und die schriftliche Verantwortung des Beschuldigten anordnen.

Bei Gefahr auf Verzug können auch vor verfügter Einleitung des Disziplinarverfahrens von denjenigen Beamten, welchen das Recht der Aufsicht zusteht, die zur Sicherung des Beweises notwendigen Untersuchungshandlungen vorgenommen werden.

Art. 26. Die Bestimmungen der Reichs-Strafprozeßordnung über den Fristenlauf und über die Wiedereinsetzung in den vorigen Stand gegen Ablauf von Fristen (§§ 42 bis 47) finden auf das Verfahren in Disziplinarsachen entsprechende Anwendung.

Art. 27. Zeugen und Sachverständige werden, soweit nicht durch die nachstehenden Bestimmungen Ausnahmen begründet sind, eidlich vernommen.

Die Bestimmungen der Reichs-Strafprozeßordnung über die Verpflichtung, vor Gericht zu erscheinen und sich als Zeuge oder Sachverständiger vernehmen zu lassen, über die Folgen des Nichterscheinens und der Verweigerung des Zeugnisses oder der Eidesleistung sowie über die Zulässigkeit der

Beeidigung und der Berufung auf einen früher geleisteten Eid, ferner die Vorschriften dieser Prozeßordnung und des Gesetzes zur Ausführung derselben vom 18. August 1879 über die Form der Eidesleistung und über den Gebrauch gewisser Beteuerungsformeln an Stelle des Eides gelten auch für Disziplinarsachen.[1])

Art. 28. Die im Disziplinarverfahren an den Beschuldigten ergehenden schriftlichen Mitteilungen sollen unter Umschlag, welcher mit dem Dienstsiegel zu versehen ist, zugestellt werden.

Die Zustellung ist als gültig erfolgt anzusehen, wenn sie an denjenigen, an welchen die Mitteilung gerichtet ist, nachweislich bewirkt wurde.

Wird der Beschuldigte nicht angetroffen, so kann die Zustellung in seiner Wohnung an einen zu der Familie gehörenden erwachsenen Hausgenossen oder an eine in der Familie dienende erwachsene Person oder, wenn solche Personen nicht angetroffen werden, an den in demselben Hause wohnenden Hauswirt oder Vermieter erfolgen, sofern diese zur Annahme des Schriftstücks bereit sind.

Ist die Zustellung nach diesen Bestimmungen nicht ausführbar, so kann dieselbe an den Bürgermeister oder dessen Stellvertreter geschehen.

Ist der Aufenthalt des Beschuldigten unbekannt, oder hält sich derselbe außerhalb seines dienstlichen Wohnsitzes im Ausland auf, so kann die Zustellung an dem letzten dienstlichen Wohnorte desselben bewirkt werden. Eine öffentliche Ladung ist unzulässig.

Hinsichtlich der Zustellungen an den Staatsanwalt finden die Bestimmungen des § 41 der Reichs-Strafprozeßordnung Anwendung.

Das Staatsministerium der Justiz ist ermächtigt, im übrigen die Formen der Zustellung durch Vollzugsvorschriften näher zu regeln.

Art. 29. Alle im Disziplinarverfahren ergehenden Entscheidungen sind mit Gründen zu versehen.

---

[1]) Zu vgl. Art. 176 der Verf. des Deutschen Reiches v. 11. August 1919 (GVBl. S. 1383).

Art. 30. Erachtet die Disziplinarkammer eine Voruntersuchung für nötig, so beauftragt der Präsident des Oberlandesgerichts ein Mitglied des Gerichtshofs oder eines untergebenen Landgerichts mit der Führung der Untersuchung.

Art. 31. Beschließt die Disziplinarkammer, daß ein Verfahren nicht zu eröffnen sei, so steht dem Staatsanwalte gegen diesen Beschluß die Beschwerde an den Disziplinarhof zu.

Art. 32. Ist das Disziplinarverfahren eingeleitet, wird jedoch gemäß Artikel 21 Abs. 2 von Einleitung einer Voruntersuchung Umgang genommen, so ist der Beschuldigte mit seiner schriftlichen Verantwortung zu hören und das zur mündlichen Verhandlung etwa weiter Erforderliche vorzubereiten. Die Disziplinarkammer kann insbesondere einzelne Beweiserhebungen anordnen.

Ist die Sache durch die Ermittlungen der Dienstaufsichtsbehörden oder durch Ermittlungen, die von der Disziplinarkammer auf Grund des Artikel 25 Abs. 2 angeordnet worden sind, genügend aufgeklärt und der Beschuldigte im Laufe dieser Erhebungen ausreichend gehört, so kann von weiteren Vorerhebungen abgesehen werden.

Art. 33. Die Voruntersuchung hat den Zweck, den Sachverhalt zu ermitteln und die erforderlichen Beweise zu erheben.

Der Angeschuldigte wird unter Mitteilung der Anschuldigungspunkte vorgeladen und, wenn er erscheint, in Abwesenheit des Staatsanwalts mit seinen Erklärungen und Anträgen gehört. Die Verhaftung, vorläufige Festnahme oder Vorführung des Angeschuldigten ist unzulässig.

Den Vernehmungen der Zeugen oder Sachverständigen darf weder der Staatsanwalt noch der Angeschuldigte beiwohnen. Ausnahmsweise ist denselben die Anwesenheit zu gestatten, wenn ein Zeuge oder Sachverständiger vernommen wird, welcher voraussichtlich am Erscheinen in der Hauptverhandlung verhindert oder dessen Erscheinen wegen großer Entfernung besonders erschwert sein wird.

Ist zu befürchten, daß der Zeuge in Gegenwart des Angeschuldigten die Wahrheit nicht sagen werde, so kann letzterer von der Anwesenheit bei der Verhandlung ausgeschlossen werden.

Art. 34. Über jede Untersuchungshandlung ist ein Protokoll unter Beobachtung der in § 186[1]) der Reichs-Strafprozeßordnung enthaltenen Vorschriften aufzunehmen.

Art. 35. Der Staatsanwalt kann stets, ohne daß jedoch das Verfahren dadurch aufgehalten werden darf, von dem Stande der Voruntersuchung durch Einsicht der Akten Kenntnis nehmen und die ihm geeignet scheinenden Anträge stellen.

Vor dem Schlusse der Voruntersuchung ist dem Angeschuldigten das Ergebnis mitzuteilen und ihm nochmals Gelegenheit zu seiner Verteidigung zu geben.

Auch im Laufe der Voruntersuchung soll dem Angeschuldigten, soweit es ohne Gefährdung des Untersuchungszwecks geschehen kann, im Interesse seiner Verteidigung von wichtigen oder neuen Beweisergebnissen Mitteilung gemacht werden.

Art. 36. Erachtet der mit Führung der Voruntersuchung beauftragte Richter die Untersuchung für geschlossen, so übermittelt er die Akten dem Staatsanwalte zur Stellung seiner Anträge.

Beantragt der Staatsanwalt eine Ergänzung der Voruntersuchung, so hat der untersuchungführende Richter, wenn er dem Antrage nicht stattgeben will, die Entscheidung der Disziplinarkammer einzuholen.

Art. 37. Beantragt der Staatsanwalt die Verweisung der Sache zur Hauptverhandlung, so hat er eine Anschuldigungsschrift zu fertigen, in welche die wesentlichen Ergebnisse der Ermittlungen aufzunehmen sind. Diese Anschuldigungsschrift ist dem Angeschuldigten zur Erklärung binnen einer von dem Präsidenten zu bestimmenden Frist mitzuteilen.

Art. 38. Erscheint nach dem Ergebnisse der Voruntersuchung oder der Vorerhebungen (Artikel 32) kein Grund zur Fortsetzung des Verfahrens gegeben, so hat die Disziplinarkammer den Angeschuldigten außer Verfolgung zu setzen und demselben Ausfertigung des darauf bezüglichen Beschlusses zu erteilen.

---

[1]) Nunmehr § 188 der RStPO.

Steht dem weiteren Verfahren der Umstand entgegen, daß der Angeschuldigte nach der Tat in Geisteskrankheit verfallen ist, so kann die vorläufige Einstellung des Verfahrens beschlossen werden.

Art. 39. Erscheint der Angeschuldigte durch die Voruntersuchung oder durch die in Artikel 32 bezeichneten Vorerhebungen eines Disziplinarvergehens hinreichend verdächtig, so verweist die Disziplinarkammer die Sache zur mündlichen Hauptverhandlung.

Auf die Abfassung des Beschlusses findet § 205 Abs. 1 [1]) der Reichs-Strafprozeßordnung entsprechende Anwendung.

Art. 40. Betrifft das Disziplinarverfahren mehrere Dienstvergehen und ist die Feststellung des einen oder des anderen unwesentlich, so kann die Disziplinarkammer nach Vernehmung des Staatsanwalts beschließen, daß in Ansehung eines solchen das Verfahren vorläufig einzustellen ist.

Der Einstellungsbeschluß kann während dreier Monate nach der Rechtskraft des Urteils von der Disziplinarkammer aufgehoben werden.

Art. 41. Gegen den Beschluß, durch welchen der Angeschuldigte außer Verfolgung gesetzt wird, steht dem Staatsanwalte die Beschwerde an den Disziplinarhof zu.

Art. 42. Hat die Disziplinarkammer beschlossen, daß ein Disziplinarverfahren nicht zu eröffnen oder daß der Angeschuldigte außer Verfolgung zu setzen sei, so kann auf Grund neuer Tatsachen oder Beweismittel die Disziplinarkammer von Amts wegen nach Vernehmung des Staatsanwalts einen neuen Beschluß fassen.

Art. 43. Beschließt die Disziplinarkammer die Verweisung der Sache zur Hauptverhandlung, so hat der Präsident Termin anzuberaumen und die erforderlichen Ladungen und sonst nötigen Vorbereitungen zu bewirken.

Der Angeschuldigte ist unter abschriftlicher Mitteilung des Beschlusses über die Verweisung der Sache zur Hauptverhandlung (des Verweisungsbeschlusses) mit der Warnung

---

[1]) Nunmehr § 207 Abs. 1 der RStPO.

zu laden, daß die Verhandlung im Falle seines Ausbleibens gleichwohl stattfinden werde.

Zwischen der Zustellung der Ladung und dem Tage der Hauptverhandlung muß eine Frist von mindestens einer Woche liegen. Ist diese Frist nicht eingehalten worden, so kann der Angeschuldigte die Aussetzung der Verhandlung verlangen, solange nicht in der Sitzung mit der Verlesung des Verweisungsbeschlusses begonnen ist.

Die Ladung von Zeugen oder Sachverständigen erfolgt von Amts wegen, insoweit solche der Präsident der Disziplinarkammer nach dem Ergebnisse des Vorverfahrens nötig erachtet. Anträge des Staatsanwalts und des Beschuldigten auf Vorladung von Zeugen oder Sachverständigen werden, unbeschadet der etwaigen Erneuerung bei der Hauptverhandlung, von dem Präsidenten beschieden.

Die ergehenden Verfügungen sind den Beteiligten bekannt zu geben.

Lehnt der Präsident den Antrag auf Ladung einer Person ab, so kann der Beschuldigte die letztere unmittelbar laden lassen und hat dies zugleich dem Präsidenten anzuzeigen. Eine unmittelbar geladene Person ist nur dann zum Erscheinen verpflichtet, wenn ihr bei der Ladung die gesetzliche Entschädigung für Reisekosten und Versäumnis bar dargeboten oder deren Hinterlegung bei dem Gerichtsschreiber nachgewiesen wird.

Der Angeschuldigte kann sich des Beistandes eines Rechtsanwalts als Verteidigers bedienen. Dem letzteren ist die Einsicht der Akten zu gestatten.

Art. 44. Die Hauptverhandlung findet statt, auch wenn der Angeschuldigte nicht erschienen ist.

Derselbe kann sich durch einen Rechtsanwalt vertreten lassen. Der Disziplinarkammer steht es jedoch frei, das persönliche Erscheinen des Angeschuldigten unter der Warnung anzuordnen, daß bei seinem Ausbleiben ein Verteidiger zu seiner Vertretung nicht würde zugelassen werden.

Die Verhandlung ist nicht öffentlich. Auf Antrag des Beschuldigten können einzelne Personen nach dem Ermessen des Präsidenten als Zuhörer zugelassen werden.

Bezüglich der Handhabung der Sitzungspolizei finden die Bestimmungen des Reichs-Gerichtsverfassungsgesetzes entsprechende Anwendung.

Art. 45. Bei der Hauptverhandlung wird der Verweisungsbeschluß verlesen.

Hierauf folgt die Vernehmung des Angeschuldigten. Gesteht derselbe die den Gegenstand der Anschuldigung bildenden Tatsachen ein und walten gegen die Glaubwürdigkeit seines Geständnisses keine Bedenken ob, so beschließt die Disziplinarkammer, daß eine Beweisverhandlung nicht stattfinde.

Andernfalls gibt ein von dem Präsidenten der Disziplinarkammer aus der Zahl der Mitglieder ernannter Berichterstatter auf Grund der bisherigen Erhebungen eine Darstellung der Beweisaufnahme, soweit sie sich auf die in dem Verweisungsbeschluß enthaltenen Anschuldigungspunkte bezieht und nicht durch unmittelbare Beweiserhebung in der Sitzung (Artikel 46 und 47) ersetzt wird.

Urkunden und andere als Beweismittel dienende Schriftstücke sind zu verlesen, ebenso die Protokolle über die Aussagen der vernommenen Zeugen sowie die Gutachten der Sachverständigen, soferne nicht die Vernehmung dieser Personen bei der Hauptverhandlung erfolgt.

Die Verlesung der Aussage eines vor der Hauptverhandlung vernommenen Zeugen, welcher erst in der Hauptverhandlung von seinem Rechte, das Zeugnis zu verweigern, Gebrauch macht, hat jedoch zu unterbleiben.

Zum Schlusse wird der Staatsanwalt mit seinem Antrag und der Angeschuldigte mit seiner Verteidigung gehört. Dem Angeschuldigten steht das letzte Wort zu.

Art. 46. Wenn die Disziplinarkammer im Laufe der Hauptverhandlung auf Antrag des Angeschuldigten, des Staatsanwalts oder von Amts wegen die Vernehmung von Zeugen oder Sachverständigen, sei es vor der Disziplinarkammer oder durch einen beauftragten Richter, oder die Herbeischaffung anderer Beweismittel für angemessen erachtet, so erläßt sie den erforderlichen Beschluß und verlegt nötigenfalls die Fortsetzung der Verhandlung auf einen anderen Tag, welcher bekannt zu geben ist.

Art. 47. Die Vernehmung der Zeugen und Sachverständigen muß auf Antrag des Staatsanwalts oder des Angeschuldigten in der Hauptverhandlung erfolgen, wenn die Tatsachen erheblich sind, über welche die Vernehmung stattfinden soll, und die Disziplinarkammer diese Vernehmung zur näheren Aufklärung der Sache für erforderlich erachtet.

Art. 48. Stehen dem Erscheinen eines Zeugen oder Sachverständigen Krankheit oder andere unabweisbare Hindernisse entgegen, oder ist deren Erscheinen wegen großer Entfernung besonders erschwert, so ist von der Disziplinarkammer die Vernehmung derselben durch einen beauftragten oder ersuchten Richter anzuordnen.

Von dem zum Zwecke dieser Vernehmung anberaumten Termine sind der Staatsanwalt, der Angeschuldigte und dessen Verteidiger vorher zu benachrichtigen; ihrer Anwesenheit bei der Vernehmung bedarf es nicht.

Art. 49. Über das Ergebnis der Beweisaufnahme entscheidet die Disziplinarkammer nach ihrer freien, aus dem Inbegriffe der Verhandlung geschöpften Überzeugung und erkennt auf Freisprechung oder Verurteilung in die entsprechende Disziplinarstrafe. Die Verurteilung des Angeschuldigten in eine Disziplinarstrafe kann nur wegen derjenigen Tat erfolgen, welche in dem Beschluß auf Verweisung der Sache zur mündlichen Hauptverhandlung bezeichnet ist.

Wird der Angeschuldigte im Laufe der Hauptverhandlung noch eines anderen Dienstvergehens beschuldigt, so kann dieses nach Vernehmung des Staatsanwalts mit Zustimmung des Angeschuldigten zum Gegenstande derselben Aburteilung gemacht werden. Diese Vorschrift findet nicht Anwendung, wenn nach dem Ermessen der Disziplinarkammer wegen des anderen Dienstvergehens voraussichtlich auf Strafversetzung oder auf Dienstentlassung zu erkennen ist. Liegen bezüglich des anderen Dienstvergehens die Voraussetzungen des Artikel 40 vor, so kann nach Maßgabe dieser Vorschrift das Verfahren vorläufig eingestellt werden.

Zu einer jeden dem Angeschuldigten nachteiligen Entscheidung, welche die Schuldfrage oder die Verurteilung zur Strafe der Dienstentlassung betrifft, ist eine Mehrheit von zwei Dritteilen der Stimmen erforderlich.

Die Verkündung des Urteils erfolgt am Schlusse der Verhandlung oder spätestens innerhalb der darauffolgenden vierzehn Tage durch Verlesung der Urteilsformel und Eröffnung der Urteilsgründe. Die Eröffnung der Urteilsgründe geschieht durch Verlesung oder durch mündliche Mitteilung ihres wesentlichen Inhalts. War die Verkündung des Urteils ausgesetzt, so sind die Urteilsgründe vor derselben schriftlich festzustellen. Dem Angeschuldigten ist eine Ausfertigung des Urteils zu erteilen.

Im übrigen finden bezüglich der Beurkundung der Urteile und der Erteilung von Ausfertigungen und Auszügen derselben die Vorschriften des § 275 Abs. 2 bis 4 der Reichs-Strafprozeßordnung, dann bezüglich der Beratung und Abstimmung die Vorschriften der §§ 194 bis 199[1]) des Reichs-Gerichtsverfassungsgesetzes entsprechende Anwendung.

Art. 50. Über die Hauptverhandlung wird ein Protokoll aufgenommen, welches den Ort und den Tag der Verhandlung, die Namen der mitwirkenden Richter, des Staatsanwalts und Gerichtsschreibers, dann des Angeschuldigten und seines Verteidigers sowie das Wesentliche über den Gang und über das Ergebnis der Verhandlung enthalten und die verlesenen Schriftstücke bezeichnen muß.

In dasselbe sind ferner die im Laufe der Verhandlung gestellten Anträge, die ergangenen Entscheidungen und die Urteilsformel aufzunehmen.

Kommt es auf die Feststellung eines Vorganges in der Hauptverhandlung oder des Wortlauts einer Aussage oder Äußerung an, so hat der Präsident die vollständige Niederschreibung und Verlesung anzuordnen. In dem Protokoll ist zu bemerken, daß die Verlesung geschehen und die Genehmigung erfolgt ist, oder welche Einwendungen erhoben sind. Das Protokoll ist von dem Präsidenten und dem Ge-

[1]) Nunmehr §§ 192 mit 197 GVG.

richtsschreiber zu unterschreiben. Ist der Präsident verhindert, so unterschreibt für ihn der älteste beisitzende Richter.

Art. 51. Ist weder der Angeschuldigte noch ein Vertreter desselben bei der Hauptverhandlung erschienen, so kann ersterer gegen das Urteil binnen einer Woche nach der Zustellung die Wiedereinsetzung in den vorigen Stand unter den gleichen Voraussetzungen wie gegen die Versäumung einer Frist nachsuchen.

Art. 52. Gegen das Urteil der Disziplinarkammer steht sowohl dem Staatsanwalt als dem Angeschuldigten die Berufung an den Disziplinarhof offen.

Neue Tatsachen, welche die Grundlage einer anderen Beschuldigung bilden, dürfen in der Berufungs-Instanz nicht vorgebracht werden.

Jede von dem Staatsanwalt eingelegte Berufung hat die Wirkung, daß das angefochtene Urteil auch zugunsten des Angeschuldigten abgeändert oder aufgehoben werden kann.

War das Urteil nur von dem Angeschuldigten oder zugunsten des letzteren von dem Staatsanwalt angefochten worden, so darf dasselbe nicht zum Nachteil des Angeschuldigten abgeändert werden.

Die Zurücknahme einer zugunsten des Angeschuldigten eingelegten Berufung ist nur mit Zustimmung des letzteren statthaft.

Art. 53. Die Berufung muß bei der Disziplinarkammer, welche das anzugreifende Urteil erlassen hat, entweder schriftlich oder zu Protokoll des Gerichtsschreibers angemeldet werden. Von Seite des Angeschuldigten kann die Anmeldung auch durch einen mit schriftlicher Vollmacht versehenen Bevollmächtigten geschehen.

Die Anmeldungsfrist beträgt zwei Wochen. Sie beginnt für den Staatsanwalt mit der Verkündung des Urteils, für den Angeschuldigten von dem Tage ab, an welchem ihm die Ausfertigung des Urteils zugestellt worden ist.

Die Bestimmung des § 356[1]) der Reichs-Strafprozeßordnung findet, falls ein Gesuch um Wiedereinsetzung in den vorigen Stand gestellt wird, entsprechende Anwendung.

[1]) Nunmehr § 315 der RStPO.

Art. 54. Durch rechtzeitige Einlegung der Berufung wird die Rechtskraft des Urteils, soweit dasselbe angefochten ist, gehemmt.

Art. 55. Zur schriftlichen Rechtfertigung der Berufung steht demjenigen, der dieselbe rechtzeitig angemeldet hat, eine Frist von zwei Wochen, vom Ablaufe der Anmeldungsfrist gerechnet, offen.

Die Berufung kann auf bestimmte Beschwerdepunkte beschränkt werden. Ist dies nicht geschehen, oder ist eine Rechtfertigung überhaupt nicht erfolgt, so gilt der ganze Inhalt des Urteils als angefochten.

Art. 56. Die Anmeldung der Berufung und die etwa eingegangene Rechtfertigungsschrift wird dem Gegner, und zwar dem Beschuldigten in Abschrift, dem Staatsanwalte nach Maßgabe des Artikel 28 Abs. 6 gegenwärtigen Gesetzes zugestellt.

Innerhalb zwei Wochen nach erfolgter Zustellung kann der Gegner eine Beantwortungsschrift einreichen.

Art. 57. Die Fristen zur Rechtfertigung und Beantwortung der Berufung können auf Antrag von der Disziplinarkammer verlängert werden.

Art. 58. Nach Ablauf der in den vorstehenden Artikeln bestimmten Fristen werden die Akten an den Disziplinarhof eingesendet.

Der Präsident des Disziplinarhofs kann die zur Aufklärung der Sache etwa erforderlichen Verfügungen erlassen. Sodann bestimmt derselbe eine Sitzung zur Hauptverhandlung, zu welcher der Angeschuldigte unter der in Artikel 43 Abs. 2 erwähnten Warnung vorzuladen und der Staatsanwalt zuzuziehen ist.

Hinsichtlich der Zustellung der Ladung an den Angeschuldigten findet die Bestimmung des Artikel 43 Abs. 3 mit der Maßgabe Anwendung, daß der dort erwähnte Antrag auf Aussetzung der Verhandlung vor Beginn der im nachstehenden Absatze bezeichneten Berichterstattung erfolgen muß.

Bei der Hauptverhandlung gibt zunächst der von dem Präsidenten des Disziplinarhofs aus der Zahl seiner Mitglieder ernannte Berichterstatter eine Darstellung der bis dahin stattgefundenen, auf die Anschuldigungspunkte bezüglichen Verhandlungen.

Zum Schlusse wird der Staatsanwalt sowie der Angeschuldigte mit ihren Ausführungen und Anträgen, und zwar der Beschwerdeführer zuerst, gehört. Dem Angeschuldigten gebührt das letzte Wort.

Der Prüfung des Disziplinarhofs unterliegt das Urteil nur, insoweit dasselbe angefochten ist. Im übrigen wird nach Maßgabe der in Artikel 43 Abs. 4 bis 6, Artikel 44, 45 Abs. 2 bis 5, Artikel 46 bis 48, Artikel 49 Abs. 1, 3, 4, 5, Artikel 50, 51 enthaltenen Bestimmungen verfahren.

Art. 59. Auf die Wiederaufnahme eines durch rechtskräftiges Urteil geschlossenen Verfahrens sind die Vorschriften des vierten Buches der Reichs-Strafprozeßordnung über die Wiederaufnahme des Verfahrens in den vor den Schöffengerichten verhandelten Sachen mit Ausnahme der Vorschriften des § 403 [1]), § 411 Abs. 4 [2]) entsprechend anzuwenden. Wird eine Beweisaufnahme angeordnet (§ 409) [3]), so ist sie nach den für die Voruntersuchung in Disziplinarsachen geltenden Vorschriften durchzuführen. Wird die Erneuerung der Hauptverhandlung angeordnet (§ 410 Abs. 2) [4]), so bemißt sich das weitere Verfahren nach den Vorschriften der Artikel 43 ff. des gegenwärtigen Gesetzes.

Art. 60. Der Richter, dessen Unschuld im Wiederaufnahmeverfahren festgestellt wird, kann Ersatz des ihm durch die Strafvollstreckung erwachsenen Vermögensschadens aus der Staatskasse beanspruchen.

Wird ein verurteilter Richter im Wiederaufnahmeverfahren mit einer geringeren Strafe belegt, so kann das Disziplinargericht aussprechen, daß der ihm durch die Strafvollstreckung erwachsene Vermögensschaden ganz oder teilweise aus der Staatskasse ersetzt wird.

Im übrigen finden die Vorschriften des § 1 Abs. 2 bis 4, § 2 Abs. 2, § 3 Abs. 2, §§ 4, 5 des Reichsgesetzes vom

---

1) Nunmehr § 363.
2) Nunmehr § 371 Abs. 4.
3) Nunmehr § 369.
4) Nunmehr § 370 Abs. 2.

20. Mai 1898, betreffend die Entschädigung der im Wiederaufnahmeverfahren freigesprochenen Personen, entsprechende Anwendung. Der Antrag nach § 5 des Reichsgesetzes ist bei dem Oberstaatsanwalte zu stellen, dem die Verrichtungen der Staatsanwaltschaft bei der Disziplinarkammer obliegen.

Art. 61. Auf die Beschwerde in den Fällen der Artikel 5, 6, 31, 41, 62, 83 des gegenwärtigen Gesetzes finden die Bestimmungen der Reichs-Strafprozeßordnung über die sofortige Beschwerde entsprechende Anwendung.

Art. 62. Wenn der Richter, dem der Anspruch auf Vorrückung im Gehalt entzogen wurde (Artikel 7 Abs. 1 Ziff. 3, Abs. 3), sich nach der Verurteilung längere Zeit gut geführt hat, kann die Disziplinarkammer die Entscheidung hinsichtlich der Zeit, für die der Anspruch auf Vorrückung im Gehalt entzogen ist, und bezüglich des Zeitpunkts der späteren Gehaltsvorrückung zugunsten des Richters ändern. Gegen die Entscheidung steht die Beschwerde zum Disziplinarhof offen.

Aus besonderen Gründen kann die Justizverwaltung die teilweise oder volle Nachzahlung der vorenthaltenen Dienstalterszulage verfügen.

Art. 63. Die Entziehung des Diensteinkommens in den Fällen des Artikel 9 wird von der Disziplinarkammer beschlossen.

Der Beschluß wird rechtskräftig, wenn der Richterbeamte nicht binnen zwei Wochen vom Tage der Eröffnung an schriftlich oder zu Protokoll des Gerichtsschreibers Einspruch erhebt.

Im Falle des Einspruchs entscheidet die Disziplinarkammer, ob der von ihr erlassene Beschluß außer Wirksamkeit zu setzen sei. Findet dieselbe sich hierzu nicht veranlaßt, so tritt das förmliche Disziplinarverfahren ein, in welchem über die Strafbarkeit des dem Richter zur Last fallenden Verhaltens zu erkennen ist. Wird der Richterbeamte für schuldig befunden, so ist neben der sonst verwirkten Strafe auf Entziehung des in Artikel 9 bezeichneten Diensteinkommens zu erkennen, im entgegengesetzten Falle aber der in Abs. 1 bezeichnete Beschluß aufzuheben.

Art. 64. Der Vollzug der rechtskräftigen Disziplinarurteile erfolgt, sofern auf Verweis erkannt ist, durch den Präsidenten der Disziplinarkammer.

Die Vollstreckung von Geldstrafen geschieht nach den Vorschriften der Zivilprozeßordnung über die Vollstreckung der Urteile der Zivilgerichte. Der Staatsanwalt desjenigen Landgerichts, in dessen Sprengel der Wohnsitz des verurteilten Richters gelegen ist, hat auf Grund einer von dem Gerichtsschreiber der Disziplinarkammer zu erteilenden, mit der Bescheinigung der Vollstreckbarkeit versehenen beglaubigten Abschrift der Urteilsformel die Beitreibung der Geldstrafe zu erwirken. Die Umwandlung einer nicht beizutreibenden Geldstrafe in eine Freiheitsstrafe findet nicht statt.

Ist auf Strafversetzung oder Dienstentlassung erkannt, so wird die Vollstreckung durch das Staatsministerium der Justiz auf Grund einer von der Disziplinarkammer und, sofern die Entscheidung durch den Disziplinarhof erging, von diesem letzteren vorzulegenden beglaubigten Abschrift des rechtskräftigen Urteils erwirkt.

Vierte Abteilung.

Unfreiwillige Versetzung auf eine andere Stelle.

Art. 65. Die Versetzung eines Richters auf eine andere Stelle wider seinen Willen kann außer den in § 8 Abs. 3 des Reichs-Gerichtsverfassungsgesetzes sowie in § 21 des hierzu erlassenen Einführungsgesetzes bezeichneten Fällen und dem Falle der Strafversetzung (Artikel 7 Ziff. 4) nur erfolgen:

1. wenn ohne sein Verschulden Umstände gegeben sind, vermöge welcher seine amtliche Wirksamkeit auf der bisherigen Stelle in einer nicht bloß vorübergehenden Art gestört wird,
2. wenn die in Ziff. 1 erwähnten Umstände zwar nicht ohne sein Verschulden gegeben sind, eine Strafverfolgung aber gemäß Artikel 2 ausgeschlossen ist.

Mit der Versetzung darf keine Zurücksetzung in Beziehung auf die Dienstesklasse oder auf den Gehalt verbunden sein, auch darf die Vergütung der Umzugskosten nicht verweigert werden.

Art. 66. Von der beabsichtigten Anwendung der in Artikel 65 bezeichneten Maßregel ist der betreffende Richter im Auftrage des Staatsministers der Justiz durch den Präsidenten des Oberlandesgerichts, in dessen Sprengel er seinen dienstlichen Wohnsitz hat, und wenn diese Maßregel den Präsidenten eines Oberlandesgerichts oder einen Rat des Obersten Landesgerichts betrifft, durch den Präsidenten des letztgenannten Gerichtshofs schriftlich unter Angabe des Grundes in Kenntnis zu setzen.

Art. 67. Der Richter hat innerhalb einer Frist von zwei Wochen nach Empfang der Kundmachung seine Erklärung hierauf abzugeben.

Erhebt derselbe Einsprache gegen die Versetzung oder gibt er innerhalb der bezeichneten Frist eine Erklärung nicht ab, so hat, sofern nicht die Einsprache von dem Staatsminister der Justiz als begründet befunden wird, das Oberlandesgericht, in dessen Sprengel der Richter seinen dienstlichen Wohnsitz hat, und wenn es sich um die Versetzung eines Präsidenten an einem Oberlandesgericht oder eines Rates am Obersten Landesgerichte handelt, dieses letztere durch Plenarbeschluß zu entscheiden, ob der Fall der Versetzung vorliege.

Erachtet der Staatsminister der Justiz die Einsprache als begründet, so erklärt er die Sache für beruhend und erteilt dem betreffenden Richter hierüber Entschließung.

Willigt der Richter in die Versetzung, so bedarf es einer richterlichen Entscheidung nicht.

Art. 68. Vor der Beschlußfassung des Gerichtshofs sind die zur Aufklärung der Sache etwa noch erforderlichen Erhebungen durch den Präsidenten oder einen von demselben beauftragten Richter zu pflegen und die zur Rechtfertigung der Versetzung dienlichen Gründe dem beteiligten Richter zur Abgabe schriftlicher Erklärung binnen einer Frist von einem Monate zu eröffnen.

Art. 69. Die Entscheidung in der Sache selbst erfolgt in geheimer Sitzung auf Vortrag eines Berichterstatters ohne Zuziehung des Staatsanwalts.

Art. 70. Die Entscheidung ist in beglaubigter Abschrift dem Richter zuzustellen. Sodann sind die Akten mit einer Ausfertigung der Entscheidung dem Staatsministerium der Justiz in Vorlage zu bringen, welches das Weitere zu veranlassen hat, wenn ausgesprochen wird, daß der Fall der Versetzung vorliege.

Fünfte Abteilung.

Unfreiwillige Versetzung in den Ruhestand.

Art. 71.[1]) Die Versetzung eines Richters in den Ruhestand wider seinen Willen tritt ein:

1. wenn er das fünfundsechzigste Lebensjahr vollendet hat und seine Versetzung in den Ruhestand im Interesse der Rechtspflege liegt oder wenn er durch ein körperliches Gebrechen oder Schwäche seiner körperlichen oder geistigen Kräfte zur Erfüllung seiner Amtspflichten unfähig ist,
2. wenn die in Artikel 65 bezeichneten Umstände derart sind, daß seine amtliche Wirksamkeit auch auf einer anderen Stelle nicht bloß vorübergehend gestört wäre, oder wenn der Fall des Artikel 65 bei dem Präsidenten oder bei einem Senatspräsidenten des Obersten Landesgerichts eintritt.

Art. 72. Sucht der Richter im Falle des Artikel 71 Ziff. 1 seine Versetzung in den Ruhestand nicht nach, so ist er schriftlich unter Angabe der Gründe darauf aufmerksam zu machen, daß der Fall der Versetzung in den Ruhestand vorliege.

Die Eröffnung hat im Auftrage des Staatsministers der Justiz durch den Präsidenten des Oberlandesgerichts, in dessen Sprengel der betreffende Richter seinen dienstlichen Wohnsitz hat, und, wenn es sich um die Ruhestandsversetzung eines Präsidenten an einem Oberlandesgericht oder eines Senatspräsidenten oder Rates am Obersten Landesgerichte handelt, durch den Präsidenten dieses letzteren zu geschehen.

---

[1]) Zu vgl. § 3 des Ges. v. 29. März 1924 (GVBl. S. 125).

Tritt der Fall bei dem Präsidenten des Obersten Landesgerichts ein, so erfolgt die in Abs. 1 bezeichnete Eröffnung an ihn durch den Staatsminister der Justiz.

Ist eine Verständigung mit dem Richter nicht möglich und ist für ihn ein gesetzlicher Vertreter nicht vorhanden, so ist auf Antrag der Aufsichtsbehörde von dem Amtsgericht, in dessen Bezirk der Richter seinen dienstlichen Wohnsitz hat, ein Pfleger zu bestellen. Die Eröffnung nach Abs. 2 hat an den Pfleger oder an den gesetzlichen Vertreter zu erfolgen.

Art. 73. Wenn der Richter nicht innerhalb eines Monats vom Tage der ihm gemachten Eröffnung an freiwillig um Versetzung in den Ruhestand nachsucht, oder wenn er Einwendungen erhebt, so hat, sofern nicht der Staatsminister der Justiz diese Einwendungen als begründet erachtet, das Oberlandesgericht, in dessen Sprengel er seinen dienstlichen Wohnsitz hat, und, wenn es sich um die Ruhestandsversetzung eines Präsidenten bei einem Oberlandesgericht oder eines Mitglieds des Obersten Landesgerichts handelt, dieses letztere durch Plenarbeschluß zu entscheiden, ob die Versetzung des Beamten in den Ruhestand zulässig sei.

Werden die erhobenen Erinnerungen von dem Staatsminister der Justiz für begründet befunden, so erklärt er die Sache für beruhend und erteilt dem betreffenden Richter hierüber Entschließung.

Ist die Eröffnung an den Pfleger oder an den gesetzlichen Vertreter gemacht worden, so ist die Entscheidung nach Abs. 1 auch dann herbeizuführen, wenn Erinnerungen nicht erhoben worden sind, vorausgesetzt, daß der Staatsminister der Justiz die Sache nicht für beruhend erklärt.

Art. 74. Vor der Beschlußfassung des Gerichtshofs sind durch einen beauftragten Richter die erforderlichen Zeugen und Sachverständigen zu vernehmen sowie alle zur Ermittlung des Sachverhältnisses dienlichen Erhebungen zu pflegen.

Am Schlusse muß der in den Ruhestand zu versetzende Richter über das Gesamtergebnis der Erhebungen schriftlich oder zu Protokoll vernommen werden, sofern nicht der körperliche oder geistige Zustand desselben nach ärztlichem Gutachten die Zulässigkeit der Vernehmung ausschließt. Ist ein Pfleger oder ein gesetzlicher Vertreter bestellt, so ist dieser zu hören.

Behufs Abgabe seiner Erklärung ist ihm die Einsicht der Akten zu gestatten.

Das weitere Verfahren richtet sich nach den Bestimmungen der Artikel 69 und 70 des gegenwärtigen Gesetzes.

Art. 75. In den Fällen des Art. 71 Ziff. 2 finden die Vorschriften der Artikel 65 bis 70 mit der Maßgabe Anwendung, daß an Stelle der in Artikel 66 vorgeschriebenen Eröffnung die Kundgabe an den beteiligten Richter gemäß Artikel 72 dieses Gesetzes zu erfolgen hat, und daß statt der in Artikel 67 bezeichneten Entscheidung durch Plenarbeschluß des Obersten Landesgerichts festzustellen ist, ob die Versetzung dieses Richters in den Ruhestand zulässig sei.

Art. 76. Auf die auf eine Stelle außer dem Status berufenen Richter finden bei Einziehung der Stelle die Bestimmungen in § 8 Abs. 3 des Reichs-Gerichtsverfassungsgesetzes Anwendung.

Sechste Abteilung.
Kosten des Verfahrens.

Art. 77. Für das Disziplinarverfahren sowie für das in der vierten und fünften Abteilung behandelte Verfahren werden nur bare Auslagen in Ansatz gebracht.

Wird der Angeschuldigte verurteilt, oder bleibt ein von ihm eingelegtes Rechtsmittel erfolglos, so hat er die im Verfahren erwachsenen baren Auslagen ganz oder teilweise zu erstatten. Dasselbe gilt im Falle des Artikel 5 Abs. 3, ferner wenn die von dem Richter nach Artikel 5 Abs. 5 eingelegte Beschwerde erfolglos bleibt.

Die Kosten des in Anwendung des Artikel 11 eingestellten Verfahrens trägt der Beschuldigte, die Kosten eines von dem Verurteilten zurückgenommenen Rechtsmittels dieser letztere. Barauslagen, welche in dem in der vierten und fünften Abteilung behandelten Verfahren für erfolglose, durch Schuld des zu versetzenden oder zu quieszierenden Richters veranlaßte Ermittlungen erwachsen sind, sind von diesem zu erstatten.

In allen übrigen Fällen hat die Staatskasse die erwachsenen Kosten zu tragen.

Wird der Angeschuldigte außer Verfolgung gesetzt oder freigesprochen, so können die ihm erwachsenen notwendigen Auslagen einschließlich der Kosten der Verteidigung der Staatskasse auferlegt werden. Gleiches gilt im Falle des Artikel 5 Abs. 2, ferner dann, wenn die vom Staatsanwalte nach Artikel 5 Abs. 5 eingelegte Beschwerde erfolglos bleibt.

Über die Pflicht zur Tragung der Kosten ist gleichzeitig mit der Entscheidung in der Hauptsache zu erkennen.

Siebente Abteilung.

Vorläufige Dienstenthebung (Suspension).

Art. 78. Die vorläufige Enthebung eines Richters von seinem Amte (Suspension) tritt kraft des Gesetzes ein:

1. wenn im gerichtlichen Strafverfahren gegen denselben die Untersuchungshaft eingetreten ist, oder
2. wenn wegen eines Verbrechens oder eines solchen Vergehens, welches den Verlust des Amtes zur Folge haben kann, die Eröffnung des Hauptverfahrens, im militärgerichtlichen Verfahren die Anklageverfügung beschlossen wurde;
3. wenn im Disziplinarverfahren ein noch nicht rechtskräftiges Urteil ergangen ist, welches auf Dienstentlassung lautet; endlich
4. mit dem Antritt einer wegen Verbrechens oder Vergehens zuerkannten Freiheitsstrafe mit Ausnahme von Haft.

Art. 79. Die vorläufige Enthebung vom Amte kann von der Disziplinarkammer verhängt werden:

1. wenn gegen den Richter ein Disziplinarverfahren anhängig ist, bei dem die Verurteilung zur Strafversetzung oder Dienstentlassung in Aussicht steht;
2. wenn gegen den Richter eine Voruntersuchung wegen eines Verbrechens oder Vergehens oder ein Hauptverfahren wegen eines im Artikel 78 Ziff. 2 nicht begriffenen Vergehens eröffnet ist;
3. wenn über das Vermögen des Richters das Konkursverfahren eröffnet ist;

4. wenn gegen den Richter das Entmündigungsverfahren eingeleitet, ferner wenn er entmündigt ist;
5. wenn der Richter unter vorläufige Vormundschaft gestellt ist;
6. wenn die Entscheidung ergangen ist, daß der Richter auf eine andere Stelle versetzt werden kann;
7. wenn das Verfahren nach der fünften Abteilung eingeleitet ist.

Die Entscheidung erfolgt von Amts wegen oder auf Antrag des Staatsanwalts.

Im Falle des Abs. 1 Ziff. 1 kann die vorläufige Enthebung vom Amte im Laufe des Berufungsverfahrens vom Disziplinarhof auch dann verhängt werden, wenn die Disziplinarkammer darüber nicht entschieden oder sie abgelehnt hat.

Art. 80. Die Suspension dauert in den Fällen des Artikel 78 Ziff. 1 und 4 bis zum Ablaufe des zehnten Tages nach Beendigung der Freiheitsentziehung.

In den Fällen des Artikel 78 Ziff. 2 und 3 hört die Suspension auf, sobald ein rechtskräftiges Urteil ergangen ist, welches den Verlust des Amtes nicht zur Folge hat. Lautet jedoch das rechtskräftige Urteil auf Freiheitsstrafe, so dauert die Suspension bis zum Ablaufe des zehnten Tages nach Vollstreckung der Strafe fort.

Die Suspension kann verhängt werden im Falle der Ziff. 1 des Artikel 79 bis zur rechtskräftigen Erledigung des Disziplinarverfahrens und für den Fall, daß auf Strafversetzung erkannt wird, für die Zeit bis zum Vollzuge des Urteils, im Falle der Ziff. 2 für die Zeit bis zur rechtskräftigen Erledigung des Strafverfahrens, im Falle der Ziff. 3 für die Dauer des Konkursverfahrens, im Falle der Ziff. 4 für die Dauer des Entmündigungsverfahrens und im Falle der Entmündigung für die Zeit bis zu deren Wiederaufhebung, im Falle der Ziff. 5 für die Dauer der vorläufigen Vormundschaft, im Falle der Ziff. 6 für die Zeit bis zum Vollzuge der Entscheidung, im Falle der Ziff. 7 bis zur Beendigung des Verfahrens und, wenn der Richter freiwillig um die Versetzung in den Ruhestand nachsucht oder seine Versetzung in den Ruhestand für zulässig erklärt wird, bis zur Versetzung in den Ruhestand.

Ist der Richter rechtskräftig zur Strafversetzung verurteilt oder ist er für versetzbar erklärt, so tritt die vorläufige Enthebung vom Amte außer Wirksamkeit, wenn die Versetzung auf eine andere Stelle nicht binnen sechs Monaten von der Rechtskraft des Urteils oder von der Erklärung der Versetzbarkeit an erfolgt ist.

Art. 81. Während der vorläufigen Enthebung eines Richters vom Amte nach Artikel 78, Artikel 79 Ziff. 1, 2 wird vom Ablaufe des Monats an, in dem sie eintritt, der dritte Teil des Gehalts[1]) einbehalten.

Soweit für diese Zeit der Gehalt[1]) bereits vorausgezahlt ist, wird der zuviel gezahlte Teilbetrag an der nächstfälligen Gehaltszahlung gekürzt.

In Fällen der Not des Richters ist das Staatsministerium der Justiz ermächtigt, die Einbehaltung auf einen geringeren Teil des Gehalts[1]) zu beschränken.

Wird die Vollstreckung einer Freiheitsstrafe ohne Schuld des Verurteilten aufgehalten oder unterbrochen, so tritt für die Zeit der Verzögerung oder Unterbrechung eine Gehaltskürzung nicht ein.

Das Gleiche gilt in Ansehung der in Artikel 80 Abs. 1 und 2 erwähnten Zeit von zehn Tagen, wenn nicht vor Ablauf derselben die Suspension vom Amte im Wege des Disziplinarverfahrens verfügt wird.

Art. 82. Der einbehaltene Teil des Gehalts ist zur Deckung der den Richter treffenden Kosten des Verfahrens (Artikel 77), sodann zur Deckung der erkannten Geldstrafe und in den Fällen, in denen das Verfahren zur Strafversetzung oder zum Verluste des Amtes führt, zur Deckung der durch die Vertretung des Richters verursachten Kosten zu verwenden, zur Deckung der Stellvertretungskosten auch, soweit sie wegen der Vollstreckung einer Freiheitsstrafe (Artikel 78 Ziff. 4, Artikel 80 Abs. 1, Abs. 2 Satz 2) erwachsen sind. Stellvertretungskosten, die durch den einbehaltenen Teil des Gehalts nicht gedeckt werden können, fallen dem Richter nicht zur Last. Der nichtverbrauchte Teil des Gehalts ist,

---

[1]) Zu vgl. Art. 54 Abs. III des BBesG. v. 20. April 1928 (GVBl. S. 205).

wenn das Verfahren zum Verluste des Amtes führt, den Wohlfahrtseinrichtungen für die Beamten zuzuwenden, sonst dem Richter nachzuzahlen.

Art. 83. Gegen den Beschluß der Disziplinarkammer, wodurch die Suspension verhängt oder abgelehnt wird, steht dem Staatsanwalt und gegen den Beschluß, durch welchen dieselbe verhängt wird, dem Beschuldigten die Beschwerde an den Disziplinarhof offen.

Achte Abteilung.

Besondere Bestimmungen bezüglich der Handelsrichter und der richterlichen Mitglieder des Verwaltungsgerichtshofs.

Art. 84. Auf Handelsrichter finden die Bestimmungen der ersten, zweiten, dritten, fünften, sechsten und siebenten Abteilung entsprechende Anwendung mit der Maßgabe, daß als Disziplinarstrafe

1. Verweis,
2. Geldstrafe bis zu dreihundert Reichsmark,[1])
3. Dienstentlassung

verhängt werden kann.

Art. 85. Auf die Mitglieder des Verwaltungsgerichtshofs (Artikel 1 Abs. 2 des Gesetzes vom 8. August 1878, die Errichtung eines Verwaltungsgerichtshofs und das Verfahren in Verwaltungsrechtssachen betreffend), findet das gegenwärtige Gesetz mit nachstehenden Änderungen Anwendung.

Dieselben unterliegen weder im Disziplinarverfahren noch außerdem wider ihren Willen der Versetzung auf eine andere Stelle.

Die Versetzung eines Mitglieds des Verwaltungsgerichtshofs in den Ruhestand wider seinen Willen tritt ein:

1. [2]) wenn es das fünfundsechzigste Lebensjahr vollendet hat und seine Versetzung in den Ruhestand im Interesse der Rechtspflege liegt oder wenn es durch ein körperliches Gebrechen oder Schwäche seiner körperlichen oder geistigen Kräfte zur Erfüllung seiner Amtspflichten unfähig ist,

---

[1]) Zu vgl. § 1 der VO. v. 25. Nov. 1925 (GVBl. S. 265).
[2]) Zu vgl. § 3 des Ges. v. 29. März 1924 (GVBl. S. 125).

2. wenn ohne sein Verschulden Umstände gegeben sind, vermöge deren seine amtliche Wirksamkeit in einer nicht bloß vorübergehenden Weise gestört ist,

3. wenn die in Ziff. 2 erwähnten Umstände zwar nicht ohne sein Verschulden gegeben sind, eine Strafverfolgung aber gemäß Artikel 2 ausgeschlossen ist.

In Ansehung des hiebei zu beobachtenden Verfahrens finden die Vorschriften der Artikel 72 bis 74 und des Artikel 77 mit der Maßgabe entsprechende Anwendung, daß das, was dort von dem Obersten Landesgericht und dessen Mitgliedern bemerkt ist, von dem Verwaltungsgerichtshof und dessen Mitgliedern gilt, und an Stelle des Staatsministers der Justiz der Staatsminister des Innern tritt.

Neunte Abteilung.

Schlußbestimmungen.

Art. 86. Die Verletzung der Pflicht der Amtsverschwiegenheit durch vormalige Richter wird disziplinär mit einer Geldstrafe bis zu sechshundert Reichsmark[1]) geahndet.

Die Zuständigkeit und das Verfahren bemessen sich nach den Vorschriften dieses Gesetzes.

Art. 87. Hat ein Richter während eines früheren Dienstverhältnisses als nicht richterlicher Staatsbeamter oder als öffentlicher Beamter ein Dienstvergehen begangen, so unterliegt derselbe auch wegen dieses Vergehens den Vorschriften des gegenwärtigen Gesetzes.

Wegen Handlungen, welche ein Richter vor seiner Anstellung im Richteramt oder vor dem Eintritt in eines der in Abs. 1 bezeichneten Dienstverhältnisse begangen hat, ist ein disziplinargerichtliches Verfahren nur dann zulässig, wenn jene Handlungen die Strafversetzung oder die Dienstentlassung begründen.

---

[1]) Zu vgl. § 1 der VO. v. 25. Nov. 1925 (GVBl. S. 265).

5. Verordnung
den Vollzug des Beamtengesetzes betreffend.

Vom 10. Dezember 1908 (GVBl. S. 1041).

I. Allgemeine Bestimmungen.

§ 1. Zu Artikel 1. Die Anordnung, durch die Personen als Beamte im Sinne des Artikel 1 des Beamtengesetzes erklärt werden, steht den Ministerien in gegenseitigem Benehmen zu.

§ 2. Zu Artikel 1, 4. 1. Die Ernennung der Beamten der Klassen 1 mit 13 der Gehaltsordnung behalten Wir Uns vor. Die übrigen Beamten werden, soweit gesetzlich nichts anderes bestimmt ist, durch die Ministerien oder die von diesen ermächtigten Behörden ernannt.[1]

2. Die Vorschrift des Abs. 1 gilt auch für die Versetzung, Wiederanstellung und Beförderung der Beamten.

3. Sämtliche etatsmäßige Beamte führen zu ihrem Amtstitel die Bezeichnung „Königlich".[2]

§ 3. Zu Artikel 7. 1. Die Abkürzung der Frist der Widerruflichkeit steht hinsichtlich der Beamten, deren Ernennung Wir Uns[3]) nicht vorbehalten haben, dem vorgesetzten Ministerium im Benehmen mit dem Staatsministerium der Finanzen zu.

2. Den Militäranwärtern mit einer mindestens achtjährigen Militärdienstzeit ist die Hälfte der Militärdienstzeit bis zum Höchstbetrage von sechs Jahren auf die Zeit der Widerruflichkeit anzurechnen. Fällt das Ende der Widerruflichkeit in den Lauf eines Tages, so wird der Beamte mit dem Beginne

---

[1]) Nunmehr geregelt in § 61 Ziff. 4 der BayVerfUrk.

[2]) Nunmehr gegenstandslos.

[3]) Nunmehr zuständig das Ressortministerium: zu vgl. VO. v. 15. Nov. 1918 (GVBl. S. 1231), Ges. v. 22. März 1919 (GVBl. S. 113) und Bek. v. 28. April 1919 (GVBl. S. 401).

dieses Tages unwiderruflich. Soweit Rücksichten auf die Gleichstellung der Zivilanwärter mit den Militäranwärtern es notwendig machen, kann die anzurechnende Militärdienstzeit durch das zuständige Ministerium im Benehmen mit dem Kriegsministerium entsprechend herabgesetzt werden.

§ 4 (betreffend die Vergütung der Umzugskosten).

Außer Kraft gesetzt durch § 12 Abs. II der VO. vom 3. Mai 1923 (GVBl. S. 170).

§ 5. Zu Artikel 10 Abs. 4. Die Erteilung der Erlaubnis zur Weiterführung des Titels und zum Weitertragen der Dienstabzeichen an die auf Ansuchen aus dem Staatsdienst entlassenen Beamten steht, sofern die Entlassung nicht von Uns[1]) bewilligt wird, dem vorgesetzten Ministerium zu. Dieses ist in einem solchen Falle auch zur Zurücknahme der Erlaubnis zuständig.

§ 6. Zu Artikel 17 Abs. 2, Artikel 24 Abs. 1, Artikel 25.

1. [2]) Nachstehende Klassen von Beamten bedürfen zur Eingehung einer Ehe der Erlaubnis der zuständigen Dienstbehörde

1. die Aufseher, Werkaufseher und Oberaufseher sowie die Aufseherinnen, Werkaufseherinnen und Oberaufseherinnen der Strafanstalten, Gerichtsgefängnisse, Arbeitshäuser und Staatserziehungsanstalten,
2. die Pflegerinnen der Polizeidirektion München,
3. die Grenzaufseher,
4. die Beamtinnen des Gewerbeaufsichtsdienstes.

2. Für die Gendarmerie und die Schutzmannschaft München sind in Bezug auf die Eingehung einer Ehe die besonderen Vorschriften maßgebend.[3])

§ 7. Zu Artikel 20. 1. Die Erteilung der Erlaubnis zur Annahme von Belohnungen und Geschenken von anderen Regenten oder Regierungen steht dem vorgesetzten Ministerium oder der von diesem ermächtigten Behörde zu.

2. Für die Staatsminister behalten Wir Uns[4]) die Erteilung der Erlaubnis vor.

---

[1]) Zu vgl. Fußnote 3 zu § 3.

[2]) Abs. 1 in der Fassung der Bek. v. 9. April 1920 (GVBl. S. 112).

[3]) Zu vgl. VO. v. 28. Dezember 1928 über die Verehelichung der Beamten der uniformierten Schutzpolizei (GVBl. S. 437).

[4]) Nunmehr Gesamtministerium.

§ 8 aufgehoben durch § 5 der VO. vom 3. Mai 1920 (GVBl. S. 191).

§ 9. Zu Artikel 26 Abs. 2. Die Zuweisung des Gehalts an die etatsmäßigen Beamten, deren Ernennung Wir Uns[1]) nicht vorbehalten haben, steht der zur Ernennung des Beamten berufenen Behörde zu.

§ 10. Zu Artikel 27 Abs. 2. Die Verfügungen nach dem Artikel 27 Abs. 2 des Beamtengesetzes[2]) werden, soweit es sich nicht um Beamte handelt, deren Ernennung Wir Uns[3]) vorbehalten haben, von den Ministerien getroffen.

§ 11 (betr. die Entschädigung der Beamten bei auswärtigen Dienstgeschäften).

Außer Kraft gesetzt durch § 18 Abs. II der VO. vom 20. Mai 1922 (GVBl. S. 297).

§ 12. Zu Artikel 28 Abs. 6, 7, Artikel 29. Die Entscheidung der Frage, ob und wieweit Beamten für die Bemessung ihres Gehalts eine Zeit nach Maßgabe des Artikel 28 Abs. 6,[4]) 7[5]) oder des Artikel 29[6]) des Beamtengesetzes anzurechnen ist, steht hinsichtlich der Beamten, deren Ernennung Wir Uns[7]) nicht vorbehalten haben, dem vorgesetzten Ministerium im Benehmen mit dem Staatsministerium der Finanzen zu.

§ 13. Zu Artikel 70. 1. Die Beamten der Klassen 1 bis 13 der Gehaltsordnung sind auch im Ruhestande zum Tragen der Dienstabzeichen befugt.[8]) Für die übrigen Beamten steht die Erteilung dieser Erlaubnis dem vorgesetzten Ministerium oder der von diesem ermächtigten Behörde zu.
2. Diese sind auch zur Zurücknahme der Erlaubnis (Abs. 1

---

[1]) Zu vgl. Fußnote 3 zu § 3.
[2]) Nunmehr Art. 3 Abs. II des BBesG. v. 20. April 1928 (GVBl. S. 205).
[3]) Zu vgl. Fußnote 3 zu § 3.
[4]) Nunmehr Art. 9 Abs. I des BBesG. v. 20. April 1928 (GVBl. S. 205).
[5]) Art. 28 Abs. 7 BG. in der Fassung des BBesG. n. F. (GVBl. 1923 S. 109).
[6]) Zu vgl. nunmehr Art. 10 des BBesG. v. 20. April 1928 (GVBl. S. 205).
[7]) Zu vgl. Fußnote 3 zu § 3.
[8]) Gegenstandslos.

Satz 1 und 2) zuständig. Sie sind ebenso gegenüber den widerruflichen Beamten zur Entziehung der Befugnis zur Weiterführung des Titels zuständig.

§ 14. Zu Artikel 119, 120, 124. 1. Die auf Grund der Artikel 119, 120 des Beamtengesetzes zu bildenden Disziplinarkammern führen die Bezeichnung:

„(Königlich) Bayerische Disziplinarkammer München (Nürnberg, Augsburg, Bamberg, Zweibrücken) für nichtrichterliche Beamte",

der auf Grund der Artikel 119, 124 des Beamtengesetzes zu bildende Disziplinarhof die Bezeichnung:

„(Königlich) Bayerischer Disziplinarhof für nichtrichterliche Beamte".

2. Die Disziplinarkammern erhalten

a) als Oblaten- oder Lacksiegel

das runde Siegel (mit Schildhaltern) der Klasse II,

b) als Schwarzdrucksiegel

das ovale Siegel (mit Schildhaltern) der Klasse VII mit der Umschrift:

„(K. B.) Disziplinarkammer München (Nürnberg, Augsburg, Bamberg, Zweibrücken) für nichtrichterliche Beamte";

der Disziplinarhof die gleichen Dienstsiegel mit der Umschrift:

„(K. B.) Disziplinarhof für nichtrichterliche Beamte".

3. Die Entscheidungen der Disziplinargerichte sind unter der Formel:

„Im Namen Seiner Majestät des Königs von Bayern"

zu erlassen.[1])

4. Die Präsidenten, Mitglieder und stellvertretenden Mitglieder der Disziplinargerichte versehen ihr Amt als Ehrenamt. Sie erhalten lediglich Tagegelder und den Ersatz der Reisekosten nach den für die auswärtigen Dienstgeschäfte der etatsmäßigen Staatsbeamten geltenden Vorschriften.

§ 15.[2]) **Zu Artikel 222 Abs. 1 Ziff. I Abs. 2.** Zu dem Amte eines Schöffen sollen, abgesehen von den in dem § 34

[1]) Überholt vgl. dazu die MB. v. 12. und 15. Nov. 1918 (StAnz. Nr. 264 und 267).

[2]) Zu vgl. nunmehr VO. v. 7. Juni 1929 über die Auswahl der Schöffen und Geschworenen (GVBl. S. 73).

des Reichs-Gerichtsverfassungsgesetzes und in dem Artikel 23 des Ausführungsgesetzes bezeichneten Beamten, die unwiderruflichen Beamten der Klassen 1 bis 12 der Gehaltsordnung nicht berufen werden.

II. Dienststrafrecht für nichtrichterliche Beamte.

Zu Artikel 117.

§ 16. 1. Zur Verhängung von Ordnungsstrafen gegenüber den den Ministerien untergeordneten Vorständen der Zentralstellen, den Vorständen der Mittelstellen und den Vorständen der äußeren Behörden sowie gegenüber Einzelbeamten ist die ihnen unmittelbar vorgesetzte Behörde zunächst berufen.

2. Zur Verhängung von Ordnungsstrafen gegenüber Beamten, die bei einer Zentralstelle, einer Mittelstelle oder einem ordentlichen Gerichte, mit Ausnahme der Amtsgerichte, im Dienste stehen, ist der Vorstand dieser Behörde zunächst berufen.

3.[1]) Zur Verhängung von Ordnungsstrafen gegenüber anderen Beamten ist, wenn das Verfahren gegen einen Beamten der Besoldungsgruppen 4 b bis 12 der Besoldungsordnung A sich richtet und nicht eine höhere Strafe als Verweis oder Geldstrafe bis zum Betrage von 30 Reichsmark[2]) in Frage kommt, der Vorstand der Behörde, bei der der Beamte im Dienste steht, zunächst berufen. Dagegen ist die dieser Behörde unmittelbar vorgesetzte Behörde zunächst zur Verhängung der Ordnungsstrafe berufen, wenn das Verfahren gegen einen Beamten einer höheren Klasse der Gehaltsordnung sich richtet oder wenn für einen Beamten der Besoldungsgruppen 4 b bis 12 eine höhere Geldstrafe als im Betrage von 30 Reichsmark[2]) in Frage kommt. Für Beamte, die durch besondere Anordnung der Staatsregierung als Beamte im Sinne des Artikel 1 des Beamtengesetzes erklärt sind, gilt das Gleiche wie für die Beamten der Besoldungsgruppen 4 b bis 12 der Gehaltsordnung.

---

[1]) Zu vgl. Bek. v. 21. März 1929 (GVBl. S. 42).
[2]) Zu vgl. Bek. v. 21. März 1924 (GVBl. S. 122) u. § 1 der VO. v. 25. Nov. 1925 (GVBl. S. 65).

4. Zur Verhängung von Ordnungsstrafen gegenüber den im Artikel 25 des Beamtengesetzes bezeichneten Staatsdienstaspiranten und sonstigen Personen ist der Vorstand der Behörde, bei der sie Dienst leisten, zunächst berufen.

5. Die Präsidenten des Obersten Landesgerichts, der Oberlandesgerichte und der Landgerichte haben bei der Verhängung einer Ordnungsstrafe den Beschluß des Präsidiums zu erwirken. Ebenso entscheidet, wenn im Falle des Abs. 3 Satz 2 ein Landgericht zur Verhängung der Ordnungsstrafe berufen ist, das Präsidium des Gerichts.

6. Das zuständige Ministerium kann ein anderes bestimmen.

§ 17. 1. Gegen die Strafverfügung steht dem Bestraften das Recht der Beschwerde an die nächsthöhere Behörde, wenn die Strafverfügung von einem Minister erlassen wurde, an den Disziplinarhof für nichtrichterliche Beamte zu.[1])

2. Die Beschwerde hat aufschiebende Wirkung. Sie muß binnen zwei Wochen, vom Tage der Eröffnung der Strafverfügung an gerechnet, bei der Behörde, die die Strafverfügung erlassen hat oder bei dem Beamten, der die Strafverfügung erlassen hat, eingereicht werden.

3. Über das ihm zustehende Beschwerderecht ist der Bestrafte bei der Eröffnung der Strafverfügung zu belehren.

4. Die Beschwerdeinstanz entscheidet endgültig.

5. Die Vorschriften des § 16 Abs. 5 finden auch im Beschwerdeverfahren entsprechende Anwendung.

§ 18. Hinsichtlich der im Ruhestande befindlichen Beamten sind die Vorschriften der §§ 16, 17 mit der Maßgabe entsprechend anzuwenden, daß die Zuständigkeit nach der letzten Dienstesstellung des zu Bestrafenden sich bemißt.

III. Vorschriften für sonstige etatsmäßige Beamte der Zivilstaatsverwaltung.

§ 19. Die Vorschriften der §§ 1 bis 18 finden auch auf die in der Gehaltsordnung nicht aufgeführten etatsmäßigen

---

1) Abs. 1 in der Fassung der Bek. v. 14. Mai 1927 (GVBl. S. 134).

Beamten der Zivilstaatsverwaltung entsprechende Anwendung.

IV. Beamte der Militärverwaltung.

Hinfällig wegen des Übergangs der Militärverwaltung auf das Reich.

V. Schlußbestimmungen.

§ 22. Diese Verordnung tritt am 1. Januar 1909 in Kraft. Die Vorschriften über die Zuständigkeit treten sofort in Kraft, soweit es sich um Personalveränderungen handelt, die vor dem 1. Januar 1909 mit Wirkung von diesem oder von einem späteren Zeitpunkt an verfügt werden.

---

6. Auszug aus dem Gesetz vom 8. August 1878, die Errichtung eines Verwaltungsgerichtshofs usw. betreffend.

(GVBl. S. 369.)

Art. 7. Abs. I (hier ohne Bedeutung).

II [1]) Der Verwaltungsgerichtshof ist berufen in den Fällen, in denen die Vorschrift des Art. 60 Abs. 1 [2]) des bayerischen

---

[1]) Abs. 2 mit 4 in der Fassung des Ges. v. 7. März 1924 (GVBl. S. 65).

[2]) Art. 60 Abs. 1 des bayer. AG. z. BGB. lautet: Verletzt ein Beamter des Staates, einer Gemeinde oder eines anderen Kommunalverbandes in Ausübung der ihm anvertrauten öffentlichen Gewalt vorsätzlich oder fahrlässig die ihm einem Dritten gegenüber obliegende Amtspflicht, so trifft dem Dritten gegenüber die im § 839 des Bürgerlichen Gesetzbuchs bestimmte Verantwortlichkeit an Stelle des Beamten den Staat oder den Verband, in dessen Dienste der Beamte steht. Bei den Amtsgeschäften der Gerichtsvollzieher gilt dies auch für die Verletzung der Pflichten gegenüber dem Auftraggeber.

Ausführungsgesetzes zum Bürgerlichen Gesetzbuch vom 9. Juni 1899 nicht Platz greift und ein Beamter des Staates, einer Gemeinde oder eines anderen Kommunalverbandes selbst wegen des Schadens in Anspruch genommen werden soll, den er durch eine in Ausübung oder in Veranlassung der Ausübung der ihm anvertrauten öffentlichen Gewalt vorgenommene Handlung einem Dritten zugefügt hat, die Vorentscheidung darüber zu treffen, ob der Beamte sich einer Überschreitung seiner Amtsbefugnisse oder der Unterlassung einer ihm obliegenden Amtshandlung schuldig gemacht hat. Soweit der Staat oder der Verband, in dessen Dienste der Beamte steht, einen Schaden zu ersetzen hat, für den der Beamte selbst nicht verantwortlich ist, hat der Verwaltungsgerichtshof die Vorentscheidung darüber zu treffen, ob der Beamte seine Amtsbefugnisse überschritten oder eine ihm obliegende Amtshandlung unterlassen hat. Bei Handlungen eines Beamten der streitigen oder der freiwilligen Gerichtsbarkeit ist die Vorentscheidung nicht zulässig.

III Die Vorentscheidung bindet das Gericht.

IV Auf das Verfahren finden die für Verwaltungsrechtssachen geltenden Vorschriften Anwendung.

7. Bekanntmachung[1]

über die Ausübung von Nebenämtern oder Nebengeschäften durch Beamte.

Vom 4. April 1912 (GVBl. S. 343.)

Zum Vollzuge des Artikel 18 des Beamtengesetzes wird nachstehendes verfügt:

1. 1. Nach dem Artikel 18 Abs. 1 des Beamtengesetzes darf der Beamte ein Nebenamt oder Nebengeschäft nur übernehmen, soweit dies mit der gewissenhaften Erfüllung seiner Pflichten und mit der Achtung, die sein Beruf erfordert, vereinbar ist.

2. Damit ist dem Beamten grundsätzlich die Ausübung jedes Nebenamts oder Nebengeschäfts untersagt, durch das die entsprechende Erfüllung seiner Dienstesaufgabe oder sein Ansehen beeinträchtigt wird, gleichviel ob mit dem Nebenamt oder Nebengeschäft eine Entlohnung verbunden ist oder nicht. Gegebenenfalls ist dem Beamten von Aufsichts wegen die Ausübung des Nebenamts oder Nebengeschäfts zu untersagen. Es ist nicht notwendig, daß das Verbot sofort bei der Übernahme des Nebenamts oder Nebengeschäfts ausgesprochen wird; das Verbot kann auch in jedem späteren Zeitpunkt erfolgen, wenn die nachteiligen Rückwirkungen auf die entsprechende Erfüllung der Dienstesaufgabe oder auf das Ansehen des Beamten erst nachträglich sich zeigen.

2. Um der vorgesetzten Dienstbehörde die erforderliche Kontrolle zu ermöglichen, ist in dem Artikel 18 Abs. 2, 3 des Beamtengesetzes den Beamten für gewisse Nebenämter oder Nebengeschäfte teils eine Anzeigepflicht teils die Einholung der Erlaubnis auferlegt.

---

[1]) Zu vgl. Fußnote 1 zu Art. 18 des Beamtengesetzes.

3. 1. Die Anzeige an die vorgesetzte Dienstbehörde ist durch den Abs. 2 des Artikel 18 vorgeschrieben, wenn ein Beamter

a) ein nicht mit einer Entlohnung verbundenes Nebenamt im Dienste des Reichs oder eines anderen Bundesstaats oder

b) eine ehrenamtliche Stellung in den Verwaltungsorganen einer Gemeinde, Anstalt, Stiftung, Kasse, Religions- oder Kirchengesellschaft, Erwerbsgesellschaft oder Genossenschaft oder

c) das Amt eines Schiedsrichters, Testamentsvollstreckers, Vormundes, Pflegers, Beistandes oder eine andere Verwaltung fremder Angelegenheiten übernimmt.

2. Die Anzeige genügt in allen diesen Fällen nur dann, wenn mit der Ausübung der Tätigkeit keine Entlohnung verbunden ist. Wird hierfür irgend eine Vergütung gewährt, so bedarf die Übernahme der Tätigkeit nach dem Artikel 18 Abs. 3 Ziff. 2 des Beamtengesetzes der Erlaubnis.

3. Als vorgesetzte Dienstbehörde, an welche die Anzeige zu erstatten ist, gilt, soweit das zuständige Ministerium nichts anderes bestimmt,

a) für die Beamten, die bei einem Ministerium, einer Zentral- oder einer Mittelstelle verwendet sind, das Ministerium oder der Vorstand der Zentral- oder der Mittelstelle,

b) für die Beamten, die bei einer äußeren Behörde verwendet sind, für die Einzelbeamten und ihre Nebenbeamten die dieser Behörde oder dem Einzelbeamten vorgesetzte Zentral- oder Mittelstelle,

c) für das Lehrpersonal der humanistischen und der realistischen Mittelschulen das Staatsministerium des Innern für Kirchen- und Schulangelegenheiten.[1]

4. Die Anzeige ist, soweit dies nach Lage der Verhältnisse möglich ist, vor der Übernahme des Nebenamts oder Nebengeschäfts zu erstatten.

5. Die zuständige Dienstbehörde hat auf Grund der Anzeige zu prüfen, ob gegen die Übernahme oder Fortführung des Nebenamts oder Nebengeschäfts ein Bedenken im Sinne

[1]) Staatsministerium für Unterricht und Kultus.

des Artikel 18 Abs. 1 des Beamtengesetzes obwaltet oder nicht. Verneinendenfalls bedarf es keiner weiteren Verfügung. Besteht ein Bedenken, so ist dieses dem Beamten schriftlich mitzuteilen und ihm die Übernahme oder Fortführung des Nebenamts oder Nebengeschäfts zu untersagen.

4. 1. Die **Erlaubnis** der zuständigen Dienstbehörde ist nach dem Artikel 18 Abs. 3 des Beamtengesetzes erforderlich:

a) zum Betrieb eines Gewerbes im Sinne der Reichsgewerbeordnung und zwar auch dann, wenn es von der Ehefrau oder von einer anderen dem Hausstande des Beamten angehörenden Person betrieben wird;

b) zur Übernahme eines Nebenamts oder Nebengeschäfts, womit eine Entlohnung verbunden ist;

c) zur Beteiligung an der Errichtung einer auf Gewinn gerichteten Gesellschaft als Gründer oder zum Eintritt in den Vorstand, Aufsichtsrat oder Verwaltungsrat einer solchen Gesellschaft. Als eine auf Gewinn gerichtete Gesellschaft gilt eine Genossenschaft nicht, deren Tätigkeit auf den Kreis ihrer Mitglieder beschränkt ist.

Die Erlaubnis kann jederzeit zurückgenommen werden.

2. In den Fällen der Ziff. 4 Abs. 1 c darf nach dem Abs. 4 des Artikel 18 des Beamtengesetzes die Erlaubnis nur erteilt werden, wenn mit der Tätigkeit weder unmittelbar noch mittelbar ein Gewinn oder eine Entlohnung verbunden ist.

3. [1]) Die Zuständigkeit zur Erteilung der Erlaubnis bemißt sich in den Fällen des Artikel 18 Abs. 3 Ziff. 1 und 2 des BG. mit Ausnahme der mit Entlohnung verbundenen Tätigkeit als Schiedsrichter und Gutachter, nach Ziff. 3 Abs. 3 dieser Bekanntmachung; soweit die Erlaubnis von einer nachgeordneten Stelle erteilt wird, ist dem zuständigen Ministerium durch Übermittlung eines Entschließungsabdruckes Kenntnis zu geben. In den Fällen des Artikel 18 Abs. 3 Ziff. 2, soweit sie sich auf die Tätigkeit als Schiedsrichter und Gutachter beziehen, und Ziff. 3 des Beamtengesetzes ist zur Erteilung der Erlaubnis das Ministerium zuständig, in dessen Bereiche der Beamte verwendet ist.

---

[1]) Abs. 3 in der Fassung der Bek. v. 3. März 1927 (GVBl. S. 99).

4. Um die Erlaubnis hat der Beamte vor der Übernahme des Nebenamts oder Nebengeschäfts nachzusuchen.

5. Die zuständige Dienstbehörde hat zu würdigen, ob gegen die Erteilung der Erlaubnis ein Bedenken besteht, und die Erlaubnis durch schriftliche Verfügung zu erteilen oder zu versagen. Im Falle der Versagung der Erlaubnis sind in der schriftlichen Eröffnung die Gründe kurz anzugeben.

6. Die Erlaubnis ist zurückzunehmen, wenn sich nachträglich herausstellt, daß die Ausübung des Nebenamts oder Nebengeschäfts den dienstlichen Interessen oder dem Ansehen des Beamten widerstreitet.

5. 1. Nach dem Artikel 18 Abs. 3 Ziff. 1 des Beamtengesetzes ist die Erlaubnis zum Betrieb eines Gewerbes nur notwendig, soweit die Ausübung eines Gewerbes im Sinne der Reichsgewerbeordnung in Frage kommt. In diesem Falle ist jedoch die Erlaubnis auch dann notwendig, wenn das Gewerbe von der Ehefrau oder von einer anderen dem Hausstande des Beamten angehörenden Person betrieben wird.

2. Leitender Grundsatz für die Erteilung der Erlaubnis muß im Hinblick auf den Artikel 18 Abs. 1 des Beamtengesetzes sein, daß durch die Ausübung des Gewerbes weder die gewissenhafte Erfüllung der dienstlichen Pflichten des Beamten und die Achtung, die der Beruf erfordert, beeinträchtigt noch den berufsmäßigen Gewerbetreibenden eine unbillige Benachteiligung in ihrem Erwerbe, namentlich nicht durch eine etwaige Preisunterbietung oder einen ähnlichen unbilligen Wettbewerb, zugefügt wird.

3. Soweit eine auf Erwerb gerichtete Tätigkeit in Frage kommt, die den Beamten selbst regelmäßig während der für die Erfüllung seiner Dienstaufgabe bestimmten Zeit in Anspruch nehmen würde, ist die Erlaubnis grundsätzlich zu versagen.

4. Soweit nur vereinzelte Erwerbsakte eines Beamten in Frage kommen, ist im einzelnen Falle zu würdigen, ob und wieweit dem Beamten die Erlaubnis erteilt werden kann. Die Erlaubnis ist auch in diesem Falle regelmäßig zu versagen, wenn die dienstlichen Pflichten oder das Ansehen des

Beamten geschädigt würden oder den berufsmäßigen Gewerbetreibenden eine unbillige Benachteiligung in ihrem Erwerbe zugefügt würde. Die Frage, ob eine derartige Benachteiligung zu befürchten ist, ist unter Berücksichtigung der örtlichen Verhältnisse zu würdigen. Im übrigen ist bei der Würdigung der Gesuche auf die Einkommens- und Familienverhältnisse — starke Familie, ungünstige wirtschaftliche Lage infolge von Krankheit und dgl. — und auf sonstige besondere Verhältnisse des Beamten Rücksicht zu nehmen.

5. Wird das Gewerbe von der Ehefrau eines Beamten oder von einer anderen dem Hausstande des Beamten angehörenden Person betrieben, so ist eine weniger strenge Auffassung zulässig; jedoch ist auch hier in jedem einzelnen Falle zu würdigen, ob die Ausübung eines Gewerbebetriebs mit der dienstlichen Stellung des Beamten und mit der Achtung, die sein Beruf erfordert, sich verträgt und ob hierdurch nach den örtlichen Verhältnissen nicht den berufsmäßigen Gewerbetreibenden eine unbillige Benachteiligung in ihrem Erwerbe zugefügt wird.

6. [1]) Für die Erteilung der Erlaubnis zur gewerbsmäßigen Ausübung der Musik durch Beamte sind außer den vorstehend angeführten Gesichtspunkten nachstehende besondere Bestimmungen zu beachten:

a) Die Erlaubnis zur Mitwirkung bei musikalischen Veranstaltungen gegen Bezahlung darf nur erteilt werden, wenn der Beamte sich nicht regelmäßig, sondern nur aushilfsweise und vorübergehend hieran beteiligt und wenn glaubhaft gemacht ist, daß die Musikkapelle, bei der der Beamte mitwirken soll, ihren Bedarf an den erforderlichen geeigneten Kräften nicht anderwärts decken kann. Außerdem ist auf die Art der Veranstaltung besonders zu achten.

b) Die Mitwirkung darf nur in der dienstfreien Zeit stattfinden und nie in einer Weise ausgedehnt werden, daß dadurch die entsprechende Erfüllung der dienstlichen Obliegenheiten beeinträchtigt wird. Dienstbefreiung zum Zwecke dieser Mitwirkung ist grundsätzlich ausgeschlossen.

1) Zu vgl. Bek. v. 7. Okt. 1925 (GVBl. S. 259).

c) Die Erteilung der Erlaubnis steht dem Vorstande der Stelle oder Behörde zu, bei der der Beamte verwendet ist; im übrigen bemißt sich die Zuständigkeit nach Ziff. 3 Abs. 3 dieser Bekanntmachung.

d) Die unmittelbaren Dienstvorgesetzten haben darüber zu wachen, daß die Erlaubnis nicht mißbraucht wird. Bei Zuwiderhandlungen kann dem Beamten die Erlaubnis zur Mitwirkung bei musikalischen Veranstaltungen gegen Bezahlung dauernd entzogen werden.

6. 1. Nach dem Artikel 18 Abs. 3 Ziff. 2 des Beamtengesetzes ist ferner die Erlaubnis zur Übernahme jedes Nebenamts oder Nebengeschäfts erforderlich, womit eine Entlohnung verbunden ist.

2. Als Entlohnung in diesem Sinne gelten nicht bloß fortlaufende oder in bestimmten Zeiträumen sich wiederholende, sondern auch einmalige oder in unregelmäßigen Zwischenräumen wiederkehrende Vergütungen. Für den Begriff der Entlohnung in diesem Sinne ist es auch gleichgültig, ob sie in barem Gelde oder in anderen geldwerten Leistungen besteht.

7. 1. Der Begriff der „Gesellschaft" im Sinne des Artikel 18 Abs. 3 Ziff. 3 des Beamtengesetzes (vgl. Ziff. 4 Abs. 1, c dieser Bekanntmachung) ist ebenso wie der Begriff der „Erwerbsgesellschaft" im Sinne des Artikel 18 Abs. 2 Ziff. 2 des Beamtengesetzes im weitesten Sinne aufzufassen. Es fallen daher hierunter alle Gesellschaften, deren Tätigkeit auf Erwerb oder Gewinn gerichtet ist, gleichviel ob dies der alleinige Zweck oder nur ein Nebenzweck ist. Die Vorschrift gilt ebensowohl für Gesellschaften im Sinne des Bürgerlichen Gesetzbuchs wie für alle Arten von Gesellschaften im Sinne des Handelsgesetzbuchs (offene Handelsgesellschaften, Kommanditgesellschaften, Aktiengesellschaften, Kommanditgesellschaften auf Aktien, stille Gesellschaften), nicht minder aber auch für die Gesellschaften mit beschränkter Haftung, die Versicherungsvereine auf Gegenseitigkeit usw. und schließlich auch für Genossenschaften, deren Tätigkeit sich *nicht* auf den Kreis ihrer Mitglieder beschränkt.

2. In allen diesen Fällen darf die Erlaubnis nur erteilt werden, wenn der Beamte keinen von den Betriebsergebnissen unabhängigen besonderen Gewinn als Gründer, keinen sogenannten Gründerlohn, erhält und wenn auch mit der Tätigkeit als Vorstand, Aufsichtsrat oder Verwaltungsrat weder unmittelbar noch mittelbar ein Gewinn oder eine Entlohnung verbunden ist. Ein Gewinn oder eine Entlohnung in diesem Sinne liegt nicht vor, wenn der Beamte lediglich infolge seiner Kapitalsbeteiligung an der Gesellschaft — z. B. als Aktionär durch seinen Dividendenbezug — einen Vermögensvorteil genießt; in diesem Falle darf daher die Erlaubnis zur Beteiligung als Gründer oder zum Eintritt in den Vorstand, Aufsichtsrat oder Verwaltungsrat erteilt werden, wenn im übrigen die Voraussetzungen des Artikel 18 Abs. 1 des Beamtengesetzes erfüllt sind.

3. [1] Die Erlaubnis soll nur ausnahmsweise erteilt werden, wenn ganz besondere Gründe die Erteilung der Erlaubnis rechtfertigen. Der Umstand, daß Familienangehörige des Beamten an der Gesellschaft beteiligt sind, rechtfertigt für sich allein die Erteilung der Erlaubnis nicht. Die Erlaubnis ist nur unter der Voraussetzung zu erteilen, daß durch die Tätigkeit bei der Gesellschaft keine Behinderung in der Ausübung des Dienstes entsteht, und daß, soweit ausnahmsweise eine solche Dienstbehinderung (z. B. wegen Teilnahme an einer Aufsichtsratssitzung) sich nicht vermeiden läßt und die ausgefallene Dienstleistung nicht nachgeholt werden kann, die Zeit der Dienstbehinderung auf den Erholungsurlaub angerechnet wird.

4. Zur Beteiligung an einer Genossenschaft, deren Tätigkeit auf den Kreis ihrer Mitglieder sich beschränkt, bedarf es einer Erlaubnis nicht. Es ist lediglich die in dem Artikel 18 Abs. 2 Ziff. 2 des Beamtengesetzes vorgeschriebene Anzeige zu erstatten.

5. Einer Erlaubnis bedarf der Beamte nicht, wenn er in den Vorstand, Aufsichtsrat oder Verwaltungsrat der Gesellschaft von dem Staate zur Wahrnehmung staatlicher Belange abgeordnet wird; der Abordnung steht gleich, wenn der

[1]) Abs. 3, 4, 5, 6 und 7 der Ziff. 7 in der Fassung der Bek. v. 3. März 1927 (GVBl. S. 99).

Beamte auf Vorschlag der zuständigen Dienststelle von den Organen der Gesellschaft gewählt wird oder, sofern nach den Gesellschaftssatzungen eine Abordnung oder ein Vorschlag nicht zulässig ist, die Wahl zur Ermöglichung der Wahrnehmung staatlicher Belange im Einverständnisse mit der zuständigen Dienststelle erfolgt. In diesen Fällen handelt es sich nicht um ein Nebenamt oder Nebengeschäft im Sinne des Art. 18 Abs. 3 Ziffer 3 des Beamtengesetzes, sondern um ein Nebenamt im staatlichen Dienste, zu dessen Übernahme der Beamte nach Art. 19 des Beamtengesetzes verpflichtet ist, wenn es seiner Berufsbildung und dienstlichen Stellung entspricht. Dagegen liegt ein Nebenamt oder Nebengeschäft nach Art. 18 Abs. 3 Ziffer 3 des Beamtengesetzes vor, wenn der Beamte zwar auf Grund seiner dienstlichen Stellung, etwa um seine besonderen, sich aus dieser Stellung ergebenden Sachkenntnisse oder Beziehungen der Gesellschaft nutzbar zu machen, — nicht aber auf Grund Auftrags seiner vorgesetzten Dienstbehörde zur Wahrung der Belange des Staates — in den Vorstand, Aufsichtsrat oder Verwaltungsrat einer Gesellschaft eintritt.

6. Tritt der Beamte auf Grund Auftrags seiner vorgesetzten Dienstbehörde in den Vorstand, Aufsichtsrat oder Verwaltungsrat einer Gesellschaft ein, so ist er verpflichtet, alle Bezüge, die er von der Gesellschaft, gleichviel in welcher Form und unter welcher Bezeichnung (feste Vergütungen, Tantiemen, Sitzungsgelder, Aufwandsentschädigungen, Sachbezüge, Gratisaktien, Verwaltungsaktien, Beteiligung an einem Konsortium zur Übernahme junger Aktien der Gesellschaft usw.) erhält, seiner vorgesetzten Dienstbehörde anzuzeigen und an die Staatskasse abzuliefern. Lediglich Beträge, die in Erstattung eines Aufwandes nach seinem tatsächlichen Anfall gewährt werden, braucht der Beamte nicht abzuliefern. Der Beamte ist ferner verpflichtet, gegenüber der Gesellschaft darauf hinzuwirken, daß den vom Staate abgeordneten Mitgliedern der Gesellschaftsorgane die gleichen Bezüge gewährt werden, wie sonstigen Mitgliedern der Gesellschaftsorgane. Andererseits ist dem Beamten ein ihm erwachsender Aufwand nach den für Dienstgeschäfte bestehenden Bestimmungen zu vergüten, soweit nicht ein Ersatz des tatsächlichen Auf-

wandes seitens der Gesellschaft erfolgt. Ferner kann ihm nach Maßgabe des Art. 4 des Beamtenbesoldungsgesetzes[1]) eine besondere Vergütung für die Führung des Nebenamtes bewilligt werden.

7. Tritt der Beamte auf Grund Auftrags seiner vorgesetzten Dienstbehörde in den Vorstand, Aufsichts- oder Verwaltungsrat einer Gesellschaft ein, so wird die vermögensrechtliche Haftung, die ihm in Ausübung seiner Tätigkeit als Organ der Gesellschaft entsteht, vom Staate übernommen und auf die Geltendmachung von Ersatzansprüchen nach Art. 13 des Beamtengesetzes verzichtet, soweit der Beamte die Schäden nicht vorsätzlich oder durch grobe Fahrlässigkeit verursacht hat.

8. 1. Es ist nicht erforderlich, daß die in dem Artikel 18 Abs. 3 des Beamtengesetzes vorgeschriebene Erlaubnis in jedem einzelnen Falle besonders erteilt wird; sie kann bestimmten Beamtenklassen für gewisse Nebenämter oder Nebengeschäfte durch allgemeine Entschließung erteilt werden.

2. Den amtlichen Ärzten und Tierärzten (Medizinalreferenten im Staatsministerium des Innern und bei den Regierungen, Kammern des Innern, und ihren Hilfsreferenten, Landgerichtsärzten und Bezirksärzten und ihren Hilfsärzten, Hausärzten der Strafanstalten und der Gerichtsgefängnisse, dann den staatlich angestellten Amtstierärzten im Sinne des § 2 der K. Verordnung vom 21. Dezember 1908 — GVBl. S. 1141 — sowie den Grenztierärzten im Hauptamt) ist die Ausübung der Privatpraxis gestattet, soweit dies mit der gewissenhaften Erfüllung ihrer Dienstpflichten vereinbar ist. Jedoch bleibt zur Übernahme der Stelle eines Krankenhausarztes oder eines Kassenarztes die Erlaubnis der vorgesetzten Dienstesstelle vorbehalten.

9. 1. Für die Übernahme einer ehrenamtlichen Stellung in geselligen, wohltätigen, künstlerischen, wissenschaftlichen, beruflichen oder politischen Vereinen bedarf es weder einer Erlaubnis noch einer Anzeige.

2. Ebenso fallen wissenschaftliche oder künstlerische Nebenbeschäftigungen, wie z. B. die literarische Betätigung, die Her-

[1]) Zu vgl. nunmehr Art. 26 Abs. I BBesG. v. 20. April 1928 (GVBl. S. 205).

stellung von Gemälden oder sonstigen Kunstwerken seitens eines Professors der Akademie der bildenden Künste, die Ausübung einer Konsiliarpraxis oder sonstige praktische Anwendung seiner Wissenschaft seitens eines Professors der Medizin, weder unter die Vorschrift des Abs. 2 noch des Abs. 3 des Artikel 18 des Beamtengesetzes, so daß hierfür gleichfalls weder die Erholung einer Erlaubnis noch eine Anzeige erforderlich ist.

10. 1. Der Artikel 18 des Beamtengesetzes findet seinem Wortlaute nach nicht bloß auf die etatsmäßigen Beamten im Sinne des Artikel 2, sondern auch auf die Beamten im Sinne des Artikel 1 des Beamtengesetzes Anwendung. Dementsprechend gelten auch die Bestimmungen dieser Bekanntmachung für alle Beamten im Sinne des Artikel 2 wie des Artikel 1 des Beamtengesetzes.

2. [1]) Auf die Beamten der Militärverwaltung finden nach dem Artikel 196 Abs. 2 des Beamtengesetzes die Vorschriften des Artikel 18 nur insoweit Anwendung, als nicht im III. Abschnitte des Reichs-Militärgesetzes vom 2. Mai 1874 etwas anderes bestimmt ist.

3. Auf die Staatsdienstaspiranten, die nicht als Beamte im Sinne des Artikel 1 des Beamtengesetzes erklärt sind, sowie auf die sonstigen Personen, die, ohne als Beamte in diesem Sinne erklärt zu sein, mit den Verrichtungen solcher Beamten ständig oder vorübergehend betraut sind, findet nach dem Artikel 25 des Beamtengesetzes nur die Vorschrift des Artikel 18 Abs. 1 Anwendung. Dementsprechend gelten für sie auch nur die Bestimmungen in Ziff. 1 dieser Bekanntmachung.

4. Für die im einstweiligen, zeitlichen oder dauernden Ruhestande befindlichen Beamten gelten die Vorschriften des Artikel 18 des Beamtengesetzes und infolgedessen auch die Bestimmungen dieser Bekanntmachung nicht, weil für sie der Grund zu einer Beschränkung der freien Erwerbstätigkeit entfällt.

11. 1. Die besonderen Vorschriften, durch welche den Beamten aus dienstlichen Rücksichten gewisse Einschränkungen

---

[1]) Abs. 2 ist gegenstandlos, weil die Beamten der Militärverwaltung jetzt Reichsbeamte sind.

in Bezug auf die Ausübung von Nebenämtern und Nebengeschäften auferlegt wurden, bleiben von dem Artikel 18 des Beamtengesetzes unberührt.

2. In Kraft bleiben hiernach auch für die Folge insbesondere:

a) die Vorschriften des Artikel 173 der Gemeindeordnung für die Landesteile diesseits des Rheins und des Artikel 103 der Gemeindeordnung für die Pfalz, wonach den im aktiven Dienste befindlichen Beamten die Übernahme der Stelle eines Bürgermeisters, Beigeordneten, Adjunkten oder eines nichttechnischen Magistratsrats untersagt und den im zeitlichen Ruhestande befindlichen Beamten die Annahme einer solchen Stelle nur mit Königlicher Genehmigung gestattet ist und wonach ferner die aktiven wie die im zeitlichen Ruhestande befindlichen Beamten der Militärverwaltung zu keinem Gemeindeamte wählbar sind;[1])

b) Die Vorschrift des Artikel 229[2]) des Berggesetzes vom 20. März 1869 in der Fassung der Bekanntmachung vom 20. Juli 1900, wonach den Beamten des Oberbergamts und der Berginspektionen sowie ihren Ehefrauen und ihren unter der elterlichen Gewalt des Vaters stehenden Kindern die Erwerbung von Bergwerken oder Kuxen durch Mutung in ihrem Verwaltungsbezirk untersagt und zu solchen Erwerbungen durch andere Rechtsgeschäfte unter Lebenden die Genehmigung des Ministeriums erforderlich ist;

c) [3]) die Vorschriften des Artikel 4 der Instruktion für die Vornahme der Kirchenverwaltungswahlen in den bayerischen Landesteilen diesseits des Rheins vom 25. August 1869, wonach die im aktiven Dienste befindlichen Beamten nicht die Stelle eines Kirchenverwaltungsmitglieds übernehmen dürfen und den im zeitlichen Ruhestande befindlichen Beamten die Annahme einer solchen Stelle nur mit Königlicher Genehmigung gestattet ist und wonach weiter die aktiven

---

1) Aufgehoben durch Art. 2 SelbstverwG.

2) Nunmehr Art. 252 des BergG. v. 10. August 1910 (GVBl. S. 815).

3) Art. 44, 45 der KGO.; Ges. v. 21. Dez. 1921 (GVBl. S. 617).

wie die im zeitlichen Ruhestande befindlichen Beamten der Militärverwaltung nicht zu Kirchenverwaltungsgliedern wählbar sind;

d) die Vorschriften der Schulordnungen für die humanistischen und realistischen Mittelschulen über die Erteilung von Privatunterricht und die Aufnahme von Schülern in Kost und Wohnung durch das Lehrpersonal dieser Schulen;

e) die Vorschriften des § 22 der K. Verordnung vom 13. Dezember 1878, die Formation und den Wirkungskreis der K. B. Bank betreffend, und der Finanzministerialentschließung vom 17. April 1901 Nr. 9645, wonach den Beamten der K. Bank untersagt ist, sich ein Lombarddarlehen oder einen gedeckten Kontokorrentkredit aus Mitteln der K. B. Bank ohne besondere Genehmigung der K. Bankdirektion gewähren zu lassen oder außerdem, sei es im eigenen oder im fremden Namen zur K. B. Bank in ein Schuldverhältnis zu treten oder irgendwelche Handels- oder Spekulationsgeschäfte zu treiben;

f) [1]) die Vorschriften des § 78 Abs. 1 und 3 der Geschäftsanweisung für die Forstämter vom 25. Mai 1885, des § 47 Abs. 3 der Dienstesinstruktion für die Forstamtsassessoren vom 14. August 1885, des § 38 Abs. 2 und 3 der Dienstesinstruktion für die Förster vom 8. Juli 1886 und des § 7 Abs. 3 und 4 der Dienstesinstruktion für die statusmäßigen Forstschutzbediensteten vom 19. Juli 1886, wonach den Forstmeistern, den Forstamtsassessoren, den Förstern und den Forstassistenten der Besitz und der Betrieb einer Landwirtschaft ohne Genehmigung des Staatsministeriums der Finanzen, Ministerial-Forstabteilung, nur gestattet ist, wenn ihnen Dienstgründe in Pacht überlassen sind und nur in einer Ausdehnung bis zu 6 ha mit Einrechnung der vom Staate gepachteten Dienstgrundstücke, und wonach

---

[1]) Vgl. nunmehr die DA. für die bayer. Forstverwalter v. 13. Okt. 1925 (FMBl. S. 139) bzw. für die Forstaufseher (FMBl. 1925 S. 196).

diese Beamten ohne Genehmigung der Regierungsforstkammer auch keine Jagd pachten dürfen; ferner die Vorschrift des § 6 Abs. 2 der Dienstesinstruktion für die Waldwärter vom 8. Juli 1886, wonach den Waldwärtern nur ausnahmsweise mit Genehmigung der Regierung, Kammer der Forsten, gestattet ist, eine Jagd zu pachten oder als Mitpächter an einer Jagd sich zu beteiligen;

g) die Vorschriften der Dienstesinstruktion für die Gendarmerie.

12. Aufgehoben sind dagegen

a) nach dem Artikel 220 Abs. 2 Ziff. 3 des Beamtengesetzes die Vorschrift in § 21 Abs. 2 der IX. Beilage zur Verfassungsurkunde, wodurch den äußeren Justiz-, Polizei- und Finanzbeamten die Erwerbung von Grundbesitz innerhalb ihres Amtsbezirkes untersagt war;

b) die Entschließung des Staatsministeriums der Finanzen vom 5. Juli 1850, wonach die Finanzbeamten teilweise zur Jagdpachtung der besonderen Genehmigung bedurften und ihnen teilweise die Jagdpachtung überhaupt verboten war;

c) die Entschließung des Staatsministeriums der Justiz vom 3. Januar 1863, wodurch für die Beamten der Amtsgerichte zur Pachtung von Jagden die Erholung der dienstlichen Bewilligung vorgeschrieben war;

d) die Entschließung des Staatsministeriums des Innern vom 31. März 1866, wodurch die Beteiligung der Beamten der Bezirksämter an Jagdpachtungen an die Genehmigung der Regierung gebunden war.

8. Bekanntmachung
über die gewerbsmäßige Ausübung der Musik durch Beamte.

Vom 7. Oktober 1925 (GVBl. S. 259).[1])

Unter Aufhebung der Bekanntmachung vom 24. Juni 1921 (GVBl. S. 373) in der Fassung der Bekanntmachung vom 20. Dezember 1923 (GVBl. S. 408) wird bestimmt:

1. Die Mitwirkung von Beamten bei musikalischen Veranstaltungen gegen Bezahlung bedarf nach Art. 18 Abs. 3 Ziff. 1 des Beamtengesetzes der Erlaubnis der zuständigen Dienstbehörde. Zuständig ist der Vorstand der Stelle oder Behörde, bei der der Beamte verwendet ist, für die Vorstände von Stellen und Behörden sowie für Einzelbeamte und deren Nebenbeamte die vorgesetzte Zentral- oder Mittelstelle.

2. Gesuche um Erteilung der Erlaubnis zur gewerbsmäßigen Musikausübung sind in erster Linie vom dienstlichen Standpunkt aus zu würdigen. Leitender Grundsatz muß dabei im Hinblick auf Art. 18 Abs. 1 des Beamtengesetzes sein, daß durch die Ausübung der Musik die gewissenhafte Erfüllung der dienstlichen Pflichten des Beamten und die Achtung, die der Beruf erfordert, nicht beeinträchtigt werden. Die Erlaubnis soll in der Regel nur erteilt werden, wenn der Beamte sich nicht regelmäßig, sondern nur aushilfsweise und vorübergehend an den musikalischen Veranstaltungen beteiligt. Die Mitwirkung darf nur in der dienstfreien Zeit stattfinden und nie in einer Weise ausgedehnt werden, daß dadurch die entsprechende Erfüllung der dienstlichen Obliegenheiten beeinträchtigt wird. Dienstbefreiung zum Zwecke der gewerbsmäßigen Musikausübung ist grundsätzlich ausgeschlossen.

Die Musikausübung in zweifelhaften Gaststätten und Räumlichkeiten sowie bei Veranstaltungen, die dem Ansehen des Berufsbeamtentums in der Öffentlichkeit schaden könnte,

---

[1]) Zu vgl. Fußnote 2 zu Art. 18 des Beamtengesetzes.

ist den Beamten verboten; ebenso ist die Ausübung der Musik gegen Gewährung von Naturalentgelt (Speisen, Getränke usw.) mit der Achtung, die der Beruf des Beamten erfordert, nicht vereinbar.

3. Die Erlaubnis darf ferner nur erteilt werden, wenn durch die gewerbsmäßige Musikausübung seitens eines Beamten nicht den Berufsmusikern eine unbillige Benachteiligung in ihrem Erwerb, namentlich durch eine etwaige Unterbietung der Vergütung, zugefügt wird. Die Erlaubnis ist daher in der Regel längstens auf ein Kalenderjahr und nur unter folgenden Bedingungen in jederzeit widerruflicher Weise schriftlich zu erteilen:

a) Die Musikausübung ist dem Beamten im Einzelfall nur gestattet, wenn ihm von dem örtlichen öffentlichen Arbeitsnachweis schriftlich bestätigt ist, daß für die betreffende Veranstaltung ein geeigneter Berufsmusiker nicht zur Verfügung steht.

b) Der Beamte hat vor jeder einzelnen Musikausübung unter Angabe des Unternehmers, der Zeit und Dauer, des Ortes und der Art der Veranstaltung sowie des Entgeltes der für die Erteilung der Erlaubnis zuständigen Dienstbehörde Anzeige zu erstatten; ist vorherige Anzeige nicht möglich, so ist sie alsbald nachzuholen. Mit der Anzeige ist die Bestätigung des Arbeitsnachweises nach Ziff. 3a oder eine beglaubigte Abschrift hievon vorzulegen; ist dies nicht rechtzeitig möglich, so ist die Bestätigung oder beglaubigte Abschrift nachträglich vorzulegen.

c) Die Erlaubnis der Dienstbehörde und die schriftliche Bestätigung des öffentlichen Arbeitsnachweises muß der Beamte während der ganzen Dauer der Musikausübung bei sich führen.

Die Einschränkungen unter a), b) und c) gelten nicht für Beamte, die aushilfsweise bei den Staatstheatern musizieren.

4. Die unmittelbaren Dienstvorgesetzten haben darüber zu wachen, daß die Erlaubnis nicht mißbraucht wird. Die

Erlaubnis ist auf Grund des Art. 18 Abs. 3 Satz 2 des Beamtengesetzes zu widerrufen und die erteilte Ausfertigung einzuziehen, wenn sich auf Grund der Anzeigen oder sonstiger Feststellungen ergibt, daß die Voraussetzungen unter Ziff. 2 und 3 nicht mehr erfüllt sind oder wenn der Beamte die Bedingungen unter Ziff. 3a und b nicht einhält.

5. Vorstehende Bestimmungen finden auf die staatlichen Angestellten entsprechende Anwendung.

6. Ziff. 9 der Bekanntmachung vom 14. April 1912 über die Ausübung von Nebenämtern oder Nebengeschäften durch Beamte (GVBl. S. 343) wird durch vorstehende Bestimmung nicht berührt.

---

9. Bekanntmachung

die Sonntagsruhe und den Urlaub der Staatsbeamten betreffend.

Vom 14. Juli 1909 (GVBl. S. 427).[1]

Zum Vollzuge des Artikel 22 des Beamtengesetzes ergehen mit sofortiger Wirksamkeit nachstehende Anordnungen:

I. Sonntagsruhe der Staatsbeamten.

§ 1. [1] Die Heranziehung von Beamten zum Dienste an Sonn- und Feiertagen einschließlich der politischen Feiertage ist nur insoweit zulässig, als dies zur Erledigung unverschieblicher Geschäfte geboten ist.

[2] Läßt sich aus diesem Grunde ein Offenhalten von Geschäftsräumen an Sonn- und Feiertagen nicht umgehen, so ist nur das zur Erledigung der unverschieblichen Geschäfte notwendige Personal zum Dienste heranzuziehen und hiebei insbesondere auf die Freihaltung der Zeit des Hauptgottesdienstes Bedacht zu nehmen.

---

[1]) Zu vgl. Fußnote 1 zu Art. 22 des Beamtengesetzes.

3. An Orten mit überwiegend protestantischer Bevölkerung sind an den besonderen katholischen Feiertagen und an Orten mit überwiegend katholischer Bevölkerung an den besonderen protestantischen Feiertagen die Geschäftsräume zwar offen zu halten, jedoch zum Dienste tunlichst nur die Beamten des Bekenntnisses heranzuziehen, für das dieser Tag nicht als Feiertag gilt.

II. Urlaub der etatsmäßigen Staatsbeamten.

§ 2. Jedem etatsmäßigen Beamten wird alljährlich auf sein Ansuchen ein angemessener Urlaub bewilligt, soweit nicht außergewöhnliche Verhältnisse entgegenstehen (Artikel 22 Abs. 2 Satz 1 des Beamtengesetzes).

§ 3. 1. ....[1])

2. Den mit dem Titel und dem Range einer höheren Klasse bekleideten Beamten gebührt der gleiche Erholungsurlaub wie den Angehörigen dieser höheren Klasse.

3. .....[1])

4. Für Beamte, die im Laufe des Jahres aus einer Klasse in eine andere übergeführt werden, bemißt sich von dem Zeitpunkte der Überführung an die Dauer des Erholungsurlaubs nach der für die neue Klasse geltenden Bestimmung.

5. Wird nach dem Genusse des Erholungsurlaubs ein Dienstgrad oder ein Lebensalter erreicht, die zu einer längeren Urlaubsdauer berechtigen, so kann für dieses Jahr der Urlaub dementsprechend ergänzt werden.

§ 4. 1. Außer dem im § 3 bestimmten Erholungsurlaub kann den etatsmäßigen Beamten in besonders wichtigen persönlichen Angelegenheiten oder beim Vorliegen sonstiger dringender Gründe Dienstbefreiung bis zur Dauer einer Woche im Jahre ohne Anrechnung auf den Erholungsurlaub bewilligt werden.

2. Übersteigt die aus diesem Anlasse bewilligte Dienstbefreiung die Dauer einer Woche, so wird die weitere Zeit auf den Erholungsurlaub des gleichen Jahres und, wenn dieser bereits eingebracht ist, auf den Erholungsurlaub des folgenden Jahres angerechnet.

---

[1]) Die Absätze 1 und 3 sind durch die Bek. v. 3. April 1922 (GVBl. S. 219) aufgehoben.

§ 5. 1. In Bezug auf den Zeitpunkt des Urlaubsantritts ist auf die dienstlichen Verhältnisse gebührende Rücksicht zu nehmen.

2. Die Dienstgeschäfte des beurlaubten Beamten sind tunlichst von den übrigen Beamten mitzuerledigen, damit der Staatskasse besondere Kosten für Stellvertretung in der Regel nicht erwachsen.

3. Der Erholungsurlaub der Beamten der Gerichte und Staatsanwaltschaften soll möglichst in die Gerichtsferien fallen.

§ 6. Jede Beurlaubung kann zurückgenommen werden, wenn außergewöhnliche Verhältnisse dies notwendig machen.

§ 7. Der Feriengenuß wird dem Urlaube gleichgeachtet (Artikel 22 Abs. 2 Satz 2 des Beamtengesetzes).

§ 8. 1. Eines Urlaubs bedarf der Beamte nicht, wenn er durch Krankheit an der Verrichtung seines Dienstes verhindert ist. Er hat jedoch von seiner Erkrankung dem Vorstande der Behörde, der er angehört, oder, wenn er selbst der Vorstand ist, der unmittelbar vorgesetzten Behörde alsbald und tunlichst so rechtzeitig Anzeige zu erstatten, daß veranlaßtenfalls für die anderweitige Wahrnehmung seines Dienstes gesorgt werden kann. In gleicher Weise ist die Beendigung der Krankheit anzuzeigen.

2. Auf Verlangen hat der erkrankte Beamte ein ärztliches Zeugnis vorzulegen. Soweit veranlaßt, kann ein amtsärztliches Gutachten erholt werden. Die besonderen Bestimmungen über das Meldeverfahren im Bereiche der Staatseisenbahnverwaltung werden hiedurch nicht berührt.

3. Die Genehmigung ist erforderlich, wenn der Beamte beabsichtigt, zum Zwecke der Wiederherstellung seiner Gesundheit vom Amts- oder Wohnsitze sich zu entfernen oder nach eingetretener Genesung zum Zwecke der vollständigen Erholung von der überstandenen Krankheit noch für einige Zeit von der Dienstverrichtung sich fernzuhalten. Die Genehmigung ist jederzeit widerruflich.

4. Ob und wieweit dem Beamten die Zeit der durch die Krankheit bedingten Dienstbehinderung (Abs. 1 mit 3) auf den Erholungsurlaub anzurechnen ist, hat die seiner Dienstbehörde unmittelbar vorgesetzte Behörde zu bestimmen.

§ 9.[1]) 1. Eines Urlaubs bedarf der Beamte nicht, wenn er zu einer militärischen Pflichtübung einberufen wird. Er hat jedoch die Einberufung oder die Inaussichtstellung einer solchen dem Vorstande der Behörde, der er angehört, oder, wenn er selbst der Vorstand ist, der ihm unmittelbar vorgesetzten Behörde so rechtzeitig anzuzeigen, daß er erforderlichenfalls veranlaßt werden kann, die Befreiung von der Übung oder ihre zeitliche Verlegung nach Maßgabe des § 116 Ziff. 10 der Wehrordnung (Beilage zu Nr. 55 des Gesetz- und Verordnungsblattes vom 26. Oktober 1904 S. 131) nachzusuchen.

2. Die Einberufung zu einer militärischen Pflichtübung schließt den Anspruch auf die Gewährung des Erholungsurlaubs nicht aus. Dies gilt auch von der Ableistung von Übungen zur Darlegung der Beförderungsfähigkeit.

3. Beabsichtigt ein Beamter sich zu einer freiwilligen militärischen Übung einberufen zu lassen, so hat er hiezu vor der Einreichung des Gesuches die Genehmigung der zuständigen Dienstbehörde zu erwirken. Die Genehmigung soll nicht versagt werden, wenn dienstliche Rücksichten nicht entgegenstehen. In diesem Falle wird die Dauer der militärischen Übung auf den Erholungsurlaub des betreffenden Jahres angerechnet.

§ 10. 1. Zum Eintritt in den Reichstag bedürfen Beamte nach Artikel 21 Abs. 1 der Reichsverfassung vom 16. April 1871 eines Urlaubs nicht[2]).

2. Beamten, die als Landtagsabgeordnete gewählt sind, darf nach Art. 35 des Landtagswahlgesetzes vom 9. April 1906 der Urlaub zum Zwecke der Teilnahme an den Verhandlungen des Landtags nicht verweigert werden[3]).

3. Dienstbefreiung zur Wahrnehmung von Gemeindeämtern, soweit diese mit dem Staatsdienstverhältnis überhaupt vereinbar sind, kann nur gewährt werden, wenn die volle Erfüllung der den Beamten zugewiesenen staatlichen Amtsgeschäfte dadurch nicht beeinträchtigt wird[4]).

---

[1]) Durch Abschaffung der Militärpflicht hinfällig.

[2]) Nunmehr zu vgl. Art. 39 der Reichsverf. v. 11. August 1919.

[3]) Nunmehr zu vgl. § 35 Abs. II der bayer. VerfUrk.

[4]) Nunmehr zu vgl. Art. 114 Abs. II der GemO. v. 17. Okt. 1927 (GVBl. S. 293).

§ 11. 1. Zur Bewilligung des Erholungsurlaubs, soweit diese nicht durch Allerhöchste Entschließung erfolgt, sowie zur Bewilligung der Dienstbefreiung (§ 4) sind zuständig:

a) für die den Ministerien untergeordneten Vorstände der Zentralstellen, die Vorstände der Mittelstellen und die Vorstände der äußeren Behörden sowie für Einzelbeamte die ihrer Dienstbehörde unmittelbar vorgesetzte Behörde,

b) für die Beamten, die bei einer Zentralstelle, einer Mittelstelle oder einer äußeren Behörde verwendet sind, die Vorstände dieser Behörden.

2. Soweit für die unter b bezeichneten Beamten ausnahmsweise ein die regelmäßige Dauer übersteigender Erholungsurlaub bewilligt werden soll, bedarf es hiezu der Genehmigung der ihrer Dienstbehörde unmittelbar vorgesetzten Behörde.

3. Zur Gewährung eines die Dauer von sechs Wochen übersteigenden Erholungsurlaubs bedarf es in allen Fällen der Genehmigung des Ministeriums.

4. Zur Erteilung der nach § 8 Abs. 3 erforderlichen Genehmigung ist hinsichtlich der Vorstände der Zentral- und Mittelstellen das Ministerium, hinsichtlich der weiteren Beamten der Zentral- und Mittelstellen der Vorstand dieser Stelle, hinsichtlich der übrigen Beamten die ihrer Dienstbehörde unmittelbar vorgesetzte Behörde zuständig.

§ 12. 1. Für die Dauer des regelmäßigen Urlaubs — des Erholungsurlaubs (§ 3) und der Dienstbefreiung (§ 4 Abs. 1) — sowie für die Zeit der Abwesenheit, für die der Beamte eines Urlaubs nicht bedarf oder der Urlaub nicht verweigert werden kann, findet ein Abzug am Gehalte nicht statt; die etwa erwachsenden Stellvertretungskosten fallen der Staatskasse zur Last. Ob und wieweit bei der Erteilung eines die regelmäßige Dauer übersteigenden Urlaubs der Gehalt einzuziehen ist, wird von der zu dieser Beurlaubung zuständigen Stelle bestimmt (Artikel 35 Abs. 1, 3 des Beamtengesetzes)[1]).

---

[1]) Nunmehr einschlägig Art. 37 des BBesG. v. 20. April 1928 (GBBl. S. 205).

2. Bleibt ein Beamter ohne den erforderlichen Urlaub vom Dienste weg oder überschreitet er den erteilten Urlaub, ohne daß ihm ausreichende Entschuldigungsgründe zur Seite stehen, so ist er für die Zeit des unerlaubten Fernbleibens vom Dienste seines Diensteinkommens verlustig (Artikel 22 Abs. 3 des Beamtengesetzes).

3. Die Einziehung des Diensteinkommens ist lediglich die Rechtsfolge der Unterlassung der schuldigen Dienstleistung. Die Einziehung ist von der Behörde oder dem Beamten zu verfügen, die zur Bewilligung des Urlaubs zuständig sind (Artikel 22 Abs. 4 Satz 1 des Beamtengesetzes). Die Einziehung erfolgt durch unmittelbare Mitteilung an die Kasse, die das Diensteinkommen des Beamten auszahlt. Dem Beamten ist hievon schriftliche Mitteilung zu machen. Gleichzeitig ist von der Einziehung der der Kasse vorgesetzten Dienstesstelle Kenntnis zu geben.

4. Gegen die Einziehung des Diensteinkommens steht dem Beamten die Beschwerde im Instanzenzuge frei. Die Frist zur Einlegung der Beschwerde beträgt zwei Wochen, vom Tage der Eröffnung der Verfügung an gerechnet (Artikel 22 Abs. 4 Satz 2 und 3 des Beamtengesetzes).

5. Neben der Einziehung des Diensteinkommens ist die Einleitung des Dienststrafverfahrens gegen den Beamten zulässig (Artikel 22 Abs. 3 des Beamtengesetzes).

6. Die Stellvertretungskosten, die allenfalls infolge des unerlaubten Fernbleibens des Beamten vom Dienste erwachsen, fallen der Staatskasse zur Last.

7. Für die Verabfolgung des Gehalts und die Bestreitung der Stellvertretungskosten während der Krankheit eines Beamten sind die Vorschriften des Artikel 35 Abs. 2 des Beamtengesetzes maßgebend.

8. Für die Richter, die Mitglieder des Verwaltungsgerichtshofs und die Mitglieder des Obersten Rechnungshofs gelten für die Einziehung des Diensteinkommens die besonderen Vorschriften der Artikel 9, 63 des Richterdisziplinargesetzes und des Artikel 183 Abs. 2 Ziff. 5 sowie des Artikel 184 des Beamtengesetzes.

III. Urlaub der nichtetatsmäßigen Staatsbeamten.

§ 13. 1. Auch den nichtetatsmäßigen Beamten wird alljährlich ein angemessener Urlaub gewährt, dessen Höhe für die einzelnen Dienstzweige besonders bestimmt wird.

2. Die Vorschriften der §§ 5 mit 12 finden auf die nichtetatsmäßigen Beamten entsprechende Anwendung.

IV. Übergangs- und Schlußbestimmungen.

§ 14. Beamten, denen in der Vergangenheit ein längerer Urlaub eingeräumt war, kann dieser Urlaub mit Genehmigung des Ministeriums für ihre Person gewahrt werden.

§ 15. 1. Für die Beamten der Verkehrsverwaltung verbleibt es in Ansehung des Urlaubs vorläufig bei den besonderen Vorschriften.

2. Ebenso bleibt für die Mannschaften der Gendarmerie und der Schutzmannschaft München besondere Regelung vorbehalten.

3. (Wegen Übergang der Militärverwaltung auf das Reich hinfällig).

§ 16. 1. Hinsichtlich des Verfahrens, das zu beobachten ist, wenn Beamte in Zivil-, Straf-, Verwaltungs- oder Verwaltungsrechtssachen vernommen werden sollen, sind auch fernerhin die Vorschriften der K. Verordnung vom 25. September 1879 (GVBl. S. 1923) und der Ministerialbekanntmachung vom 7. Januar 1882 (GVBl. S. 37) maßgebend.

2. Diese Vorschriften gelten auch für die Vernehmung von Beamten in Dienststrafsachen.

10. Bekanntmachung über den Urlaub der Staatsbeamten.

Vom 3. April 1922 (GVBl. S. 219).

1.[1]) Unter Aufhebung des § 3 Abs. 1 und 3 der Bekanntmachung vom 14. Juli 1909 (GVBl. S. 427) wird bestimmt:

Die etatsmäßigen Beamten haben, soweit nicht außergewöhnliche Verhältnisse entgegenstehen (Art. 22 Abs. 2 Satz 1 des Beamtengesetzes), Anspruch auf einen alljährlichen Urlaub (Erholungsurlaub). Der Urlaub beträgt:

in d. Besoldungsgruppen	bis zur Vollendung des 30. Lebensjahres	vom 31. bis zur Vollendung des 40. Lebensjahr.	vom 41. Lebensjahre an
A 11 und 12,	16	21	28
A 6 mit 10,	18	25	31
A 4 und 5,	21	28	35
A 2 b mit g und 3,	25	31	37
A 2 a und darüber	29	37	42 Tage

Maßgebend ist die Besoldungsgruppe, nach deren Sätzen der Beamte seinen Grundgehalt erhält. Die Vorschrift in § 3 Abs. 2 der Bekanntmachung vom 14. Juli 1909 wird hierdurch nicht berührt.

2.[1]) Für die nicht etatmäßigen Beamten gilt Ziff. 1 mit der Maßgabe, daß denjenigen Beamten, die das 30. Lebensjahr noch nicht vollendet haben, den Urlaub

im 1. Dienstjahr um 5 Tage,
„ 2. „ „ 3 „ ,
„ 3. „ „ 2 „

gekürzt wird.

Vorstehende Bestimmung findet auch auf Beamte Anwendung, die zwar nicht etatmäßige Beamte im Sinne der Bekanntmachung vom 11. März 1921, aber Beamte im Sinne des Art. 1 des Beamtengesetzes sind.

---

[1]) Ziff. 1 und 2 in der Fassung der Bek. v. 16. April 1925 Nr. 17613 (StA. Nr. 86) und der Bek. v. 25. Mai 1928 Nr. 25091 (StA. Nr. 121).

3. [1]) Der Urlaub der im Vorbereitungsdienst stehenden Personen beträgt:
wenn sie höhere wissenschaftliche Vorbildung besitzen: 17 Tage,
im übrigen im 1. Dienstjahre . . . . 7 „ ,
vom 2. Dienstjahre an . . . . 10 „ .

4. Sonn- und Feiertage und dienstfreie ganze und halbe Tage, die in den Urlaub fallen, ferner Reisetage sind auf die zustehende Urlaubsdauer anzurechnen.

5. [2]) Als Urlaubsjahr gilt das Rechnungsjahr (1. April bis 31. März); das gilt auch für § 3 Abs. 4 und 5 der Bekanntmachung vom 14. Juli 1909. Hat ein Beamter den Urlaub während des Rechnungsjahres nicht einbringen können, so kann die Einbringung innerhalb des darauffolgenden Monats April auf Antrag gestattet werden; eine spätere Nachholung eines nicht eingebrachten Urlaubs ist nur bis zum Höchstmaße von 14 Tagen und nur dann zulässig, wenn die Einbringung des Urlaubs bis Ende April dem Beamten aus zwingenden dienstlichen Gründen nicht möglich war.

---

11. Gesetz
über die Vereidigung der öffentlichen Beamten.

Vom 6. November 1919 [1]) (GVBl. S. 783).

Art. I. Alle öffentlichen Beamten sind auf die Verfassung des Freistaates Bayern zu vereidigen. Das Nähere wird durch Verordnung des Gesamtministeriums bestimmt.

Art. II. Dieses Gesetz ist Verfassungsgesetz. Es wird als dringend bezeichnet und tritt mit seiner Verkündigung in Kraft.

---

[1]) Ziff. 3 in der Fassung der Bek. v. 16. April 1925 Nr. 17 613 (StA. Nr. 86) und der Bek. v. 25. Mai 1928 Nr. 25 091 (StA. Nr. 121).

[2]) Ziff. 5 Satz 2 in der Fassung der Bek. v. 2. August 1928 (GVBl. S. 380).

[1]) Zu vgl. Fußnote 1 zu Art. 23 des Beamtengesetzes.

12. Verordnung
über die Vereidigung der öffentlichen Beamten.

Vom 3. Mai 1920 (GVBl. S. 191)[1].

Auf Grund des Gesetzes vom 6. November 1919 über die Vereidigung der öffentlichen Beamten (GVBl. S. 783) und der Verordnung des Reichspräsidenten vom 14. August 1919 über die Vereidigung der öffentlichen Beamten (RGBl. S. 1419)[2] wird folgendes verordnet:

§ 1. Alle öffentlichen Beamten sind für ihre dienstliche Tätigkeit auf die Verfassung des Deutschen Reiches und auf die Verfassung des Freistaates Bayern zu vereidigen.

Die Vereidigung hat für die bereits im Dienste stehenden Beamten unverzüglich, für später in Dienst tretende Beamte vor dem Dienstantritt zu erfolgen.

§ 2. I Die Vereidigung der Beamten, die bereits einen Diensteid geleistet haben, geschieht durch Leistung des folgenden Eides:

„Ich schwöre Treue der Verfassung des Freistaates Bayern und der Reichsverfassung."

II Die übrigen öffentlichen Beamten werden durch Leistung des folgenden Eides vereidigt:

„Ich schwöre Treue der Verfassung des Freistaates Bayern und der Reichsverfassung, Gehorsam den Gesetzen und gewissenhafte Erfüllung meiner Dienstpflichten."

§ 3. I Die Abnahme des Eides erfolgt, soweit nicht etwas anderes bestimmt wird, durch den Vorstand der Behörde, welcher der Beamte angehört, oder durch die Dienstaufsichtsbehörde, für die Volksschullehrer und Volksschullehrerinnen durch die Bezirksverwaltungsbehörde.

II Im Falle des § 2 Abs. II hat der Abnahme des Eides eine Belehrung über die Dienstpflichten und über die Bedeu=

[1] Zu vgl. Fußnote 1 zu Art. 23 des Beamtengesetzes.
[2] Hier nicht abgedruckt.

tung des Eides vorherzugehen. Die Vereidigung geschieht durch Nachsprechen der Eidesformel unter Aufheben der rechten Hand.

III Über die Vereidigung ist eine Niederschrift nach dem nachstehenden Muster 1 aufzunehmen, die von dem Beamten, der vereidigt wird, und dem Beamten, der den Eid abnimmt, zu unterzeichnen ist. Die Niederschrift ist zu dem Personalakt des vereidigten Beamten zu nehmen.

IV Im Falle des § 2 Abs. I kann der Eid auch schriftlich unter Benutzung des nachstehenden Musters 2 abgenommen werden. Das Schriftstück ist zu dem Personalakt des vereidigten Beamten zu nehmen.

§ 4. Die besonderen Vorschriften der Art. 2, 61 des Ausführungsgesetzes zum Gerichtsverfassungsgesetze und des § 16 der Verordnung vom 31. August 1879, den Verwaltungsgerichtshof betreffend (GVBl. S. 1007) bleiben unberührt.

§ 5. § 8 der Verordnung vom 10. Dezember 1908, den Vollzug des Beamtengesetzes betreffend (GVBl. S. 1041 ff.) wird aufgehoben.

Muster 1

Niederschrift

über die Vereidigung des . . . .

Auf Grund des Gesetzes vom 6. November 1919 über die Vereidigung der öffentlichen Beamten (GVBl. S. 783), der Verordnung des Reichspräsidenten vom 14. August 1919 über die Vereidigung der öffentlichen Beamten (RGBl. S. 1419) und der Verordnung vom 3. Mai 1920 über die Vereidigung der öffentlichen Beamten (GVBl. S. 191) hat heute

. . . .

vor . . . .

nach Belehrung über die Amtspflichten und über die Bedeutung des Eides durch Nachsprechen unter Aufheben der rechten Hand den nachstehenden Eid geleistet:

„Ich schwöre Treue der Verfassung des Freistaates Bayern und der Reichsverfassung, Gehorsam den Gesetzen und gewissenhafte Erfüllung meiner Dienstpflichten.“

. . . ., den . . . . . . 19 . .

. . . .

(Unterschrift des vereidigten Beamten)

. . . .

(Unterschrift des den Eid abnehmenden Beamten).

Muster 2

An . . . .

. . . .

Betreff: Vereidigung

des . . . .

. . . .

Auf Grund des Gesetzes vom 6. November 1919 über die Vereidigung der öffentlichen Beamten (GVBl. S. 783), der Verordnung des Reichspräsidenten vom 14. August 1919 (RGBl. S. 1419) und der Verordnung vom 3. Mai 1920 über die Vereidigung der öffentlichen Beamten (GVBl. S. 191) leiste ich hiermit den folgenden Eid:

„Ich schwöre Treue der Verfassung des Freistaates Bayern und der Reichsverfassung," und bekräftige das durch meine Unterschrift.

. . . ., den . . . . 19 . .

13. Bekanntmachung über die Personalnachweise der Beamten.

Vom 19. März 1929 (GVBl. S. 42)[1].

Zur Ausführung des Art. 129 Abs. III Satz 2 und 3 der Verfassung des Deutschen Reichs, des Art. 102 Abs. 2 des Beamtengesetzes und des Art. 101 Abs. II des Volksschullehrergesetzes wird bestimmt:

1. I Beamte im Sinne dieser Bekanntmachung sind die etatmäßigen und nichtetatmäßigen Beamten (Art. 1, 2 BG.) und die ständigen und unständigen Volksschullehrer (Art. 1 BLG.), nicht dagegen die Staatsdienstanwärter (Art. 25 BG.) und die Schulamtsbewerber (Art. 21 BLG.).

II Vorläufig des Dienstes enthobene, einstweilen in den Ruhestand versetzte und beurlaubte Beamte gehören zu den Beamten im Sinne dieser Bekanntmachung, nicht dagegen im zeitlichen oder dauernden Ruhestand befindliche, sowie aus dem Staatsdienst ausgeschiedene Beamte.

2. I Personalnachweise sind die Akten, welche bei den Dienstvorgesetzten eines Beamten über seine persönlichen und dienstlichen Verhältnisse zum Zwecke der dienstlichen Beurteilung geführt werden; hiezu gehören auch die dienstlichen Beurteilungen.

II Nicht zu den Personalnachweisen gehören:

a) gerichtliche Akten und Dienststrafakten; die Einsichtnahme in diese Akten bemißt sich nach den hiefür geltenden besonderen Vorschriften (bezüglich der Dienststrafakten vgl. Art. 142 Abs. 7 Satz 2 BG.; Art. 43 Abs. 7 Satz 2 des Disziplinargesetzes für richterliche Beamte; Art. 119 Abs. II BLG.);

b) Prüfungsakten; jedoch sind Vermerke über das Ergebnis amtlicher Prüfungen sowie auf Antrag der Prüfungen einer Verwaltungsakademie zu den Personalnachweisen zu bringen;

---

[1]) Zu vgl. Fußnote 1 zu Art. 102 des Beamtengesetzes.

c) Akten, die sich auf mehrere Beamte beziehen (Sammelakten) sowie Akten, die nicht die persönlichen und dienstlichen Verhältnisse von Beamten betreffen (Sachakten), auch wenn in diesen persönliche und dienstliche Verhältnisse von Beamten berührt sind; soweit solche Akten der dienstlichen Beurteilung eines Beamten zugrunde gelegt werden sollen, sind jedoch Auszüge zu den Personalnachweisen zu nehmen.

3. I Dem Beamten ungünstige Tatsachen dürfen in die Personalnachweise erst eingetragen werden, wenn ihm Gelegenheit gegeben war, sich über sie zu äußern; unter „Tatsachen" sind nur Vorgänge rein tatsächlicher Art, nicht auch Werturteile zu verstehen; der Eintragung in die Personalnachweise steht das Einlegen von Schriftstücken oder Auszügen aus solchen in die Personalnachweise gleich. Werden trotz der Äußerung des Beamten die ungünstigen Tatsachen in die Personalnachweise eingetragen, so ist dem Beamten hiervon Kenntnis zu geben und eine etwaige weitere Gegenäußerung des Beamten zu den Personalnachweisen zu nehmen. Wird der Beamte mündlich verständigt, so ist das in den Personalnachweisen zu vermerken.

II Ärztliche Gutachten über den Gesundheitszustand eines Beamten sind nur zu den Personalnachweisen zu nehmen, wenn der begutachtende Arzt oder ein Amtsarzt sie zur Einsichtnahme durch den Beamten für geeignet erklärt.

III Werden im zeitlichen oder dauernden Ruhestand befindliche Beamte wieder zum Dienst berufen, so sind die während des Ruhestands angefallenen Aktenvorgänge zu den Personalnachweisen zu nehmen.

IV Vermerke über Dienststrafen sind auf gesonderten Blättern zu den Personalnachweisen zu bringen, damit sie im Falle der Löschung ohne weiteres beseitigt werden können. Das gleiche gilt für die Erwähnung von Dienststrafen bei den allgemeinen dienstlichen Beurteilungen der Beamten.

4. I Personalnebenakten, Listen oder Aufzeichnungen über persönliche und dienstliche Verhältnisse der Beamten, die von der Einsicht ausgeschlossen werden, dürfen nur geführt werden, wenn sie lediglich Abschriften, Auszüge oder Zusammenstellungen aus den Personalnachweisen enthalten. Soweit es, um die Personalnachweise nicht unübersichtlich werden zu lassen, zweckmäßig erscheint, über einzelne Angelegenheiten Sonderakten anzulegen, ist in den Personalnachweisen durch einen Vermerk auf die Sonderakten hinzuweisen.

II Die Personalnachweise dürfen nicht mit geheimen Kennzeichen versehen werden.

5. I Dem Beamten ist auf Antrag Einsicht in seine Personalnachweise zu gewähren; dies gilt auch für die Sonderakten im Sinne der Ziff. 4 Abs. I Satz 2. In der Regel ist die Einsichtnahme nur in die bei dem unmittelbaren Dienstvorgesetzten geführten Personalnachweise zu gestatten, in die bei den höheren Dienstvorgesetzten geführten Personalnachweise nur, soweit diese einen anderen Inhalt haben als die bei dem unmittelbaren Dienstvorgesetzten geführten Personalnachweise. Im zeitlichen oder dauernden Ruhestand befindlichen und aus dem Dienst ausgeschiedenen Beamten kann die Einsicht in die Personalnachweise gestattet werden, wenn und soweit sie ein berechtigtes Interesse daran glaubhaft machen und dienstliche Bedenken nicht entgegenstehen.

II Der für die Führung der Personalnachweise zuständige Dienstvorgesetzte bestimmt auf den Antrag hin Ort, Zeit und die sonstigen Bedingungen für die Einsichtnahme nach Maßgabe der hiefür geltenden Bestimmungen (z. B. Kostenersatz, Aufsicht).

III Die Einsichtnahme hat durch den Beamten oder seinen gesetzlichen Vertreter persönlich zu erfolgen. Nur wenn der Beamte oder sein gesetzlicher Vertreter nachweislich durch zwingende Umstände (Krankheit u. dgl.) an der persönlichen Einsichtnahme behindert ist und eine Hinausschiebung der Einsichtnahme bis zum Fortfall dieser Umstände berechtigte Interessen des Beamten gefährden würde, kann der zur Führung der Personalnachweise zuständige Dienstvorgesetzte die Einsichtnahme durch einen Bevollmächtigten gestatten; als Bevollmächtigte können nur Beamte des gleichen Dienstzweiges und der gleichen Dienfteslaufbahn zugelassen werden. Die Einsichtnahme der Personalnachweise durch einen Rechtsanwalt als bevollmächtigten Vertreter des Beamten kann nur in besonderen Fällen durch das zuständige Staatsministerium gestattet werden.

IV Die Einsichtnahme geschieht bei der Behörde, welche die Personalnachweise führt; ausnahmsweise kann sie bei einer sonst zu bestimmenden Behörde gestattet werden, wenn keine dienstlichen Bedenken im Wege stehen und der Beamte die Kosten der Aktenversendung ersetzt. Die Einsichtnahme findet in der Regel während der Dienststunden der Behörde statt, bei der sie erfolgt; ausnahmsweise kann eine andere Zeit bestimmt werden; dies soll geschehen, wenn sonst eine Beeinträchtigung des Dienstes eintreten würde.

V Die Einsichtnahme hat in Gegenwart eines Beamten der Behörde zu erfolgen, bei der die Personalnachweise eingesehen werden. Der in seine Personalnachweise Einsicht nehmende Beamte ist berechtigt, Auszüge oder Abschriften von Schriftstücken zu fertigen. Über die Einsichtnahme hat der die Aufsicht führende Beamte einen mit Datum versehenen Vermerk zu den Personalnachweisen zu nehmen.

VI Der Beamte, sein gesetzlicher Vertreter und sein Bevollmächtigter dürfen von der Kenntnis, die sie durch die Einsicht in die Personalnachweise erlangt haben, nur insoweit Gebrauch machen, als es zur Wahrung der Interessen des Beamten notwendig ist. Die Vorschriften über die Amtsverschwiegenheit und über die Schweigepflicht der Rechtsanwälte bleiben unberührt.

VII Durch die Einsichtnahme dürfen der Behörde keine Kosten (Reisekosten, Versendungskosten usw.) erwachsen. Sie darf nicht zu einer Beeinträchtigung des Dienstbetriebs führen.

6. I Gegen die Einträge in die Qualifikationsliste (Beurteilungsbogen) steht nach Art. 102 Abs. 2 Satz 2 BG. und Art. 101 Abs. II Satz 2 BLG. die Beschwerde zu; unter Qualifikationsliste (Beurteilungsbogen) im Sinne dieser Bestimmungen sind alle dienstlichen Beurteilungen zu verstehen.

II Gegen die Eintragung ungünstiger Tatsachen (Ziff. 3 Abs. I) steht dem Beamten innerhalb 14 Tagen nach der

Mitteilung über die Eintragung die Beschwerde zu, soweit nicht die Tatsachen in einem gerichtlichen Verfahren festgestellt sind.

III Die Beschwerden sind bei dem zur Führung der Personalnachweise zuständigen Dienstvorgesetzten einzulegen. Über sie entscheidet, soweit nichts anderes bestimmt ist, der nächsthöhere Dienstvorgesetzte. Weitere Beschwerde ist zulässig; im Falle des Abs. II ist sie an eine von der Mitteilung über die Beschwerdeentscheidung an laufende Frist von 14 Tagen gebunden.

IV Gegen dienstliche Beurteilungen und Eintragungen von ungünstigen Tatsachen, die von dem höchsten Dienstvorgesetzten ausgehen, kann der Beamte nur Gegenäußerungen abgeben.

7. I Vermerke über strafgerichtliche Verurteilungen in den Personalnachweisen sind zu löschen, sobald die Vermerke im Strafregister nach den gesetzlichen Vorschriften zu tilgen sind.

II Vermerke über Dienststrafen und dienstaufsichtliche Ermahnungen und Warnungen in den Personalnachweisen sind zu löschen, wenn

a) die Löschung durch Gnadenbeweis angeordnet ist,
b) im Wiederaufnahmeverfahren Freisprechung erfolgt ist,
c) im Wiederaufnahmeverfahren eine andere Dienststrafe verhängt worden ist,
d) der Beamte seit der Erteilung einer schriftlichen Ermahnung oder Warnung oder seit der Rechtskraft eines Verweises, einer in Papiermark ausgesprochenen Geldstrafe oder einer Geldstrafe bis zu 30 *RM* fünf Jahre, seit der Rechtskraft einer anderen Dienststrafe 10 Jahre lang seine Amtspflichten zufriedenstellend erfüllt und sich einwandfrei geführt hat.

Im Falle des Buchst. c ist statt der aufgehobenen die neu verhängte Dienststrafe einzutragen.

III Aktenstücke, die sich auf gelöschte Strafen beziehen, sind aus den Personalnachweisen zu entfernen und zu vernichten. Finden sich derartige Eintragungen in Aktenstücken, die zugleich andere Aufzeichnungen enthalten, so sind entweder aus den zu vernichtenden Aktenstücken Abschriften der letzteren Teile zu den Personalnachweisen zu nehmen oder die zu entfernenden Teile unleserlich zu machen.

IV Eintragungen, die sich auf ein strafrechtliches Verfahren oder Dienststrafverfahren beziehen, das nicht zu einer Bestrafung geführt hat, sind aus den Personalnachweisen zu entfernen und zu vernichten, wenn der Beamte seit dem Ende des Verfahrens fünf Jahre lang seine Amtspflichten zufriedenstellend erfüllt und sich einwandfrei geführt hat. Abs. III Satz 2 findet entsprechende Anwendung.

V Gelöschte Dienststrafen gelten als nicht verhängt. Sie dürfen insbesondere in dienstlichen Äußerungen, Berichten und Auskünften nicht mehr erwähnt werden; das gleiche gilt für gelöschte Eintragungen, die sich auf strafrechtliche Verfahren oder Dienststrafverfahren beziehen.

VI Die Löschung von Strafen und von Eintragungen über strafrechtliche Verfahren und Dienststrafverfahren ist den Beamten auf Verlangen bekanntzugeben.

8. Abweichungen nicht grundsätzlicher Art, welche für die Beamten der Bereitschaftspolizei erforderlich sind, werden vom Staatsministerium des Innern im Einvernehmen mit dem Staatsministerium der Finanzen festgelegt.

9. Ziff. II 1 der Bekanntmachung vom 21. Januar 1919, den Erlaß und die Löschung von Dienststrafen betreffend (GVBl. S. 21) wird aufgehoben.

---

14. Bekanntmachung

die Dienstaufsicht und das Dienststrafrecht für nichtrichterliche Beamte betreffend.

Vom 22. Oktober 1909 (GVBl. S. 737).

Zum Vollzuge der Artikel 103 mit 175 des Beamtengesetzes ergehen mit sofortiger Wirksamkeit nachstehende Anordnungen:

I. Dienstaufsicht.

§ 1. 1. Zur Erteilung mündlicher Ermahnungen oder Warnungen (Artikel 103 des Beamtengesetzes) ist jeder Beamte berechtigt, der in Bezug auf die Erledigung eines Amtsgeschäfts dem anderen Beamten gegenüber Anordnungen zu treffen befugt ist.

2. Zur Erteilung schriftlicher Ermahnungen oder Warnungen ist zunächst der Vorstand der Behörde zuständig, bei der der Beamte verwendet ist. Die Vorstände der Zentralstellen und der Mittelstellen können diese Befugnis den Abteilungsvorständen für sämtliche Beamte oder für einen Teil der Beamten ihrer Abteilung einräumen.

3. Das zuständige Ministerium kann, soweit Veranlassung besteht, ein anderes bestimmen.

§ 2. Zur Absendung eines Wartboten, zur Verhängung von Zwangsstrafen und zur Anordnung einer Geschäftsaushilfe auf Kosten des Beamten (Artikel 104 des Beamtengesetzes) ist zunächst die Behörde berufen, die dem Beamten in Bezug auf die Erledigung des Amtsgeschäfts, mit dem er im Rückstande sich befindet, unmittelbar vorgesetzt ist.

II. Verwendung der Zwangs- und Geldstrafen.

§ 3 wurde durch die Bekanntmachung vom 3. Oktober 1930 (GVBl. S. 357) aufgehoben. Nach dieser Bekanntmachung fließen die im dienstaufsichtlichen und Dienststrafverfahren verhängten Zwangs- und Geldstrafen sowie der nichtverbrauchte Teil des bei der vorläufigen Dienstenthebung einbehaltenen Gehalts der richterlichen und nichtrichterlichen Beamten mit Ausnahme der Polizeianwärter und der nichtetatmäßigen Schutzpolizeibeamten der Bereitschaftspolizei sowie der Beamten der Schutzmannschaft der Polizeidirektion München und der Kriminalbeamten im Außendienst der Polizeidirektion München in die Krankenkasse für Staatsbeamte.

III. Dienststrafverfahren.

§ 4. 1. Die Behörden, die nach Maßgabe der §§ 16 mit 18 der K. Verordnung vom 10. Dezember 1908 (GVBl. S. 1047/48) im einzelnen Falle zur Verhängung von Ordnungsstrafen sowie zur Entscheidung über Beschwerden zunächst berufen sind, sind der als Anlage I[1]) beigefügten Übersicht zu entnehmen. Die[2]) Zuständigkeit gegenüber den einzelnen Beamten bemißt sich nach der Besoldungsgruppe, nach welcher der Beamte seinen Grundgehalt bezieht.

2. Das Recht der höheren Behörde zur Verhängung von Ordnungsstrafen wird dadurch, daß eine untere Behörde zunächst zur Einleitung des Ordnungsstrafverfahrens berufen ist, nicht berührt. Ebensowenig wird durch die Einleitung des Ordnungsstrafverfahrens seitens der zunächst berufenen Behörde die höhere Behörde gehindert, das Verfahren an sich zu ziehen und selbst zu entscheiden. Dieses Recht besteht nicht mehr, wenn nicht spätestens binnen zwei Wochen nach dem Tage, an dem die nächsthöhere Behörde von dem Ausgange des Verfahrens Kenntnis erhalten hat (§ 13), dem Beschuldigten eröffnet wird, daß eine höhere Behörde das Verfahren an sich zieht.

3. Die Behandlung einer Sache im Ordnungsstrafverfahren hindert nicht, den Antrag auf Einleitung des Disziplinarverfahrens wegen desselben Dienstvergehens zu stellen. Die Vorschrift in Abs. 2 Satz 3 findet entsprechende Anwendung. Wird wegen desselben Dienstvergehens das Disziplinarstrafverfahren eingeleitet, so tritt hiedurch der im Ordnungsstrafverfahren erlassene Bescheid außer Kraft.

§ 5. 1. Die Stellen, die auf Grund des Artikel 129 Abs. 1 des Beamtengesetzes zunächst zur Beantragung der Einleitung des Disziplinarverfahrens ermächtigt sind, sind der als Anlage II[1]) beigefügten Übersicht zu entnehmen. Die Bestimmung des § 4 Abs. 1 Satz 2 gilt auch für diesen Fall.

2. Das Recht der höheren Stelle zur Beantragung der Einleitung des Disziplinarverfahrens wird dadurch, daß eine untere Behörde zunächst zur Antragstellung berufen ist, nicht berührt.

§ 6. 1. Erlangt eine vorgesetzte Behörde von einem Dienstvergehen eines unwiderruflichen Beamten dienstlich Kenntnis, so hat sie,

---

[1]) Nicht abgedruckt.

[2]) § 4 Abs. 1 Satz 2 in der Fassung der Ziff. 3 der Bk. v. 2. August 1922 (GVBl. S. 382).

a) wenn ein Ordnungsstrafverfahren in Frage kommt, der hiezu zuständigen Behörde (§ 4 der Bekanntmachung),

b) wenn ein Disziplinarverfahren in Frage kommt, der zur Beantragung der Einleitung des Disziplinarverfahrens zunächst zuständigen Stelle (§ 5 der Bekanntmachung)

Mitteilung zu machen. Außerdem ist, wenn die Einleitung eines Disziplinarverfahrens in Frage kommt, in allen Fällen dem Ministerium, wenn aber eine dem Ministerium untergebene Behörde zur Übertragung einer anderen Amtsstelle nach Artikel 9 des Beamtengesetzes zuständig ist, dieser Behörde Nachricht zu geben.

². Erlangt eine vorgesetzte Behörde dienstlich Kenntnis davon, daß ein widerruflicher Beamter ein Dienstvergehen begangen hat, so ist der Behörde, die zur Verhängung der Ordnungsstrafe zunächst berufen ist, Mitteilung zu machen. In den Fällen des Artikel 96 Abs. 1 des Beamtengesetzes ist auch der zur Beantragung der Einleitung des Disziplinarverfahrens zunächst zuständigen Stelle Mitteilung zu machen. Außerdem ist dem Ministerium, wenn aber zur Lösung des Dienstverhältnisses eine dem Ministerium untergebene Behörde zuständig ist, dieser Behörde Nachricht zu geben, falls wegen des Dienstvergehens die Lösung des Dienstverhältnisses in Frage kommen kann.

³. Die Vorschriften in Abs. 1 Satz 1 und in Abs. 2 Satz 1, 2 gelten auch hinsichtlich der unter Gewährung von Wartegeld in den einstweiligen Ruhestand sowie hinsichtlich der zeitlich oder dauernd in den Ruhestand versetzten Beamten. Ferner ist:

a) hinsichtlich der zeitlich oder dauernd in den Ruhestand versetzten widerruflichen etatsmäßigen Beamten im Hinblick auf die Möglichkeit des Widerrufs der Gewährung des Ruhegehalts dem Ministerium;

b) hinsichtlich der unter Gewährung von Wartegeld einstweilen in den Ruhestand versetzten widerruflichen Beamten im Hinblick auf den Artikel 8 Abs. 2 des Beamtengesetzes dem Ministerium, wenn aber zur Lösung des

Dienstverhältnisses eine dem Ministerium untergebene Behörde zuständig ist, dieser Behörde;

c) hinsichtlich der widerruflichen Beamten der zur Verfügung nach Artikel 70 Abs. 2 Satz 2 des Beamtengesetzes zuständigen Behörde (vgl. § 13 der K. Verordnung vom 10. Dezember 1908 — GVBl. S. 1046 —);

d) hinsichtlich aller in Satz 1 des Abs. 3 bezeichneten Beamten im Hinblick auf die Artikel 42, 64 Abs. 1 des Beamtengesetzes dem Ministerium, wenn aber eine dem Ministerium untergebene Behörde zur Wiederberufung des Beamten zur Dienstleistung zuständig ist, dieser Behörde Mitteilung zu machen,

nach Maßgabe der Buchstaben a, b, c jedoch nur dann, wenn eine Verfügung der Behörde in der bezeichneten Richtung in Frage kommen kann.

4. Bezüglich der in Artikel 25 des Beamtengesetzes bezeichneten Staatsdienstaspiranten und sonstigen Personen ist nach Abs. 1 Satz 1 zu verfahren, ferner der Behörde, die zur Entlassung zuständig ist, Mitteilung zu machen, falls wegen des Dienstvergehens die Entlassung in Frage kommen kann.

5. In den Fällen des Artikel 168 des Beamtengesetzes haben die zuletzt vorgesetzten Behörden der zur Beantragung der Einleitung des Disziplinarverfahrens zunächst zuständigen Stelle Mitteilung zu machen.

6. Geht die Mitteilung von einer höheren vorgesetzten Behörde aus, so ist auch den nachgeordneten Behörden, die dem beschuldigten Beamten vorgesetzt sind, Mitteilung zu machen.

7. Dem zuständigen Ministerium bleibt vorbehalten, abweichende Vorschriften zu treffen.

§ 7. 1. In dem Antrag auf Einleitung des Disziplinarverfahrens ist das Dienstvergehen genau zu bezeichnen. Zu diesem Zwecke sind — wenigstens in allgemeinen Umrissen — die Tatsachen anzugeben, in denen die Verletzung der Dienstpflicht erblickt wird. Dies ist auch dann erforderlich, wenn ein Strafverfahren vorhergegangen ist; es genügt nicht, daß in diesem Falle lediglich auf den Inhalt der Akten über das Strafverfahren Bezug genommen wird.

2. Mit dem Antrage sind, soweit nichts anderes bestimmt ist, ein oder mehrere Beamte zu benennen, die für die Führung der Voruntersuchung in Betracht kommen können. Hiebei sollen Beamte nicht benannt werden, die als Richter im Disziplinarverfahren ausgeschlossen oder ablehnbar wären.

3. Mit dem Antrag ist auch die in § 14 Abs. 9 Satz 2 vorgeschriebene Mitteilung zu verbinden.

§ 8. Der Beschluß auf Einleitung des Disziplinarverfahrens ist seitens des Präsidenten der Disziplinarkammer dem Oberstaatsanwalte zur Kenntnisnahme vorzulegen.

§ 9. 1. Gesuche um Entlassung aus dem Staatsdienst unter Verzicht auf Titel, Dienstabzeichen, Diensteinkommen, Ruhegehalt und Hinterbliebenenversorgung (Artikel 114 des Beamtengesetzes) sind bei der unmittelbar vorgesetzten Behörde einzureichen und von dieser dem zuständigen Ministerium, wenn aber zur Entlassung des Beamten eine dem Ministerium untergebene Behörde zuständig ist, dieser mitzuteilen. Zugleich ist die nach § 4 der Bekanntmachung zuständige Behörde oder die nach § 5 der Bekanntmachung zuständige Stelle, denen Mitteilung nach § 6 der Bekanntmachung gemacht wurde, von dem Gesuche zu verständigen. Diesen Behörden ist auch von der auf das Gesuch ergehenden Entschließung Mitteilung zu machen.

2. Die Vorschriften des Abs. 1 finden entsprechende Anwendung auf die im Artikel 25 des Beamtengesetzes bezeichneten Staatsdienstaspiranten und sonstigen Personen.

3. Die Erklärung eines im Ruhestande befindlichen Beamten über den nach Artikel 166, 167, 114 des Beamtengesetzes zulässigen Verzicht auf Titel, Dienstabzeichen, Ruhegehalt und Hinterbliebenenversorgung ist bei der Behörde einzureichen, die dem Beamten zuletzt unmittelbar vorgesetzt war. Im übrigen finden die Vorschriften des Abs. 1 entsprechende Anwendung.

§ 10. 1. Im strafrechtlichen Verfahren vor den ordentlichen Gerichten gegen einen im Amte befindlichen Beamten oder gegen einen im Artikel 25 des Beamtengesetzes bezeichneten Staatsdienstaspiranten oder gegen eine andere dort bezeichnete Person ist der unmittelbar vorgesetzten Behörde Mitteilung zu machen:

a) von der Einleitung des Strafverfahrens;
b) von der Erhebung der öffentlichen Klage oder der Privatklage;
c) von der Verhängung und der Aufhebung der Untersuchungshaft;
d) von der Eröffnung der Voruntersuchung wegen Verbrechens oder Vergehens;
e) von dem Inhalte des auf das vorbereitende Verfahren oder auf die Voruntersuchung erlassenen nicht mehr anfechtbaren Beschlusses;
f) von dem rechtskräftigen Strafurteil oder Strafbefehle;
g) von einer anderen Erledigung des Strafverfahrens;
h) von dem Beginne, der Unterbrechung und der Beendigung des Vollzugs einer Freiheitsstrafe.

2. Die Behörde, der die Mitteilung zugeht, hat Nachricht zu geben:

a) von der Einleitung und der Beendigung des Strafverfahrens: der nach Artikel 33[1]) Abs. 2 des Beamtengesetzes zuständigen Behörde, den im § 6 Abs. 1, 2, 4 dieser Bekanntmachung bezeichneten Behörden in dem dort bezeichneten Umfange sowie der Behörde, die zur vorläufigen Dienstenthebung nach Artikel 172 des Beamtengesetzes zuständig ist;

b) von der Erhebung der öffentlichen Klage oder der Privatklage: der zur Beantragung der Einleitung des Disziplinarverfahrens zunächst zuständigen Stelle, falls sie von der Einleitung des Strafverfahrens benachrichtigt wurde (Abs. 2a); diese wird dem Disziplinargerichte Mitteilung machen, wenn der Antrag auf Einleitung eines Disziplinarverfahrens wegen der nämlichen Tatsachen gestellt worden ist;

c) von der Eröffnung der Voruntersuchung oder des Haupt-

---

[1]) Mitteilung nach Art. 33 Abs. 1 und 2 BG. hinfällig; zu vgl. Art. 5 Abs. I BBesGes. v. 20. April 1928 (GVBl. S. 205); Mitteilung wird nunmehr an die Zahlstelle zu erfolgen haben.

verfahrens wegen eines Verbrechens oder eines Vergehens, von der Erlassung eines gerichtlichen Haftbefehls, von dem rechtskräftigen Urteil oder dem rechtskräftigen Strafbefehl, in dem eine Gefängnisstrafe festgesetzt ist, sowie von dem Beginne, der Unterbrechung und der Beendigung des Vollzugs dieser Gefängnisstrafe: der nach Artikel 33 Abs. 1 und der nach Artikel 33 Abs. 2[1]) des Beamtengesetzes zuständigen Behörde;

d) von dem rechtskräftigen Urteil, in dem die Strafe der Festungshaft oder die Strafe der Haft festgesetzt ist, von dem rechtskräftigen Strafbefehl, in dem die Strafe der Haft festgesetzt ist, sowie von dem Beginne, der Unterbrechung und der Beendigung des Vollzugs dieser Strafen: der nach Artikel 33 Abs. 2 des Beamtengesetzes zuständigen Behörde sowie der Behörde, die zur vorläufigen Dienstenthebung nach Artikel 172 des Beamtengesetzes zuständig ist.

3. Im strafrechtlichen Verfahren vor den ordentlichen Gerichten gegen einen im Ruhestande befindlichen Beamten oder gegen eine der im Artikel 168 des Beamtengesetzes bezeichneten Personen ist Mitteilung in dem durch Abs. 1 b, c, e bis h bezeichneten Umfange der Behörde zu machen, die dem Beamten oder der Person zuletzt unmittelbar vorgesetzt war. Diese verfährt nach § 6 Abs. 3 bis 5 dieser Bekanntmachung. Im Falle des Abs. 1 b des § 10 verständigt die zur Beantragung der Einleitung des Disziplinarverfahrens zuständige Stelle, wenn der Antrag auf Einleitung des Disziplinarverfahrens wegen der nämlichen Tatsachen gestellt worden ist, das Disziplinargericht.

4. Die Mitteilungen nach Abs. 1 und Abs. 3 Satz 1 obliegen dem mit der Sache befaßten Amtsanwalt oder Staatsanwalte, die Mitteilung von Verurteilungen dem Amtsanwalt oder dem Staatsanwalte bei dem aburteilenden Gerichte, die Mitteilung von der Erhebung der Privatklage

[1]) Mitteilung nach Art. 33 Abs. 1 u. 2 BG. hinfällig; zu vgl. Art. 5 Abs. I BBesG. v. 30. April 1928 (GVBl. S. 205); Mitteilung wird nunmehr an die Zahlstelle zu erfolgen haben.

dem Staatsanwalte, dem sie zur Äußerung über die Übernahme der Verfolgung vorgelegt wird.

5. [1]) Für den Bereich der Verkehrsverwaltung kann durch das Staatsministerium für Verkehrsangelegenheiten bestimmt werden, daß die Mitteilungen an eine andere Behörde als die unmittelbar vorgesetzte Behörde erfolgen. Die Entschließung des Staatsministeriums für Verkehrsangelegenheiten wird im Justizministerialblatte veröffentlicht.

§ 11. 1. Findet ein militärgerichtliches Verfahren gegen einen im Amte befindlichen Beamten oder gegen einen im Artikel 25 des Beamtengesetzes bezeichneten Staatsdienstaspiranten oder gegen eine andere dort bezeichnete Person statt, so ist der unmittelbar vorgesetzten Behörde Mitteilung zu machen:

a) von der Anordnung des Ermittelungsverfahrens;
b) von der Verfügung und von der Aufhebung der Untersuchungshaft;
c) von der Anklageverfügung;
d) von dem mit der Bestätigungsorder versehenen Urteil oder der rechtskräftigen Strafverfügung;
e) von einer anderen Erledigung des Strafverfahrens;
f) von dem Beginne, der Unterbrechung und der Beendigung des Vollzugs einer Freiheitsstrafe.

2. Die Mitteilung obliegt dem Gerichtsherrn.

3. Die Behörde, der die Mitteilung zugeht, hat Nachricht zu geben:

a) von der Anordnung des Ermittelungsverfahrens und von der Beendigung des Verfahrens: der nach Artikel 33 Abs. 2 [2]) des Beamtengesetzes zuständigen Behörde, ferner den im § 6 Abs. 1, 2, 4 bezeichneten Behörden in dem dort bezeichneten Umfange sowie der Behörde, die zur vorläufigen Dienstenthebung nach Artikel 172 des Beamtengesetzes zuständig ist, ferner, wenn das Ermittelungsverfahren ein Verbrechen oder ein Vergehen be-

---

[1]) Zu vgl. VO. v. 7. August 1920 (GVBl. S. 403).
[2]) Zu vgl. Fußnote 1 zu § 10 Ziff. 2 a.

trifft, auch der nach Artikel 33 Abs. 1[1]) des Beamtengesetzes zuständigen Behörde;

b) von der Verfügung und von der Aufhebung der Untersuchungshaft, von der Anklageverfügung wegen eines Verbrechens oder Vergehens, von dem mit der Bestätigungsorder versehenen Urteil, durch das eine Gefängnisstrafe festgesetzt wird, sowie von dem Beginne, der Unterbrechung und der Beendigung des Vollzugs dieser Gefängnisstrafe: der nach Artikel 33 Abs. 1[1]) und der nach Artikel 33 Abs. 2[1]) des Beamtengesetzes zuständigen Behörde, ferner der zur Beantragung der Einleitung des Disziplinarverfahrens zuständigen Stelle, falls sie von der Anordnung des Ermittelungsverfahrens benachrichtigt wurde (Abs. 3 a); die Stelle wird dem Disziplinargerichte Mitteilung machen, wenn der Antrag auf Einleitung eines Disziplinarverfahrens wegen der nämlichen Tatsachen gestellt worden ist;

c) von dem mit der Bestätigungsorder versehenen Urteil, durch das eine andere Freiheitsstrafe als eine Zuchthausstrafe oder Gefängnisstrafe festgesetzt ist, oder von der rechtskräftigen Strafverfügung, durch die eine Haftstrafe festgesetzt ist, sowie von dem Beginne, der Unterbrechung und der Beendigung des Vollzugs der Strafe: der nach Artikel 33 Abs. 2[1]) des Beamtengesetzes zuständigen Behörde sowie der Behörde, die zur vorläufigen Dienstenthebung nach Artikel 172 des Beamtengesetzes zuständig ist.

4. Im militärgerichtlichen Verfahren gegen einen im Ruhestande befindlichen Beamten oder gegen eine der im Artikel 168 des Beamtengesetzes bezeichneten Personen ist Mitteilung in dem durch Abs. 1 bezeichneten Umfange der Behörde zu machen, die dem Beamten oder der Person zuletzt unmittelbar vorgesetzt war. Diese verfährt nach § 6 Abs. 3 bis 5 dieser Bekanntmachung. Im Falle des Abs. 1 c des § 11 verständigt die zur Beantragung der Einleitung des Disziplinarverfahrens zuständige Stelle, wenn der Antrag auf

---

[1]) Zu vgl. Fußnote 1 zu § 10 Ziff. 2 a.

Einleitung des Disziplinarverfahrens wegen der nämlichen Tatsachen gestellt worden ist, das Disziplinargericht.

5. Die Bestimmung in § 10 Abs. 5 findet entsprechende Anwendung.

§ 12. Nach der Beendigung des Strafverfahrens hat sich in allen Fällen, in denen ein Dienststrafverfahren noch nicht eingeleitet ist, die nach Artikel 117 des Beamtengesetzes zuständige und nach § 4 der Bekanntmachung zunächst berufene Behörde darüber schlüssig zu machen, ob ein Ordnungsstrafverfahren einzuleiten ist, ebenso die nach § 5 der Bekanntmachung zuständige Stelle darüber, ob die Einleitung eines Disziplinarverfahrens zu beantragen ist.

§ 13. 1. Im Dienststrafverfahren sind folgende Mitteilungen zu machen:

A. Im Ordnungsstrafverfahren von der Einleitung und von der Beendigung des Ordnungsstrafverfahrens: der unmittelbar vorgesetzten Behörde, der nach Artikel 33 Abs. 1 [1]) und der nach Artikel 33 Abs. 2 [1]) des Beamtengesetzes zuständigen Behörde, ferner den im § 6 Abs. 1 Satz 2, Abs. 2 Satz 3, Abs. 3 Satz 2, Abs. 4 Halbsatz 2 bezeichneten Behörden. Dem zuständigen Ministerium bleibt vorbehalten, abweichende Vorschriften zu treffen.

B. Im Disziplinarverfahren gegen einen im Amte befindlichen Beamten: der unmittelbar vorgesetzten Behörde und der Stelle, die die Einleitung des Verfahrens beantragt hat:

a) von der Einleitung des Disziplinarverfahrens;
b) von dem Verweisungsbeschlusse;
c) von dem rechtskräftigen Beschlusse, der den Beschuldigten außer Verfolgung setzt (Artikel 138 Abs. 1 des Beamtengesetzes);
d) von dem rechtskräftigen Beschlusse, der das Disziplinarverfahren nach Artikel 138 Abs. 2 des Beamtengesetzes einstellt;
e) von dem Beschlusse, der das Verfahren nach Artikel 138 Abs. 3 des Beamtengesetzes vorläufig einstellt;

---

[1]) Zu vgl. Fußnote 1 zu § 10 Ziff. 2a.

f) von dem Beschlusse, der das Verfahren nach Artikel 151 des Beamtengesetzes einstellt;

g) von jedem rechtskräftigen Urteile;

h) von jedem Urteile, das auf Dienstentlassung lautet, schon vor dem Eintritte der Rechtskraft unmittelbar nach der Verkündung.

Die unmittelbar vorgesetzte Behörde benachrichtigt von der Einleitung und von der Beendigung des Verfahrens die nach Artikel 33 Abs. 1[1]) und die nach Artikel 33 Abs. 2[1]) des Beamtengesetzes zuständige Behörde, ferner die Behörde, die zur vorläufigen Dienstenthebung nach Artikel 172 des Beamtengesetzes zuständig ist: in dem Falle des Art. 138 Abs. 2 des Beamtengesetzes die Behörde, die zur Verhängung der Ordnungsstrafe zunächst berufen ist.

C. Im Disziplinarverfahren gegen einen einstweilen, zeitlich oder dauernd in den Ruhestand versetzten Beamten, ferner gegen eine der im Artikel 168 des Beamtengesetzes bezeichneten Personen: der Stelle, die den Antrag auf Einleitung des Verfahrens gestellt hat, und der Behörde, die dem Beamten oder der Person zuletzt unmittelbar vorgesetzt war, von der Einleitung des Disziplinarverfahrens und von der rechtskräftigen Entscheidung, die das Verfahren erledigt. Diese Behörden haben hinsichtlich der im Ruhestande befindlichen Beamten den in § 6 Abs. 3 Satz 2 der Bekanntmachung bezeichneten Behörden Nachricht zu geben.

2. Die Mitteilungen nach A obliegen den in erster Instanz mit dem Ordnungsstrafverfahren befaßten Behörden, die Mitteilungen nach B und C dem Präsidenten des Disziplinargerichts, von dem der Beschluß oder das Urteil erlassen ist.

3. Die Mitteilungen nach A erfolgen gleichzeitig mit der Eröffnung an den Beschuldigten; die Mitteilungen nach B und C erfolgen durch Übersendung einer beglaubigten Abschrift des Beschlusses oder des Urteils. Erfordern es die Umstände, der Behörde ausführliche Mitteilung zukommen zu lassen, so hat dies zu geschehen. Lautet das Urteil des Disziplinar-

[1]) Zu vgl. Fußnote 1 zu § 10 Ziff. 2a.

gerichts auf Strafversetzung, so ist die beglaubigte Abschrift des Urteils mit der Bescheinigung der Vollstreckbarkeit zu versehen.

§ 14. 1. Der mit der Auszahlung des Gehalts des Beamten betrauten Behörde ist Mitteilung zu machen:

a) im Falle der Einleitung eines strafrechtlichen Verfahrens gegen den Beamten:

von der Verhängung und von der Aufhebung der Untersuchungshaft;

von der Eröffnung des Hauptverfahrens oder von der Anklageverfügung wegen eines Verbrechens oder eines solchen Vergehens, das den Verlust des Amtes zur Folge haben kann, sowie von dem in diesem Verfahren ergangenen Urteile, sobald es rechtskräftig geworden ist;

von jedem Strafurteile, das den Verlust des Amtes zur Folge hat, sofort nach dem Eintritte der Rechtskraft;

von dem Zeitpunkte des Antritts und der Beendigung einer Gefängnisstrafe und von der Unterbrechung des Strafvollzugs;

b) von dem im Disziplinarverfahren ergangenen Urteile, das auf Dienstentlassung oder auf Aberkennung des Anspruchs auf den Ruhegehalt lautet, schon vor dem Eintritte der Rechtskraft unmittelbar nach der Verkündung;

c) von den auf Grund des Artikel 172 des Beamtengesetzes ergehenden Verfügungen, welche die vorläufige Dienstenthebung mit den Wirkungen des Artikel 174 dieses Gesetzes anordnen oder eine solche Anordnung aufheben.

2. Die Mitteilung obliegt in den Fällen des Abs. 1 a den in § 10 Abs. 4 der Bekanntmachung bezeichneten Beamten und, wenn es sich um Mitteilungen aus einem militärgerichtlichen Verfahren handelt, der unmittelbar vorgesetzten Behörde, im Falle des Abs. 1 b dem Präsidenten des Disziplinargerichts, in den Fällen des Abs. 1 c der Behörde, die die vorläufige Enthebung vom Dienste angeordnet oder diese Maßnahme aufgehoben hat.

3. Die mit der Auszahlung des Gehalts betraute Behörde trifft auf Grund der Mitteilungen die nach Artikel 174 des Beamtengesetzes erforderlichen Anordnungen.

4. Trat die vorläufige Enthebung vom Dienste auf Grund des Artikel 171 Ziff. 3 oder des Artikel 172 des Beamtengesetzes ein und wird der Beamte im Disziplinarverfahren rechtskräftig zur Strafe verurteilt, so hat der Gerichtsschreiber der Disziplinarkammer der mit der Auszahlung des Gehalts betrauten Behörde eine beglaubigte Abschrift der Formel des Disziplinarurteils mit der Bescheinigung der Rechtskraft zu übersenden; gleichzeitig hat er dieser Behörde die Kosten des Verfahrens mitzuteilen, die der Beamte nach Artikel 162 des Beamtengesetzes zu tragen hat.

5. Sobald die vorläufige Dienstenthebung außer Wirksamkeit getreten ist, ermittelt die Behörde die Stellvertretungskosten, die dem Beamten zur Last fallen, erteilt dem Beamten Abrechnung und trifft die durch den letzten Satz des Artikel 175 des Beamtengesetzes veranlaßte Verfügung.

6. Der mit der Auszahlung des Wartegeldes betrauten Behörde ist Mitteilung zu machen:

a) von dem im Strafverfahren gegen den Wartegeldempfänger erlassenen Urteile, das die Unfähigkeit zur Bekleidung eines öffentlichen Amtes zur Folge hat, sofort nach dem Eintritte der Rechtskraft des Urteils;
b) von dem im Disziplinarverfahren gegen den Wartegeldempfänger ergangenen Urteile, das auf Dienstentlassung lautet, schon vor dem Eintritte der Rechtskraft unmittelbar nach der Verkündung.

Abs. 2 des § 14 findet entsprechende Anwendung.

7. Wird ein im Ruhestande befindlicher Beamter rechtskräftig zu einer Strafe verurteilt, die, wenn er im Zeitpunkte der Rechtskraft noch im Dienste gewesen wäre, kraft des Gesetzes den Verlust des Amtes zur Folge gehabt hätte, so ist der mit der Auszahlung des Ruhegehalts betrauten Behörde Mitteilung zu machen. Diese Mitteilung obliegt

a) wenn die Strafe von einem ordentlichen Gerichte verhängt wurde, dem Staatsanwalte des Gerichts,
b) wenn sie von einem Militärgerichte verhängt wurde, der Behörde, die dem Verurteilten zuletzt vorgesetzt war.

Der mit der Auszahlung des Ruhegehalts betrauten Behörde ist ferner, wenn gegen einen im Ruhestande befindlichen Beamten im Disziplinarverfahren auf eine in dem Artikel 167 Abs. 3 des Beamtengesetzes bezeichnete Strafe erkannt wird, von dem Präsidenten der Disziplinarkammer alsbald nach dem Eintritte der Rechtskraft des Urteils Mitteilung zu machen.

8. Dagegen sind der mit der Auszahlung des Gehalts betrauten Behörde Mitteilungen über Tatsachen, die auf die Vorrückung des Beamten im Gehalte von Einfluß sind (Artikel 31 bis 33 des Beamtengesetzes)[1]), nicht zu machen. Die hienach veranlaßten Anordnungen wird die Stelle, die die Vorrückung verfügt, treffen. Insbesondere wird sie, wenn die Vorrückung des Beamten im Gehalte verfügt ist und sodann die Aussetzung der Vorrückung nach Artikel 32 des Beamtengesetzes eintritt, der mit der Auszahlung des Gehalts betrauten Behörde Nachricht geben.

9. Der mit einem Strafverfahren gegen einen Beamten befaßte Staatsanwalt oder Amtsanwalt hat, wenn der Eintritt der vorläufigen Dienstenthebung nach Artikel 171 Ziff. 1, 2, 4 des Beamtengesetzes zu gewärtigen ist, rechtzeitig zu ermitteln, welche Behörde mit der Auszahlung des Gehalts des Beamten betraut ist. Die Stelle, die den Antrag auf Einleitung des Disziplinarverfahrens stellt, wird mit diesem Antrage dem Präsidenten der Disziplinarkammer die Behörde mitteilen, die den Gehalt des Beamten auszahlt.

§ 15. 1. Die Zustellungen sind nach Artikel 132 Abs. 2 des Beamtengesetzes als gültig erfolgt anzusehen, wenn sie an die Person, an welche die Mitteilung gerichtet ist, nachweislich bewirkt wurden. Soweit es mit der Sicherung dieses Nachweises vereinbart werden kann, ist bei der Ausführung der Zustellung, insbesondere auch bei der Auswahl der Form der Zustellung, schonende Rücksicht auf den Beschuldigten zu nehmen.

2. In der Voruntersuchung (Artikel 134 des Beamtengesetzes) wird an Stelle einer förmlichen Ladung der Zeugen und Sachverständigen häufig eine einfache schriftliche Mitteilung,

---

[1]) Zu vgl. Fußnote 1 zu § 10 Ziff. 2a.

die durch die Post oder durch den Gerichtsdiener oder Amtsdiener bestellt werden kann, in geeigneten Fällen auch eine mündliche Benachrichtigung genügen. Schriftliche Verfügungen oder Entscheidungen können dem Beschuldigten durch die Post mit der Aufforderung zugefertigt werden, eine schriftliche Empfangsbestätigung in Vorlage zu bringen.

3. In den Fällen, in denen mit der Zustellung an den Beschuldigten der Lauf einer Frist beginnt, erfolgt die Zustellung nach den für die Zustellungen von Amts wegen geltenten Vorschriften der Zivilprozeßordnung vorbehaltlich der besonderen Vorschriften des Artikel 132 Abs. 3, 4 des Beamtengesetzes. Wann sonst diese Art der Zustellung zu wählen ist, wird dem Ermessen der Disziplinargerichte überlassen.

4. Die unmittelbare Ladung von Zeugen und Sachverständigen durch den Beschuldigten richtet sich nach den §§ 37, 38 der Strafprozeßordnung.

§ 16. 1. Die Vorschriften über die Sitzungskleider der Richter, Staatsanwälte, Rechtsanwälte und Gerichtsschreiber gelten auch für die Disziplinargerichte.

2. Die nichtrichterlichen Mitglieder erscheinen in Dienstkleidung oder in angemessener bürgerlicher Kleidung.

§ 17. 1. Wird ein Antrag auf Wiederaufnahme eines durch rechtskräftiges Urteil geschlossenen Disziplinarverfahrens gestellt, so ist der Behörde Mitteilung zu machen, die dem Beamten unmittelbar vorgesetzt ist oder zuletzt unmittelbar vorgesetzt war.

2. Dieser Behörde sind ferner alle Entscheidungen, die in dem Verfahren ergehen, in Abschrift zu übersenden.

3. Die Mitteilung nach Abs. 1 obliegt dem Präsidenten des Disziplinargerichts, bei dem der Antrag gestellt ist, die Mitteilung nach Abs. 2 dem Präsidenten des Disziplinargerichts, das die Entscheidung erlassen hat.

4. Die Behörde, die die Mitteilung erhalten hat, benachrichtigt hievon das Ministerium und, wenn zur Ernennung des im Amte befindlichen Beamten oder zur Wiederberufung des im Ruhestande befindlichen Beamten zur Dienstleistung eine dem Staatsministerium untergebene Behörde zuständig ist, diese Behörde.

§ 18. Die Anträge nach Artikel 160 des Beamtengesetzes sind bei der Stelle einzureichen, die den Antrag auf Einleitung des Disziplinarverfahrens gestellt hat.

§ 19. 1. Der Vollzug eines Verweises erfolgt, wenn er im Ordnungsstrafverfahren verhängt wurde, durch die Behörde, die in erster Instanz erkannt hat; wenn er im Disziplinarverfahren verhängt wurde (Artikel 118 Satz 2, Artikel 148 Abs. 2 des Beamtengesetzes), durch die zur Verhängung von Ordnungsstrafen nach § 4 der Bekanntmachung zunächst berufene Behörde.

2. Die Vollstreckung der im Ordnungsstrafverfahren erkannten Geldstrafe wird von der Behörde, die in erster Instanz erkannt hat, auf Grund einer von ihr mit der Bescheinigung der Vollstreckbarkeit versehenen Abschrift der Formel des Bescheids veranlaßt. Gleiches gilt bezüglich der Zwangsstrafen; an die Stelle der im Satz 1 bezeichneten Behörde tritt die Behörde, die die Zwangsstrafe verhängt hat.

3. Die Beitreibung der Geldstrafen und der Zwangsstrafen wird durch Vermittlung der Behörde vollzogen, die mit der Auszahlung des Gehalts, Wartegeldes oder Ruhegehalts des mit der Strafe Belegten betraut ist. Diese hat sich, soweit die Strafe nicht im Wege der Aufrechnung eingezogen werden kann, hiezu ihrer eigenen Vollstreckungsorgane (Amtsdiener, Hilfsboten) zu bedienen und, sofern ihr eigene Vollstreckungsorgane nicht zur Verfügung stehen, die Beitreibung durch den Gerichtsvollzieher bewirken zu lassen.

4. Ist auf Strafversetzung erkannt, so wird die Vollstrekkung auf Grund der von dem Disziplinargerichte mitgeteilten beglaubigten Abschrift des Urteils (§ 13 Abs. 3 Satz 3) von dem Ministerium erwirkt oder vollzogen, wenn aber zur Versetzung des Beamten eine dem Ministerium untergebene Behörde zuständig ist, von dieser Behörde vollzogen. Im übrigen wird wegen der Vollstreckung der rechtskräftigen Urteile der Disziplinargerichte auf Artikel 163 Abs. 1 des Beamtengesetzes verwiesen.

5. Ist im Disziplinarverfahren rechtskräftig auf Dienstentlassung erkannt, so bedarf es nicht noch des besonderen Aus-

spruchs der Dienstentlassung seitens des Königs[1]) oder der zuständigen Dienstesstelle. Die Entlassung wird vielmehr mit dem Eintritte der Rechtskraft des Urteils des Disziplinargerichts von selbst wirksam. Die zuständige Dienstesstelle hat lediglich dafür Sorge zu tragen, daß der Gehalt, der dem Beamten bis zur Rechtskraft des Urteils zu verabfolgen war, oder das Wartegeld nach Maßgabe des Artikel 34 Abs. 4[2]), Artikel 43 Ziff. 3 des Beamtengesetzes von dem auf den Eintritt der Rechtskraft des Urteils folgenden Tage an im vollen Betrage eingezogen wird.

§ 20. Über den Verlauf des Disziplinarverfahrens in erster Instanz hat der Oberstaatsanwalt der Stelle, die den Antrag auf Einleitung des Disziplinarverfahrens gestellt hat, Mitteilung zu machen; dies gilt insbesondere auch bezüglich des Ergebnisses der Hauptverhandlung vor der Disziplinarkammer und der Einlegung eines Rechtsmittels gegen eine Entscheidung der Disziplinarkammer. Ihm obliegt es auch im Hinblick auf den Artikel 143 Abs. 3 des Beamtengesetzes dieser Stelle den Termin zur Hauptverhandlung bekannt zu geben. Abschriften der Urteile und der Beschlüsse der Disziplinarkammer hat er nicht vorzulegen. Das Entsprechende gilt von dem Generalstaatsanwalte bezüglich des Verfahrens vor dem Disziplinarhofe.

§ 21. 1. Ist ein Beamter, der zum Mitglied oder stellvertretenden Mitglied eines Disziplinargerichts ernannt ist, aus irgendeinem Grunde nicht mehr in der Lage, diese Tätigkeit auszuüben, so wird hievon durch das dem Beamten vorgesetzte Ministerium dem Präsidenten des Disziplinargerichts Kenntnis gegeben werden.

2. Zu diesem Zwecke haben die dem Ministerium untergebenen Stellen alle derartigen Änderungen unverzüglich dem Ministerium anzuzeigen, soferne das Ministerium hievon nicht ohnehin Kenntnis besitzt.

---

[1]) des Ressortministeriums (zu vgl. VO. v. 15. Nov. 1918 (GVBl. S. 1231), Ges. v. 28. März 1919 (GVBl. S. 113), Bek. v. 28. April 1919 (GVBl. S. 401).

[2]) Nunmehr Art. 36 Abs. II des BBesG. v. 20. April 1928 (GVBl. S. 205).

§ 22. 1. Die im Disziplinarverfahren anfallenden baren Auslagen, insbesondere die Auslagen für Tagegelder und Reisekosten, für Zeugen und Sachverständige, sind von den Gerichtsschreibereien der Disziplinargerichte aus den laufenden Mitteln vorzuschießen und in die Auslagenregister aufzunehmen. Nach rechtskräftiger Beendigung des Verfahrens sind diese Auslagen mit Einschluß der etwa bei dem Disziplinarhof erwachsenen Auslagen von den Gerichtsschreibereien der Disziplinarkammern zur Einhebung von dem zahlungspflichtigen Beamten oder der zahlungspflichtigen Behörde im Gebührenregister unter den rückzuersetzenden Auslagen zu Soll zu stellen. Soweit diese Auslagen der Staatskasse zur Last fallen, ist die Stelle als zahlungspflichtig zu bezeichnen, welche die Einleitung des Disziplinarverfahrens beantragt hat. Die Gerichtsschreiberei hat dieser Stelle die Auslagen zum Ersatze bekannt zu geben.

2. Die von der Staatskasse zu tragenden Auslagen einschließlich der nach Artikel 162 Abs. 5 des Beamtengesetzes der Staatskasse auferlegten Auslagen des Beschuldigten fallen dem Etat der Verwaltung zur Last, welcher der Beschuldigte angehört oder zuletzt angehört hat.

3. Zu den baren Auslagen im Sinne des Artikel 162 Abs. 1 des Beamtengesetzes zählen auch die Tagegelder und Reisekosten der mit der Voruntersuchung betrauten Beamten. Dagegen fallen nicht hierunter die Tagegelder und Reisekosten der Mitglieder der Disziplinargerichte (§ 14 Abs. 4 der K. Verordnung vom 10. Dezember 1908 — Ges.- u. VOBl. S. 1047). Diese fallen vielmehr endgültig dem Etat der Verwaltung zur Last, welcher das Mitglied angehört. Sie sind nach den für die Aufrechnung von Tagegeldern und Reisekosten für sonstige Dienstgeschäfte maßgebenden Vorschriften zu liquidieren und zu verrechnen.

4. Die Regiebedürfnisse der Disziplinargerichte werden aus den Regiemitteln der Gerichte bestritten, bei denen sie errichtet sind.

§ 23. 1. Jede bei einem Disziplinargericht anfallende Disziplinarsache ist in ein Register einzutragen, über dessen Anlegung und Führung der Präsident dieses Gerichts die erforderlichen Anordnungen erläßt.

2. Für jede anfallende Disziplinarsache sind Akten anzulegen. Die Akten sind mit einem Umschlag aus starkem Papier von roter Farbe zu versehen. Auf dem Umschlage sind das Disziplinargericht, der Name des Beschuldigten, das Geschäftsjahr, in dem die Sache angefallen ist, und die Nummer des nach Abs. 1 zu führenden Registers anzugeben.

3. Den Akten der Disziplinarkammern werden auch die Urschriften der Entscheidungen des Disziplinarhofs einverleibt. Vom Disziplinarhofe werden beglaubigte Abschriften der Entscheidungen zurückbehalten.

4. Die erledigten Akten sind in der Reihenfolge der Nummern unter Verschluß aufzubewahren.

IV. Vorläufige Dienstenthebung.

§ 24. 1. Die vorläufige Enthebung eines unwiderruflichen Beamten vom Dienste nach dem Artikel 170 des Beamtengesetzes kann eintreten, ohne daß ein strafgerichtliches Verfahren oder ein Disziplinarverfahren eingeleitet oder sonst eine der Voraussetzungen der Artikel 171, 172 des Beamtengesetzes gegeben ist. Sie kann notwendig werden, wenn gegen einen Beamten gewisse Verdachtsgründe vorliegen, die seine vorläufige Fernehaltung vom Dienste angezeigt erscheinen lassen, dieser Verdacht aber noch nicht soweit begründet ist, daß sich die Beantragung eines strafgerichtlichen Verfahrens oder die Einleitung des Disziplinarverfahrens rechtfertigt. Sie kann ferner notwendig werden, wenn ein Beamter infolge seines Zustandes (z. B. infolge hochgradiger Erregung, Trunkenheit oder dergl.) augenblicklich nicht imstande ist, seinen dienstlichen Obliegenheiten in entsprechender Weise nachzukommen. Sie kann u. a. auch verfügt werden, wenn

a) über das Vermögen eines im Amte befindlichen Beamten das Konkursverfahren eröffnet ist oder

b) gegen einen im Amte befindlichen Beamten das Entmündigungsverfahren eingeleitet oder die Entmündigung ausgesprochen ist oder wenn

c) ein im Amte befindlicher Beamter unter vorläufige Vormundschaft gestellt ist.

2. Zuständig zur vorläufigen Enthebung eines Beamten

vom Dienste nach dem Artikel 170 des Beamtengesetzes ist die zur Verhängung einer Ordnungsstrafe zunächst berufene Behörde.

³. Ist Gefahr auf Verzug, so ist zur vorläufigen Dienstenthebung nach dem Artikel 170 des Beamtengesetzes jeder Beamte berechtigt, der als Vorgesetzter im Sinne des § 1 Abs. 1 dieser Bekanntmachung in Betracht kommt. Ist dieser Beamte nicht zugleich nach dem Abs. 2 zur Verfügung der vorläufigen Dienstenthebung befugt, so hat er hievon umgehend der hienach zuständigen Behörde Mitteilung zu machen. Diese hat zu entscheiden, ob die vorläufige Dienstenthebung aufrecht zu erhalten ist oder nicht. Dauert die vorläufige Dienstenthebung nach dem Artikel 170 des Beamtengesetzes länger als drei Tage, so hat die Behörde, die diese Enthebung verfügt hat, hievon der ihr unmittelbar vorgesetzten Behörde Mitteilung zu machen. Dauert die vorläufige Dienstenthebung länger als zwei Wochen, so ist hievon dem Ministerium, wenn aber zur Ernennung des Beamten eine dem Ministerium untergebene Behörde zuständig ist, dieser Mitteilung zu machen.

⁴. Die vorstehenden Anordnungen (Abs. 1 mit 3) finden auch auf widerrufliche Beamte entsprechende Anwendung, soferne nicht Veranlassung besteht, das Dienstverhältnis auf Grund des Artikel 8 Abs. 2 des Beamtengesetzes sofort zu lösen.

§ 25. ¹. Wird gegen einen im Amte befindlichen Beamten das Konkursverfahren eröffnet, das Entmündigungsverfahren eingeleitet oder die Stellung unter vorläufige Vormundschaft angeordnet, so hat hievon das Gericht, das die Anordnung trifft, sofort der unmittelbar vorgesetzten Behörde Mitteilung zu machen. Diese berichtet den weiter vorgesetzten Behörden.

². In gleicher Weise ist die Beendigung des Konkursverfahrens, des Entmündigungsverfahrens und die Aufhebung der Entmündigung und der vorläufigen Vormundschaft mitzuteilen.

§ 26. ¹. Zuständig zur vorläufigen Enthebung eines Beamten vom Dienste nach Artikel 172 des Beamtengesetzes ist die Behörde, die zur Verhängung der höchst zulässigen

Ordnungsstrafe gegenüber diesem Beamten zunächst berufen ist. Die Verfügung, daß ein geringerer als der dritte Teil des Gehalts einzubehalten sei (Artikel 174 Abs. 3 des Beamtengesetzes), steht dem vorgesetzten Ministerium zu.

2. Von der vorläufigen Enthebung vom Dienste ist der zur Beantragung der Einleitung des Disziplinarverfahrens zuständigen Stelle, ferner der nach Artikel 33 Abs. 1 und der nach Artikel 33 Abs. 2[1]) des Beamtengesetzes zuständigen Behörde und den nachgeordneten Behörden, die dem von der Enthebung betroffenen Beamten vorgesetzt sind, Mitteilung zu machen.

V. Schlußbestimmungen.

§ 27. 1. Anzeigen, Vorlagen und Mitteilungen an Stellen oder Behörden haben im allgemeinen auf dem Dienstwege zu erfolgen.

2. Wenn nach den Vorschriften dieser Bekanntmachung aus demselben Anlasse derselben Behörde mehrere Anzeigen, Vorlagen oder Mitteilungen zu machen wären, so genügt eine einzige. Ist aus demselben Anlasse mehreren Behörden Mitteilung zu machen, die einander über- und untergeordnet sind, so genügt eine einzige Mitteilung an die zunächst vorgesetzte Behörde. Diese hat die Mitteilung an die höhere Behörde weiterzuleiten.

3. Als vorgesetzte oder zuständige Behörde im Sinne dieser Bekanntmachung gilt auch der vorgesetzte oder zuständige Beamte.

VI. Besondere Bestimmungen für die Beamten der Militärverwaltung.

§ 28.[2]) 1. Für die Beamten der Militärverwaltung bemißt sich die entsprechende Anwendung der vorstehenden Vorschriften nach dem Umfang, in dem für sie das Beamtengesetz gilt.

2. Die für diese Beamten erforderlichen Zusatzbestimmungen werden vom Kriegsministerium erlassen und im Militärverordnungsblatte bekanntgegeben.

---

1) Zu vgl. Fußnote 1 zu § 10.

2) Durch Übergang der Militärverwaltung auf das Reich hinfällig.

15. Beamtenbesoldungsgesetz.

Vom 20. April 1928 (GVBl. S. 205).

I. Dienstbezüge der etatmäßigen Staatsbeamten.

Art. 1. Die etatmäßigen Beamten (Art. 2 des Beamtengesetzes vom 16. August 1908) erhalten als Diensteinkommen einen Grundgehalt und einen Wohnungsgeldzuschuß. Neben diesem Diensteinkommen erhalten sie Kinderzuschläge. Zulagen und sonstige Bezüge werden nur gewährt, soweit es in diesem Gesetze bestimmt oder zugelassen ist.

1. Grundgehalt.

Art. 2. Der Grundgehalt bemißt sich für die etatmäßigen Anl. 1 u. 2 Beamten nach den beigefügten Besoldungsordnungen A (für aufsteigende Gehälter) und B (für feste Gehälter).

Art. 3. I Soweit dienstliche Rücksichten es erfordern, kann einem Beamten ausnahmsweise durch das vorgesetzte Staatsministerium im Einvernehmen mit dem Staatsministerium der Finanzen ein von der Besoldungsordnung abweichender höherer Grundgehalt verliehen werden.

II Auch kann, soweit die Verhältnisse es angezeigt erscheinen lassen, ein Beamter zunächst mit einem geringeren als dem in der Besoldungsordnung vorgesehenen Anfangsgrundgehalt ernannt und ein bereits ernannter Beamter zunächst ohne Änderung seines Grundgehaltes oder unter vorläufiger Gewährung einer Zulage mit der Versehung einer Amtsstelle betraut werden, für die in der Besoldungsordnung ein höherer Grundgehalt vorgesehen ist.

Art. 4. Die Grundgehälter der Besoldungsordnung A steigen in Dienstaltersstufen von zwei zu zwei Jahren bis bis zur Erreichung des Endgrundgehalts.

Art. 5. I Auf das Aufrücken im Grundgehalte haben die Beamten einen Rechtsanspruch.

II Der Anspruch ruht, solange gegen den Beamten ein Disziplinarverfahren oder wegen eines Verbrechens oder Vergehens eine Voruntersuchung oder ein Hauptverfahren anhängig ist oder solange der Beamte mit der Wirkung der Einbehaltung eines Teiles des Diensteinkommens vom Amte vorläufig enthoben ist. Führt das strafgerichtliche Verfahren zur Verurteilung wegen eines Verbrechens oder Vergehens und wird binnen dreier Monate nach Abschluß des strafgerichtlichen Verfahrens wegen der nämlichen Tatsachen ein Disziplinarverfahren eingeleitet, so ruht der Anspruch auch während der Zwischenzeit.

III Führt das Verfahren zum Verluste des Amtes, so erlischt der Anspruch auch für die Zeit des Ruhens.

Art. 6. I Das Besoldungsdienstalter der Beamten mit aufsteigenden Gehältern beginnt mit dem Tage der etatmäßigen Anstellung in der jeweiligen Besoldungsgruppe, soweit nicht in diesem Gesetz oder in den Ausführungsbestimmungen etwas anderes bestimmt oder zugelassen ist. Von diesem Zeitpunkt an berechnen sich die Zeitabschnitte für das Verbleiben im Anfangsgrundgehalt und für das Aufsteigen in die höheren Dienstaltersstufen.

II Der Grundgehalt der höheren Dienstaltersstufe wird vom Ersten des Monats an gezahlt, in den der Eintritt in die höhere Dienstaltersstufe fällt.

Art. 7. I Die Zeit, die bei dem gleichen Dienstzweige zwischen dem Beginn des Besoldungsdienstalters als nichtetatmäßiger Beamter (Art. 29) und der ersten etatmäßigen Anstellung verbracht worden ist, wird auf das Besoldungsdienstalter bei der ersten etatmäßigen Anstellung angerechnet, soweit sie fünf Jahre, bei Versorgungsanwärtern, soweit sie vier Jahre übersteigt.

II Ist die etatmäßige Anstellung wegen unzureichender Befähigung ausgesetzt worden oder wird die etatmäßige Anstellung von dem Beamten selbst durch Ablehnung der geforderten Übernahme eines Amtes verzögert, so werden diese Zeiten nicht angerechnet.

Art. 8. I Den Versorgungsanwärtern wird bei der ersten etatmäßigen Anstellung, wenn sie im Heere oder in der Marine

a) acht Jahre oder weniger gedient haben, die tatsächlich abgeleistete Dienstzeit bis zu einem Jahre,

b) über acht Jahre gedient haben, außerdem die Dienstzeit im Heere oder in der Marine, soweit sie und die nachfolgende Zivildienstzeit acht Jahre übersteigt, mit der darüber hinausgehenden Zeit, höchstens aber mit weiteren fünf Jahren

auf das Besoldungsdienstalter angerechnet. Die Heeres- und Marinedienstzeit der Versorgungsanwärter wird nebem der nichtetatmäßigen Dienstzeit (Art. 7) angerechnet. Die vor dem vollendeten siebzehnten Lebensjahre liegende Heeres- oder Marinedienstzeit bleibt außer Betracht, soweit es sich nicht um eine tatsächlich geleistete Kriegsdienstzeit handelt.

II Der Dienstzeit im Heere wird die Zeit im Dienste der Polizei nach dem Reichsgesetz vom 17. Juli 1922 (RGBl. I Seite 597) oder im Dienste des Reichswasserschutzes gleichgeachtet.

III Treten Beamte, die aus den Versorgungsanwärtern hervorgegangen sind, erstmals in eine andere Besoldungsgruppe über, so wird ihr Besoldungsdienstalter in der neuen Besoldungsgruppe nach Abs. I festgesetzt, wenn nicht die Anwendung des Art. 11 günstiger wirkt.

IV Wer als Versorgungsanwärter im Sinne dieses Gesetzes anzusehen ist, wird in den Ausführungsbestimmungen festgestellt.

V Das Besoldungsdienstalter der auf Grund des Beamtenscheins angestellten schwerkriegsbeschädigten Beamten ist angemessen zu verbessern. Eine entsprechende Verbesserung kann auch anderen schwerkriegsbeschädigten Beamten gewährt werden. Das Nähere regeln die Ausführungsbestimmungen.

Art. 9. I Ob und inwieweit zum Ausgleiche von Härten

1. die nichtetatmäßige Dienstzeit (Art. 7) in einem anderen Zweige des Staatsdienstes,
2. die Dienstzeit von Personen im Sinne des Art. 1 des Beamtengesetzes, soweit diese nicht etatmäßige Beamte sind, oder im Sinne des Art. 25 des Beamtengesetzes,
3. die Dienstzeit als nicht aus der Staatskasse besoldeter Beamter des Staates,

4. die Zeit im Dienste des Reichs, eines Landes, einer Gemeinde oder einer sonstigen Körperschaft des öffentlichen Rechts,
5. die Zeit einer praktischen Beschäftigung außerhalb des Staatsbeamtenverhältnisses

auf das Besoldungsdienstalter angerechnet werden kann, bestimmt das zuständige Staatsministerium im Einvernehmen mit dem Staatsministerium der Finanzen. Eine Dienstzeit vor Vollendung des einundzwanzigsten Lebensjahres wird nicht angerechnet.

II Hierbei darf die Anrechnung der Zeit, die nicht im Verhältnis eines Beamten des Reichs, eines Landes, einer Gemeinde oder einer sonstigen Körperschaft des öffentlichen Rechts oder eines Offiziers verbracht ist, vier Jahre nicht übersteigen. Diese Beschränkung gilt nicht, wenn der Beamte auf Grund eines Rechtsanspruchs angestellt wird oder wenn ein dringendes dienstliches Bedürfnis für die Gewinnung des Beamten besteht.

Art. 10. I Einem in den Ruhestand versetzten Beamten muß bei seiner Wiederanstellung die frühere etatmäßige Dienstzeit auf das Besoldungsdienstalter angerechnet werden. Die im Ruhestande verbrachte Zeit kann in den Grenzen des Art. 9 angerechnet werden.

II Einem mit Bezug von Wartegeld einstweilen in den Ruhestand versetzten Beamten oder einem Beamten, der wegen eines in Ausübung des Dienstes erlittenen Unfalls in den Ruhestand versetzt worden ist, soll bei seiner Wiederanstellung die Zeit des Ruhestandes ganz oder teilweise auf das Besoldungsdienstalter angerechnet werden.

III Wird ein Beamter, dessen Dienstverhältnis nach Art. 8 Abs. 2 oder Art. 10 des Beamtengesetzes gelöst war, wieder als etatmäßiger Beamter angestellt, so kann die vor der Lösung des Dienstverhältnisses in etatmäßiger Eigenschaft zurückgelegte Dienstzeit ganz oder teilweise auf das Besoldungsdienstalter angerechnet werden, wenn das Ausscheiden des Beamten nicht durch eine Verletzung der dienstlichen Pflichten veranlaßt war. Die Anrechnung kann einem Beamten, dessen Dienstverhältnis auf sein Ansuchen gelöst wird, bei der Bewilligung der Entlassung zugesichert werden.

Art. 11. I Beim Übertritt in eine andere Besoldungsgruppe mit gleichem oder höherem Endgrundgehalt erhält der Beamte den gegenüber seinem bisherigen Grundgehalte nächsthöheren Grundgehaltssatz und verbleibt in ihm die volle für das weitere Aufrücken im Grundgehalte vorgeschriebene Zeit. Wäre er jedoch in der bisherigen Besoldungsgruppe schon vor Ablauf dieser Zeit in den nächsthöheren Grundgehaltssatz aufgestiegen und damit zu einem Grundgehalte gelangt, der den Grundgehalt in der neuen Besoldungsgruppe übersteigt oder ihm gleichkommt, so rückt er auch in der neuen Besoldungsgruppe zu derselben Zeit, zu der er in der bisherigen Besoldungsgruppe aufgestiegen wäre, in den nächsthöheren Grundgehaltssatz auf.

II Beim Übertritt aus der Besoldungsgruppe A 2 f in die Besoldungsgruppe A 2 e während der ersten 16 Besoldungsdienstjahre, aus der Besoldungsgruppe A 3 a in die Besoldungsgruppe A 2 g während der ersten 10 Besoldungsdienstjahre, aus der Besoldungsgruppe A 12 in die Besoldungsgruppe A 11 wird das Besoldungsdienstalter nicht geändert. Beim Übertritt aus der Besoldungsgruppe A 5 a oder A 5 b in die Besoldungsgruppe A 4 b gilt Abs. I mit der Maßgabe, daß an die Stelle des nächsthöheren Grundgehaltssatzes der gleiche Grundgehaltssatz tritt, soweit ein solcher in der neuen Besoldungsgruppe vorhanden ist.

III Beim Übertritt aus der Besoldungsgruppe A 2 e in die Besoldungsgruppe A 2 a und aus der Besoldungsgruppe A 4 b in die Besoldungsgruppe A 4 a wird das Besoldungsdienstalter um nicht mehr als acht Jahre verkürzt. Beim Übertritt aus der Besoldungsgruppe A 7 a in die Besoldungsgruppe A 4 b oder A 5 a und aus der Besoldungsgruppe A 9 in die Besoldungsgruppe A 7 b wird das Besoldungsdienstalter um nicht mehr als sechs Jahre verkürzt. Beim Übertritt aus der Besoldungsgruppe A 2 d oder A 2 b in die Besoldungsgruppe A 2 a, aus der Besoldungsgruppe A 8 a in die Besoldungsgruppe A 7 a oder A 6, aus der Besoldungsgruppe A 10 in die Besoldungsgruppe A 8 a sowie aus der Besoldungsgruppe A 11 in die Besoldungsgruppe A 10 wird das Besoldungsdienstalter um nicht mehr als vier Jahre verkürzt.

IV Beim Übertritt in eine Besoldungsgruppe mit höherem oder gleichen Endgrundgehalte, der der Beamte bereits früher angehört hat, erhält er das frühere Besoldungsdienstalter dieser Besoldungsgruppe wieder. Ergibt sich dabei ein Minderbetrag an Grundgehalt, so wird dieser Minderbetrag als ruhegehaltsfähige Zulage insoweit und solange gewährt, bis er durch das Aufrücken in den Dienstaltersstufen ausgeglichen ist.

V Beim Übertritt in eine Besoldungsgruppe mit niedrigerem Endgrundgehalte setzt das zuständige Staatsministerium im Einvernehmen mit dem Staatsministerium der Finanzen das Besoldungsdienstalter fest.

Art. 12. I Der Beamte ist von der Festsetzung seines Besoldungsdienstalters schriftlich zu verständigen.

II Die Entscheidungen der Verwaltungsbehörden über die Festsetzung des Besoldungsdienstalters sind für die Beurteilung der vor dem Gerichte geltend gemachten vermögensrechtlichen Ansprüche bindend.

2. Wohnungsgeldzuschuß.

Art. 13. I Die etatmäßigen Beamten erhalten einen Wohnungsgeldzuschuß nach der Anlage 3. Anl. 3

II Das Staatsministerium der Finanzen ist ermächtigt den Wohnungsgeldzuschuß nach Maßgabe der Regelung für die Reichsbeamten zu erhöhen.

III Unverheiratete Beamte der Bereitschaftspolizei in gemeinschaftlicher Unterkunft erhalten keinen Wohnungsgeldzuschuß.

Art. 14. I Ledige Beamte bis zum vollendeten fünfundvierzigsten Lebensjahr erhalten anstelle des Wohnungsgeldzuschusses, der sich nach Art. 13 ergeben würde, den Wohnungsgeldzuschuß der nächstniedrigeren Tarifklasse. An Stelle des Wohnungsgeldzuschusses der Tarifklasse VII treten hierbei die um 40 v. H. gekürzten Sätze.

II Abs. I gilt nicht für Geistliche.

Art. 15. I Bekleidet ein Beamter im Staatsdienste nur ein Nebenamt, so erhält er keinen Wohnungsgeldzuschuß.

II Bezieht ein Beamter einen Grundgehalt aus Staatsmitteln und zugleich aus Mitteln des Reichs, eines Landes, einer Gemeinde oder einer sonstigen Körperschaft des öffentlichen Rechts, so erhält er von dem Wohnungsgeldzuschuß aus Staatsmitteln nur den Teilbetrag, der dem aus Staatsmitteln bezahlten Grundgehalt entspricht. Die Höhe des Wohnungsgeldzuschusses richtet sich nach dem höchsten Grundgehalte.

Art. 16. Verheiratete weibliche Beamte erhalten die Hälfte des Wohnungsgeldzuschusses. Sie erhalten keinen Wohnungsgeldzuschuß, wenn der Ehemann Beamter oder Angestellter des Reichs, eines Landes, einer Gemeinde oder einer sonstigen Körperschaft des öffentlichen Rechtes ist.

Art. 17. I Für die Einreihung der Orte oder von Ortsteilen in Ortsklassen ist das Ortsklassenverzeichnis maßgebend, das nach reichsgesetzlicher Regelung für die Gewährung des Wohnungsgeldzuschusses an die Reichsbeamten jeweils gilt.

II Welcher Ortsklasse ein außerhalb des Deutschen Reichs gelegener, im Ortsklassenverzeichnisse des Reichs nicht enthaltener Ort zuzuweisen ist, bestimmt das Staatsministerium der Finanzen.

III Das Staatsministerium der Finanzen kann einzelne Anlagen und Ortsteile geringeren Umfanges, die mit der Gemeinde, in deren Bezirk sie liegen, nicht im Zusammenhang stehen, von der Ortsklasse dieser Gemeinde ausnehmen und einer anderen Ortsklasse zuteilen, wenn ihr Verbleiben in der Ortsklasse ihrer Gemeinde für die Beamten eine erhebliche Härte bedeuten würde.

Art. 18. I Der Wohnungsgeldzuschuß wird nach dem Ortssatze des Amtssitzes des Beamten gewährt. Er kann nach dem Ortssatze des Wohnsitzes gewährt werden, wenn dieser aus dienstlichen Gründen oder auf Anordnung oder mit Genehmigung des zuständigen Staatsministeriums nicht mit dem Amtssitze zusammenfällt.

II Bei einer Versetzung tritt der Wechsel im Wohnungsgeldzuschuß mit dem Zeitpunkt ein, an dem die Versetzung wirksam wird (Art. 5 Abs. 4 des Beamtengesetzes). Das Gesamtstaatsministerium kann besondere Vorschriften für die Fälle erlassen, in denen der Beamte nach dem neuen Amtssitze nicht umziehen kann oder aus dienstlichen Gründen an seinem bisherigen Amtssitze weiterverwendet wird.

III Im übrigen werden Änderungen des Ortssatzes, wenn sie am Ersten eines Monats eintreten, von diesem Tag an, sonst vom Ersten des folgenden Monats an wirksam.

IV Hat die Versetzung an einen Ort, der zu einer niedrigeren Ortsklasse gehört, eine Verminderung des Wohnungsgeldzuschusses zur Folge, so wird hierdurch ein Entschädigungsanspruch nicht begründet. Das Gleiche gilt, wenn ein Ort in eine niedrigere Ortsklasse überführt wird.

V Als Versetzung im Sinne der Abs. II und IV gilt auch eine mit einem Wechsel des Amtssitzes verbundene Beförderung.

Art. 19. I Für die Einräumung einer Dienstwohnung hat der Beamte eine Mietentschädigung zu entrichten. Diese Mietentschädigung ist von der zuständigen Behörde unter angemessener Berücksichtigung einerseits des wirklichen Wertes der Dienstwohnung nach ihrer Größe und ihrer Beschaffenheit sowie nach den am Wohnsitze des Beamten für Wohnungen derselben Art zu zahlenden Mietzinsen, anderseits des Wertes festzusetzen, den die Dienstwohnung für den Beamten hat.

II Die Verpflichtung zur Entrichtung der Mietentschädigung beginnt mit dem Zeitpunkte, von dem an die Übertragung der Amtsstelle, mit welcher der Genuß der Dienstwohnung verbunden ist, wirksam wird, wenn die Dienstwohnung jedoch erst später beziehbar wird, mit diesem Zeitpunkte.

III Der Beamte ist nicht berechtigt, die Annahme und Benützung der Dienstwohnung zu verweigern. Die Dienstwohnung kann jederzeit durch eine andere ersetzt oder dem Beamten unter Einhaltung einer von der zuständigen Behörde festzusetzenden angemessenen Kündigungsfrist entzogen werden. Scheidet der Beamte aus seiner Amtsstelle aus, so ist die Dienstwohnung innerhalb einer von der zuständigen Behörde zu bestimmenden angemessenen Frist zu räumen.

IV Die Vorschriften der Abs. I bis III gelten auch für den Fall, daß einem Beamten ein Dienstzimmer als Wohnung angewiesen wird.

V Im übrigen bemißt sich das Verhältnis zwischen dem Staate und den Beamten hinsichtlich der Dienstwohnungen, Dienstzimmer und Grundstücke nach den vom Gesamtstaatsministerium erlassenen Vorschriften.

VI Abs. I gilt nicht im Falle des Art. 13 Abs. III.

Art. 20. Der Bemessung des Ruhegehalts wird der Wohnungsgeldzuschuß für die Ortsklasse B zugrunde gelegt, auch wenn der Beamte den Wohnungsgeldzuschuß nicht oder nur teilweise bezieht. Art. 14 gilt entsprechend.

3. Kinderzuschläge.

Art. 21. I Die Beamten erhalten für jedes noch nicht einundzwanzig Jahre alte eheliche Kind auf Antrag einen Kinderzuschlag. Er beträgt für die ersten beiden Kinder je zwanzig Reichsmark, für das dritte und vierte Kind je fünfundzwanzig Reichsmark und für das fünfte und jedes weitere Kind je dreißig Reichsmark monatlich. Die Höhe des jeweils zu zahlenden Satzes bemißt sich nach der Zahl der kinderzuschlagsfähigen Kinder.

II Den ehelichen Kindern stehen gleich

1. für ehelich erklärte Kinder,
2. an Kindes Statt angenommene Kinder,
3. Stiefkinder, die in den Hausstand des Beamten aufgenommen sind,
4. uneheliche Kinder, wenn die Vaterschaft des Beamten festgestellt ist und er das Kind in seinen Hausstand aufgenommen hat oder wenn der volle Unterhalt von dem weiblichen Beamten als Mutter gewährt werden muß.

III Für Kinder vom vollendeten sechzehnten bis zum vollendeten einundzwanzigsten Lebensjahr wird der Kinderzuschlag nur gewährt,

1. wenn sie sich in der Schulausbildung oder in der Ausbildung für einen künftig gegen Entgelt auszuübenden Lebensberuf befinden und

2. wenn sie nicht ein eigenes Einkommen von mindestens monatlich dreißig Reichsmark haben.

IV Für Kinder, die wegen körperlicher oder geistiger Gebrechen dauernd erwerbsunfähig sind und die nicht ein eigenes Einkommen von mindestens monatlich dreißig Reichsmark haben, wird der Kinderzuschlag ohne Rücksicht auf das Lebensalter weitergewährt.

V Für Pflegekinder oder Enkel, die der Beamte in seinen Hausstand aufgenommen hat und für deren Unterhalt und Erziehung er keine Vergütung erhält, kann der Kinderzuschlag in entsprechender Anwendung der Vorschriften in Abs. I, III und IV gewährt werden.

VI Für das nämliche Kind wird der Kinderzuschlag nur einmal gewährt.

Art. 22. I Bekleidet ein Beamter im Staatsdienste nur ein Nebenamt, so erhält er keine Kinderzuschläge.

II Bezieht ein Beamter einen Grundgehalt aus Staatsmitteln und zugleich aus Mitteln des Reichs, eines Landes, einer Gemeinde oder einer sonstigen Körperschaft des öffentlichen Rechts, so erhält er von den Kinderzuschlägen aus Staatsmitteln nur den Teilbetrag, der dem aus Staatsmitteln bezahlten Grundgehalt entspricht.

Art. 23. I Der Kinderzuschlag wird vom Beginn des Monats an gezahlt, in dem das für die Gewährung maßgebende Ereignis eingetreten ist.

II Der Kinderzuschlag fällt weg mit dem Ablaufe des Monats, der auf den Monat folgt, in dem das für den Wegfall maßgebende Ereignis eingetreten ist.

Art. 24. Verheiratete weibliche Beamte erhalten Kinderzuschläge für gemeinsame Kinder nur, wenn der Ehemann bei Berücksichtigung seiner sonstigen Verpflichtungen außerstande ist, ohne Gefährdung des standesgemäßen Unterhalts der Familie diese zu unterhalten. Dies gilt für die geschiedenen weiblichen Beamten entsprechend.

4. Zulagen und sonstige Bezüge.

Art. 25. I Zulagen, die in diesem Gesetze nicht vorgesehen sind, dürfen für die im Hauptamt übertragene Amtsstelle nur gewährt werden, soweit sie durch den Staatshaushalt bewilligt sind.

II Vergütungen von Fall zu Fall können aus den hierfür im Staatshaushalt bewilligten Mitteln vom zuständigen Staatsministerium im Einvernehmen mit dem Staatsministerium der Finanzen ausnahmsweise gewährt werden, wenn die Dienstleistung des Beamten in außergewöhnlichem Maße über die regelmäßigen Anforderungen hinausgeht.

III Die Vorschriften über die Entschädigung für den Dienstaufwand und über die Gewährung von Umzugskosten bleiben unberührt.

Art. 26. I Für ein Nebenamt oder Nebengeschäft kann das zuständige Staatsministerium im Einvernehmen mit dem Staatsministerium der Finanzen dem Beamten ausnahmsweise eine besondere Vergütung bewilligen, wenn das Nebenamt oder Nebengeschäft mit dem Hauptamte nicht in unmittelbarem Zusammenhange steht oder den Beamten in besonderem Maße in Anspruch nimmt.

II Übt ein Beamter im Auftrag seiner vorgesetzten Dienstbehörde eine Tätigkeit im Vorstand, Aufsichtsrat oder Verwaltungsrat einer Gesellschaft aus, an der der bayerische Staat beteiligt ist, so ist er verpflichtet, alle Bezüge, die er von der Gesellschaft — gleichviel in welcher Form oder unter welcher Bezeichnung — erhält, seiner vorgesetzten Dienstbehörde anzuzeigen und an die Staatskasse abzuliefern. Die Höhe der Bezüge, die dem Beamten als Ersatz für tatsächliche Aufwendungen belassen werden können, bestimmt die vorgesetzte Dienstbehörde nach Grundsätzen, die das Staatsministerium der Finanzen im Einvernehmen mit den übrigen Staatsministerien aufstellt. In Ausnahmefällen kann dem Beamten eine besondere Vergütung gemäß Abs. I belassen oder bewilligt werden. Art. 18 Abs. 3 und 4 des Beamtengesetzes findet in diesen Fällen keine Anwendung.

Art. 27.[1] I Mit einem Amte verbundene Nebenbezüge, namentlich Feuerungs- und Beleuchtungsmittel, Dienstkleidung und Verpflegung werden dem Beamten mit einem angemessenen Betrag auf das Diensteinkommen angerechnet,

---

[1]) Zu vgl. Bek. v. 14. März 1924 (GVBl. S. 78) unten S. 278.

soweit nicht durch dieses Gesetz oder durch den Staatshaushalt etwas anderes bestimmt ist. Die Höhe des anzurechnenden Betrags wird von dem zuständigen Staatsministerium im Einvernehmen mit dem Staatsministerium der Finanzen festgesetzt.

II [1]) Für die Benützung von Garten- und sonstigen Grundstücken hat der Beamte eine dem Nutzwert und den Ortsverhältnissen entsprechende Pachtentschädigung zu entrichten.

Art. 28. I Die Beamten der uniformierten Staatspolizei der Besoldungsordnung A, die zum Tragen von Dienstkleidung verpflichtet sind, erhalten Dienstkleidung oder Dienstkleidungszuschüsse.

II Die Angehörigen der Bereitschaftspolizei haben Anspruch auf freie ärztliche Behandlung, freie Krankenhauspflege und freie Heil- und Kurmittel. Außerdem haben sie Anspruch auf freie ärztliche Behandlung ihrer Ehefrau und ihrer nach Art. 21 zu berücksichtigenden Kinder durch den Polizeiarzt.

III Die näheren Bestimmungen zu Abs. I und II, ferner über die unentgeltliche Gewährung von Verpflegung in besonderen Fällen erläßt das Staatsministerium des Innern im Einvernehmen mit dem Staatsministerium der Finanzen nach Maßgabe der Bewilligung im Staatshaushalt.

II. Dienstbezüge der nichtetatmäßigen Staatsbeamten und der Hochschulassistenten.

Art. 29. I Die vollbeschäftigten nichtetatmäßigen Beamten erhalten Grundvergütungen nach Maßgabe der Anlage 4 sowie den Wohnungsgeldzuschuß, den sie in der ersten Dienstaltersstufe derjenigen Besoldungsgruppe beziehen würden, in der sie beim regelmäßigen Verlauf ihrer Dienstlaufbahn erstmals etatmäßig angestellt werden. Die nichtetatmäßigen Beamten der uniformierten Staatspolizei, die Anspruch auf den Wohnungsgeldzuschuß haben, erhalten den Wohnungsgeldzuschuß der Tarifklasse VII, solange ihre Grundvergütung 1680 *RM* jährlich nicht übersteigt, im übrigen den Wohnungsgeldzuschuß der Tarifklasse VI. **Anl. 4**

[1]) Zu vgl. Bek. v. 29. Juli 1924 (GVBl. S. 189) unten S. 287.

II Art. 1 Satz 2, 3, Art. 6 Abs. II, Art. 12—28 gelten entsprechend.

Art. 30. Das Aufrücken in der Grundvergütung kann ganz oder teilweise versagt werden, wenn die dienstlichen Leistungen oder das dienstliche oder außerdienstliche Verhalten zu beanstanden sind. Gegen die Versagung steht dem Beamten die Beschwerde an das zuständige Staatsministerium zu.

Art. 31. I Das Besoldungsdienstalter der nichtetatmäßigen Beamten beginnt mit dem Tage der Anstellung als nichtetatmäßiger Beamter, soweit nicht in diesem Gesetz oder in den Ausführungsbestimmungen etwas anderes bestimmt oder zugelassen ist.

II Zivilanwärter erhalten vom Beginn des sechsten, Versorgungsanwärter vom Beginn des fünften Dienstjahres an Grundvergütungen in Höhe der Grundgehälter der ersten Dienstaltersstufe derjenigen Besoldungsgruppe, in der sie beim regelmäßigen Verlauf ihrer Dienstlaufbahn erstmals etatmäßig angestellt werden. Die zur Zeit des Inkrafttretens dieses Gesetzes im Dienste befindlichen nichtetatmäßigen Beamten rücken wie die etatmäßigen Beamten weiter im Grundgehalt auf.

Art. 32. Begriff und Beginn des nichtetatmäßigen Staatsbeamtenverhältnisses im Sinne dieses Gesetzes wird für die einzelnen Beamtengruppen durch das Gesamtstaatsministerium oder für einzelne Beamte durch das vorgesetzte Staatsministerium im Einvernehmen mit dem Staatsministerium der Finanzen festgesetzt.

Art. 33. I Die ordentlichen Hochschulassistenten erhalten
Anl. 4 Grundvergütungen nach Maßgabe der Anlage 4 und den Wohnungsgeldzuschuß der Tarifklasse IV im ersten bis elften Dienstjahr, der Tarifklasse III vom zwölften Dienstjahr an. Im übrigen bemessen sich ihre Dienstbezüge nach den Vorschriften für die nichtetatmäßigen Beamten.

II Die Dienstbezüge der außerordentlichen Assistenten und der Hilfsassistenten an den Hochschulen werden vom Staatsministerium für Unterricht und Kultus im Einvernehmen mit dem Staatsministerium der Finanzen festgesetzt.

III. Gemeinsame Bestimmungen.

Art. 34. I Für die Bemessung des Diensteinkommens ist die im Hauptamt übertragene Amtsstelle maßgebend. Welche Dienstesaufgaben im einzelnen zu der im Hauptamt übertragenen Amtsstelle gehören, bestimmen **die Dienstesvorschriften.**

II Keinem Beamten können gleichzeitig mehrere besoldete Amtsstellen im Hauptamt übertragen werden.

Art. 35. I Der Grundgehalt wird dem Beamten durch die Behörde zugewiesen, die ihn anstellt, versetzt, wiederanstellt oder befördert. Welche Behörde die übrigen Dienstbezüge zuweist, bestimmt das zuständige Staatsministerium.

II Der Grundgehalt des Beamten soll in die ihm zu behändigende Urkunde (Art. 5 Abs. 1 des Beamtengesetzes) aufgenommen werden.

Art. 36. I Der Anspruch des Beamten auf das Diensteinkommen beginnt mit dem in der Urkunde bezeichneten Tage der Ernennung, Wiederanstellung oder Beförderung.

II Der Anspruch auf das Diensteinkommen erlischt im Falle des Ablebens mit dem Ablaufe des Sterbemonats, im Falle der Versetzung in den Ruhestand mit dem Zeitpunkt, in dem der Anspruch auf die Zahlung des Wartegeldes oder des Ruhegehalts beginnt, im übrigen unbeschadet der besonderen Vorschriften des Beamtengesetzes mit der Beendigung des Dienstverhältnisses oder der Dienstleistung.

Art. 37. I Für die Dauer des regelmäßigen Urlaubs und für die Zeit der Abwesenheit, für die ein Urlaub nicht notwendig ist, oder nicht verweigert werden darf, behält der Beamte sein Diensteinkommen; Stellvertretungskosten fallen der Staatskasse zur Last.

II Das Gleiche gilt im Falle der Erkrankung für die Dauer von sechsundzwanzig Wochen. Dauert die Dienstbehinderung durch Krankheit ununterbrochen länger als sechsundzwanzig Wochen, so bedarf die weitere unverkürzte Gewährung des Diensteinkommens und die Übernahme der weiteren Stellvertretungskosten auf die Staatskasse der Erlaubnis des zuständigen Staatsministeriums oder der von diesem ermächtigten Stelle.

III Wird ein die regelmäßige Dauer überschreitender Urlaub erteilt, so entscheidet die hierzu zuständige Behörde, ob und wieweit das Diensteinkommen einzuziehen ist.

Art. 38. Bezieht ein etatmäßiger Beamter auf Grund der Reichsversicherungsordnung eine Unfallrente aus der Staatskasse, so wird das Diensteinkommen um den Betrag der Unfallrente gekürzt.

Art. 39. I Die Dienstbezüge werden monatlich im voraus gezahlt. Die Dienstbezüge der Bereitschaftspolizei können nach Anordnung des Staatsministeriums des Innern im Einvernehmen mit dem Staatsministerium der Finanzen in anderer Weise gezahlt werden.

II Das Staatsministerium der Finanzen kann die vierteljährliche Vorauszahlung entsprechend der jeweils für die Reichsbeamten geltenden Regelung verfügen.

III Das Staatsministerium der Finanzen ist ferner ermächtigt Vorschriften über die Abrundung der auszuzahlenden Beträge zu erlassen.

Art. 40. I Hat ein Beamter zu Unrecht Dienstbezüge aus der Staatskasse bezogen, so ist er zur Rückzahlung des zuviel erhaltenen Betrags verpflichtet. Die Rückzahlungsschuld kann beim Vorliegen besonderer Billigkeitsgründe durch das zuständige Staatsministerium mit Zustimmung des Staatsministeriums der Finanzen erlassen werden.

II Abs. I gilt sinngemäß für die Beamten im Ruhestand und die Beamtenhinterbliebenen.

IV. Übergangsvorschriften.

Art. 41. I Die am 1. Oktober 1927 im Amte gewesenen
Anl. 5 Beamten werden nach der Anlage 5[1]) in die neuen Dienstbezüge übergeleitet. Dies gilt entsprechend für die nach dem 1. Oktober 1927 nach Maßgabe der bisherigen Besoldungsvorschriften ernannten oder beförderten Beamten; hierbei tritt an die Stelle des 1. Oktober 1927 jeweils der Tag der Ernennung oder Beförderung. Der Erlaß besonderer Überleitungsbestimmungen für die Beamten der Kriminalpolizei und der

[1]) Nicht abgedruckt.

uniformierten Staatspolizei bleibt dem Staatsministerium des Innern im Einvernehmen mit dem Staatsministerium der Finanzen vorbehalten.

II Art. 3 Abs. II findet entsprechende Anwendung.

III Von der Überleitung sind Beamte ausgeschlossen, die bis zur Veröffentlichung dieses Gesetzes aus dem Staatsdienst ohne Anspruch auf Versorgung ausgeschieden oder ohne Hinterlassung von Hinterbliebenen im Sinne des Art. 72 des Beamtengesetzes gestorben sind.

Art. 42. I Das Besoldungsdienstalter der am 30. September 1927 im Amte gewesenen etatmäßigen Beamten aus dem Stande der Versorgungsanwärter (Art. 8 Abs. I—IV) wird in der Weise verbessert, daß neben der bereits angerechneten Dienstzeit noch die im Heere oder in der Marine vom Beginne des vierzehnten bis zum Ende des neunzehnten Dienstjahres zurückgelegte Zeit zur Hälfte angerechnet wird.

II Bei der Festsetzung des Besoldungsdienstalters der am 30. September 1927 noch nicht etatmäßig angestellten, aber im Dienste befindlichen oder vorgemerkten Versorgungsanwärter wird neben der nach Art. 8 Abs. I—IV anzurechnenden Dienstzeit noch die im Heere oder in der Marine vom Beginne des sechzehnten bis zum Ende des neunzehnten Dienstjahres zurückgelegte Dienstzeit zur Hälfte angerechnet.

III Der Dienstzeit im Heere wird die Zeit im Dienste der Polizei nach dem Reichsgesetz vom 17. Juli 1922 (RGBl. I S. 597) oder im Dienste des Reichswasserschutzes gleichgeachtet.

V. Versorgungsbezüge.

Art. 43. Das Wartegeld der beim Inkrafttreten dieses Gesetzes im einstweiligen Ruhestande befindlichen Beamten wird nach den Vorschriften dieses Gesetzes neu festgesetzt. Soweit solche Beamte in den neuen Besoldungsordnungen nicht mehr aufgeführt sind, wird ihre Überleitung vom Staatsministerium der Finanzen geregelt.

Art. 44. I Die Bezüge der vor dem Inkrafttreten dieses Gesetzes aus dem Dienste geschiedenen Beamten und ihrer Hinterbliebenen werden in der Weise neu geregelt, daß der in das pensionsfähige Diensteinkommen einzurechnende bisherige Grundgehalt samt Zuschlag bei einem Gesamtbetrag bis einschließlich 1800 RM . . . . . um 25 v. H., von mehr als

1800 RM bis einschließlich 3500 RM um 22 v. H.,
3500 RM bis einschließlich 6000 RM um 19 v. H.,
6000 RM bis einschließlich 12000 RM um 16 v. H.

erhöht wird. Der neue Grundgehalt darf 13200 RM nicht übersteigen; er ist auf volle Reichsmark aufzurunden. Soweit sich bei Unterstellung des niedrigeren Grenzbetrags (1800, 3500, 6000 RM) als bisheriger Grundgehalt samt Zuschlag ein höherer Betrag ergibt, ist dieser als neuer Grundgehalt in das pensionsfähige Diensteinkommen einzurechnen.

II Der Wohnungsgeldzuschuß (Art. 13, 20 Satz 1) ist nach der bisherigen Tarifklasse in das pensionsfähige Diensteinkommen einzurechnen.

Art. 45. Neben dem nach Art. 44 sich berechnenden Ruhegehalte wird der Frauenzuschlag nach den am 30. September 1927 geltenden Vorschriften gewährt.

Art. 46. Art. 44 und 45 gelten entsprechend für die vor dem Inkrafttreten dieses Gesetzes von der Verpflichtung zur Abhaltung von Vorlesungen entbundenen (emeritierten) Hochschulprofessoren.

Art. 47. Art. 43 bis 46 finden keine Anwendung, wenn der Berechtigte vor Veröffentlichung dieses Gesetzes ohne Hinterlassung von Hinterbliebenen im Sinne des Art. 72 des Beamtengesetzes gestorben ist oder seinen Anspruch auf Versorgung infolge rechtskräftiger Verurteilung oder wegen Verzichts verloren hat.

VI. Sondervorschriften für Volksschullehrer.

Art. 48. I Die ständigen Volksschullehrer gelten als etatmäßige, die unständigen Volksschullehrer als nichtetatmäßige Staatsbeamte im Sinne dieses Gesetzes.

II Wieweit die Vorschriften dieses Gesetzes über die nichtetatmäßigen Beamten auch auf die im Volksschuldienste tatsächlich verwendeten Schulamtsbewerber und Schulamtsbewerberinnen anzuwenden sind, bestimmt das zuständige Staatsministerium.

III An die Stelle der in diesem Gesetz angeführten Vorschriften des Beamtengesetzes treten für die Volksschullehrer die entsprechenden Vorschriften des Volksschullehrergesetzes vom 14. August 1919.

Art. 49. I Die Mietentschädigung, die der Volksschullehrer für seine Dienstwohnung zu entrichten hat, wird von der Zahlstelle durch Abzug bei der Auszahlung des Diensteinkommens eingehoben.

II Den einbehaltenen Betrag überweist die Zahlstelle am Schlusse des Rechnungsjahres an die Gemeinde, bei zusammengesetztem Schulsprengel an die am Schulsprengel beteiligten Gemeinden. Art. 58 Abs. III des Schulbedarfgesetzes vom 14. August 1919 gilt entsprechend. Das zuständige Staatsministerium kann im Einvernehmen mit dem Staatsministerium der Finanzen abweichende Vorschriften für die Fälle erlassen, in denen dem Staate oder einem Dritten das Eigentum oder Miteigentum an dem Dienstwohngebäude zusteht oder die Baulast obliegt.

Art. 50. I Die im Art. 1 bezeichneten Bezüge gelten als Diensteinkommen im Sinne des Volksschullehrergesetzes und des Schulbedarfgesetzes, soweit nicht etwas anderes bestimmt ist.

II Die auf Grund dieses Gesetzes berechneten Ruhestands- und Hinterbliebenenbezüge gelten als Ruhegehalt oder als Witwen- oder Waisengeld im Sinne des Volksschullehrergesetzes und des Schulbedarfsgesetzes.

Art. 51. Dieses Gesetz gilt auch für die israelitischen Volksschullehrer (Art. 149 des Volksschullehrergesetzes).

Art. 52. I Für die Volksschulfachlehrer (Art. 144 des Volksschullehrergesetzes) gelten die Vorschriften dieses Gesetzes entsprechend, soweit nicht im folgenden etwas anderes bestimmt ist.

II Die Grundgehälter und die Grundvergütungen der in Art. 62a des Schulbedarfsgesetzes bezeichneten Volksschulfachlehrer müssen angemessen sein. Das zuständige Staatsministerium kann Mindestbeträge festsetzen sowie Vorschriften über die Berechnung des Besoldungsdienstalters und die Zahl der Beförderungsstellen erlassen.

Art. 53. Die Ausführungsbestimmungen zu den Vorschriften dieses Abschnittes erläßt das Staatsministerium für Unterricht und Kultus, soweit erforderlich im Einvernehmen mit dem Staatsministerium der Finanzen.

VII. Schlußvorschriften.

Art. 54. I Wo im Beamtengesetze der Ausdruck „Gehalt" oder „Diensteinkommen" gebraucht ist, ist darunter das Diensteinkommen im Sinne des Art. 1 dieses Gesetzes zu verstehen, soweit nicht im folgenden etwas anderes bestimmt ist.

II Unter „Gehalt" ist Grundgehalt zu verstehen in Art. 107 Abs. 1 Ziff. 2, Art. 109, Art. 164 und Art. 224 Nr. 3 Ziff. 1 des Beamtengesetzes.

III Unter „Gehalt" sind Grundgehalt, Wohnungsgeldzuschuß und Kinderzuschläge zu verstehen in Art. 62 Abs. 3, Art. 72 Abs. 1 und Art. 176 des Beamtengesetzes.

IV Wo im Beamtengesetz auf die Gehaltsordnung Bezug genommen ist, treten an die Stelle der Gehaltsordnung die diesem Gesetz beigefügten Besoldungsordnungen.

Art. 55. Auf die richterlichen Beamten (Art. 183, 184 des Beamtengesetzes) findet dieses Gesetz mit folgender Maßgabe Anwendung:

1. Die besonderen Vorschriften in Art. 183 Abs. 1, Abs. 2 Ziff. 1, 4, 6 bis 9 des Beamtengesetzes bleiben aufrechterhalten.
2. Bei richterlichen Beamten bedarf es der in Art. 37 Abs. II Satz 2 bezeichneten Erlaubnis nicht.

Art. 56. I Sind die bisherigen unwiderruflichen Dienstbezüge eines Beamten nach dem Stande vom 30. September 1927 höher als die ihm auf Grund dieses Gesetzes zustehenden unwiderruflichen Dienstbezüge, so erhält er den jeweiligen Unterschiedsbetrag, soweit es sich um ruhegehaltsfähige Bezüge handelt, als ruhegehaltsfähigen, im übrigen als nichtruhegehaltsfähigen Zuschuß. Hierbei bleiben außer Ansatz:

1. Kinderzuschläge, sobald sie bei Fortdauer der am 30. September 1927 gültigen Vorschriften weggefallen wären,
2. neu zu gewährende Kinderzuschläge,
3. Erhöhungen des Wohnungsgeldzuschusses insoweit, als sie lediglich infolge der Hinaufsetzung eines Ortes in eine höhere Ortsklasse oder der Versetzung des Beamten an einen Ort einer höheren Ortsklasse eintreten.

II Abs. I gilt nicht hinsichtlich der örtlichen Sonderzuschläge.

Art. 57. Das Gesamtstaatsministerium kann die Amtsbezeichnungen ändern. Es kann Beamte, die in den diesem Gesetze beigefügten Besoldungsordnungen nicht aufgeführt sind, in die Besoldungsordnungen einreihen und anstelle der in anderen Gesetzen oder in Verordnungen angeführten Gruppen der bisherigen Besoldungsordnungen die entsprechenden neuen Besoldungsgruppen bestimmen.

Art. 58. I Die in diesem Gesetze geregelten Dienstbezüge sowie die Wartegelder, Ruhegehälter und Hinterbliebenenbezüge können durch Gesetz geändert werden.

II Werden Beamte durch eine solche Änderung mit rückwirkender Kraft schlechter gestellt, so sind sie zur Rückzahlung der Unterschiedsbeträge nicht verpflichtet.

III Abs. II gilt sinngemäß für die Empfänger von Wartegeld, Ruhegehalt oder Hinterbliebenenbezügen.

Art. 59. In Fällen, in denen sich aus den Vorschriften dieses Gesetzes besondere Härten ergeben, kann das zuständige Staatsministerium im Einvernehmen mit dem Staatsministerium der Finanzen einen Ausgleich herbeiführen.

Art. 60. Die Übergangsvorschriften im Abschnitt IV gelten nicht als Vorschriften im Sinne des Abs. I des Art. 77a der rechtsrheinischen und des Art. 64a der pfälzischen Gemeindeordnung in der Fassung des Art. 1 des Gesetzes vom 23. Mai 1921 über die Dienst- und Versorgungsbezüge der Gemeinde- und Bezirksbeamten (GVBl. S. 323).

Art. 61. Die Ausführungsbestimmungen zu diesem Gesetz erläßt das Staatsministerium der Finanzen, soweit nicht in diesem Gesetz etwas anderes bestimmt ist.

Art. 62. I Dieses Gesetz tritt mit Wirkung vom 1. Oktober 1927 in Kraft.

II Durch die Bestimmungen dieses Gesetzes werden die Art. 1—31, 42, 43, 49, 54, 55, 59—61, 67—69 des Beamtenbesoldungsgesetzes vom 2. Juni 1920 in der Fassung der Bekanntmachung vom 24. März 1923 (GVBl. S. 109) ersetzt. Die Vorschriften in Art. 11 Abs. II—V des bisherigen Besoldungsgesetzes bleiben indes für Beamte, denen bis zur Veröffentlichung des neuen Besoldungsgesetzes die Dienstalterszulage ganz oder teilweise versagt oder in längeren Fristen oder nur in widerruflicher Weise bewilligt worden ist, so lange in Kraft, bis Entscheidung gemäß Art. 11 Abs. IV des bisherigen Besoldungsgesetzes getroffen ist.

III Das Gesetz über das Diensteinkommen der Hochschulprofessoren vom 27. Juli 1922 (GVBl. S. 377) tritt mit Ausnahme des Art. 4 außer Kraft.

Anlage 1.

Besoldungsordnung A.*

Aufsteigende Gehälter.

Besoldungsgruppe 1.

a) 8400 — 9500 — 10600 — 11600 — 12600 *RM* jährlich.

Wohnungsgeldzuschuß:

III in der ersten und zweiten Dienstaltersstufe,
II von der dritten Dienstaltersstufe an.

Überleitung: Beamte mit den Bezügen der alten Besoldungsgruppe A XIII erhalten ihr bisheriges Besoldungsdienstalter.

Ministerialräte
Wirkliche Legationsräte
Regierungsdirektoren [1])
Direktor der staatlichen Archive
Räte } des Obersten Landesgerichts
Oberstaatsanwälte } des Obersten Landesgerichts
Senatspräsidenten der Oberlandesgerichte
Generalstaatsanwälte der Oberlandesgerichte, soweit nicht in Besoldungsgruppe B 5
Präsidenten der Landgerichte, soweit nicht in Besoldungsgruppe B 5
Präsident des Amtsgerichts München
Oberstaatsanwalt beim Landgericht München I
Direktor des Landtagsamts
Direktor des Landtagsarchivs
Oberverwaltungsgerichtsräte
Oberstaatsanwalt des Verwaltungsgerichtshofs
Polizeipräsident der Polizeidirektion Nürnberg-Fürth
Polizeidirektor der Polizeidirektion München **

---

*) Wegen der Amtsbezeichnungen zu vgl. Bek. v. 20. Februar 1930 (GVBl. S. 27) und Bek. v. 29. März 1930 (GVBl. S. 107).
**) Zu vgl. Bek. v. 29. März 1930 (GVBl. S. 107).

Polizeiobersten [2])
Direktor der Staatsbibliothek
Direktor des Nationalmuseums
Direktor des Landtagsamts für Denkmalpflege
Präsident der Akademie der Tonkunst
Staatsfinanzräte des Obersten Rechnungshofs
Präsident der Verwaltung des ehemaligen Kronguts *
Senatspräsidenten des Landesversicherungsamts
Direktoren der Oberversicherungsämter München und Nürnberg.

[1]) Anm. 1 gestrichen durch Bek. v. 29. März 1930 (GVBl. S. 107).
[2]) Erhalten den Endgrundgehalt.
*) Neu eingefügt durch Bek. v. 29. März 1930 (GVBl. S. 107).

b) 8100 — 9000 — 9900 — 10800 — 11700 RM jährlich.

Wohnungsgeldzuschuß:
III in der ersten und zweiten Dienstaltersstufe,
II von der dritten Dienstaltersstufe an.

Überleitung: Beamte mit den Bezügen der alten Besoldungsgruppe XIII erhalten ihr bisheriges Besoldungsdienstalter;
Beamte mit den Bezügen der alten Besoldungsgruppe A XII erhalten ihr um 6 Jahre verkürztes Besoldungsdienstalter

Landgerichtsdirektor als Vorsitzender des Landesarbeitsgerichts München
Direktor der Landesstelle für Gewässerkunde [1])
Direktor der Universitätsbibliothek München [1])
Direktor des Museums für Völkerkunde [1])
Direktor der Münzsammlung [1])
Direktor der Höheren technischen Staatslehranstalt Nürnberg [1])
Direktor der Graphischen Sammlung [1])
Direktor des Topographischen Bureaus [1])
Direktor der Museen und Sammlungen des ehemaligen Kronguts [1])
Direktoren der Oberversicherungsämter [1]), soweit nicht in Besoldungsgruppe A 1 a.

[1]) Die am 1. Okt. 1927 im Amte gewesenen Stelleninhaber mit den Bezügen der alten Besoldungsgruppe A XIII erhalten für ihre Person die Bezüge der Besoldungsgruppe A 1 a.

c) 7200 — 7800 — 8400 — 9000 — 9600 — 10100 — 10600 — 11100 — 11600 — 12100 — 12600 *RM* jährlich.

Wohnungsgeldzuschuß:
III in der ersten bis fünften Dienstaltersstufe,
II von der sechsten Dienstaltersstufe an.

Überleitung: Die Beamten erhalten ihr bisheriges Besoldungsdienstalter.

Ordentliche Hochschulprofessoren.

d) 7100—7800—8500—9200—9900—10600 *RM* jährlich.

Wohnungsgeldzuschuß:
III in der ersten bis fünften Dienstaltersstufe,
II in der sechsten Dienstaltersstufe.

Überleitung: Beamte mit den Bezügen der alten Besoldungsgruppe XII erhalten ihr bisheriges Besoldungsdienstalter, im günstigsten Falle ein solches von 8 Jahren,

Beamte mit den Bezügen der alten Besoldungsgruppe XII und einer pensionsfähigen Zulage von 1800 *RM* erhalten ihr bisheriges Besoldungsdienstalter, im günstigsten Falle ein solches von 10 Jahren.

Amtsgerichtsdirektoren als dienstaufsichtführende Richter von Amtsgerichten mit Bezirken von über 100000 Einwohnern

Oberstudiendirektoren in gehobener Dienstesstellung als Vorstände von neunklassigen höheren Lehranstalten

Direktor der Kunstgewerbeschule Nürnberg [1])

1. Kapellmeister der Staatstheater [1])

Direktor bei der Generaldirektion der Staatstheater

Oberbergdirektor der Generaldirektion der Berg-, Hütten- und Salzwerke [1])

Direktor des Hauptmünzamts

Direktor des Landesvermessungsamts

Direktor der Landesanstalt für Pflanzenbau und Pflanzenschutz

Direktor der Landesanstalt für Moorwirtschaft

Direktor des Flurbereinigungsamts München.

---

[1]) Der am 1. Okt. 1927 im Amte gewesene Stelleninhaber mit den Bezügen der alten Besoldungsgruppe A XIII erhält für seine Person die Bezüge der Besoldungsgruppe A 1 a.

Besoldungsgruppe 2.

a) 7000 — 7500 — 8000 — 8500 — 8900 — 9300 — 9700 *RM* jährlich.

Wohnungsgeldzuschuß: III.

Überleitung: Beamte mit den Bezügen der alten Besoldungsgruppe XII erhalten ihr bisheriges Besoldungsdienstalter.

Oberregierungsräte
Gesandtschaftsräte
Staatsarchivdirektoren
Oberlandesgerichtsräte
Oberstaatsanwälte der Oberlandesgerichte und Landgerichte
Landgerichtsdirektoren
Amtsgerichtsdirektoren als dienstaufsichtführende Richter von Amtsgerichten mit Bezirken von über 75000—100000 Einwohnern
Amtsgerichtsdirektoren als Abteilungsvorstände bei Amtsgerichten mit Bezirken von über 100000 Einwohnern
Direktor der Landesanstalt für Kurzschrift [1])
Polizeidirektoren, soweit nicht in Besoldungsgruppe A 1 a*
Polizeioberstleutnante [2]) [3])
Polizeiobermedizinalräte [2])
Direktor der Veterinärpolizeilichen Anstalt in Schleißheim
Direktoren der Bakteriologischen Untersuchungsanstalten
Direktoren der Untersuchungsanstalten für Nahrungs- und Genußmittel
Direktor des Arbeitshauses Rebdorf
Direktoren der Hochschulbibliotheken, soweit nicht in Besoldunggruppe A 1 b
Direktoren der zoologischen und prähistorischen Staatssammlung in München
Oberstudiendirektoren als Vorstände von 9klassigen höheren Lehranstalten, soweit nicht in Besoldungsgruppe A 1 d
Oberstudiendirektoren als Vorstände von 6klassigen höheren Lehranstalten mit mehr als 13 Klassen
Oberstudiendirektoren der Lehrer- und Lehrerinnenbildungsanstalten

---

*) Eingeschaltet durch Bek. v. 29. März 1930 (GVBl. S. 107).

Oberbauräte der Höheren technischen Staatslehranstalt Nürnberg als Abteilungsleiter
Direktor der Höheren technischen Staatslehranstalt Kaiserslautern
Direktor der Bauschule in München
Direktor der Landeswetterwarte
Abteilungsdirektoren der Staatsbibliothek
Ordentliche Professoren der Akademie der bildenden Künste
Ordentliche Professoren der Kunstgewerbeschulen
Ordentliche Professoren der Akademie der Tonkunst
Direktor des Staatskonservatoriums der Musik in Würzburg
Direktor des Hofbrauamts
Direktor der Staatshauptkasse
Direktor des Landesamts für Arbeitsvermittlung
Direktor der Lehr- und Versuchsanstalt für Wein- und Obstbau in Neustadt a. H.
Direktoren der Flurbereinigungsämter, soweit nicht in Besoldungsgruppe A 1 d.

---

[1]) Der am 1. Okt. 1927 im Amte gewesene Stelleninhaber mit den Bezügen der alten Besoldungsgruppe A XIII erhält für seine Person die Bezüge der Besoldungsgruppe A 1 a.

[2]) Erhalten den Endgrundgehalt.

[3]) Die am 1. Okt. 1927 im Amte gewesenen etatmäßigen Oberstleutnante der Schutzmannschaft und Gendarmerie erhalten für ihre Person die Bezüge der Besoldungsgruppe A 2 b. Nach Überführung in das neue Polizeibeamtenrecht treten sie rückwirkend ab 1. Oktober 1927 in die Besoldungsgruppe A 2 a über.

b) 5400 — 6000 — 6500 — 7000 — 7400 — 7800 — 8200 — 8600 — 9000 *RM* jährlich.

Wohnungsgeldzuschuß: III.

Überleitung: Beamte mit den Bezügen der alten Besoldungsordnung A XII erhalten ihr um 4 Jahre verbessertes Besoldungsdienstalter;

Beamte mit den Bezügen der alten Besoldungsgruppe A XI erhalten ihr bisheriges Besoldungsdienstalter.

Oberarchivräte [1])
Oberarchivrat im Kriegsarchiv [1])
Stellvertretende Landgerichtsdirektoren [1])

Amtsgerichtsdirektoren[1]) als dienstaufsichtführende Richter von Amtsgerichten mit Bezirken von über 40000 bis 75000 Einwohnern
Amtsgerichtsdirektoren[1]) als Abteilungsvorstände bei Amtsgerichten mit Bezirken von über 75000—100000 Einwohnern
Obermedizinalräte[1])[2])
Bezirksoberamtmänner[1])[3]), soweit nicht in Besoldungsgruppe A 2 d*
Regierungsoberbauräte[1])
Oberbibliothekräte[1])
Oberstudienräte[1])
Studiendirektoren[1]) als Vorstände von 6klassigen höheren Lehranstalten mit 9 bis 13 Klassen und als Vorstände von Doppelanstalten
Direktor der Landesturnanstalt[1])
Oberbauräte[1]) der Höheren technischen Staatslehranstalt Nürnberg, soweit nicht in Besoldungsgruppe A 2 a, und der Bauschule in München
Oberbaurat als Leiter des Gewerbelehrerinstituts in München
Direktor der Bauschule Coburg
Abteilungsdirektoren bei den wissenschaftlichen Anstalten und bei den Kunstsammlungen des Staates[1])
Direktor des Museums für antike Kleinkunst[1])
Oberforstmeister[1])
Regierungsoberbergräte[1])
Weingutsdirektor
Regierungsobervermessungsräte[1])
Oberlandwirtschaftsräte als Direktoren von Landwirtschaftsschulen in gehobener Dienstesstellung
Oberveterinärräte[1])
Landstallmeister[1])
Gestütsdirektoren[1])

---

[1]) Die am 1. Okt. 1927 im Amte gewesenen Stelleninhaber mit den Bezügen der alten Besoldungsgruppe XII erhalten für ihre Person die Bezüge der Besoldungsgruppe A 2 a.

[2]) Erhalten außerdem Gebühren nach Maßgabe der hierüber bestehenden Vorschriften.

[3]) Der am 1. Okt. 1927 im Amte gewesene Vorstand des Bezirksamts Coburg erhält für seine Person die Bezüge der Besoldungsgruppe A 1 a.

*) Zu vgl. Bek. v. 29. März 1930 (GVBl. S. 109).

c) 5700 — 6200 — 6700 — 7200 — 7700 — 8200 — 8600 — 9000 *RM* jährlich.

Wohnungsgeldzuschuß: III.

Überleitung: Die Beamten erhalten ihr bisheriges Besoldungsdienstalter.

Außerordentliche Hochschulprofessoren.

d) 5700 — 6100 — 6500 — 6900 — 7300 — 7700 — 8100 — 8400 *RM* jährlich.

Wohnungsgeldzuschuß: III.

Überleitung: Beamte mit den Bezügen der alten Besoldungsgruppe A XI erhalten ihr bisheriges Besoldungsdienstalter;

Beamte mit den Bezügen der alten Besoldungsgruppe A X erhalten ihr um 4 Jahre verkürztes Besoldungsdienstalter.

Regierungsräte I. Klasse, soweit nicht in Besoldungsgruppe A 2 e
Legationsräte
Staatsarchivräte I. Klasse
Archivräte I. Klasse im Kriegsarchiv
I. Staatsanwälte [1])
Amtsgerichtsräte [2])
Oberamtsrichter [2]) als Vorstände von Amtsgerichten *
Landgerichtsräte [2])
Direktoren der Strafanstalten und Gerichtsgefängnisse
Medizinalräte I. Klasse
Veterinärmedizinalräte I. Klasse
Oberpfarrer
Bezirksoberamtmänner, soweit nicht in Besoldungsgruppe A 2 b **
Landesfischereirat
Polizeimajore [3]) [4])
Gendarmeriemajore [3]) [4])
Polizeimedizinalräte I. Klasse [3])
Polizeiveterinärräte I. Klasse [3])
Bauamtsdirektoren
Regierungsbauräte I. Klasse

*) Eingeschaltet durch Bek. v. 29. März 1930 (GVBl. S. 109).
**) Zu vgl. Bek. v. 29. März 1930 (GVBl. S. 107).

Bezirksärzte [5]), soweit nicht in Besoldungsgruppe A 2 f
Landesimpfarzt
Bezirkstierärzte [5]), soweit nicht in Besoldungsgruppe A 2 f
Regierungschemieräte I. Klasse
Direktoren der Staatserziehungsanstalten
Apothekendirektor der Poliklinik der Universität München
Universitätsmusikdirektor
Außerordentliche Professoren der Akademie der bildenden Künste
Außerordentliche Professoren der Kunstgewerbeschulen
Außerordentliche Professoren der Akademie der Tonkunst
Studiendirektoren als Vorstände von höheren Lehranstalten, soweit nicht in Besoldungsgruppe A 2 b
Studienprofessoren
Professoren der Höheren technischen Staatslehranstalten in Nürnberg und Kaiserslautern
Professoren der Bauschulen
Forstmeister
Staatsoberbibliothekare
Hauptkonservatoren
Hauptobservatoren
Regierungsschulräte
Direktor der Staatsbrauerei Weihenstephan
Direktor der Höheren Staatslehranstalt für Gartenbau in Weihenstephan [6])
Direktor der Landestaubstummenanstalt
Direktor der Landesblindenanstalt
Direktor der Landesanstalt für krüppelhafte Kinder
Messungsamtsdirektoren
Regierungsvermessungsräte I. Klasse
Regierungsbergräte I. Klasse
Münzwardein
Gärtendirektor der Verwaltung des ehem. Kronguts [6])
Direktor der Residenzapotheke in München
Regierungsgewerberäte I. Klasse
Regierungswohnungsräte I. Klasse
Direktor der Landessaatzuchtanstalt *
Direktoren der Landwirtschaftsschulen
Landwirtschaftsräte I. Klasse

*) Eingeschaltet durch Bek. v. 29. März 1930 (GVBl. S. 107

Tierzuchtdirektoren
Direktor der Lehranstalt für Wein-, Obst- und Gartenbau in Veitshöchheim
Direktor der Landesanstalt für Bienenzucht
Regierungsgeologen I. Klasse*

¹) Bei der Ernennung zum Amtsgerichtsrat oder Oberamtsrichter oder Landgerichtsrat behält der Beamte die Bezüge der Besoldungsgruppe A 2 d.*)
²) Vgl. Anmerkung 1.
³) Erhalten den Grundgehalt von 7700 RM und nach 2 Dienstjahren den Endgrundgehalt.
⁴) Die am 1. Okt. 1927 im Amte gewesenen etatmäßigen Majore der Schutzmannschaft und der Gendarmerie erhalten für ihre Person die Bezüge der Besoldungsgruppe A 2 g. Nach Überführung in das neue Polizeibeamtenrecht treten sie rückwirkend ab 1. Okt. 1927 in die Besoldungsgruppe A 2 d über.
⁵) Erhalten außerdem Gebühren nach Maßgabe der hierüber bestehenden besonderen Vorschriften.
⁶) Der am 1. Okt. 1927 im Amte gewesene Stelleninhaber erhält für seine Person die Bezüge der Besoldungsgruppe A 2 a.

e) 4 800 — 5 200 — 5 600 — 6 000 — 6 400 — 6 800 — 7 200 — 7 500 — 7 800 — 8 100 — 8 400 *RM* jährlich.

Wohnungsgeldzuschuß:
IV in der ersten bis dritten Dienstaltersstufe,
III von der vierten Dienstaltersstufe an.

Überleitung: Beamte mit den Bezügen der alten Besoldungsgruppe A XI erhalten ihr um 4 Jahre verbessertes Besoldungsdienstalter;

Beamte mit den Bezügen der alten Besoldungsgruppe A X erhalten ihr bisheriges Besoldungsdienstalter, im günstigsten Falle ein solches von 14 Jahren.

Amtsgerichtsräte
Oberamtsrichter als Vorstände von Amtsgerichten*
Landgerichtsräte
Landgerichtsärzte ¹)
Regierungsräte und Regierungsräte I. Klasse der Landesanstalt für Kurzschrift
Direktor der staatlichen brautechnischen Versuchsstation in Weihenstephan

¹) Erhalten außerdem Gebühren nach Maßgabe der hierüber bestehenden besonderen Vorschriften.
*) Zu vgl. Bek. v. 29. März 1930 (GVBl. S. 107).

f) 4800 — 5200 — 5600 — 6000 — 6400 — 6800 — 7200 — 7500 RM jährlich.

Wohnungsgeldzuschuß:
IV in der ersten bis dritten Dienstaltersstufe,
III von der vierten Dienstalterstufe an.

Überleitung: Beamte mit den Bezügen der alten Besoldungsgruppe A X erhalten ihr bisheriges Besoldungsdienstalter, im günstigsten Falle ein solches von 14 Jahren;

Beamte mit den Bezügen der alten Besoldungsgruppe A IX erhalten ihr um 4 Jahre verkürztes Besoldungsdienstalter, im günstigsten Falle ein solches von 6 Jahren.

Regierungsräte [1]), soweit nicht in Besoldungsgruppe A 2 e
Legationssekretäre
Staatsarchivräte [1])
Archivräte im Kriegsarchiv [1])
II. Staatsanwälte *
Amtsanwälte im Hauptamte mit Befähigung zum Richteramt
Stellvertretende Notare **
Pfarrer [1])
Gefängnisärzte [1])
Strafanstaltsärzte [1])
Bezirksamtmänner *
Regierungsbauräte [1])
Bezirksärzte [2]) } soweit nicht in Besoldungsgruppe A 2 d
Bezirkstierärzte [2]) }
Oberärzte [1])
Regierungschemieräte [1])
Studienräte [1])
Bauräte der Höheren technischen Staatslehranstalten und der Bauschulen [1])
Direktor der staatlichen Industrie- und Gewerbeschule in Neustadt b. Coburg
Landwirtschaftsräte [1])

---

*) Zu vgl. Bek. v. 29. März 1930 (GVBl. S. 107).
**) Der Vertrag: „Stellvertretende Notare gestrichen durch Bek. v. 29. März 1930 (GVBl. S. 107).

Lektoren der Hochschulen [1])
Konservatoren [1])
Observatoren [1])
Staatsbibliothekare [1])
Konzertmeister der Staatstheater
Regierungsbergräte [1])
Münzrat [1])
Regierungsforsträte [1])
Regierungsbotaniker [1])
Regierungsvermessungsräte [1])
Oberapotheker
Regierungswohnungsräte [1])
Fürsorgeärzte bei den Kreishauptfürsorgestellen [1])
Regierungsgewerberäte [1])
Gestütstierärzte [1])
Regierungsgeologen [1])

[1]) Beamte mit einem Besoldungsdienstalter von mehr als 18 Jahren dürfen bei sonst gegebenen Voraussetzungen für ihre Person in die Besoldungsgruppe A 2 d befördert werden. An die Stelle des Besoldungsdienstalters von 18 Jahren tritt ein Besoldungsdienstalter von 20 Jahren, wenn der Beamte nicht das Reifezeugnis einer neunklassigen höheren Lehranstalt oder einer früheren bayerischen Industrieschule besitzt.

[2]) Erhalten außerdem Gebühren nach Maßgabe der hierüber bestehenden besonderen Vorschriften.

g) 4 800 — 5 200 — 5 600 — 6 000 — 6 400 — 6 800 — 7 200 — 7 500 — 7 800 *RM* jährlich.

Wohnungsgeldzuschuß:

IV in der ersten bis dritten Dienstaltersstufe,
III von der vierten Dienstaltersstufe an.

Überleitung: Beamte mit den Bezügen der alten Besoldungsgruppe A XI erhalten ihr um 4 Jahre verbessertes Besoldungsdienstalter;

Beamte mit den Bezügen der alten Besoldungsgruppe A X erhalten ihr bisheriges Besoldungsdienstalter, im günstigsten Falle ein solches von 12 Jahren.

Ministerialrechnungsräte
Oberamtmann bei der Gesandtschaft in Berlin
Kreisschulräte

Besoldungsgruppe 3.

a) 4 800 — 5 200 — 5 600 — 6 000 — 6 400 — 6 700 — 7 000 *RM* jährlich.

Wohnungsgeldzuschuß:

IV in der ersten bis dritten Dienstaltersstufe,
III von der vierten Dienstaltersstufe an.

Überleitung: Beamte mit den Bezügen der alten Besoldungsgruppe A X erhalten ihr bisheriges Besoldungsdienstalter;

Beamte mit den Bezügen der alten Besoldungsgruppe A IX erhalten ihr um 4 Jahre verkürztes Besoldungsdienstalter, im günstigsten Falle ein solches von 6 Jahren.

Amtmänner [1])
Rechnungsräte
Oberlehrer bei den Strafanstalten, Arbeitshäusern und Staatserziehungsanstalten, soweit nicht in Besoldungsgruppe A 4 a
Hauptkassiere
Polizeischulrat
Hochschulrentamtmänner
Bezirksschulräte
Oberlehrer bei der Landestaubstummenanstalt und bei der Landesblindenanstalt, soweit nicht in Besoldungsgruppe A 4 a
Kammervirtuosen der Staatstheater

[1]) Die Amtsbezeichnung kann mit der Bezeichnung der Behörde oder der besonderen Verwendung verbunden werden.

b) 4 800 — 6 000 — 6 900 *RM* jährlich.

Wohnungsgeldzuschuß:

IV in der ersten Dienstaltersstufe,
III von der zweiten Dienstaltersstufe an.

Polizeihauptleute [1])
Gendarmeriehauptleute [1])
Polizeimedizinalräte
Polizeiveterinärräte

---

[1]) Die am 1. Okt. 1927 im Amte gewesenen etatmäßigen Hauptleute und Hauptleute I. Klasse der Schutzmannschaft und der Gendarmerie erhalten für ihre Person folgende Grundgehälter: 4100 — 4400 — 4800 — 5100 — 5500 — 5900 — 6300 — 6700 RM jährlich. Wohnungsgeldzuschuß IV in der ersten bis fünften Dienstaltersstufe, III von der sechsten Dienstaltersstufe an. Beamte mit den Bezügen der alten Besoldungsgruppe A X erhalten bei der Überleitung ihr um 4 Jahre verbessertes Besoldungsdienstalter, Beamte mit den Bezügen der alten Besoldungsgruppe A IX erhalten ihr bisheriges Besoldungsdienstalter. Nach Überführung in das neue Polizeibeamtenrecht treten sie rückwirkend ab 1. Okt. 1927 in die Besoldungsgruppe A 3 b über.

Besoldungsgruppe 4.

a) 4 100 — 4 400 — 4 700 — 4 950 — 5 200 — 5 500 — 5 800 *RM* jährlich.

Wohnungsgeldzuschuß: IV.

Überleitung: Beamte mit den Bezügen der alten Besoldungsgruppe A IX erhalten ihr bisheriges Besoldungsdienstalter;

Beamte mit den Bezügen der alten Besoldungsgruppe A VIII erhalten ihr um 4 Jahre verkürztes Besoldungsdienstalter.

Oberinspektoren [1])
Rechnungsoberinspektoren
Oberlehrer [2]) [3])
Hauptkassenverwalter
Polizeioberlehrer [4])
Verwaltungsoberinspektor als Leiter der Hauptstelle der Betriebskrankenkasse der Staatsbauverwaltung
Forstoberinspektoren
Gartenbauoberlehrer
Studienlehrer
Gartenoberinspektoren

Kammermusiker in gehobenen Stellen
Obereinfahrer
Obertopographen
Lehrbraumeister der Versuchs- und Lehrbrauerei Weihenstephan
Eisenbahnoberinspektor
Katasteroberinspektor
Lithographieoberinspektor
Planoberinspektoren
Gewerbeoberinspektoren
Bergoberinspektoren.

---

[1]) Die Amtsbezeichnung kann mit der Bezeichnung der Behörde oder der besonderen Verwendung verbunden werden.

[2]) Oberlehrer als Fortbildungsleiter erhalten auf die Dauer dieser Dienstesaufgabe eine widerrufliche nichtruhegehaltsfähige Zulage, und zwar bei Zuteilung von 1 bis 5 Fortbildungspflichtigen im Betrage von 600 RM jährlich, bei Zuteilung von 6 mit 10 Fortbildungspflichtigen 900 RM jährlich, bei Zuteilung von mehr als 10 Fortbildungspflichtigen im Betrage von 1200 RM jährlich.

Die Zulage wird nicht gewährt den Oberlehrern, die am 1. Okt. 1927 die Bezüge der alten Besoldungsgruppe A X hatten; sie erhalten für ihre Person die Bezüge der Besoldungsgruppe A 3a.

[3]) Oberlehrer als Leiter von Volksschulen mit 13 und mehr Schulklassen oder als Leiter von Hilfsschulen mit 3 und mehr Klassen erhalten auf die Dauer dieser Dienstesaufgabe eine widerrufliche nichtruhegehaltsfähige Zulage von 400 RM jährlich.

[4]) Polizeioberlehrer als Schulleiter bei den Polizeischulen und in den Polizeistandorten München, Nürnberg und Augsburg erhalten auf die Dauer dieser Dienstesaufgabe eine widerrufliche nichtruhegehaltsfähige Zulage von 400 RM jährlich.

b) 2 800 — 3 050 — 3 300 — 3 550 — 3 800 — 4 000 — 4 200 — 4 400 — 4 600 — 4 800 — 5 000 RM jährlich.

Wohnungsgeldzuschuß:
V in der ersten bis dritten Dienstaltersstufe,
IV von der vierten Dienstaltersstufe an.

Überleitung: Beamte mit den Bezügen der alten Besoldungsgruppe A VIII erhalten ihr um 4 Jahre verbessertes Besoldungsdienstalter und den Wohnungsgeldzuschuß der Tarifklasse IV;

Beamte mit den Bezügen der alten Besoldungsgruppe A VII erhalten ihr bisheriges Besoldungsdienstalter, im günstigsten Falle ein solches von 14 Jahren.

Ministerialkanzleiinspektoren [1])
Obersekretäre [2]) [3]), soweit nicht in Besoldungsgruppe A 5 a
Inspektoren [2])
Rechnungsinspektoren
Bauverwalter
Hauptlehrer [4]) [5]) [6])
Forstverwalter
Oberforstverwalter
Kassiere
Weinkontrolleure
Oberbauverwalter
Garteninspektoren
Lehrer der Volksschulen [4]) [5]) [6])
Fachlehrerinnen und Fachhauptlehrerinnen der weiblichen höheren Unterrichtsanstalten und an den Landesanstalten für taubstumme, blinde und krüppelhafte Kinder
Fachschulhauptlehrer der staatlichen Industrie- und Gewerbeschule Neustadt bei Coburg
Gartenbaulehrer
Kammermusiker [6])
Steiger
Obersteiger
Fahrsteiger
Schloßinspektoren
Technische Inspektoren und Hütteningenieure der Berg-, Hütten- und Salzwerkverwaltung
Ministerialkartographen
Katasterinspektoren
Lithographieinspektoren
Topographen
Planinspektoren
Gewerbekommissäre
Gewerbeinspektoren
Ökonomieinspektoren bei der Landessaatzuchtanstalt Weihenstephan und den Moorwirtschaftsstellen Bernau und Karlshuld

Melkinspektor
Bergkommissäre
Berginspektoren

---

[1]) Die am 1. Okt. 1927 im Amte gewesenen Ministerialkanzleivorstände mit den Bezügen der alten Besoldungsgruppe A X erhalten für ihre Person die Bezüge der Besoldungsgruppe A 3 a.

[2]) Die Amtsbezeichnung kann mit der Bezeichnung der Behörde oder der besonderen Verwendung verbunden werden.

[3]) Obersekretäre, die nach den bestehenden Bestimmungen oder Beförderungsgrundsätzen nicht in die alte Besoldungsgruppe A VIII befördert werden konnten oder künftig nicht in die Besoldungsgruppe A 4 b befördert werden können, werden der Besoldungsgruppe A 5 a zugeteilt.

[4]) Lehrer und Hauptlehrer als Fortbildungsleiter erhalten auf die Dauer dieser Dienstesaufgabe eine widerrufliche nichtruhegehaltsfähige Zulage, und zwar bei Zuteilung von 1 mit 5 Fortbildungspflichtigen im Betrage von 600 RM jährlich, bei Zuteilung von 6 mit 10 Fortbildungspflichtigen im Betrage von 900 RM jährlich, bei Zuteilung von mehr als 10 Fortbildungspflichtigen im Betrage von 1200 RM jährlich.

[5]) Lehrer und Hauptlehrer als Leiter von Volksschulen mit 13 und mehr Schulklassen erhalten auf die Dauer dieser Dienstesaufgabe eine widerrufliche nichtruhegehaltsfähige Zulage von 400 RM jährlich.

[6]) Bei der Ernennung zum Hauptlehrer der Strafanstalten, Arbeitshäuser, Staatserziehungsanstalten, Polizeischulen, dann der Landesanstalten für taubstumme, blinde und krüppelhafte Kinder sowie bei der erstmaligen Ernennung zum ständigen Lehrer an einer Hilfsschule und bei der Ernennung zum Kammermusiker wird das Besoldungsdienstalter um 4 Jahre verbessert.

c) 3 400 — 3 800 — 4 200 *RM* jährlich.

Wohnungsgeldzuschuß: IV.

Polizeiassistenzärzte
Polizeioberärzte
Polizeiveterinäre
Polizeioberveterinäre

d) 2 400 — 2 700 — 3 100 — 3 400 — 3 800 — 4 200 *RM* jährlich.

Wohnungsgeldzuschuß:

für Oberleutnante IV,
für Leutnante V in der ersten bis dritten Dienstaltersstufe,
IV von der vierten Dienstaltersstufe an.

Polizeileutnante
Polizeioberleutnante
Gendarmerieoberleutnante

Besoldungsgruppe 5.

a) 2 800 — 3 000 — 3 200 — 3 400 — 3 600 — 3 750 — 3 900 — 4 050 — 4 200 *RM* jährlich.

Wohnungsgeldzuschuß:

V in der ersten bis dritten Dienstaltersstufe,
IV von der vierten Dienstaltersstufe an.

Überleitung: Beamte mit den Bezügen der alten Besoldungsgruppe A VII erhalten ihr bisheriges Besoldungsdienstalter.

Obersekretäre, soweit nicht in Besoldungsgruppe A 4 b
Oberverwalter der Strafanstalten, der Gerichtsgefängnisse, des Obsorgeamts und der Arbeitshäuser
Ökonomieoberverwalter
Oberverwalter des Polizeigefängnisses München
Kriminaloberkommissäre
Oberkommissäre der uniformierten Staatspolizei
Obersekretäre bei den höheren Lehranstalten
Forstobersekretäre
Schiffahrtsverwalter
Obersekretäre der lithographischen Abteilung und der Katasterabteilung des Landesvermessungsamts sowie im kartographischen Dienste des Topographischen Bureaus und im karthographischen Dienste des Oberbergamts
Oberschloßverwalter
Obergartenverwalter

b) 2 300 — 2 550 — 2 800 — 3 000 — 3 200 — 3 400 — 3 600 — 3 800 — 4 000 — 4 200 *RM* jährlich.

Wohnungsgeldzuschuß:

V in der ersten bis fünften Dienstaltersstufe,
IV von der sechsten Dienstaltersstufe an.

Überleitung: Beamte mit den Bezügen der alten Besoldungsgruppe A VII erhalten ihr um 4 Jahre verbessertes Besoldungsdienstalter;

Beamte mit den Bezügen der alten Besoldungsgruppe A VI erhalten ihr bisheriges Besoldungsdienstalter, im günstigsten Falle ein solches von 12 Jahren.

Ministerialkanzleiobersekretäre
Druckereioberfaktoren
Betriebsverwalter der Strafanstalten
Vollstreckungssekretäre [1])
Vollstreckungsobersekretäre [1])
Fachlehrer der Akademie der bildenden Künste und Kunstgewerbeschulen
Restauratoren
Zahntechniker der Universitäten
Hauptpräparator der zoologischen Staatssammlung
Oberbeleuchtungsmeister
Obergarderobemeister
Obertheatermeister

[1]) Erhalten außerdem einen Anteil an den Gebühren nach Maßgabe der bestehenden Vorschriften.

c) 2 350 — 2 500 — 2 650 — 2 800 — 2 950 — 3 100 — 3 250 — 3 400 — 3 600 — 4 000 — 4 200 *RM* jährlich.

Wohnungsgeldzuschuß:

V in der ersten bis siebenten Dienstaltersstufe,

IV von der achten Dienstaltersstufe an.

Überleitung: Beamte mit den Bezügen der alten Besoldungsgruppe A VII erhalten ihr um 4 Jahre verbessertes Besoldungsdienstalter;

Beamte mit den Bezügen der alten Besoldungsgruppe A VI erhalten ihr bisheriges Besoldungsdienstalter, im günstigsten Falle ein solches von 16 Jahren.

Polizeipflegerinnen
Polizeioberpflegerinnen
Handarbeits- und Hauswirtschaftslehrerinnen [1])
Handarbeits- und Hauswirtschaftshauptlehrerinnen [1])

[1]) Erhalten als Fachberaterinnen für die Dauer dieser Dienstesaufgabe eine widerrufliche nichtruhegehaltsfähige Zulage von 400 RM jährlich.

Besoldungsgruppe 6.

2400 — 2600 — 2750 — 2900 — 3050 — 3200 — 3350 — 3500 — 3600 RM jährlich.

Wohnungsgeldzuschuß: V.

Überleitung: Beamte mit den Bezügen der alten Besoldungsgruppe A VII erhalten ihr um 4 Jahre verbessertes Besoldungsdienstalter;

Beamte mit den Bezügen der alten Besoldungsgruppe A VI erhalten ihr bisheriges Besoldungsdienstalter.

Werkmeister
Oberwerkmeister [1])
Spitalverwalter der Strafanstalten, Gerichtsgefängnisse und Arbeitshäuser
Lehrbrennmeister des Instituts für landwirtschaftliche Gewerbe
Melklehrer

[1]) Die am 1. Okt. 1927 im Amte gewesenen Oberwerkmeister, die bereits den Wohnungsgeldzuschuß der Tarifklasse IV bezogen haben, erhalten diesen Wohnungsgeldzuschuß für ihre Person weiter.

Besoldungsgruppe 7.

a) 2350 — 2500 — 2650 — 2800 — 2950 — 3100 — 3200 — 3300 — 3400 — 3500 RM jährlich.

Wohnungsgeldzuschuß: V.

Überleitung: Beamte mit den Bezügen der alten Besoldungsgruppe A VI erhalten ihr bisheriges Besoldungsdienstalter.

Sekretäre [1])
Ministerialkanzleisekretäre
Kanzleiobersekretäre
Gefängnishauptverwalter
Bauführer
Ökonomieverwalter
Kriminalkommissäre
Kommissäre der uniformierten Staatspolizei
Oberflußmeister

Oberkanalmeister
Hafenobermeister
Revierförster
Forstsekretäre
Schiffskapitäne
Gartenverwalter
Schloßverwalter
Gewerberevisoren
Bergrevisoren

[1]) Die Amtsbezeichnung kann mit der Bezeichnung der Behörde oder besonderen Verwendung verbunden werden.

b) 2200 — 2350 — 2500 — 2600 — 2700 — 2800 — 2900 — 3000 — 3100 — 3200 *RM* jährlich.

Wohnungsgeldzuschuß: V.

Überleitung: Beamte mit den Bezügen der alten Besoldungsgruppe A VI erhalten ihr um 2 Jahre verbessertes Besoldungsdienstalter;

Beamte mit den Bezügen der alten Besoldungsgruppe A V erhalten ihr um 2 Jahre verkürztes Besoldungsdienstalter.

Gefängnisverwalter
Strafanstaltsverwalter
Verwalter der Arbeitshäuser
Erziehungsmeister der Staatserziehungsanstalten
Oberforstwarte

c) 2000 — 2100 — 2200 — 2300 — 2450 — 2550 — 2650 — 2750 — 2850 — 3000 *RM* jährlich.

Wohnungsgeldzuschuß: V.

Hauptwachtmeister der Kriminalpolizei und der uniformierten Staatspolizei[1])

[1]) Die am 1. Okt. 1927 im Amte gewesenen etatmäßigen Wachtmeister, Oberwachtmeister und Stationskommandanten der Schutzmannschaft und Gendarmerie sowie die Kriminalassistenten werden in die Besoldungsgruppe A 8 a übergeleitet. Nach Überführung in das neue Polizeibeamtenrecht treten sie rückwirkend ab 1. Okt. 1927 nach Maßgabe der vom Staatsministerium des Innern im Einvernehmen mit dem Staatsministerium der Finanzen zu erlassenden Bestimmungen in die Besoldungsgruppe A 8 b und A 7 c über.

Besoldungsgruppe 8.

a) 2000 — 2090 — 2180 — 2270 — 2360 — 2450 — 2540 — 2620 — 2700 RM jährlich.

Wohnungsgeldzuschuß: V.

Überleitung: Beamte mit den Bezügen der alten Besoldungsgruppe A V erhalten ihr bisheriges Besoldungsdienstalter;

Beamte mit den Bezügen der alten Besoldungsgruppe A IV erhalten ihr um 4 Jahre verkürztes Besoldungsdienstalter.

Assistenten [1]) im Verwaltungsdienst
Ministerialkanzleiassistenten
Ministerialhausverwalter
Kanzleiassistenten der Gesandtschaften
Kanzleisekretäre
Oberwerkführer
Oberpräparatoren
Flußmeister
Kanalmeister
Hafenmeister
Förster
Lokomotivführer
Gartenmeister
Weinbergmeister
Steuermänner
Schiffsmaschinenmeister
Seewart
Ökonomiebaumeister

---

[1]) Die Amtsbezeichnung kann mit der Bezeichnung der Behörde oder besonderen Verwendung verbunden werden.

b) 1860 — 1980 — 2220 — 2340 RM jährlich.

Wohnungsgeldzuschuß:

VI in der ersten und zweiten Dienstaltersstufe,
V von der dritten Dienstaltersstufe an.

Oberwachtmeister der uniformierten Staatspolizei [1]) [2])

---

[1]) Vgl. Anmerkung 1 zu Besoldungsgruppe A 7 c.

[2]) Das Besoldungsdienstalter beginnt mit dem Ablaufe des vierten Polizeidienstjahres.

Besoldungsgruppe 9.

1 700 — 1 800 — 1 900 — 2 000 — 2 100 — 2 200 — 2 300 — 2 400 — 2 500 — 2 600 *RM* jährlich.

Wohnungsgeldzuschuß:

VI in der ersten bis vierten Dienstaltersstufe,
V von der fünften Dienstaltersstufe an.

Überleitung: Beamte mit den Bezügen der alten Besoldungsgruppe A V erhalten ihr um 4 Jahre verbessertes Besoldungsdienstalter;

Beamte mit den Bezügen der alten Besoldungsgruppe A IV erhalten ihr bisheriges Besoldungsdienstalter, im günstigsten Falle ein solches von 16 Jahren;

Beamte mit den Bezügen der alten Besoldungsgruppe A III erhalten ihr um 4 Jahre verkürztes Besoldungsdienstalter, im günstigsten Falle ein solches von 12 Jahren.

Kanzleiassistenten
Präparatoren
Maschinenmeister
Vollstreckungsassistenten
Gerichtsvollzieher in Strafsachen
Wachtmeister } der Strafanstalten, Gerichtsgefängnisse und
Aufseherinnen } Arbeitshäuser
Oberwachtmeister } der Strafanstalten, Ge-
Oberaufseherinnen } richtsgefängnisse und Ar-
Werkführer mit Aufsichtsdienst } beitshäuser
Werkführer beim Obsorgeamt
Wachtmeister }
Aufseherinnen } der Polizeigefängnisse
Oberwachtmeister }
Erzieher }
Obererzieher } der Staatserziehungsanstalten
Werkführer }
Pfleger }
Oberpfleger } der psychiatrischen Universitätskliniken
Oberhebammen der Universitätskliniken

Forstaufseher
Forstwarte
Verwalter der Walhalla
Obergeldzähler

Besoldungsgruppe 10.

1 600 — 1 690 — 1 780 — 1 870 — 1 960 — 2050 — 2 140 — 2 230 — 2 320 — 2 400 *RM* jährlich.

Wohnungsgeldzuschuß:

VI in der ersten bis sechsten Dienstaltersstufe,
V von der siebten Dienstaltersstufe an.

Überleitung: Beamte mit den Bezügen der alten Besoldungsgruppe A IV erhalten ihr um 4 Jahre verbessertes Besoldungsdienstalter;

Beamte mit den Bezügen der alten Besoldungsgruppe A III erhalten ihr bisheriges Besoldungsdienstalter, im günstigsten Falle ein solches von 14 Jahren.

Ministerialoffizianten
Ministerialoberoffizianten [1])
Kanzleigehilfen
Hausverwalter
Oberoffizianten der Gesandtschaften
Maschinisten [2])
Obermaschinisten
Druckereioffizianten [2])
Werkführer, soweit nicht in Besoldungsgruppe A 9
Oberoffizianten des Obersten Landesgerichts
Oberoffizianten des Verwaltungsgerichtshofs
Kraftwagenführer
Rottmeister
Flußaufseher
Flußoberaufseher
Kanaloberaufseher
Hafenoberaufseher
Hochschuloberoffizianten
Akademieoberoffizianten

Sammlungsoberoffizianten
Bibliothekoberoffizianten
Obermechaniker
Geldzähler
Gärtner [2])
Obergärtner
Oberoffizianten der Staatstheater [1])
Brunnmeister
Münzoffizianten [2])
Weinbergaufseher
Weinbergoberaufseher
Schiffsmaschinisten
Obermatrosen
Oberoffizianten des Obersten Rechnungshofs [1])
Messungsoberoffizianten
Kastellane
Fernsprechgehilfen
Ökonomieaufseher
Ökonomieoberaufseher
Gestütsschmiede
Obergestütsschmiede
Obergestütsaufseher
Bienenmeister

---

[1]) Die am 1. Okt. 1927 im Amte gewesenen Stelleninhaber mit den Bezügen der alten Besoldungsgruppe A V erhalten für ihre Person die Bezüge der Besoldungsgruppe A 8 a.

[2]) Dieser Besoldungsgruppe werden nur solche Maschinisten, Gärtner, Druckereioffizianten und Münzoffizianten zugeteilt, die handwerksmäßig vorgebildet sind und von denen zur Erledigung ihrer Amtsgeschäfte eine handwerksmäßige Vorbildung gefordert wird. Soweit eine dieser beiden Voraussetzungen nicht erfüllt ist, sind die Beamten der Besoldungsgruppe A 11 zuzuteilen.

Besoldungsgruppe 11.

1500 — 1590 — 1680 — 1770 — 1860 — 1950 — 2040 — 2120 — 2200 *RM* jährlich.

Wohnungsgeldzuschuß:

VI in der ersten bis sechsten Dienstaltersstufe,
V von der siebten Dienstaltersstufe an.

Überleitung: Beamte mit den Bezügen der alten Besoldungsgruppe A III erhalten ihr um 4 Jahre verbessertes Besoldungsdienstalter;

Beamte mit den Bezügen der alten Besoldungsgruppe A II erhalten ihr bisheriges Besoldungsdienstalter, im günstigsten Falle ein solches von 14 Jahren.

Amtswarte [1])
Amtsoffizianten [1])
Hausmeister
Heizer } soweit nicht in Besoldungsgruppe A 10
Maschinisten } soweit nicht in Besoldungsgruppe A 10
Straßenaufseher
Straßenoberaufseher
Schleusenoberaufseher
Magazinsoberaufseher
Kanalwärter
Kanalaufseher
Hafenaufseher
Sammlungswarte
Sammlungsoffizianten
Schulwarte
Schuloffizianten
Messungswarte
Münzgehilfen
Matrosen
Messungsoffizianten
Parkaufseher
Schloßwarte
Schloßoffizianten
Ökonomiewarte
Gestütswärter
Gestütsaufseher.

---

[1]) Die Amtsbezeichnung kann mit der Bezeichnung der Behörde oder besonderen Verwendung verbunden werden.

Besoldungsgruppe 12.

1500 — 1580 — 1650 — 1730 — 1800 — 1880 — 1950 — 2030 — 2100 *RM* jährlich.

Wohnungsgeldzuschuß: VI.

Überleitung: Beamte mit den Bezügen der alten Besoldungsgruppe A II erhalten ihr bisheriges Besoldungsdienstalter;

Beamte mit den Bezügen der alten Besoldungsgruppe A I erhalten ihr um 4 Jahre verkürztes Besoldungsdienstalter.

Schleusenwärter
Schleusenaufseher
Magazinswärter
Magazinsaufseher
Brunnwärter
Fischereigehilfe.

Anlage 2.

Besoldungsordnung B.

Einzelgehälter.

Besoldungsgruppe 1.

19 000 *RM* jährlich.

Wohnungsgeldzuschuß: I.

Staatsräte
Präsident des Obersten Landgerichts
Präsident des Verwaltungsgerichtshofs
Präsident des Obersten Rechnungshofs.

Besoldungsgruppe 2.

18 000 *RM* jährlich.

Wohnungsgeldzuschuß: I.

Präsidenten der Oberlandesgerichte [1])
Regierungspräsidenten [2]).

---

[1]) Der am 1. Okt. 1927 im Amte gewesene Präsident des Oberlandesgerichts München erhält für seine Person die Bezüge der Besoldungsgruppe B 1.

[2]) Der am 1. Okt. 1927 im Amte gewesene Regierungspräsident von Oberbayern erhält für seine Person die Bezüge der Besoldungsgruppe B 1.

Besoldungsgruppe 3.

17 000 *RM* jährlich.

Wohnungsgeldzuschuß: II.

Ministerialdirektoren [1])
Senatspräsidenten, Generalstaatsanwalt } des Obersten Landesgerichts
Senatspräsidenten, Generalstaatsanwalt } des Verwaltungsgerichtshofs

---

[1]) Der am 1. Okt. 1927 im Amte gewesene Ministerialdirektor der Obersten Baubehörde erhält für seine Person die Bezüge der Besoldungsgruppe B 2.

Besoldungsgruppe 4.

16000 *RM* jährlich.

Wohnungsgeldzuschuß: II.

Gesandte[1])
Polizeioberst im Staatsministerium des Innern
Präsident[2]) der Verwaltung des ehemaligen Kronguts (gestrichen durch Bek. vom 29. März 1930, GVBl. S. 105)
Präsident des Landesversicherungsamts[3]).

---

[1]) Der am 1. Okt. 1927 im Amte gewesene Gesandte in Berlin erhält für seine Person die Bezüge der Besoldungsgruppe B 2.

[2]) Anmerkung 2 gestrichen durch Bek. v. 29. März 1930 (GVBl. S. 105).

[3]) Der am 1. Okt. 1927 im Amte gewesene Stelleninhaber erhält für seine Person die Bezüge der Besoldungsgruppe B 3.

Besoldungsgruppe 5.

14000 *RM* jährlich.

Wohnungsgeldzuschuß: II.

Ministerialräte als Abteilungsleiter
Generaldirektor der staatlichen Archive
Präsidenten der Landgerichte München I und Nürnberg
Generalstaatsanwälte der Oberlandesgerichte München und Nürnberg
Präsident des Statistischen Landesamts[1])
Polizeipräsident der Polizeidirektion München
Generaldirektor der Staatsbibliothek
Generaldirektor der Staatsgemäldesammlungen
Präsident der Staatsschuldenverwaltung
Präsident des Landesvermessungsamts
Präsident des Oberbergamts.

---

[1]) Der am 1. Okt. 1927 im Amte gewesene Stelleninhaber erhält für seine Person die Bezüge der Besoldungsgruppe B 3.

Anlage 3.

Wohnungsgeldzuschuß.

	Jahresbetrag in Reichsmark für Tarifklasse						
	I	II	III	IV	V	VI	VII
Sonderklasse . . .	2100	1680	1320	960	720	528	336
A	1800	1440	1140	840	612	444	288
B	1500	1200	900	660	504	372	240
C	1140	900	720	540	396	288	180
D	840	660	540	396	288	216	132

Anlage 4.

Grundvergütungen

a) für die nichtetatmäßigen Beamten

wenn sie beim regelmäßigen Verlauf ihrer Dienstlaufbahn erstmals etatmäßig angestellt werden in der Besoldungsgruppe	im 1. und 2. Dienstjahr Versorgungsanwärter im 1. Dienstjahr	im 3. und 4. Dienstjahr Versorgungsanwärter im 2. u. 3. Dienstjahr	im 5. Dienstjahr Versorgungsanwärter im 4. Dienstjahr	vom 6. Dienstjahr an Versorgungsanwärter v. 5. Dienstjahr an
	RM	RM	RM	RM
A 2e oder A 2f	4000	4250	4500	4800
A 4a	3400	3600	3800	4100
A 4b	2350	2500	2650	2800
A 5c oder A 7a	1950	2080	2220	2350
A 8a	1650	1770	1880	2000
A 9	1300	1400	1500	1700
A 10	1300	1400	1500	1600
A 11 oder A 12	1250	1330	1400	1500

Die am 1. Oktober 1927 im Amte gewesenen nichtetatmäßigen Beamten erhalten ihr um 2 Jahre verbessertes Besoldungsdienstalter. Ihnen wird bei der ersten etatmäßigen Anstellung (Art. 7) die bei dem gleichen Dienstzweige zwischen dem Beginne des nichtetatmäßigen Besoldungsdienstalters (Art. 31) und der ersten etatmäßigen Anstellung verbrachte

Dienstzeit auf das Besoldungsdienstalter angerechnet, soweit sie sieben Jahre, bei Versorgungsanwärtern sechs Jahre übersteigt.

b) für die nichtetatmäßigen Beamten der Schutzpolizei (Polizeiwachtmeister)

im 1. Dienstjahr (= 4. Polizeidienstjahr) 1 410 RM jährlich
im 2. Dienstjahr (= 5. Polizeidienstjahr) 1 680 RM jährlich
im 3. Dienstjahr (= 6. Polizeidienstjahr) 1 680 RM jährlich
im 4. Dienstjahr (= 7. Polizeidienstjahr) 1 800 RM jährlich
im 5. Dienstjahr (= 8. Polizeidienstjahr) 1 800 RM jährlich.

In den ersten 3 Polizeidienstjahren (Anwärterdienstjahren) erhalten die Hilfswachtmeister (1. Polizeidienstjahr) 1 140 RM jährlich und die Polizeiunterwachtmeister (2. und 3. Polizeidienstjahr) 1 260 RM jährlich.

Die nichtetatmäßigen Polizeioberwachtmeister und Polizeioffiziere erhalten Grundvergütungen in Höhe des Grundgehalts der etatmäßigen Beamten der gleichen Dienstesstelle.

c) für die ordentlichen Hochschulassistenten

im 1. und 2. Dienstjahr	3 600 RM
im 3. und 4. Dienstjahr	3 900 RM
im 5. Dienstjahr	4 200 RM
im 6. und 7. Dienstjahr	4 400 RM
im 8. und 9. Dienstjahr	4 900 RM
im 10. und 11. Dienstjahr	5 400 RM
im 12. und 13. Dienstjahr	5 800 RM
vom 14. Dienstjahr an	6 200 RM,

ferner für einen vom zuständigen Staatsministerium im Einvernehmen mit dem Staatsministerium der Finanzen zu bestimmenden Teil der Stellen

im 16. und 17. Dienstjahr	6 600 RM
im 18. und 19. Dienstjahr	7 000 RM
im 20. und 21. Dienstjahr	7 400 RM.

16. Auszug aus dem Ausführungsgesetz zur Reichsversicherungsordnung

Vom 2. November 1912 (GVBl. S. 1135).

Art. 49. 1. [1]) Die Ministerien werden ermächtigt, den Staatsbeamten sowie den in Betrieben oder im Dienste des Staates Beschäftigten, welche auf Lebenszeit oder nach Landesrecht unwiderruflich oder mit Anrecht auf Ruhegehalt angestellt sind, zum Zwecke der Befreiung von der Versicherungspflicht nach dem 2. Buche der Reichsversicherungsordnung die Leistungen zuzusichern, welche im § 169 der Reichsversicherungsordnung bezeichnet sind.

2. [1]) Auf Barbezüge wird der Betrag angerechnet, der dem Beamten oder Beschäftigten für die gleiche Zeit als Diensteinkommen, Wartegeld, Ruhegehalt oder Unterhaltsbeitrag zukommt.

3. An Stelle der Leistungen in Abs. 1 kann Krankenhilfe in Höhe und Dauer der Regelleistungen der Krankenkasse gewährt werden. Die Bezüge nach Abs. 2 werden in diesem Falle nur auf die Barleistungen angerechnet.

Art. 51. Abs. 1. Die Staatsregierung wird ermächtigt, Personen, die in Betrieben oder im Dienste des Staates beschäftigt sind, zum Zwecke der Befreiung von der Versicherungspflicht nach dem 4. Buche der Reichsversicherungsordnung und dem Versicherungsgesetze für Angestellte die Leistungen zuzusichern, die in § 1234 Abs. 1 der Reichsversicherungsordnung und in § 9 des Angestelltenversicherungsgesetzes bezeichnet sind.

Art. 52. Satz 1. Für Ansprüche nach Art. 49 und 51 Abs. 1 steht der Rechtsweg offen; Art. 177 des Beamtengesetzes findet Anwendung.

---

[1]) Abs. 1 und 2 in der Fassung nach Art. I des Ges. v. 10. August 1921 (GVBl. S. 397).

17. Bekanntmachung, den Vollzug des § 169 Reichsversicherungsordnung betreffend.

Vom 3. Oktober 1921 (GVBl. S. 488).

Auf Grund des Art. 49 des Ausführungsgesetzes zur Reichsversicherungsordnung in der Fassung des Art. 1 Ziff. 10 des Gesetzes vom 10. August 1921 (GVBl. S. 397) wird den etatmäßigen Beamten des Staates, soweit ihre Jahresbesoldung den im 2. Buche der Reichsversicherungsordnung als Versicherungsgrenze festgesetzten, regelmäßigen Jahresarbeitsverdienst nicht übersteigt, für den Fall der Krankheit auf die Dauer der Regelleistungen der Krankenkassen ein Barbezug im anderhalbfachen Betrag des Krankengeldes (§ 182 RVO.) zugesichert. Im übrigen findet Art. 49 Abs. I und II des Ausführungsgesetzes zur Reichsversicherungsordnung Anwendung.

---

18. Bekanntmachung über den Vollzug des § 169 Reichsversicherungsordnung

Vom 5. Oktober 1927 (GVBl. S. 292).

1. Auf Grund des Art. 49 des Ausführungsgesetzes zur Reichsversicherungsordnung in der Fassung des Art. I Ziff. 10 des Gesetzes vom 10. August 1921 (GVBl. S. 397) wird den nichtetatmäßigen Beamten des Staates, soweit ihre Jahresbesoldung den im 2. Buche der Reichsversicherungsordnung als Versicherungsgrenze festgesetzten, regelmäßigen Jahresarbeitsverdienst nicht übersteigt, für den Fall der Krankheit auf die Dauer der Regelleistungen der Krankenkassen ein Barbezug im anderthalbfachen Betrag des Krankengeldes (§ 182 RVO.) zugesichert. Im übrigen findet Art. 49 Abs. I und II des Ausführungsgesetzes zur Reichsversicherungsordnung Anwendung.

2. Die zur Probedienstleistung einberufenen Versorgungsanwärter sind gemäß § 172 Ziff. 1 bzw. Ziff. 2 RVO. versicherungsfrei.

---

19. Gesetz über die Versorgungsbezüge der Staatsbeamten und ihrer Hinterbliebenen (Pensionsergänzungsgesetz = PEG.).

Vom 23. März 1921 (GVBl. S. 117).

I. Erhöhung der Versorgungsbezüge.

Art. 1. I Die vor dem 1. Januar 1920 in den Ruhestand versetzten Staatsbeamten erhalten, soferne dies für sie günstiger ist, vom 1. April 1920 an statt des seitherigen gesetzlichen oder verordnungsmäßigen Wartegeldes oder Ruhegehaltes (Pension) das Wartegeld oder den Ruhegehalt in dem Betrage, der sich nach dem Beamtengesetze vom 16. August 1908 berechnen würde, wenn sie in der zuletzt bekleideten Stelle nach dem Beamtenbesoldungsgesetze vom 2. Juni 1920 unter Berücksichtigung der mit Wirkung vom 1. April 1920 eintretenden Änderungen besoldet gewesen wären. Entsprechendes gilt für die Hinterbliebenen dieser und der vor dem 1. Januar 1920 im Dienste gestorbenen Staatsbeamten.

II [1]) Die Überleitung der Beamten in die Besoldungsordnung (Anlage 1 zum Beamtenbesoldungsgesetz) erfolgt nach Maßgabe des Art. 30 des Beamtenbesoldungsgesetzes. Es entsprechen:

Gruppe 2 der Einzelgehälter den Klassen 3 und 4 der staatlichen Gehaltsordnung vom 6. September 1908,

Gruppe 3 der Einzelgehälter der Klasse 2 der staatlichen Gehaltsordnung vom 6. September 1908.

Das pensionsfähige Diensteinkommen der Beamten der Klasse 1 der staatlichen Gehaltsordnung vom 6. September 1908 wird auf das um zwei Siebentel erhöhte pensionsfähige Diensteinkommen der Beamten der Besoldungsgruppe B 4 festgesetzt.

---

[1]) Satz 3 in der Fassung des Art. 5 Ziff. I des Ges. v. 29. Febr. 1924 (GVBl. S. 117).

III Eine Neufestsetzung des Besoldungsdienstalters nach den Vorschriften des Beamtenbesoldungsgesetzes findet nicht statt.

Art. 2.[1]) I Auf die über 20 Jahre alten pensionsberechtigten Waisen der vor dem Inkrafttreten des Beamtengesetzes vom 16. August 1908 aus dem Dienste geschiedenen, in pragmatischer Eigenschaft ernannten Beamten findet Art. 88 des Beamtengesetzes sinngemäße Anwendung; als in pragmatischer Eigenschaft ernannt sind auch die Beamten zu erachten, die nach den maßgebenden Vorschriften die Vorteile der Dienstesstabilität mit pragmatischen Pensionsansprüchen erlangt haben. Die Höchstgrenze des Unterhaltsbeitrags bildet das Waisengeld, das sich nach dem Beamtengesetze berechnen würde, wenn der Beamte in der zuletzt bekleideten Stelle nach dem Beamtenbesoldungsgesetze vom 2. Juni 1920 besoldet gewesen wäre. Art. 1 Abs. II und III gelten entsprechend.

II Ledigen, unversorgten Beamtenwaisen, auf die Artikel XXIV § 9 der Hauptlandespragmatik vom 1. Januar 1805 oder Artikel 215 des Beamtengesetzes Anwendung finden, können auf Antrag auch ohne das Vorliegen der Voraussetzungen des Artikel 88 des Beamtengesetzes Unterhaltsbeiträge gewährt werden. Die Höchstgrenze des Unterhaltsbeitrags bildet das Waisengeld, das sich nach dem Beamtengesetze berechnen würde, wenn der Beamte in der vor dem 1. Januar 1909 zuletzt bekleideten Stelle nach dem Beamtenbesoldungsgesetze vom 2. Juni 1920 besoldet gewesen wäre. Art. 1 Abs. II und III gelten entsprechend.

Art. 3. Pensionen, Unterhaltsbeiträge und sonstige Versorgungsbezüge der zum 1. April 1920 oder früher aus dem Dienste geschiedenen Staatsbeamten und Staatsbediensteten und ihrer Hinterbliebenen, auf die ein gesetzlicher oder verordnungsmäßiger Anspruch nicht besteht, können vom Staatsministerium der Finanzen im Benehmen mit den beteiligten Staatsministerien angemessen erhöht werden. Die Staatsministerien können diese Befugnis einer anderen Behörde übertragen.

---

[1]) Art. 2 in der Fassung des Art. 5 Ziff. II des Gef. v. 29 Febr. 1924 (GVBl. S. 117).

II. Kinder-, Frauen- und Teuerungszuschläge.[1])

Art. 4. I Den Staatsbeamten im Ruhestand und den Beamtenwitwen werden neben dem Wartegeld, Ruhegehalt und Witwengeld Kinderzuschläge nach den für die Beamten im Dienste geltenden Vorschriften gewährt. Den gleichen Kinderzuschlag erhalten ledige pensionsberechtigte Beamtendoppelwaisen bis zum vollendeten 21. Lebensjahr. Art. 27 des Beamtenbesoldungsgesetzes gilt entsprechend.

II Verheirateten weiblichen Beamten im Ruhestande wird der Kinderzuschlag für die gemeinsamen Kinder nicht gewährt, soweit der Ehemann bei Berücksichtigung seiner sonstigen Verpflichtungen imstande ist, ohne Gefährdung des standesgemäßen Unterhalts der Familie diese zu unterhalten. Entsprechendes gilt für die geschiedenen weiblichen Beamten im Ruhestande.

III Vormalige Beamte, die einen Bruchteil des Ruhegehalts als Unterhaltsbeitrag auf Grund des Art. 110 Abs. 2 des Beamtengesetzes oder des Art. 7 Abs. 5 des Disziplinargesetzes für richterliche Beamte in der Fassung der Bekanntmachung vom 5. Dezember 1908 (GVBl. Seite 1007) beziehen, erhalten den Kinderzuschlag zum gleichen Bruchteil. Entsprechendes gilt für die Hinterbliebenen dieser Beamten, denen die Versorgungsbezüge nur zu einem Bruchteil vorbehalten wurden.

Art. 5. I[2]) Zur Anpassung an die Veränderungen in der allgemeinen Wirtschaftslage wird zu den Wartegeldern, Ruhegehältern, Witwen- und Waisengeldern sowie zu den Kinderzuschlägen ein veränderlicher Teuerungszuschlag gewährt.

II[2]) Der Teuerungszuschlag wird aus dem Wartegeld oder Ruhegehalt sowie aus dem Witwen- und Waisengeld, soweit diese Bezüge aus Grundgehalt und Ortszuschlag errechnet sind, nach den gleichen Grundsätzen berechnet wie der Teuerungszuschlag aus dem Diensteinkommen der Beamten im Dienste. Der Teuerungszuschlag zum Wartegeld, Ruhegehalt oder Witwengeld kann auf Antrag beim Vorliegen besonderer

---

[1]) Zu vgl. Art. 5 Ziff. III des Ges. v. 29. Febr. 1924 (GVBl. S. 117).

[2]) Abs. I und II in der Fassung des Ges. v. 14. Sept. 1923 (GVBl. S. 309).

Verhältnisse bis zur vollen Höhe des Betrags gewährt werden, der sich für den Beamten im Dienste in der zuletzt bekleideten Stelle aus dem pensionsfähigen Diensteinkommen (Grundgehalt und pensionsfähiger Satz des Ortszuschlags) berechnet oder berechnen würde, wenn er im Zeitpunkt des Ausscheidens aus dem Dienste nach dem Beamtenbesoldungsgesetz besoldet gewesen wäre; für den Teuerungszuschlag zum Witwengeld gilt dies nur insoweit, als unter Hinzurechnung des Teuerungszuschlags zum Waisengeld der vorbezeichnete Höchstbetrag nicht überschritten wird. Art. 4 Abs. III findet sinngemäße Anwendung.

III Der Teuerungszuschlag kann in den Fällen des Art. 93 Abs. 1 und 2 des Beamtengesetzes sowie in den Fällen, in denen die bisherigen Versorgungsbezüge die neuen übersteigen, entsprechend abgemindert werden.

IV Zu den Kinderzuschlägen (Art. 4) wird der Teuerungszuschlag wie zu den Kinderzuschlägen der Beamten im Dienste gewährt.

V [1]) Bei späterer Änderung des Teuerungszuschlags für die Staatsbeamten im Dienste ist auch der Teuerungszuschlag für die Staatsbeamten im Ruhestand und ihre Hinterbliebenen neu zu berechnen.

Art. 6.[2]) Dem Beamten im Ruhestande kann nach den für die Beamten im Dienste geltenden Vorschriften ein Frauenzuschlag gewährt werden.

Art. 7. Die Kinder- und Teuerungszuschläge bilden einen Bestandteil des Sterbegehalts.

Art. 8. Das Staatsministerium der Finanzen wird ermächtigt, im Benehmen mit den beteiligten Staatsministerien den unter Art. 2 Abs. I und Art. 3 fallenden Personen Kinder- und Teuerungszuschläge zu gewähren. Die Staatsministerien können diese Befugnis einer anderen Behörde übertragen.

---

[1]) Abs. V in der ursprünglichen Fassung aufgehoben durch Art. 4 Ziff. I 3 Ges. v. 14. Sept. 1923; der ursprüngliche Abs. VI wurde Abs. V.

[2]) Art. 6 in der Fassung des Ges. v. 29. Aug. 1923 (GVBl. S. 309).

III. Anrechnung der während des Krieges 1914/18 zurückgelegten Dienstzeit.

Art. 9. Staatsbeamten, die nach Versetzung in den Ruhestand in der Zeit vom 1. August 1914 bis 31. Dezember 1918 als Beamte im Staatsdienste verwendet worden sind, ist die Zeit ihrer Verwendung zu ihrer pensionsfähigen Dienstzeit hinzuzurechnen. Hat die Verwendung ununterbrochen mindestens sechzig Tage gedauert, so wird die pensionsfähige Dienstzeit auch dann um ein Jahr erhöht, wenn durch die Zeit der Verwendung ein weiteres Dienstjahr nicht vollendet ist. Über den Höchstpensionssatz findet jedoch eine Steigerung nicht statt.

IV. Ruhen der Versorgungsbezüge.

Art. 10. I Der Anspruch der im öffentlichen Dienste verwendeten Beamten auf das Wartegeld oder den Ruhegehalt einschließlich der Kinder- und Teuerungszuschläge ruht, soweit diese Ruhestandsbezüge nach Maßgabe des Dienst- oder Arbeitsvertrags auf die Dienstbezüge anzurechnen wären; entsprechendes gilt für die Beamtenhinterbliebenen.

II Die Ruhestands- oder Hinterbliebenenbezüge werden von dem Tage an eingezogen, von dem an sie auf die Dienstbezüge anzurechnen sind; sie werden von dem Tage an wieder gewährt, von dem an diese Anrechnung endigt.

III Die Art. 45 Abs. 3, 67 Abs. 3 und 86 Abs. 2 des Beamtengesetzes finden entsprechende Anwendung.

Art. 11. Der Dienst im vormaligen Königlichen Hause oder bei einem seiner Mitglieder wird einer Verwendung im öffentlichen Dienste im Sinne der Art. 44 Ziff. 3, 66 Ziff. 2 und 86 Abs. 1 Ziff. 2 und 3 des Beamtengesetzes sowie der Art. 6 und 10 dieses Gesetzes gleichgeachtet.

Art. 12. Die nach diesem Gesetze begründeten Ansprüche der Hinterbliebenen der Angehörigen der Gendarmerie ruhen in Höhe der Hälfte der ihnen auf Grund freiwilliger Beitragsleistung aus der Gendarmerie-Witwen- und Waisenpensionskasse zukommenden Beträge.

Art. 13. Auf die in der Zeit vom 1. bis 30. September 1919 auf Grund des Art. 47 Ziff. 1 des Beamtengesetzes vom 16. August 1908 aus besonderen dienstlichen Rücksichten in den Ruhestand versetzten Staatsbeamten findet § 2 des Gesetzes vom 3. Oktober 1919 über die Ruhestandsversetzung von Beamten, die das 65. Lebensjahr vollendet haben, mit Wirkung vom 1. Januar 1920 Anwendung.

V. Sonstige Bestimmungen.

Art. 14.[1]) I Die vor dem 1. April 1920 von der Verpflichtung zur Abhaltung von Vorlesungen befreiten (emeritierten) Professoren der Universitäten und der Technischen Hochschule erhalten mit Wirkung vom 1. April 1920 an statt des seitherigen gesetzlichen oder verordnungsmäßigen Gehalts das Diensteinkommen, das sich ergeben würde, wenn im Zeitpunkte der Befreiung von der Verpflichtung zur Abhaltung von Vorlesungen (Emeritierung) das Beamtenbesoldungsgesetz in Geltung gewesen wäre.

II Die nach dem Inkrafttreten des Beamtengesetzes bis zum 1. April 1920 emeritierten Hochschulprofessoren, die sich mit der Regelung ihrer Bezüge nach Art. 187 Abs. 2 des Beamtengesetzes nicht einverstanden erklärt haben, erhalten zu ihrem Gehalte mit Wirkung vom 1. April 1920 einen Zuschuß; er beträgt drei Viertel des Unterschiedsbetrags zwischen dem ihnen bisher zustehenden Gehalt und dem Ruhegehalt, der sich ergeben haben würde, wenn im Zeitpunkte der Emeritierung das Beamtenbesoldungsgesetz in Geltung gewesen wäre. Entsprechendes gilt für die Hinterbliebenen dieser sowie der in der Zeit vom 1. Januar 1909 bis 31. März 1920 im Dienste gestorbenen Hochschulprofessoren, die sich mit der Regelung ihrer Bezüge nach Art. 187 Abs. 2 des Beamtengesetzes nicht einverstanden erklärt haben.

III Art. 1 Abs. II, III, Art. 4, 5, 6 und 7 finden sinngemäße Anwendung. Die emeritierten Professoren der Universitäten und der Technischen Hochschule (Abs. I) erhalten

---

[1]) Zu Abs. I zu vgl. Art. 6 des Ges. v. 27. Juli 1922 (GVBl. S. 377).

Kinder- und Teuerungszuschläge nach Art. 21 und 22 des Beamtenbesoldungsgesetzes.

Art. 15. Beamtenwaisen, deren Mutter nicht mehr lebt oder zur Zeit des Todes des Beamten nicht pensionsberechtigt war, gelten als Doppelwaisen, auch wenn ihnen nach den seitherigen Vorschriften nur die Bezüge der einfachen Waisen zustanden oder zustehen würden.

Art. 16. I [1]) Wegen der Ansprüche der Beamten im Ruhestand und der Beamtenhinterbliebenen auf die Bezüge nach Art. 1, 13, 14 und 15 und die Zuschläge nach Art. 4 und 5 mit Ausnahme des erhöhten Teuerungszuschlags nach Art. 5 Abs. II Satz 2 ist der Rechtsweg in gleicher Weise zulässig wie hinsichtlich der seitherigen Ruhestands- und Hinterbliebenenbezüge.

II Für die Beurteilung der vor Gericht geltend gemachten Ansprüche sind die Entscheidungen der Verwaltungsbehörden darüber maßgebend, welche Stelle nach der neuen Besoldungsordnung der zuletzt von dem Beamten bekleideten Stelle entsprach, welches Besoldungsdienstalter der Ermittlung der Ruhestands- und Hinterbliebenenbezüge nach Art. 1, 13 und 14 zugrunde zu legen ist und auf welchen Betrag der Teuerungszuschlag nach Art. 5 Abs. III dieses Gesetzes abzumindern ist.

Art. 17. I Die neuen Versorgungsbezüge und die Zuschüsse sowie die Kinder- und Teuerungszuschläge sind in gleicher Weise zahlbar wie die seitherigen Versorgungsbezüge.

II [2]) Das Ministerium der Finanzen ist ermächtigt, Vorschriften über die Abrundung der auszuzahlenden Beträge zu erlassen.

Art. 18. I Die Vorschriften dieses Gesetzes finden entsprechende Anwendung:

1.[3]) auf die vor dem 3. Oktober 1919 in den Ruhestand versetzten Hofbeamten (Zivilliste) und auf die Hinterbliebenen dieser und der vor dem 3. Oktober 1919 im Dienste ge-

[1]) Abs. I in der Fassung des Art. 4 Ziff. III des Ges. v. 9. Jan. 1923 (GVBl. S. 7).

[2]) Abs. II in der Fassung des Art. 5 Ziff. IV des Ges. v. 29. Febr. 1924 (GVBl. S. 117).

[3]) Abs. I Ziff. 1 in der Fassung des Art. V des Ges. v. 29. Febr. 1924 (GVBl. S. 117).

storbenen Hofbeamten, sofern sie oder ihre Hinterbliebenen Anspruch auf Versorgung nach Maßgabe der Verordnung vom 4. August 1909 über die Dienst-, Gehalts- und Pensionsverhältnisse der Hofbeamten, der Verordnung vom 21. Dezember 1909 über die Dienst-, Gehalts- und Pensionsverhältnisse der Hofmusiker sowie nach Maßgabe der früher in Geltung gewesenen Pensionsvorschriften hatten. Über diese Ansprüche hinausgehende, im Gnadenwege gewährte höhere Versorgungsbezüge bleiben bei Berechnung der Bezüge nach Art. 1 und 2 außer Betracht und werden auf die neuen Bezüge angerechnet.

Von den Beamten der Klasse 1 und 2 der Gehaltsordnung für die früheren Hofbeamten und Hofbediensteten vom 4. August 1909 sind überzuleiten:

der Obersthofmeister als Vorstand der gesamten Hofverwaltung in das um zwei Siebentel erhöhte pensionsfähige Diensteinkommen der Beamten der Besoldungsgruppe B 4,

die übrigen Vorstände der Hofstellen

in die Gruppe 3 der Einzelgehälter, wenn der seitherige Gehalt dem der Klasse 2 der staatlichen Gehaltsordnung vom 6. September 1908 entsprach oder höher war,

in die Gruppe 2 der Einzelgehälter, wenn der seitherige Gehalt dem der Klasse 3 der staatlichen Gehaltsordnung vom 6. September 1908 entsprach,

der Direktor der Pagerie in die Gruppe XII der Besoldungsordnung (Anlage 1 zum Beamtenbesoldungsgesetze);

2. auf die Beamten der Bayerischen Staatsbank und ihre Hinterbliebenen;

3. auf die im Hauptamte beschäftigten Bureau-, Kanzlei- und Unterbeamten der bayerischen Landesversicherungsanstalten, die mit Wirkung vom 1. April 1920 oder einem früheren Zeitpunkt an in den Ruhestand versetzt wurden und auf die Hinterbliebenen dieser und der vor dem 1. April 1920 im Dienste gestorbenen Beamten;

4. auf die versorgungsberechtigten Kreisbeamten und Kreisbediensteten sowie ihre Hinterbliebenen; hinsichtlich der Aufbringung der Versorgungsbezüge tritt keine Änderung ein.

II Die Vorschriften dieses Gesetzes können von den Staatsministerien des Innern und für Unterricht und Kultus im Benehmen mit dem Staatsministerium der Finanzen auf die Beamten der Stiftungen und die Hinterbliebenen dieser Beamten ganz oder teilweise für entsprechend anwendbar erklärt werden.

Art. 19. I Die Vorschriften dieses Gesetzes finden entsprechende Anwendung auf die vor dem 1. Januar 1920 in den Ruhestand versetzten Staatsbeamten des vormaligen Freistaates Coburg und auf die Hinterbliebenen dieser und der vor dem 1. Januar 1920 im Dienste gestorbenen coburgischen Staatsbeamten. Die neuen Versorgungsbezüge (Art. 1) sind nach den Vorschriften des bayerischen Beamtengesetzes zu berechnen.

II Die Ruhestandsbezüge der vormals coburgischen Beamten, die mit Wirkung vom 1. Januar 1920 oder einem späteren Zeitpunkt an in den Ruhestand versetzt wurden, sowie die Versorgungsbezüge der Hinterbliebnen dieser und der am 1. Januar 1920 oder später im Dienste gestorbenen coburgischen Beamten bemessen sich nach den Vorschriften des bayerischen Beamtengesetzes. Art. 32 findet entsprechende Anwendung.

III Für die im Dienste befindlichen vormals coburgischen Beamten gelten vom Zeitpunkte der Veröffentlichung dieses Gesetzes an die Art. 38 bis 101, 176 bis 178 und 206 des bayerischen Beamtengesetzes. Art. 72 des bayerischen Beamtengesetzes gilt auch für die Hinterbliebenen der in diesem Zeitpunkt im Ruhestande befindlichen Beamten.

VI. Änderung von Gesetzen.

Art. 20 betrifft Änderungen des Beamtengesetzes und des Beamtenbesoldungsgesetzes; hier nicht abgedruckt, weil, soweit geboten, im Texte der beiden Gesetze berücksichtigt.

VII. Besondere Vorschriften für die Volksschullehrer.

Art. 22. I Die Vorschriften dieses Gesetzes gelten entsprechend für die vor dem 1. Januar 1920 aus dem Dienste geschiedenen Volksschullehrer und Volksschullehrerinnen früherer Ordnung (ständigen Volksschullehrer) und ihre Hinterbliebenen. An die Stelle der Vorschriften des Beamtengesetzes vom 16. August 1908 treten hierbei die entsprechenden Vorschriften des Volksschullehrergesetzes vom 14. August 1919.

II [1]) Die in Abs. I bezeichneten Volksschullehrer und Volksschullehrerinnen sind in die Gruppe VII der Besoldungsordnung überzuleiten. Soweit die Voraussetzungen der Art. 166 und 172 des Volksschullehrergesetzes zutreffen und der Volksschullehrer (die Volksschullehrerin) nach den Vorschriften des Art. 161 Abs. II und III des gleichen Gesetzes eine Besoldungsdienstzeit von mehr als fünfundzwanzig Jahren zurückgelegt hatte, wird angenommen, daß der Volksschullehrer (die Volksschullehrerin) beim Ausscheiden aus dem Dienste unter Anwendung der Vorschriften des Beamtenbesoldungsgesetzes in die Gruppe VIII der Besoldungsordnung übergeführt worden wäre.

III Auf die vor dem 1. Januar 1920 aus dem Dienste geschiedenen Hilfslehrer, Hilfslehrerinnen, Schulverweser und Schulverweserinnen sind die Art. 3 und 8 entsprechend anwendbar.

Art. 23. [2])

Art. 24. [3]) I Die neuen Ruhegehälter, Witwen- und Waisengelder der in Art. 22 bezeichneten Volksschullehrer und Hinterbliebenen von Volksschullehrern sind von den Kreisen, die Zuschläge vom Staate zu tragen. Art. 63 Abs. II Satz 2 des Schulbedarfgesetzes gilt entsprechend.

II Diese Vorschriften gelten in den Fällen des Art. 58 des Beamtenbesoldungsgesetzes entsprechend.

Art. 25. [4]) I Das Volksschullehrergesetz vom 14. August 1919 wird geändert wie folgt:

---

[1]) Abs. II Satz 2 in der Fassung des Art. 4 Abs. I des Gef. v. 1. August 1923 (GVBl. S. 337).

[2]) Gestrichen durch Art. 4 Abs. II des Gef. v. 1. August 1923 (GVBl. S. 337).

[3]) Art. 24 in der Fassung des Art. 5 Ziff. VI des Gef. v. 29. Febr. 1924 (GVBl. S. 117); zu vgl. Art. 3 des Gef. v. 28. März 1924 (GVBl. S. 116).

[4]) Die in Ziff. 1 und 2 genannten Zahlen sind bedeutungslos (zu vgl. Art. 3 Ziff. VI des Gef. v. 29. Aug. 1923 (GVBl. S. 309) und Art. 2 Ziff. XIII des Gef. v. 10. Juli 1927 (GVBl. S. 227); zu Art. 87 zu vgl. Art. 4 des Gef. v. 29. Febr. 1924 (GVBl. S. 117).

1. Im Art. 79 Abs. II werden die Zahlen 2000, 1000 und 1500 durch 4000, 2000 und 3000 ersetzt.
2. Im Art. 87 wird im Abs. II die Zahl 50 durch 150, im Abs. III Ziff. 2 und 3 die Zahl 1600 durch 4500 ersetzt.
3. Im Art. 89 Abs. IV (in der Fassung nach Art. 62 Ziff. 8 des Beamtenbesoldungsgesetzes) wird folgender Satz 2 eingefügt: „Der Ortszuschlag wird mit dem versorgungsfähigen Durchschnittssatz angerechnet".
4. Art. 90 Satz 2 erhält folgende Fassung: „Die Bestimmungen der Reichsversicherungsordnung, wonach bei Bemessung der Unfallrente der Jahresarbeitsverdienst nur zu einem Teil angerechnet wird, finden entsprechende Anwendung."

II Art. 58 Abs. III des Beamtenbesoldungsgesetzes wird aufgehoben.

Art. 26. In den Art. 65 Abs. II und 66 Abs. II des Schulbedarfgesetzes vom 14. August 1919 werden die Worte „zur Verbesserung der Bezüge nach Art. 63 Abs. I" je ersetzt durch die Worte: „zur Gewährung von Unterstützungen an bedürftige Volksschullehrer und Hinterbliebene von Volksschullehrern."

Art. 27. Die Vorschriften dieses Abschnitts gelten auch für die israelitischen Volksschullehrer (Art. 149 des Volksschullehrergesetzes).

Art. 28. I Die Vorschriften dieses Gesetzes über die Staatsbeamten des vormaligen Freistaates Coburg und ihre Hinterbliebenen sowie die besonderen Vorschriften dieses Abschnitts mit Ausnahme des Art. 24 gelten für die coburgischen Volksschullehrer und ihre Hinterbliebenen entsprechend. Die unwiderruflich angestellten coburgischen Volksschullehrer sind den bayerischen ständigen Volksschullehrern, die widerruflich angestellten den Hilfslehrern gleichzuachten.

II Bei der Berechnung des Besoldungsdienstalters nach den Vorschriften des Volksschullehrergesetzes tritt an die Stelle des im Art. 161 Abs. II und III des Volksschullehrergesetzes bezeichneten Ausgangszeitpunktes der 1. Januar des fünften Jahres nach dem Jahre der Seminarschlußprüfung.

III [1]) Die neuen Ruhegehälter, Witwen- und Waisengelder der zum 1. April 1920 oder früher in den Ruhestand versetzten coburgischen Volksschullehrer sowie der Hinterbliebenen dieser und der vor dem 1. April 1920 im Dienste gestorbenen coburgischen Volksschullehrer sind von dem Kreise Oberfranken, dem die Erträgnisse der Coburger Landschullehrerpensionskasse und der Landschullehrerwitwen- und Waisenpensionskasse überwiesen werden, die Zuschläge vom Staate zu tragen.

Art. 29. Die Ausführungsbestimmungen zu den Vorschriften dieses Abschnitts erläßt das Staatsministerium für Unterricht und Kultus im Einvernehmen mit dem Staatsministerium der Finanzen.

VIII. Schlußbestimmungen.

Art. 30. Dieses Gesetz tritt — unbeschadet der Vorschrift in Art. 13 — mit Wirkung vom 1. April 1920, die Bestimmung in Art. 20 Ziff. 8 mit Wirkung vom 8. November 1918 in Kraft.

Art. 31. I Nachzahlungen für die Zeit vor dem 1. April 1920 finden, abgesehen von der Bestimmung in Art. 13, nicht statt. Sind Berechtigte vor Auszahlung der auf Grund dieses Gesetzes sich ergebenden Mehrbeträge gestorben, so erfolgt Nachzahlung nach den Vorschriften über die Gewährung des Sterbegehalts.

II Auf die nachzuzahlenden Beträge sind die für die gleiche Zeit bezogenen bisherigen Ruhestands- und Hinterbliebenenbezüge sowie die Teuerungsbeihilfen anzurechnen.

Art. 32. Vom 1. April 1920 an finden die Art. 43 bis 45, 65 bis 67 und 86 des Beamtengesetzes auf die vor seinem Inkrafttreten in den Ruhestand versetzten Staatsbeamten und Staatsbediensteten und die Hinterbliebenen dieser sowie der vor diesem Zeitpunkt im Dienste gestorbenen Staatsbeamten

[1]) Abs. III in der Fassung des Art. 5 Ziff. VII des Ges. v. 29. Febr. 1924 (GVBl. S. 117).

und Staatsbediensteten entsprechende Anwendung. Für[1]) das Ruhen des Anspruchs der vor dem 1. Januar 1920 in den Ruhestand versetzten Beamten auf das Wartegeld oder den Ruhegehalt bei Verwendung im öffentlichen Dienste ist maßgebend das Diensteinkommen, das sich berechnet hätte, wenn der Beamte im Zeitpunkte der Ruhestandsversetzung nach dem Beamtenbesoldungsgesetze besoldet gewesen wäre; Art. 1 Abs. II, III findet sinngemäße Anwendung. Soweit nach den seitherigen Vorschriften der Anspruch auf das Wartegeld oder den Ruhegehalt und die Hinterbliebenenbezüge nicht erlosch oder ruhte, bleiben die nach diesen Vorschriften den Beamten im Ruhestand und den Beamtenhinterbliebenen gebührenden Versorgungsbezüge gewahrt.

Art. 33. In Fällen, in denen sich aus den Vorschriften dieses Gesetzes besondere Härten ergeben, kann das dem Beamten vorgesetzte Staatsministerium im Einvernehmen mit dem Staatsministerium der Finanzen einen Ausgleich herbeiführen.

Art. 34. I Im Falle einer Änderung der Grundgehälter, Grundvergütungen und Ortszuschläge auf Grund des Art. 70 des Beamtenbesoldungsgesetzes, die mit Wirkung von einem nach dem 1. April 1920 liegenden Zeitpunkt erfolgt, können im gleichen Verhältnisse die nach Maßgabe dieses Gesetzes festgesetzten Wartegelder, Ruhegehälter und Hinterbliebenenbezüge, Unfallfürsorgerenten, Diensteinkommen und Zuschüsse durch Gesetz geändert werden.

II Werden Beamte oder Beamtenhinterbliebene durch eine solche Änderung hinsichtlich der in Abs. I genannten Bezüge mit rückwirkender Kraft schlechter gestellt, so sind die Unterschiedsbeträge nicht zurückzuerstatten.

Art. 35. Die Ausführungsbestimmungen zu diesem Gesetz erläßt das Staatsministerium der Finanzen, soweit nicht etwas anderes bestimmt ist.

---

[1] Satz 2 in der Fassung des Art. 4 Abs. III des Ges. v. 29. Aug. 1923 (GVBl. S. 309).

20. Gesetz über eine erhöhte Anrechnung der von den Staatsbeamten während des Krieges 1914/1918 zurückgelegten Dienstzeit.

Vom 9. August 1921 (GVBl. S. 479).

Art. 1. I Den Staatsbeamten wird für die Berechnung des Ruhegehalts nach den Vorschriften des Beamtengesetzes vom 16. August 1908 zu der in der Zeit vom 1. August 1914 bis 31. Dezember 1918 im Dienste des bayerischen Staates, im Reichs- oder im Militärdienste verbrachten Zeit, soferne sie mindestens sechs Monate betragen hat, die Hälfte hinzugerechnet.

II Dies gilt nicht

1. für die Zeit, die nach Art. 54 Ziff. 1, 4, Art. 55 Abs. 4 und Art. 56 des Beamtengesetzes angerechnet wird,
2. für die Zeit, die in ein Kalenderjahr fällt, in welchem der Beamte als Kriegsteilnehmer Anspruch auf Anrechnung eines Kriegsjahres erworben hat,
3. für die Zeit, die auf Grund anderer gesetzlicher Bestimmungen doppelt angerechnet wird.

III Das Staatsministerium der Finanzen kann im Benehmen mit den beteiligten Staatsministerien die von einem Beamten in dem Dienste eines anderen Landes oder eines dem Deutschen Reiche nicht angehörigen Staates oder in einem sonstigen öffentlichen Dienst zugebrachte Zeit nach Abs. I erhöht anrechnen, wenn die erhöhte Anrechnung auch beim Verbleiben des Beamten in diesem Dienste hätte gewährt werden müssen oder können.

IV Halbe Tage, die sich bei der Berechnung der Gesamtdienstzeit ergeben, werden nicht mitgezählt.

Art. 2. I Den Staatsbeamten im Ruhestand wird der nach Art. 9 Satz 1 des Pensionsergänzungsgesetzes vom 23. März 1921 (GVBl. S. 117) anzurechnenden Dienstzeit, sofern sie mindestens sechs Monate betragen hat, die Hälfte hinzugerechnet.

II Dies gilt nicht für die Zeit der Dienstzeit, die in ein Kalenderjahr fällt, das als Kriegsjahr anzurechnen ist, sowie für die Zeit, die auf Grund anderer gesetzlicher Bestimmungen doppelt angerechnet wird.

III Art 1 Abs. IV gilt entsprechend.

Art. 3. Art. 1 und 2 finden entsprechende Anwendung

1.[1]) auf die Volksschullehrer einschließlich der israelitischen Volksschullehrer und die Volksschulfachlehrer, wobei an die Stelle der Vorschriften des Beamtengesetzes vom 16. August 1908 die entsprechenden Vorschriften des Volksschullehrergesetzes vom 14. August 1919 treten,

2. auf die vor dem 3. Oktober 1919 aus dem Dienste geschiedenen Hofbeamten (Zivilliste),

3. auf die vormals coburgischen Staatsbeamten und Volksschullehrer,

4. auf die Beamten der Bayerischen Staatsbank,

5. auf die im Hauptamte beschäftigten vor dem 1. April 1920 aus dem Dienste geschiedenen Büro-, Kanzlei- und Unterbeamten der bayerischen Landesversicherungsanstalten,

6. auf die versorgungsberechtigten Kreisbeamten und Kreisbediensteten,

7. auf die Beamten der Stiftungen,

8. auf die versorgungsberechtigten Gemeinde- und Bezirksbeamten nach Maßgabe des Gesetzes über die Dienst- und Versorgungsbezüge der Gemeinde- und Bezirksbeamten vom 23. Mai 1921 (GVBl. S. 323).

Art. 4. I Dieses Gesetz tritt sofort mit Wirkung vom 1. August 1914 in Kraft.

II Nachzahlungen für die Zeit vor dem 1. April 1920 finden nicht statt. Sind Berechtigte vor Auszahlung der auf Grund dieses Gesetzes sich noch ergebenden Mehrbeträge gestorben, so erfolgt Nachzahlung nach den Vorschriften über die Gewährung des Sterbegehalts.

---

[1]) Ziff. 1 in der Fassung des Art. 5 des Ges. v. 1. August 1923 (GVBl. S. 337).

21. Bekanntmachung
über die Festſetzung der ruhegehaltsfähigen Dienstzeit der Staatsbeamten.

Vom 19. Juli 1926 (GVBl. S. 384).

Über die Anrechnung von Dienstzeiten während des Krieges 1914—1918 auf die ruhegehaltsfähige Dienstzeit wird Nachstehendes bestimmt:

Abschn. I. 1. Während nach Art. 58 Satz 1 BG. (Art. 51 Abs. I BLG.) die Zivil- und Militärdienstzeit, die der Beamte vor Vollendung des 21. Lebensjahrs zurückgelegt hat, bei der Ruhegehaltsfestſetzung außer Betracht bleibt, ist nach Satz 2 (Abs. II) im Kriegsfalle die Militärdienstzeit vom Beginne des Krieges, beim Eintritt in den Militärdienst während des Krieges vom Tage des Eintritts an nach der Vorschrift des Art. 55 BG. (Art. 48 BLG.) ohne Rücksicht auf das Lebensalter anzurechnen. Als Dauer des Krieges 1914—1918 im Sinne dieser Bestimmungen ist der Zeitraum vom 2. August 1914 (1. Mobilmachungstag) bis zum Tage der Demobilmachung, dieser einschließlich, zu erachten. Als allgemeiner Demobilmachungstag gilt der 10. Januar 1919. Alle Formationen, die sich zu diesem Zeitpunkte bereits im Demobilmachungsorte befanden, wurden am 10. Januar 1919, alle anderen Formationen am Tage nach dem Eintreffen im Demobilmachungsorte (besonderer Demobilmachungstag) demobil (Anordnung der Demobilmachung der Bayer. Armee vom 7. Januar 1919, Ministerium für militärische Angelegenheiten Nr. 890 A).

Die Anrechnung der über den Tag der allgemeinen oder besonderen Demobilmachung hinaus verbrachten Militärdienstzeit setzt voraus, daß der Betreffende während dieser Militärdienstzeit bereits das 21. Lebensjahr vollendet hatte (§ 16 Satz 3 der Bekanntmachung vom 22. Oktober 1909 — GVBl. S. 781).

An den Vorschriften über die Hinzurechnung von Kriegsjahren und über die erhöhte Anrechnung wird hierdurch nichts geändert. Insbesondere kann nicht aus dem Datum der Demobilmachung — 10. Januar 1919 oder später — der Schluß gezogen werden, daß für das Jahr 1919 und die Folgezeit Kriegsjahre angerechnet werden dürfen.

Beispiel:

A, geboren am 5. Januar 1900, trat am 15. Dezember 1917 in das Heer ein, machte in den Jahren 1918 und 1919 Gefechte mit, gelangte mit seinem Truppenteil am 21. Januar 1919 im Demobilmachungsort an und wurde am 28. Februar 1919 aus dem Heere entlassen. Ruhegehaltsfähige Dienstzeit nach dem Stande vom 28. Februar 1919:

15. Dez. 1917 bis 21. Jan. 1919:	1 Jahr 38 Tage	(Art. 55 Abs. 1, 58 S. 2 BG.).
hierzu für das Jahr 1918 1 Kriegsjahr:	1 Jahr	(Art. 55 Abs. 2 BG.)
und 1/2 der Zeit vom 15. bis 31. Dez. 1917: . . .	8 Tage	(Ges. v. 9. Aug. 1921 — GVBl. S. 479 —, Ziff. 128 d. Bek. vom 25. Jan. 1922 — GVBl. S. 87)
	zusammen: 2 Jahre 46 Tage.	

Die Zeit vom 22. Januar bis 28. Februar 1919 kann nicht angerechnet werden, da A damals das 21. Lebensjahr noch nicht vollendet hatte und der Krieg im Sinne des Art. 58 S. 2 bereits mit dem 21. Januar 1919 (Zeitpunkt des Eintreffens seiner Formation im Demobilmachungsorte) beendigt war.

Abschn. II. 2. Bei der Anwendung des Art. 55 Abs. 2 BG. (Art. 48 Abs. II BLG.) ist davon auszugehen, daß das Vorliegen der Beamteneigenschaft des Kriegsteilnehmers während der Dauer der Militärdienstzeit nicht Voraussetzung für die Anrechnung von Kriegsjahren ist. Im Vollzuge der einschlägigen Vorschriften darf demnach die Anrechnung von Kriegsjahren nicht deshalb unterbleiben, weil der Betreffende erst nach Beendigung des Krieges als Beamter angestellt worden ist.

3. Voraussetzung für die Anrechnung von Kriegsjahren ist die Heereszugehörigkeit (§§ 11 ff. der Bekanntmachung vom 22. Oktober 1909). Die Anrechnung von Kriegsjahren kommt hiernach nicht in Frage für die Mitglieder der freiwilligen Krankenpflege, für die zum vaterländischen Hilfsdienst eingezogenen Beamten, für die im Heeresgefolge als Zivilbeamte während des Krieges tätigen Personen einschließlich der Tätigkeit bei den Zivilverwaltungen von Oberost, der Gouvernements Brüssel und Warschau, ferner für diejenigen Beamten, die auf Befehl ihrer Vorgesetzten zur Unterstützung militärischer Maßnahmen verwendet und damit einem militärischen Befehlshaber unterstellt waren. Für diese Personen wird in der Regel die 1½ fache Anrechnung nach dem Gesetze vom 9. August 1921 (GBBl. S. 479) erfolgen können. Wegen der bei der freiwilligen Krankenpflege und im vaterländischen Hilfsdienste verbrachten Zeit wird bemerkt: Für die Mitglieder der freiwilligen Krankenpflege als solche kommt eine Anrechnung überhaupt nicht in Frage; waren jedoch Mitglieder der freiwilligen Krankenpflege zugleich Beamte und findet eine Anrechnung der in Beamteneigenschaft verbrachten Zeit statt (z. B. nach Art. 53 BG.), so ist diese Zeit auch 1½ fach auf Grund des Gesetzes vom 9. August 1921 (GBBl. S. 479) zu rechnen. Entsprechendes gilt für die auf Grund des Gesetzes über den vaterländischen Hilfsdienst Beschäftigten.

Auskünfte, ob der Beteiligte als Beamter der Zivilverwaltung des besetzten Gebietes tätig gewesen ist, erteilt der Herr Reichsminister des Innern. Anfragen hierüber sind auf dem Dienstwege vorzulegen.

Beispiel:

B stellte sich bei Ausbruch des Krieges in den Dienst der freiwilligen Krankenpflege an der Front. Später den Anforderungen dieser Beschäftigung nicht mehr gewachsen, verrichtete er ab 1. Februar 1918 in der Heimat vaterländischen Hilfsdienst, nahm hierbei Aufgaben wahr, die von Beamten im Dienste wahrgenommen zu werden pflegen und die seine volle Kraft in Anspruch nahmen und gelangte auf Grund dieser Beschäftigung ab 1. Juni 1918 zur Anstellung als etatmäßiger Beamter.

Ruhegehaltsfähige Dienstzeit nach dem Stande vom 31. Dez. 1918:

2. Aug. 1914 bis 31. Jan. 1918:	—
1. Febr. 1918 bis 31. Mai 1918:	120 Tage (Art. 56 Abs. 1 Ziff. 5 BG.)
1. Juni 1918 bis 31. Dez. 1918:	214 Tage (Art. 53 BG.)
hierzu $1/2$ der Zeit vom 1. Juni 1918 bis 31. Dez. 1918: .	107 Tage (Ges. v. 9. Aug. 1921 — GVBl. S. 479)
zusammen:	1 Jahr 76 Tage.

4. Eine Hinzurechnung von Kriegsjahren im Vollzuge der Bekanntmachung vom 16. Februar 1922 (GVBl. S. 172 — StAnz. Nr. 41 —) / 30. April 1924 (Staatsanzeiger Nr. 104) findet auch bei denjenigen Angehörigen des deutschen Heeres usw. statt, die ohne vor den Feind gekommen zu sein, sich während des Krieges aus dienstlichem Anlasse mindestens zwei Monate im Kriegsgebiet aufgehalten haben. Die Zeit von zwei Monaten (60 Tage) muß nicht ununterbrochen gewesen sein; die Dienstleistung kann auch unterbrochen sein und in verschiedene Kalenderjahre fallen. Als Kriegsjahr gilt in einem solchen Falle das Kalenderjahr, in dem die Bedingung erfüllt ist. Ist dagegen in einem Jahre die Bedingung der Anrechnung durch Teilnahme an einer Schlacht oder durch zweimonatigen Aufenthalt im Kriegsgebiet erfüllt, so können weitere Kalenderjahre nur dann als Kriegsjahre angerechnet werden, wenn auch in diesen entweder die Beteiligung an einer Schlacht vorliegt oder die Bedingung des zweimonatigen ununterbrochenen oder unterbrochenen Aufenthalts im Kriegsgebiet erfüllt ist.

Die aus den vorhergehenden Kalenderjahren zur Erreichung der Anrechnung von Kriegsjahren hinzugerechneten Dienstzeiten unterliegen nicht der erhöhten Anrechnung nach dem Gesetze vom 9. August 1921.

Beispiel:

Ein am 26. August 1893 geborener, am 15. August 1914 ins Heer eingetretener Kriegsfreiwilliger befand sich ab 4. Dezember 1914 im Kriegsgebiet, nahm Ende März 1915 an einer Schlacht, in der er schwer verwundet wurde, teil und befand sich bis zu seiner Wiederherstellung in der Heimat. Ab 16. November 1916 kehrte er wieder zu seinem Feldtruppenteile zurück, der sich erst ab 1. Januar 1917 wieder im Kriegsgebiet befand, mußte jedoch am 16. Februar 1917, ohne an Gefechten teilgenommen zu haben, wegen Krankheit wieder in die Heimat verbracht werden. Im Jahre 1918 machte er die Kämpfe seines Truppenteils mit, kehrte mit seiner Formation am 6. Januar 1919 in den Garnisonort zurück und wurde am 9. Januar 1919 aus dem Heere entlassen.

Ruhegehaltsfähige Dienstzeit nach dem Stande vom 9. Jan. 1919:

15. Aug. 1914 bis 9. Jan. 1919:	4 Jahre 148 Tage	(Art. 55 Abs. 2, 58 S. 2 BG.)
hierzu für die Jahre 1915, 1917, 1918 je 1 Kriegsjahr:	3 Jahre — Tage	(Art. 55 Abs. 2 BG.)
ferner $1/_2$ der Zeit vom 15. Aug. 1914 bis 4. Dez. 1914 und vom 1. Jan. 1916 bis 31. Dez. 1916:	— Jahre 238 Tage	(Ges. v. 9. Aug. 1921 — GBBl. S. 479 —, Ziff. 128 der Bek. v. 25. Januar 1922 — GBBl. S. 87)
zusammen:	8 Jahre 21 Tage.	

Die Zeit vom 4. bis 31. Dezember 1914 kann nicht $1^1/_2$ fach gerechnet werden, da sie für die Ermöglichung der Anrechnung des Jahres 1917 als Kriegsjahr mit der Zeit vom 1. Januar bis 16. Februar 1917 zusammengerechnet wurde.

Abschn. III. 5. Die Zeit der unverschuldeten Kriegsgefangenschaft ist als ruhegehaltsfähige Dienstzeit zu rechnen; sie begründet Kriegsteilnahme im Sinne der Bestimmungen über die Hinzurechnung von Kriegsjahren (Art. 55 Abs. 4 BG., Art. 48 Abs. IV BLG.), falls die Kriegsgefangenen besonderen Gefahren ausgesetzt waren, was — außer in den Fällen einer etwaigen Internierung aus Gesundheitsrücksichten im neutralen Ausland (Schweiz) — stets anzunehmen ist (Verordnung über Anrechnung der Zeit der Kriegsgefangenschaft als Dienstzeit vom 30. November 1918 — RGBl. 1919 S. 183 — und Bekanntmachung vom 30. April 1924 — StAnz. Nr. 104). Nachforschungen darüber, ob ein Beamter durch eigenes Verschulden in Kriegsgefangenschaft geraten ist, sind in der Regel nur dann veranlaßt, wenn der Behörde bekannt geworden ist, daß ein kriegsgerichtliches Verfahren aus diesem Anlasse geschwebt hat oder wenn sonst besondere Gründe für die Annahme eigenen Verschuldens vorliegen.

Die Gefangennahme muß vor dem 1. Januar 1919 stattgefunden haben. Ist dies der Fall, so ist die Anrechnung der in Gefangenschaft verbrachten Zeit in den Kalenderjahren 1919 u. ff. — ohne Erhöhung — möglich beim Vorliegen der sonstigen Voraussetzungen (insbesondere für die Zeit nach erfolgter Demobilmachung des Truppenteils, Vollendung des 21. Lebensjahres, Art. 58 S. 2 BG., Art. 51 Abs. II BLG.).

Beispiel:

C, geboren am 8. Januar 1898, Heeresangehöriger seit 1. Januar 1917, im Felde seit 1918, geriet am 18. September 1918 während eines Gefechts in Gefangenschaft, aus der er am 18. Januar 1919 zurückkehrte. Sein Truppenteil befand sich am 10. Januar 1919 im Demobilmachungsorte. C wurde am 20. Januar 1919 aus dem Heere entlassen.

Ruhegehaltsfähige Dienstzeit nach dem Stande vom 20. Jan. 1919:

1. Jan. 1917 bis 20. Jan. 1919:	2 Jahre 20 Tage	(Art. 55 Abs. 1, 58 BG.)
hierzu für das Jahr 1918 1 Kriegsjahr:	1 Jahr — Tage	(Art. 55 Abs. 2 BG.)
ferner 1/2 der Zeit vom 1. Jan. bis 31. Dez. 1917: . . .	— Jahre 182 Tage	(Ges. v. 9. Aug. 1921 GVBl. S. 479)
zusammen:	3 Jahre 202 Tage.	

Wäre der Betreffende am 15. Januar 1898 geboren, so würde die Zeit vom 10. Januar bis 14. Januar 1919 nicht gerechnet werden können, da er am 10. Januar 1919 das 21. Lebensjahr noch nicht vollendet hätte, der Krieg im Sinne des Art. 58 S. 2 des BG. jedoch bereits beendigt war (vgl. oben Abschn. I Ziff. 1).

Abschn. IV. 6. Die ruhegehaltsfähige Zeit der Internierung eines Beamten im neutralen oder feindlichen Ausland in der Zeit von 1914/1918 ist 1½ fach zu rechnen, falls im übrigen die Voraussetzungen des Gesetzes vom 9. August 1921 gegeben sind. Hierbei ist anzunehmen, daß der Betreffende an der tatsächlichen Dienstausübung im Sinne der Ziff. 130 der Bekanntmachung vom 25. Januar 1922 durch unverschuldete Umstände gehindert war.

Beispiel:

Ein am 15. August 1892 geborener, im angeordneten Vorbereitungsdienste stehender Staatsdienstanwärter, der sich auf Urlaub befand, wurde bei Ausbruch des Krieges 1914 in Frankreich interniert. 1915 entzog er sich der Gefangennahme durch Flucht und stand unmittelbar darauf ab 1. Mai 1915 bis Ende Oktober des Jahres 1917 an der Front, wurde am 15. November 1917 aus dem Heere entlassen und nahm ab 1. Januar 1918 seinen Vorbereitungsdienst, der im Jahre 1919 endigte, wieder auf.

Berechnung der ruhegehaltsfähigen Dienstzeit während des Krieges nach dem Stande vom 31. Dez. 1918:

2. August 1914 bis 30. April 1915:	— Jahre 272 Tage	(Art. 54 Abs. 1 Ziff. 4 BG.)
1. Mai 1915 bis 15. Nov. 1917:	2 Jahre 199 Tage	(Art. 55 Abs. 1 BG.)
1. Jan. bis 31. Dez. 1918:	1 Jahr — Tage	(Art. 54 Abs. 1 Ziff. 4 BG.)
hierzu für die Jahre 1915, 1916, 1917 je 1 Kriegsjahr:	3 Jahre — Tage	(Art. 55 Abs. 2 BG.)
zusammen:	7 Jahre 106 Tage.	

Dagegen können die Zeiten vom 2. August bis 31. Dezember 1914 und vom 1. Januar bis 31. Dezember 1918 gemäß Art. 1 Abs. II Ziff. 1 des Gesetzes vom 9. August 1921 — GVBl. S. 479 — nicht erhöht angerechnet werden.

7. Hinsichtlich der Frage der erhöhten Anrechnung (Doppelrechnung) für Angehörige der Schutztruppen und Kolonialbeamten, die infolge des Krieges interniert waren, bleibt Entscheidung der beteiligten Ministerien vorbehalten.

22. Bekanntmachung über die Mietentschädigungen für Dienstwohnungen und Dienstzimmer.

Vom 25. September 1923 (GVBl. S. 342).

Zum Vollzuge des Art. 19 Abs. I, II, IV und V des Beamtenbesoldungsgesetzes vom 2. Juni 1920 (GVBl. S. 275) in der Fassung der Bekanntmachung vom 24. März 1923 (GVBl. S. 109)[1]) wird verfügt:

I. Begriff der Dienstwohnung.

1. Dienstwohnungen sind nur diejenigen Wohnungen, die den Beamten vom Staate im Interesse des Dienstes, d. h. zur Ermöglichung und Förderung der Erfüllung der dem Inhaber obliegenden Dienstesaufgaben zugewiesen sind, sei es, daß die Wohnungen dazu dienen, die Überwachung von Amts- oder Geschäftsräumen oder die rasche und leichte Erreichbarkeit des Beamten auch außerhalb der gewöhnlichen Geschäftsstunden zu sichern, sei es, daß die Einräumung der Wohnung dazu bestimmt ist, dem Beamten gewisse durch sein Amt bedingte Repräsentationspflichten zu erleichtern.

Sind diese Voraussetzungen erfüllt, so ist es für den Begriff der Dienstwohnung gleichgültig, ob die dem Beamten eingeräumte Wohnung sich in einem Staatsgebäude oder in einem vom Staate gemieteten Gebäude oder ihm entgeltlich oder unentgeltlich überlassenen Gebäude oder Gebäudeteile befindet.

Mit dem Grundsatze des Art. 19 BBesG. ist es nicht vereinbar, daß einem Beamten mit Rücksicht auf seine dienstliche Stellung seitens eines Dritten (einer Gemeinde, eines Privaten usw.) unmittelbar eine Dienstwohnung eingeräumt wird. Die Überlassung kann vielmehr nur an den Staat erfolgen, der sie seinerseits dem Beamten als Dienstwohnung

---

[1]) Zu vgl. nunmehr Art. 19 des BBesG. v. 20. April 1928 (GVBl. S. 205).

mit den aus dem Art. 19 BBesG. sich ergebenden Verpflichtungen überweist.

II. Grundsätze für die Ermittlung der Mietentschädigung.

2. *Gemäß Art. 19 Abs. I S. 1 und 2 BBesG.* haben die etatmäßigen und nichtetatmäßigen Beamten für den Genuß einer Dienstwohnung eine Mietentschädigung zu entrichten; die unentgeltliche Einräumung einer Dienstwohnung ist unzulässig. Die Mietentschädigung ist unter angemessener Berücksichtigung einerseits des wirklichen Wertes der Wohnung nach ihrer Größe und Beschaffenheit sowie nach den am Wohnsitze des Beamten für Wohnungen derselben Art zu zahlenden Mietzinsen (allgemeiner Wert), andererseits des Wertes festzusetzen, den die Wohnung für den Beamten hat (persönlicher Wert).

3. a) Der allgemeine Wert ist in Höhe der ortsüblichen Miete für vergleichbare Wohnungen am gleichen Orte festzusetzen. Dies geschieht in der Weise, daß die Vorschriften des Reichsmietengesetzes vom 24. März 1922 (RGBl. I S. 273) und die von den Staatsministerien (Bekanntmachung des Staatsministeriums für Soziale Fürsorge vom 14. Juni 1922 — StAnz. Nr. 137 —) und von den Gemeinden erlassenen Ausführungsbestimmungen sinngemäß auf die Dienstwohnungen angewendet werden. Als Mietentschädigung ist daher die gesetzliche Miete des Reichsmietengesetzes anzusehen. Sie setzt sich zusammen aus einer Grundmiete gemäß § 2 Abs. 1 und den veränderlichen Zuschlägen gemäß § 3 und § 7 Abs. 1 und 3 des Reichsmietengesetzes.

b) Die Grundlage für die Berechnung der gesetzlichen Miete bildet die Friedensmiete. Diese ist für jede Dienstwohnung durch Vergleich mit jenem Mietzins zu ermitteln, der für die mit dem 1. Juli 1914 beginnende Zeit in der Gemeinde für Wohnungen gleicher Art und Lage regelmäßig vereinbart war; an Orten, an denen vergleichbare Mietwohnungen nicht vorhanden waren, sind die Mietzinse für Wohnungen gleicher Art in benachbarten Orten oder die Durchschnittsmietzinse im Bereiche der zuständigen Bezirksverwaltungsbehörde maßgebend. Unzulässig ist es, die Friedensmiete auf Grund des Bauwertes oder der im Frieden tatsächlich bezahlten, im allgemeinen unter der ortsüblichen Friedensmiete gehaltenen Dienstwohnungsentschädigung oder auf Grund von Abschätzungen festzusetzen, welche auf die für gleichartige und gleichwertige Wohnungen vereinbarten Mieten keine Rücksicht nehmen. Für Dienstwohnungen, die in der Zeit nach dem 1. Juli 1918 fertiggestellt wurden (Neuwohnungen im Sinne des § 16 Abs. 1 S. 1 des Reichsmietengesetzes), ist die Friedensmiete in gleicher Weise wie für Altwohnungen zu ermitteln.

c) Aus der Friedensmiete ist nach Maßgabe des § 2 Abs. 1 des Reichsmietengesetzes und der für den betreffenden Ort geltenden Bestimmungen — wegen der zulässigen Abzüge siehe auch § 4 der Bekanntmachung zur Ausführung des Reichsmietengesetzes vom 14. Juni 1922 (StAnz. Nr. 137) — die Grundmiete zu berechnen und um die Zuschläge nach § 3 und § 7 Abs. 1 und 3 des Reichsmietengesetzes zu erhöhen. Die Zuschläge sind in gleicher Höhe und vom gleichen Zeitpunkt an festzusetzen, wie sie für Privatwohnungen jeweils gelten.

d) Soweit nach den Ausführungsvorschriften zum Reichsmietengesetze bei Privatwohnungen alle oder auch nur einzelne der in den §§ 3 mit 7 des Reichsmietengesetzes genannten Aufwendungen anteilmäßig umgelegt werden, sind für alle Dienstwohnungen eines Ortes einheitlich angemessene Zuschläge festzusetzen.

Abzüge oder Abminderungen der Zuschläge, insbesondere auf Grund von Vereinbarungen über die Übernahme einzelner Leistungen durch den Dienstwohnungsinhaber, sind nicht zulässig.

Bezüglich der im § 12 des Reichsmietengesetzes genannten Leistungen gelten die Vorschriften der Bekanntmachungen vom 28. November 1922 (GVBl. S. 651) und vom 14. Juli 1923 (StAnz. Nr. 163).

e) Bei denjenigen Dienstwohnungen, bei denen die nach dem Gesetz über die Erhebung einer Abgabe zur Förderung des Wohnungsbaues vom 26. Juni 1921 (RGBl. S. 773) vorgesehenen Abgaben nicht erhoben werden (Neuwohnungen), ist neben den zur Grundmiete tretenden Zuschlägen ein weiterer Zuschlag zu berechnen, dessen Höhe sich nach der Wohnungsabgabe für eine gleichartige und gleichwertige Privatwohnung am gleichen Ort richtet. Diese zum Vergleich dienende Privatwohnung ist ein für allemal zu bestimmen. Im übrigen ist nach der Bekanntmachung vom 12. Juni 1922 (StAnz. Nr. 136), die für Neuwohnungen nicht gilt, entsprechend zu verfahren.

4. Der persönliche Wert der Dienstwohnung deckt sich in der Regel mit dem allgemeinen Werte. Eine Feststellung des persönlichen Wertes hat nur zu erfolgen, wenn die Zahl der Räume oder ihre Größe außer Verhältnis zu dem tatsächlichen Bedürfnis oder der tatsächlichen Benützung durch den betreffenden Beamten steht oder wenn der allgemeine Wert wegen der Lage in einer besonders teuren Wohngegend des Ortes die Summe übersteigt, die gleichartige Beamte an demselben Orte für eine Privatwohnung aufzuwenden pflegten. Der persönliche Wert wird in beiden Fällen bei der Festsetzung der Mietentschädigung in der Weise berücksichtigt, daß die Friedensmiete um einen angemessenen Hundertsatz gekürzt wird. Im ersten Falle ist der Hundertsatz bei jedem Wechsel des Dienstwohnungsinhabers neu festzusetzen, im zweiten Falle kann der Hundertsatz auch beim Wechsel bestehen bleiben.

5. Gehören zu Dienstwohnungen, deren Inhabern nach dem Haushaltsplan oder sonstigen Bestimmungen eine Repräsentation obliegt, Repräsentationsräume, so bleiben diese bei der Berechnung der Mietentschädigung außer Betracht.

6.[1]) Die Mietentschädigung darf den dem Beamten zustehenden Wohnungsgeldzuschuß zuzüglich des darauf entfallenden Anteils des örtlichen Sonderzuschlags nicht übersteigen.

---

[1]) Fassung nach Bek. v. 8. April 1924 Nr. 16996 (StA. Nr. 83) und 16. Februar 1925 Nr. 3954 (StA. Nr. 38).

7. Ziff. 1 bis 4 und 6 gelten auch für Dienstzimmer, welche Beamten als Wohnräume zugewiesen sind.

8. Überläßt oder vermietet ein Dienstwohnungsinhaber mit Erlaubnis der vorgesetzten Dienstbehörde Räume einem Dritten, so ist hiefür eine angemessene Vergütung an die Staatskasse zu entrichten. Diese ist bei der Erlaubniserteilung in der Weise festzusetzen, daß sich die Mietentschädigung um 10 bis 50 vom Hundert erhöht, wobei auf die Zahl der überlassenen Räume und auf das Verwandtschaftsverhältnis des Dritten zum Dienstwohnungsinhaber Rücksicht zu nehmen ist. Ziff. 6 findet hiebei keine Anwendung.

III. Zuständigkeit und Verfahren.

9. Die Erklärung einer Wohnung als Dienstwohnung erfolgt durch das Staatsministerium, dessen Geschäftsbereich der Beamte angehört. Die Erklärung bedarf der Zustimmung des Staatsministeriums der Finanzen. Das Gleiche gilt für die Aufhebung der Eigenschaft einer Wohnung als Dienstwohnung.

10. Mit der Ermittlung der Mietentschädigungen werden die Finanzämter und Landbauämter betraut, in deren Bezirk die einzuschätzenden Wohnungen und Zimmer liegen. Die Ermittlung erfolgt auf Grund gemeinschaftlicher Besichtigung und im gemeinsamen Benehmen und zwar unter Benützung des beigefügten Formblattes[1]), soweit die Mietentschädigungen für die Dienstwohnungen der Beamten im Sinne des Art. 188 und 189 des Beamtengesetzes in kreiseigenen oder gemeindlichen Gebäuden den Kreisen oder Gemeinden zufließen, kann der Kreis bzw. die Gemeinde einen Vertreter abordnen; geschieht dies, so ist von der Einvernahme des Kreistages oder Kreisausschusses gemäß Ziff. 17 der Bekanntmachung vom 28. November 1921 (GVBl. S. 574) abzusehen. Eine wiederholte persönliche Besichtigung der Wohnungen und Zimmer kann unterbleiben, wenn ihre Beschaffenheit dem Finanzamt und dem

[1]) Nicht abgedruckt.

Landbauamt auf Grund einer zeitlich nicht zu weit zurückliegenden Besichtigung bereits genau bekannt ist. Ergeben sich bei der Ermittlung Meinungsverschiedenheiten, so sind beide Gutachten sowie eine abweichende Meinung des Kreis- bzw. Gemeindevertreters unter entsprechender Erläuterung im Formblatt niederzulegen.

11. Die Festsetzung der Friedens- und Grundmiete obliegt den Zweigstellen der Landesfinanzämter. Hinsichtlich der Beamten der Universitäten haben sie sich, soweit Stiftungsgebäude in Betracht kommen, vorher mit den Verwaltungsausschüssen der Universitäten zu benehmen. Für die Dienstwohnungen der Beamten im Sinne des Art. 188 und 189 des Beamtengesetzes erfolgt die Festsetzung durch die Regierungen, Kammern des Innern, im Benehmen mit den Zweigstellen der Landesfinanzämter.

Die festgesetzten Mietentschädigungen sind in den Formblättern mit roter Tinte einzutragen.

Die beteiligten Beamten sind von der erfolgten Festsetzung durch die mit der Auszahlung ihrer Dienstbezüge betrauten Kassen auf dem kürzesten Wege in Kenntnis zu setzen.

12. Bei Wechsel in der Person des Dienstwohnungsinhabers ist von dem zuständigen Finanzamte jeweils zu prüfen, ob eine Änderung der Festsetzung der Friedens- und Grundmiete nach Ziff. 4 veranlaßt ist. Ebenso ist bei baulichen Veränderungen (Erweiterung, Verbesserung, Verkleinerung usw.) der Wohnungen nach Ziff. 3b sowie im Falle der Überlassung von Dienstwohnungen oder Dienstwohnungsteilen an Dritte nach Ziff. 4 die Notwendigkeit einer Änderung der Festsetzung der Friedens- und Grundmiete zu prüfen. Über das Ergebnis der Prüfung und der etwa veranlaßten Ermittlung der Mietentschädigung ist der zuständigen Zweigstelle des Landesfinanzamts zu berichten.

Die Festsetzung kann jederzeit abgeändert werden, wenn sich ergibt, daß sie auf unzutreffenden tatsächlichen Voraussetzungen beruhte oder in unrichtiger Anwendung der maßgebenden Bestimmungen erfolgte.

Die beteiligten Stellen haben dem zuständigen Finanzamte von Tatsachen, die eine Änderung der Festsetzung begründen können, alsbald Mitteilung zu machen.

13. Die Festsetzung der Zuschläge für die Verteuerung des Hypothekenkredites (§ 3 Abs. 1 Ziff. 1 des Reichsmietengesetzes) und für die laufenden Instandsetzungsarbeiten einschließlich Schönheitsarbeiten (§ 3 Abs. 1 Ziff. 3 a. a. O.) sowie des Zuschlags für die großen Instandsetzungsarbeiten (§§ 7 ff. des Reichsmietengesetzes) erfolgt durch die Zweigstellen der Landesfinanzämter im Benehmen mit den Regierungen, Kammern des Innern, einheitlich für alle Dienstwohnungen des Regierungsbezirkes. Die Zweigstellen haben die festgesetzten Zuschläge jeweils dem Staatsministerium der Finanzen mitzuteilen.

Die Festsetzung der übrigen in den §§ 3 mit 5 des Reichsmietengesetzes genannten Zuschläge sowie des Zuschlags nach Ziff. 3e dieser Bekanntmachung erfolgt durch die Finanzämter, erforderlichenfalls nach Benehmen mit den Mieteinigungsämtern. Die festgesetzten Zuschläge sind der zuständigen Zweigstelle des Landesfinanzamtes mitzuteilen, die für eine unter Berücksichtigung der jeweiligen Verhältnisse gleichmäßige Festsetzung innerhalb ihres Geschäftsbereichs zu sorgen hat.

14. Die Berechnung der Mietentschädigungen erfolgt durch die Finanzämter.

15. Die Festsetzung der Vergütungen nach Ziff. 8 erfolgt durch die Zweigstellen der Landesfinanzämter.

16. Gegen die Festsetzung der Mietentschädigungen steht den beteiligten Beamten das Recht der Beschwerde an das Staatsministerium der Finanzen zu; dieses entscheidet, soweit Beamte des Geschäftskreises anderer Ministerien in Frage kommen, im Benehmen mit den beteiligten Ministerien. Für die Beschwerden der Beamten im Sinne der Art. 188 und 189 des Beamtengesetzes ist das Staatsministerium, zu dessen Geschäftsbereiche der Beamte gehört, im Benehmen mit dem Staatsministerium der Finanzen zuständig.

Die Beamten haben in ihrer Beschwerde den Betrag, ausgeschieden nach Friedens- oder Grundmiete und Zuschlägen, zu bezeichnen, den sie selbst als Mietentschädigung für angemessen erachten.

Die Beschwerde ist bei der zuständigen Zweigstelle des Landesfinanzamts, von den Beamten nach Art. 188 und 189 des Beamtengesetzes bei der Regierung, Kammer des Innern, einzureichen; erachten diese die Beschwerde für begründet, so haben sie ihr abzuhelfen; andernfalls ist die Beschwerde mit gutachtlicher Äußerung dem zuständigen Staatsministerium vorzulegen.

Die Beschwerde hat hinsichtlich der Entrichtung der Mietentschädigung keine aufschiebende Wirkung.

IV. Einhebung und Verrechnung der Mietentschädigungen.

17. Die Verpflichtung zur Entrichtung der Mietentschädigung für den Genuß einer Dienstwohnung und eines Dienstzimmers beginnt nach Art. 19 Abs. II und IV BBesG. mit dem Zeitpunkte, von dem an die Übertragung der Amtsstelle, mit welcher der Genuß der Dienstwohnung verbunden ist, wirksam wird, wenn die Dienstwohnung erst später beziehbar wird, mit diesem Zeitpunkte.

Die Verpflichtung zur Entrichtung der Mietentschädigung erlischt mit dem Zeitpunkte, in dem die Wohnung von dem Nutznießer oder dessen Rechtsnachfolger geräumt wird.

Wird die Übertragung der Amtsstelle erst nach dem Ersten eines Monats wirksam oder die Dienstwohnung erst nach diesem Zeitpunkt beziehbar, so beginnt die Erhebung der Mietentschädigung mit dem Ersten des nächst folgenden Monats. Wird die Wohnung ohne Verschulden des Nutznießers im Laufe eines Monats geräumt, so erlischt die Erhebung mit dem Ablaufe des vorhergehenden Monats.

Wird eine Dienstwohnung durch eine andere ersetzt (Art. 19 Abs. III Satz 2 BBesG.) oder wechselt der Beamte aus sonstigen Gründen (z. B. infolge Versetzung, Übertragung einer anderen Amtsstelle) die Dienstwohnung, so beginnt die Erhebung der Mietentschädigung für die neue

Wohnung mit dem Ersten des Monats, in dem sie den Beamten überwiesen wird. Ist die Mietentschädigung für die neue Dienstwohnung höher als für die bisherige, so beginnt die Erhebung, soferne die Überweisung erst im Laufe des Monats erfolgt ist, mit dem Ersten des der Überweisung folgenden Monats. Die Mietentschädigung für die bisherige Wohnung ist bis zu dem Zeitpunkte fortzuentrichten, von dem ab die Mietentschädigung für die neue Wohnung zur Erhebung kommt.

18. Die Mietentschädigungen werden an den Dienstbezügen im voraus und jeweils für die gleichen Zeitabschnitte, für welche diese gewährt werden, abgezogen. Die Mietentschädigungen, welche die Hinterbliebenen für den Genuß der Wohnung zu entrichten haben, werden am Sterbegehalt und, soferne die Weiterbenützung der Wohnung über das Sterbevierteljahr hinaus zugestanden wird, an den Hinterbliebenenbezügen abgezogen. Eine besondere Bescheinigung über die Entrichtung der Mietentschädigungen wird den Beamten nicht erteilt; die Vormerkung des Abzugs gilt als Empfangsbestätigung.

19. Die Verrechnung der Mietentschädigungen erfolgt:

a) für die Beamten der Staatsforstverwaltung und
b) für die Beamten der Verwaltung der Berg-, Hütten- und Salzwerke auf den Haushalt dieser Verwaltungen,
c) für die Beamten der Münzanstalt auf den Haushalt dieser Anstalt,
d) für die Beamten der Staatsschuldenverwaltung auf den Haushalt der Staatsschuld,
e) für die Beamten der Universitäten hinsichtlich der Wohnungen, die ihnen in einem Stiftungsgebäude eingeräumt sind, auf den Haushalt der Universitäten,
f) für die Beamten im Sinne der Art. 188 und 189 des Beamtengesetzes nach Maßgabe der Kultusministerialentschließung vom 23. August 1909 Nr. 18537,
g) für alle übrigen Beamten auf den Haushalt der übrigen Betriebe des Staates.

Soferne der mit der Auszahlung der Dienstbezüge und mit der Einhebung der Mietentschädigungen betrauten Kasse nicht zugleich die Verrechnung der Mietentschädigungen obliegt, sind letztere in den Zahlungslisten für die Besoldungen und in den Besoldungsnebenrechnungen vorzumerken und auf Grund dieses Vortrags die Gesamteinnahme an Mietentschädigungen von der mit der Prüfung der Besoldungsrechnungen betrauten Stelle zur Vereinnahmung auf den einschlägigen Rechnungstitel einzuweisen oder der festgesetzte Gesamtbetrag der Mietentschädigungen der zuständigen Stelle zur Einweisung mitzuteilen.

V. Besondere Bestimmungen für die Volksschullehrer.

20. Die vorstehenden Bestimmungen finden auf die Volksschullehrer mit folgenden Abweichungen Anwendung:

a) Dienstwohnungen der Volksschullehrer sind die auf Grund des Art. 14 Schulbedarfgesetzes als solche bereitgestellten Wohnungen.

b) Die Zuständigkeit nach Ziff. 9 kommt den Regierungen, Kammern des Innern, zu.

c) An Stelle der Bestimmungen in den Ziffern 10, 11 und 16 gilt § 20 Abs. II und V der Bekanntmachung vom 13. Juli 1920 (KMBl. S. 286) mit der Maßgabe, daß Beschwerden hinsichtlich der Entrichtung der Mietentschädigungen keine aufschiebende Wirkung haben. Für die Maßnahmen nach Ziff. 8 und 12 ist die Bezirksverwaltungsbehörde zuständig. Für die Festsetzung der Mietentschädigungen der Volksschullehrer ist das beigefügte Formblatt[1]) zu verwenden.

d) Ziff. 10 gilt nur insoweit, als die Mietentschädigungen der Staatskasse zufließen. Im übrigen gelten in dieser Beziehung die §§ 25 und 26 der Bekanntmachung vom 13. Juli 1920 (KMBl. S. 286).

e) Ziff. 22 gilt nicht für die Dienstwohnungen der Volksschullehrer. An Stelle der in Ziff. 23 genannten Vorschriften sind hinsichtlich der Dienstwohnungen der Volksschullehrer bis auf weiteres die Bestimmungen in der Bekanntmachung vom 6. Juni 1921 (KMBl. S. 147) anzuwenden. Auf die Ministerialentschließung vom 5. März 1923 Nr. 60445, betr. die Beheizung und Be-

¹) Hier nicht abgedruckt.

leuchtung der Dienstwohnungen der Volksschullehrer wird hingewiesen.

f) Aufgehoben werden § 19 Abs. IV S. 2, § 20 Abs. I, § 21 und § 22 Abs. II der Bekanntmachung vom 13. Juli 1920 (KMBl. S. 286).

VI. Übergangs- und Schlußbestimmungen.

21. Für Wohnungen, denen im Zeitpunkte des Inkrafttretens dieser Bekanntmachung bereits die Eigenschaft einer Dienstwohnung zukommt, bedarf es einer Erklärung nach Ziff. 9 nicht mehr.

22. Die bisherigen Schätzungstabellen und sonstigen Grundlagen sind dem zuständigen Finanzamt umgehend zu übermitteln.

23. Für die Vergütungen für Beheizung und Beleuchtung sowie für den Anschluß von Dienstwohnungen an die im Amtsgebäude eingerichtete Sammelheizung gelten die Bekanntmachungen vom 1. Juni 1922 (GVBl. S. 332, StAnz. Nr. 130), vom 28. November 1922 (GVBl. S. 651 und 653, StAnz. Nr. 278) und vom 14. Juli 1923 (GVBl. S. 235, StAnz. Nr. 163), für die Tragung des Aufwandes für Beleuchtungseinrichtungen Ziff. III und IV der Bekanntmachung vom 5. Februar 1905 (FMBl. S. 19 ff.). Die Benützung und Unterhaltung der Dienst- und Mietwohnungen in Staatsgebäuden wird demnächst neu geregelt werden.

24. Die Bekanntmachungen

vom 28. Juni 1909, die Mietentschädigungen und Mietzinse für die den Beamten vom Staate eingeräumten Wohnungen und Zimmer und die Pachtentschädigungen für Gärten und sonstige Grundstücke betreffend (FMBl. S. 515 ff.),

vom 22. August 1913, die Mietentschädigungen für die Dienstwohnungen der Beamten betr. (FMBl. S. 412) und

vom 11. November 1920, die Mietentschädigungen und Mietzinse für die den Beamten vom Staate eingeräumten Wohnungen betr. (StAnz. Nr. 265)

werden aufgehoben.

25. Diese Bekanntmachung tritt mit Wirkung vom 1. Januar 1923 in Kraft.

23. Bekanntmachung

über die Neufestsetzungen der Vergütungen für Beheizung und Beleuchtung von Dienstwohnungen und für Mitbenützung der in Amtsgebäuden eingerichteten Sammelheizungen und Warmwasserbereitungsanlagen.

Vom 14. März 1924 (GVBl. S. 78).

Aus Anlaß der Neuregelung der Beamtenbesoldungen (Bekanntmachung des Staatsministeriums der Finanzen vom 21. Dezember 1923 Nr. 72414 über die 9. Abänderung des Beamtenbesoldungsgesetzes — StAnz. Nr. 296 —) wird mit Wirkung vom 1. Dezember 1923 nachstehendes verfügt:[1])

I. Bezug der Feuerungsmittel.

1.[2]) Der Bezug von Feuerungsmitteln für den eigenen Bedarf aus den Beständen der Behörden ist in jederzeit widerruflicher Weise nur solchen Beamten der Besoldungsgruppen 8 b mit 12 der Besoldungsordnung A zu gestatten, die in einem Dienstgebäude wohnen und entweder Feuerungsmittel der Behörde unter Verschluß und Aufsicht haben oder die Heizung besorgen. Bisher erteilte Ausnahmegenehmigungen bleiben in Kraft, wenn keine Veränderungen in den Voraussetzungen eingetreten oder möglich sind. Die Festsetzung der Vergütungen für Ausnahmefälle bleibt ministerieller Genehmigung vorbehalten.

2. Die Beheizung ist im allgemeinen auf Wohnzimmer und Küche zu beschränken; weitere Zimmer dürfen nur geheizt werden, wenn es die besonderen Familienverhältnisse rechtfertigen, Schlafzimmer nur in Krankheitsfällen. Wird ein unwirtschaftlicher Verbrauch an Feuerungsmitteln fest-

---

[1]) Zu vgl. nunmehr Art. 27 des BBesG. v. 20. April 1928 (GVBl. S. 205).

[2]) Ziff. 1 und 3 in der Fassung der Bek. v. 28. Nov. 1929 (GVBl. S. 149).

gestellt, so hat eine Erhöhung der Vergütung oder die Einziehung der Genehmigung zum Bezug aus amtlichen Beständen einzutreten.

3.[1]) Die Vergütung beträgt jährlich für die

Besoldungsgruppen 11 und 12 der Besoldungsordnung A 60,00 Reichsmark,

Besoldungsgruppen 8 b, 9 und 10 der Besoldungsordnung A 75,00 Reichsmark.

Diese Vergütung schließt die Vergütungen für die Warmwasserbereitung (Bad, Waschkessel) und die Sammelheizung sowie beim Vorhandensein eines Gaskochherdes auch für dessen Verbrauch in sich. Wird der Gasverbrauch des Kochherdes gemeinsam mit dem für Beleuchtungszwecke durch einen Zähler gemessen und die Kosten desselben vom Wohnungsinhaber bestritten, so vermindert sich die Vergütung für den Bezug der Brennstoffe um jährlich 15,00 Reichsmark, wenn der betreffende Beamte einen entsprechenden Gasverbrauch und damit einen Minderverbrauch an Feuerungsstoffen nachweisen kann. Wenn ein Zimmer oder die Küche der Wohnung als Dienstzimmer vom Inhaber in seiner Eigenschaft als Torwart, Offiziant, Hausverwalter usw. oder von den ihn vertretenden Angehörigen während der Dienststunden und darüber hinaus ständig in Gebrauch genommen ist und mit Genehmigung der vorgesetzten Dienststelle zugleich als Hauptwohnraum dient, so vermindert sich die Vergütung für den Bezug der Feuerungsmittel um 15,00 Reichsmark.

4. Die Beschaffung besonderer Kohlensorten oder von Holz lediglich für Zwecke der Dienstwohnungsinhaber ist unzulässig.

II. Bezug von elektrischem Strom.

1. Im Interesse größter Sparsamkeit sind soweit möglich Elektrizitätszähler anzubringen. Die Zähler sind in der Regel vom stromliefernden Werke zu mieten. Die Kosten der Beleuchtungskörper, Glühlampen, Ersatzsicherungen sowie die Zählermiete hat der Wohnungsinhaber stets selbst zu bestreiten.

[1]) Siehe Fußnote 2 auf S. 278.

2. Soweit Zähler bisher nicht angebracht sind und ihre Anbringung untunlich ist, gilt hinsichtlich der Pauschalvergütung des Stromverbrauches folgendes:

Als Brennstelle wird jede gebrauchsfähig installierte Lampe (auch Stehlampe) gerechnet. Ohne Rücksicht auf Art und Beschaffenheit der betreffenden Leuchtkörper wird für das Jahr nachstehender Stromverbrauch der Berechnung zugrunde gelegt:

Einheit	Jahresverbrauch in Kilowattstunden
für die 1. Lampe	24
für die 2. Lampe mehr	18
für die 3. Lampe mehr	15
für die 4. Lampe mehr	12
für die 5. und jede weitere Lampe mehr	9
für Anschluß eines elektrischen Bügeleisens	30
für Anschluß eines elektrischen Tee- od. Kaffeekochapparates oder ähnlicher kleiner Apparate	35

Als 1. Lampe ist jene im Hauptwohnraum, als 2. Lampe jene in der Küche, als 3. Lampe und folgende die in den übrigen Zimmern und Nebenräumen in Ansatz zu bringen. Dient die Küche als Wohnküche und damit zugleich als Hauptwohnraum, so tritt deren Lampe bei der Berechnung an die 1. Stelle. Die angeführten Verbrauchsziffern gelten für Glühlampen mit einem Verbrauche bis zu 30 Watt; für Glühlampen mit einem höheren Stromverbrauch (x. Watt) sind die Jahresverbrauchsziffern mit der Verhältniszahl $\frac{X}{30}$ zu vervielfachen. Glühlampen mit einem höheren Stromverbrauch als 60 Watt sind bei Pauschalberechnung nicht zulässig.

Für diese Verbrauchsmengen ist der ortsübliche Preis, den die Gebäudeverwaltung für den Gesamtstromverbrauch bezahlen oder aufwenden muß, einschließlich etwaiger Zuschläge für Stromverluste, dem Wohnungsinhaber in Rechnung zu stellen.

3. Die Beleuchtung eines Dienstzimmers (vgl. Abschn. I Ziff. 3 Schlußsatz) ist bei der Berechnung der Vergütung außer Ansatz zu lassen.

4. Dienstwohnungsinhaber können weniger notwendige Beleuchtungskörper entfernen und so die Gebühr abmindern.

5. Eine nachträgliche Erhöhung erfolgt, falls Stromverschwendung festgestellt wird.

III. Bezug von Gas.

1. Zur Ermittlung der Verbrauchsmenge sind, soweit möglich, Gasmesser anzubringen. Die Kosten für Gaslampen, Gasglühkörper, Zylinder, Anschlußgasherde und Gasmessermiete hat der Wohnungsinhaber stets selbst zu bestreiten.

2. Der Gasbezug gegen Pauschalberechnung ist auf jene Fälle beschränkt, in denen die Anbringung eines Messers unverhältnismäßige Kosten verursacht. Für solche Fälle wird folgender jährlicher Gasverbrauch der Berechnung zugrunde gelegt:

Einheit	stehendes Gasglühlicht oder offene Flamme	hängendes Gasglühlicht
	cbm Gas	cbm Gas
für die 1. Lampe . . .	62	48
„ „ 2. „ mehr .	42	32
„ „ 3. „ „ .	31	24
„ „ 4. „ „ .	25	20
„ „ 5. und jede weitere Lampe mehr . . .	20	16

Die Berechnung der Lampen erfolgt nach der Vorschrift im Abschnitt II Ziff. 2.

Wenn Gas- und elektrische Beleuchtung eingerichtet sind, werden die Lampen in ununterbrochener Reihenfolge, wie vorstehend, gezählt, und die jeweils zuständige Verbrauchsmenge an Gas und Strom in Ansatz gebracht, z. B. in Wohnzimmer und Küche Hängegasbeleuchtung, in zwei Schlafzimmern elektrisches Licht, im Gange stehendes Gasglühlicht ergibt einen Verbrauch von 48 + 32 + 20 cbm Gas und 15 + 12 Kilowattstunden Strom.

Für diese Verbrauchsmengen sind die jeweiligen Selbstkosten vom Wohnungsnutznießer zu bezahlen. Pauschalberechnung schließt die Benützung des Gases zum Heizen, Bügeln, Kochen und Warmwasserbereitung aus mit Ausnahme der Fälle unter Abschnitt I Ziff. 3.

3. Die Bestimmungen unter Abschnitt II Ziff. 3 mit 5 gelten sinngemäß auch für den Bezug von Gas.

IV. Mitbenützung von Sammelheizungen.

1. Für die Mitbenützung einer Sammelheizung hat der Wohnungsnutznießer eine Vergütung zu bezahlen, die sich nach der Nutzfläche der durch die Sammelheizung erwärmten Zimmer und Kammern richtet. In der Regel werden nicht mehr Flächen in Ansatz gebracht, als unter Ziff. 3 angegeben sind. Nicht in Ansatz zu bringen sind ferner Wirtschaftsräume, Bäder, Gänge, Vorplätze, Aborte und Räume für Hausangestellte. In Dienstwohnungen, in denen nur Räume letzterer Art an die Sammelheizung angeschlossen sind, berechnet sich die Vergütung aus der Gesamtnutzfläche dieser Räume vervielfältigt mit $^1/_3$ des Einheitssatzes für die Zimmer. Wenn technisch irgend möglich, sind in den Zimmern, die über das jeweilige Gesamtflächenausmaß der Ziff. 3 hinaus vorhanden sind, die Heizkörper durch Plombieren dauernd von der Heizung auszuschalten. Die Kosten der Plombierung trägt die Kasse, welche den Brennmaterialaufwand bestreitet. Der Nutznießer kann zur Verminderung des Heizkostenbeitrages, wenn technisch möglich und keine Gefahr des Einfrierens, wie bei Warmwasserheizungen, besteht, auch weitere Zimmer, Kammern und nicht in Ansatz zu bringende Nebenräume im Benehmen mit dem Bauamte durch Plombierung von der Heizung auszuschalten, solange das Flächenausmaß der beheizten Zimmer das Flächenausmaß der nicht in Ansatz zu bringenden Nebenräume übersteigt. Die Kosten für Plombierung dieser Heizkörper trägt der Nutznießer.

2. [1]) Die Vergütung für 1 Quadratmeter Nutzfläche und ein Heizjahr berechnet sich nach der mit 40 Kilogramm angenommenen Verbrauchsmenge und einem durchschnittlichen Kokspreis von 2,60 *RM* [2]) für den Zentner. War die Wohnung nicht während der ganzen Heizzeit vom 1. Oktober bis 30. April folgenden Jahres zugewiesen, so wird die Vergütung entsprechend gekürzt.

Für Heizung vom 1. Mai bis 30. September jeden Kalenderjahres werden Heizkostenvergütungen nicht erhoben.

Von den einzelnen Ministerien in besonderen Ausnahmefällen genehmigte Ermäßigungen des Regelsatzes bleiben mit dem gleichen Hundertsatze wie bisher in Kraft, wenn keine Veränderungen in den Voraussetzungen eingetreten oder möglich sind.

3. [3]) Bei Ermittlung der Heizkostenvergütung sind in der Regel höchstens anzurechnen:

den Beamten der Besoldungsordnung	den Beamten der Besoldungsgruppen	Gesamtfläche der Zimmern und Kammern in qm
A	1	140
	2	120
	3	100
	4	80
	5—7	70
	8—10	50
	11—12	30
B	1	160
	2—5	150

Bei Dienstwohnungen für Beamte der Besoldungsgruppe 1 der Besoldungsordnung A sowie der Besoldungs-

[1]) Ziff. 2 in der Fassung der Bek. v. 23. Nov. 1924 (GVBl. S. 248).
[2]) Zu vgl. Bek. v. 28. Nov. 1929 (GVBl. S. 149).
[3]) Ziff. 3 nach Bek. v. 28. Nov. 1929 (GVBl. S. 149).

gruppen 1—5 der Besoldungsordnung B ist in besonders gelagerten Fällen, in denen die Gesamtfläche der zu beheizenden Zimmer die vorstehenden Höchstflächen um 25 v. H. überschreitet und eine Plombierung der Heizkörper nicht möglich ist oder nicht gewünscht wird, die Entscheidung des zuständigen Ministeriums herbeizuführen.

4. Müssen in besonderen Fällen, z. B. bei Krankheit, ungewöhnlicher Kälte und dgl. plombierte Heizkörper vorübergehend in Gebrauch genommen werden, so ist der Zeitpunkt der Abnahme und Wiederanbringung der Plombierung der zur Festsetzung der Vergütung zuständigen Stelle anzuzeigen, die den Mehrbetrag für die vorübergehende Beheizung des Raumes im Benehmen mit dem Bauamte festsetzt, wobei aber mindestens eine halbmonatliche Benützung angenommen wird. Räume, welche zu Dienst- und Wohnzwecken gemeinsam überwiesen sind, bleiben bei der Berechnung der Heizkostenvergütung außer Betracht.

5. Wird Mißbrauch oder Wärmevergeudung (wie andauerndes Lüften bei geöffneten Heizkörpern) festgestellt, so hat eine Erhöhung der Vergütungssätze einzutreten. Vorübergehende Störungen in der Heizanlage mindern die Zahlungspflicht nicht.

V. Warmwasserbezug aus Anlagen, die auch Betriebszwecken dienen.

1. Für den Bezug von Warmwasser sind folgende Kostenbeiträge zu entrichten:

a) Ist die Warmwasserbereitungsanlage während des ganzen Jahres im Betrieb, so ist $^1/_6$ der Vergütung für die Sammelheizung, wie sie sich nach Abschnitt IV Ziff. 3 errechnen würde, in Ansatz zu bringen.

b) Ist die Warmwasserbereitungsanlage nur während der Heizperiode im Betrieb, so werden $^2/_3$ der Vergütung nach a) verrechnet.

c) Wird Warmwasser nur an einem Wochentage bereitet, so werden $^3/_9$ der Vergütung nach a) beziehungsweise

b) erhoben; für jeden weiteren allwöchentlich wiederkehrenden Entnahmetag wird $^1/_9$ mehr berechnet.

2. Ist eine Sammelheizungsanlage nicht vorhanden, sondern nur die Warmwasserbereitungsanlage, so ist die Vergütung von der Aufsichtsbehörde besonders festzusetzen.

VI. Zuständigkeit, Festsetzung, Erhebung und Verrechnung der Vergütungen.

1. Den Bezug von Feuerungsmitteln aus Staatsbeständen und von Gas und elektrischem Strom gegen Pauschalvergütung genehmigt die Stelle, die der Behörde vorgesetzt ist, welcher der Beamte angehört.

2. Die Festsetzung der einzelnen Vergütungen erfolgt durch den Vorstand der Stelle oder Behörde, welcher der Beamte angehört, soweit notwendig im Benehmen mit dem einschlägigen Bauamt, für Amtsvorstände selbst auf Grund vorbereiteter Berechnungen durch die vorgesetzte Dienststelle. Im Einzelfalle ist eine Veränderung der jeweiligen Vergütungssätze dann veranlaßt, wenn durch eine Änderung im Umfange der Dienstwohnung oder in den Beheizungs- und Beleuchtungsverhältnissen die Voraussetzungen der bisherigen Vergütungssätze nicht mehr zutreffen. Die neuen Vergütungssätze sind vom Beginn des der Veränderung folgenden Monats an zu erheben. Wird der Wohnungsinhaber in eine andere Besoldungsgruppe eingereiht, die eine Änderung des Vergütungssatzes zur Folge hat, so ändern sich die Vergütungssätze mit Beginn des Monats, in welchem der Beamte den neuen Gehalt bezieht.

3.[1]) Die nach Abschn. I, II, III und V Ziff. 1a errechneten Vergütungen sind in Monatsraten derart einzuheben, daß auf die 6 Wintermonate ungefähr doppelt so hohe Beträge treffen als auf die Sommermonate

(z. B. 60.— ℳ = (6 × 3,50 + 6 × 6,50) oder
75.— ℳ = (6 × 4,00 + 6 × 8,50)
78 Kilowatt = (6 × 4,5 + 5 × 8 + 11).

---

[1]) Ziff. 3 Abs. II in der Fassung nach Bek. v. 23. Nov. 1924 (GVBl. S. 248).

Die Vergütung nach Abschn. IV und Vb ist für die jeweilige Heizperiode in 4 gleichen Raten am 1. Dezember, 1. Januar, 1. Februar und 1. März einzuheben.

4. Die für die jeweiligen Zahlungstermine festgestellten Vergütungen der Beamten sind ihnen sowie den Kassen bekanntzugeben, die den Beheizungs- und Beleuchtungsaufwand bestreiten. Die Vergütungssätze sind von den Pflichtigen in den nach Ziff. 3 bestimmten Teilbeträgen am Fälligkeitstage bei den obenbezeichneten Kassen einzuzahlen. Diese Beträge sind am Beheizungs- und Beleuchtungsaufwand der Behörde zu kürzen.

5. Unter Berücksichtigung der angegebenen Teilbeträge ist auch die Höhe der Vergütungen beim Nutznießerwechsel zu bemessen.

VII. Schlußbestimmung.

1. Vom 1. Dezember 1923 ab werden die früheren Bestimmungen, insbesondere die Bekanntmachung vom 1. Juni 1922 Nr. 32667 — GVBl. S. 332 —, die Bekanntmachung vom 28. November 1922 Nr. 70708 — GVBl. S. 651 — und die weitere Bekanntmachung vom 14. Juli 1923 — GVBl. S. 235 — über die Erhöhung der Vergütungssätze aufgehoben. Von der Einhebung der für die Zeit vor dem 1. Dezember 1923 noch geschuldeten Vergütungen nach den letztmals festgesetzten Sätzen kann abgesehen werden.

2. Die Neufestsetzung der Vergütungen für den Anschluß von Dienstwohnungen an die im Amtsgebäude eingerichtete Sammelheizung und Warmwasserbereitungsanlage findet gleichmäßig auch auf Mietwohnungen Anwendung.

3. Soweit sich in einzelnen Fällen als Nachzahlung für die bis zum 1. Dezember 1923 zurückliegende Zeit eine Summe ergibt, durch deren Bezahlung der Beteiligte in eine wirtschaftliche Bedrängnis geraten würde, besteht gegen die Genehmigung von Teilzahlungen keine Erinnerung. Nachlässe an den nachzuzahlenden Beträgen dürfen nicht zugestanden werden.

24. Bekanntmachung über die Pachtentschädigungen für die den Beamten vom Staate überlassenen Gärten und sonstigen Grundstücke.

Vom 29. Juli 1924 (GVBl. S. 189).

Gemäß Art. 29 Abs. II BBesG.n.F. (GVBl. 1923 S. 109)[1] hat der Beamte für die Benützung von Garten- und sonstigen Grundstücken eine dem Nutzwert und den Ortsverhältnissen entsprechende Pachtentschädigung zu entrichten.

In Ausführung dieser Vorschrift wird verfügt:

1. Die Pachtentschädigungen sind mit Wirkung vom 1. Januar 1924 ab neu festzusetzen und zwar in Reichsmark[2]). Die Pachtentschädigung muß dem tatsächlichen Nutzwert, den der Garten oder das Grundstück für den Beamten hat, unter Berücksichtigung der örtlichen Verhältnisse entsprechen. Der Schätzung des Nutzwertes sind der Durchschnittsertrag mehrerer Jahre und, soweit ein Ertrag nicht vorhanden ist, die Vorteile zugrundezulegen, die dem Besitzer aus der Benützung des Gartens oder der Grundstücke erwachsen. Bei der Festsetzung der hiernach zu bemessenden Pachtentschädigung kann geeignete Rücksicht darauf genommen werden, ob etwaige Ertragssteigerungen nachweisbar auf größere Aufwendungen des gegenwärtigen Besitzers zurückzuführen sind; tritt ein Wechsel des Besitzers ein, so ist bei der Neufestsetzung der Pachtentschädigung die Ertragssteigerung zu berücksichtigen.
2. Soweit im Einzelfalle der Ertrag des Gartens oder Grundstücks oder die aus der Benützung des Gartens oder Grundstücks erwachsenden Vorteile sich nicht geändert haben und die vor dem Kriege entrichtete Pacht-

---

1) Nunmehr Art. 27 Abs. II des BBesG. v. 20. April 1928 (GVBl. S. 205).

2) Zu vgl. § 1 der VO. v. 25. Nov. 1925, GVBl. S. 265.

entschädigung dem Nutzwert und den Ortsverhältnissen entsprach, kann diese der Neufestsetzung zugrunde gelegt werden.

3. Die Festsetzung eines Einheitssatzes der Pachtentschädigungen für alle im Bereiche einer Verwaltung oder eines Geschäftsbezirkes liegenden Gärten und Grundstücke sowie die unentgeltliche Überlassung derselben ist nicht zulässig.

4. Wird die Entrichtung der nach Ziff. 1 festgesetzten Pachtentschädigung verweigert, so ist die Lösung des Pachtverhältnisses in Aussicht zu stellen mit dem Hinweis darauf, daß der Beamte keinen Anspruch gegen den Staat auf Zuweisung eines Gartens oder sonstigen Grundstückes hat und der Staat in der freien Verfügung über die den Beamten überlassenen Gärten und sonstigen Grundstücke nicht beschränkt ist und daß bei weiterer Verweigerung der Zahlung der Pachtentschädigung eine anderweitige Verpachtung erfolgen wird. Vor einer anderweitigen Verpachtung ist, soweit es sich um Gärten oder Grundstücke handelt, die in räumlicher Beziehung zu Dienstgebäuden oder Dienstwohnungen stehen, die Genehmigung des zuständigen Staatsministeriums einzuholen.

5. Die Pachtentschädigungen werden von den zuständigen Finanzämtern im Benehmen mit den Landbauämtern ermittelt und von den Zweigstellen der Landesfinanzämter festgesetzt.

6. Die Pachtentschädigungen werden alljährlich im voraus zu Beginn des Rechnungsjahres erhoben. Auf Antrag kann Vorauszahlung in vierteljährlichen Raten gestattet werden.

7. Vorstehende Bestimmungen gelten auch für die Hausgärten der staatlichen Forstbeamten. Die entgegenstehenden Bestimmungen in § 31 der Ausführungsvorschriften vom 28. Februar 1885 (FMBl. S. 45) und in § 13 Abs. I des Regulativs über die Behandlung von Forstdienstwohnungen und -Dienstgründen (FMBl. S. 38) treten

außer Kraft. Bezüglich der sonstigen Grundstücke der Staatsforstverwaltung wird auf die Entschließung des Staatsministeriums der Finanzen, Ministerial-Forstabteilung, vom 2. Februar 1922 (FMBl. S. 7 ff.) hingewiesen.

8. Die Vorschriften dieser Bekanntmachung gelten auch für die Volksschullehrer, soweit ihnen vom Staate Gärten oder Grundstücke eingeräumt sind. Soweit ihnen solche von Seiten der Gemeinde überlassen sind, finden die Vorschriften im Hinblick auf Art. 19 des Schulbedarfgesetzes sinngemäß mit der Maßgabe Anwendung, daß die Pachtentschädigungen durch die Bezirksverwaltungsbehörden festzusetzen und an die Gemeindekasse (Schulkasse) zu entrichten sind.

Im Falle des Art. 26 des Schulbedarfgesetzes (Verpachtung von Grundstücken) ist die Festsetzung des Pachtzinses im Hinblick auf Abs. III S. 2 a. a. O. nur im Streitfalle veranlaßt.

---

25. Umzugskostenverordnung.

vom 3. Mai 1923 (GVBl. S. 170).

§ 1. I Die etatmäßigen und die nichtetatmäßigen Beamten erhalten im Falle der Versetzung an einen anderen Ort Umzugskostenvergütung nach Maßgabe dieser Verordnung, soweit nicht aus den Bestimmungen in Art. 8 Abs. 1 Satz 2, Art. 109 Abs. 4 des Beamtengesetzes, Art. 7 Abs. 4 des Disziplinargesetzes für richterliche Beamte und aus § 4 dieser Verordnung etwas anderes ergibt.

II Die ständigen Volksschullehrer gelten als etatmäßige, die unständigen Volksschullehrer als nichtetatmäßige Beamte im Sinne der Bestimmungen dieser Verordnung. An Stelle der in Abs. I angeführten Vorschriften des Beamtengesetzes treten für die Volksschullehrer die Art. 36 Abs. II, 109 Abs. IV des Volksschullehrergesetzes.

§ 2. Als Umzugskostenvergütung werden den etatmäßigen Beamten bei Versetzungen gewährt

1. Ersatz der Kosten der Umzugsreise nebst Aufwandsentschädigung für ihre Person und Ersatz des Aufwandes für die Umzugsreise der zu ihrem Hausstande gehörigen Personen (Reisekosten),

2. Ersatz der Kosten der Überführung ihres Hausrats aus der bisherigen Wohnung in die neue Wohnung (Hausratsbeförderungskosten),

3. Ersatz des für die bisherige Wohnung für die Zeit nach dem Abgange vom bisherigen Dienstorte bei rechtzeitig vorgenommener Kündigung notwendigerweise fortentrichteten Mietzinses (Mietzinsentschädigung) oder, falls der Beamte im eigenen Hause gewohnt hat, Entschädigung für die durch das Leerstehen der Wohnung nach dem Umzug entgangene Einnahme in angemessenen Grenzen (Mietwertentschädigung),

4. Entschädigung für die durch den Umzug verursachten sonstigen notwendigen Kosten in angemessenen Grenzen (allgemeine Umzugskosten).

§ 3. Die nichtetatmäßigen Beamten erhalten als Umzugskostenvergütung bei Versetzungen

1. Ersatz der Kosten der Umzugsreise nebst Aufwandsentschädigung für ihre Person,

2. eine Beihilfe zu den Kosten der Überführung ihres Hausrats aus der bisherigen in die neue Wohnung und zu den sonstigen unmittelbar durch den Umzug verursachten Kosten bis zur Höhe des unbedingt notwendigen Aufwandes.

§ 4. I [1]) Beamte, die auf Ansuchen versetzt werden, erhalten keine Umzugskostenvergütung.

II [1]) Bei ganz besonderer Dringlichkeit der Versetzung und bei ganz besonderer Bedürftigkeit des Beamten kann ausnahmsweise das zuständige Staatsministerium im Benehmen mit dem Staatsministerium der Finanzen Umzugskostenbeihilfen gewähren.

III Ein die Umzugskostenvergütung ausschließendes Ansuchen liegt nicht vor, wenn ein Beamter allgemein ohne Einschränkung hinsichtlich seines zukünftigen Dienstortes um eine vermöge seiner Vorbildung oder dienstlichen Eignung

---

[1]) Abs. I und II in der Fassung der Bek. v. 26. Febr. 1930 (GVBl. S. 35).

ihm zugängliche Stelle, mit der ein höherer Anfangsgehalt verbunden ist, oder um eine Stelle mit gleichem Anfangsgehalt sich bewirbt, die als Durchgangsstelle für sein weiteres dienstliches Fortkommen in Betracht kommt.

§ 5. Inwieweit in anderen als den in § 4 behandelten Fällen, in denen bei Versetzungen ein Anspruch auf Umzugskostenvergütung nicht besteht, zur Vermeidung von Härten ausnahmsweise Beihilfen zu den Umzugskosten gewährt werden können, wird nach Lage des einzelnen Falles vom zuständigen Staatsministerium im Benehmen mit dem Staatsministerium der Finanzen bestimmt.

§ 6. I Wird ein Staatsbeamter an einen außerhalb des Landes gelegenen Dienstort versetzt oder von einem solchen nach Bayern zurückversetzt, so kann durch das zuständige Staatsministerium im Benehmen mit dem Staatsministerium der Finanzen Vergütung der Umzugskosten im Wege des Ersatzes des wirklichen Aufwandes oder der Bewilligung einer den Umständen entsprechenden Pauschsumme gewährt werden.

II Dasselbe gilt von Beamten, die von der Staatsregierung zur Versehung einer Stelle im Reichsdienst oder im Dienste eines anderen Landes abgeordnet oder von einer solchen Stelle in den Landesdienst zurückberufen werden, soweit die Umzugskosten nicht aus Reichsmitteln oder aus Mitteln des betreffenden Landes zu bestreiten sind.

III Beamte, die ihren dienstlichen Wohnsitz an einem außerhalb Bayerns unweit der Landesgrenze gelegenen Orte haben oder erhalten, gelten in Ansehung der Vergütung der Umzugskosten als im Inland angestellt.

§ 7. I Bei der erstmaligen Anstellung im Staatsdienste können die Kosten der Dienstantrittsreise und die Kosten des Umzugs ganz oder teilweise bis zur Höhe des nachgewiesenen tatsächlichen und als notwendig anerkannten Aufwandes vergütet werden. Dasselbe gilt für die Wiederanstellung aus dem Staatsdienst ausgeschiedener Personen.

II Nichtetatmäßige Beamte erhalten bei der Ernennung zum etatmäßigen Beamten Umzugskostenvergütung nach § 3.

§ 8. I Wird ein im Ruhestande befindlicher etatmäßiger Beamter nach Maßgabe der Art. 42, 64 oder des Art. 183 Abs. 2 Ziff. 6 des Beamtengesetzes wieder zur Dienstleistung berufen, so erhält er, sofern sein bisheriger Wohnsitz sich in Bayern befindet, Vergütung der Umzugskosten nach Maßgabe des § 2. Hat der Beamte bei der Wiederanstellung seinen Wohnsitz außerhalb Bayerns, so bleibt die Festsetzung der Vergütung dem zuständigen Staatsministerium im Benehmen mit dem Staatsministerium der Finanzen vorbehalten. § 4 findet entsprechend Anwendung, wenn die Wiederanstellung auf Ansuchen des Beamten an einem bestimmten Orte erfolgt ist.

II Dasselbe gilt, wenn ein im Ruhestande befindlicher Volksschullehrer nach Maßgabe der Art. 54, 55, 167 des Volksschullehrergesetzes im öffentlichen Volksschuldienste wieder angestellt wird.

§ 9. I Einem Beamten, der seinen dienstlichen Wohnsitz außerhalb Bayerns hat, sind bei seiner Versetzung in den Ruhestand oder in den einstweiligen Ruhestand die Kosten des Umzugs an den von ihm innerhalb Bayerns gewählten Wohnort nach Maßgabe des § 2 zu ersetzen.

II Die Vorschriften der Bekanntmachungen vom 25. Sept. 1922 (GVBl. S. 599) und vom 16. April 1923 (GVBl. S. 151) über die Gewährung von Umzugskostenbeihilfen für Beamte im Ruhestand und Hinterbliebene von Beamten bleiben unberührt.

§ 10. Beamten, die aus dienstlichen Gründen einen Umzug innerhalb ihres Wohnorts ausgeführt haben, können die nachgewiesenen tatsächlichen Umzugskosten vergütet werden, soweit sie sich in angemessenen Grenzen halten.

§ 11. I Die zum Vollzuge dieser Verordnung erforderlichen Vorschriften erläßt das Staatsministerium der Finanzen im Benehmen mit den übrigen Staatsministerien.

II Das Staatsministerium der Finanzen ist ermächtigt, im Benehmen mit den übrigen Staatsministerien über die Höhe der nach den §§ 2, 3, 7, 10 zu vergütenden Umzugskosten einheitliche Grundsätze aufzustellen. Diese sind für die

Ansprüche der Beamten in gleicher Weise maßgebend wie die Verordnung.

§ 12. I Diese Verordnung tritt mit Wirkung vom 1. Mai 1923 in Kraft. Sie findet auch auf Umzugsreisen und Umzüge Anwendung, die vor dem 1. Mai 1923 begonnen wurden, aber erst an diesem oder einem späteren Tage beendet werden konnten.

II Mit Wirkung vom gleichen Zeitpunkt treten die Verordnung vom 20. November 1902 (GVBl. S. 709) und der § 4 der Verordnung vom 10. Dezember 1908 (GVBl. S. 1041) sowie die Bekanntmachung vom 26. Juli 1920 (GVBl. S. 375) und die Verordnung vom 9. Dezember 1921 (GVBl. S. 588) außer Kraft.

III Soweit in bestehenden Vorschriften auf die Verordnung vom 20. November 1902 oder die diese Verordnung abändernden oder ergänzenden Vorschriften verwiesen ist, treten an deren Stelle diese Verordnung und die dazu erlassenen Vollzugsvorschriften.

IV Unberührt bleiben die Vorschriften über die Vergütung von Umzugskosten an das Gesandtschaftspersonal.

§ 13. Die Bekanntmachung vom 24. Mai 1922 (GVBl. S. 327) wird wie folgt geändert:

1. Die Bestimmung in Abschnitt I Ziff. 3 Satz 1 erhält folgende Fassung:

Bei einem Wechsel im Amtssitz erhalten die nichtetatmäßigen Beamten Umzugskostenvergütung nach Maßgabe des § 3 der Umzugskostenverordnung.

2. Die Bestimmungen in Abschnitt I Ziff. 4 und 5 werden gestrichen.

---

26. Bekanntmachung
zum Vollzuge der Umzugskostenverordnung.

Vom 3. Mai 1923 (GVBl. S. 171).

Auf Grund des § 11 der Umzugskostenverordnung vom 3. Mai 1923 wird im Benehmen mit den übrigen Staatsministerien folgendes bestimmt:

A. Allgemeine Bestimmungen.

1. Die in dieser Bekanntmachung aufgestellten Grundsätze über die Höhe des ersatzfähigen Umzugsaufwandes sind für die Ansprüche der Beamten in gleicher Weise maßgebend wie die Bestimmungen der Umzugskostenverordnung selbst (§ 11 Abs. II der Verordnung). Nach diesen Grundsätzen sind die als vergütungsfähig anzuerkennenden Umzugsausgaben in allen Fällen zu ermitteln, in denen voller oder teilweiser Umzugskostenersatz aus der Staatskasse gewährt wird.

2. [I] Besteht im Falle der Versetzung eines Beamten ein Grund für die Versagung der Umzugskostenvergütung (vgl. §§ 1, 4 der Verordnung), so wird dies in der die Versetzung verfügenden Entschließung ausgedrückt.

[II] Bei Versetzungen auf Ansuchen geschieht dies durch die Worte „auf Ansuchen“ oder „seinem Ansuchen entsprechend“, bei Versetzungen infolge eigenen Verschuldens durch die Worte „ohne Vergütung von Umzugskosten“.

[III] Ist keiner dieser Zusätze in der Versetzungsverfügung enthalten und die Absicht der Versagung des Umzugskostenersatzes auch nicht in anderer Weise darin zum Ausdrucke gebracht, so darf die Vergütung der Umzugskosten von der Rechnungsprüfungsstelle nicht verweigert werden.

3. Erstattungsfähig sind nur die durch den Umzug verursachten tatsächlichen Aufwendungen, soweit sie unbedingt notwendig waren. Die Beamten sind verpflichtet, bei allen Umzügen, deren Kosten ganz oder teilweise aus der Staatskasse vergütet werden, auf möglichste Kostenersparnis Bedacht zu nehmen und bei den Vertragsabschlüssen jede Übervorteilung in gleicher Weise fernzuhalten, wie wenn die Kosten ihnen selbst ausschließlich zur Last fielen.

4. [I] Von der Erstattung ausgeschlossen sind Mehrkosten eines Umzugs, die durch einen Haushalt entstehen, der Aufwendungen über das gewöhnliche Maß hinaus verursacht. Als Höchstgrenzen werden angesehen für einen Beamten der

Stufe I (Anlage zu § 3 der Verordnung vom 20. Mai 1922, GVBl. S. 297) .	10 m Möbelwagen,
„ II . .	16 m „
„ III	20 m „
„ IV	24 m „

oder der entsprechende Raum in Eisenbahnwagen. In diesen Höchstgrenzen ist der Raum der sog. Bei- oder Kolliwagen mitenthalten. Maßgebend ist die Stelle, **aus** der der Beamte versetzt worden ist.

II Die angeführten Möbelwagenlängen sind **Höchstgrenzen**. Den Beamten erwächst daraus kein Anspruch auf Benützung eines größeren als des nach dem tatsächlichen Umfange des beförderten Hausrats unbedingt benötigten Laderaums.

III [1]) In einzelnen besonders begründeten Ausnahmefällen kann die Rechnungsprüfungsstelle Abweichungen von den Höchstgrenzen zulassen.

5. Die Beförderungskosten, gegebenenfalls Eilfrachtkosten, für Geflügel, Kleinvieh und Bienen können über die in Ziff. 4 angegebene Raummenge hinaus in einem den eigentlichen Umzugskosten (Ziff. 4) angemessenen Betrage vergütet werden; dagegen sind besondere Beförderungskosten für Hunde, sofern nicht Diensthunde in Frage kommen, Katzen, Vögel usw. von der Erstattung ausgeschlossen.

6. I Vor Vergebung des Auftrags zur Ausführung des Umzugs sind von mehreren (mindestens drei) Beförderungsunternehmen schriftliche, möglichst alle Einzelansätze enthaltende Angebote einzuholen. Die Angebote sind von den Beamten selbst einzufordern. Fremde Vermittlung, insbesondere die Vermittlung von Spediteuren darf hiebei nicht in Anspruch genommen werden. Eingegangene Angebote dürfen anderen Spediteuren nicht mitgeteilt werden. Die Unterlagen für die Vergebung sind der Umzugskostenaufrechnung als Belege beizufügen. Bei der Umzugskostenanweisung darf nur das für die Staatskasse günstigste Angebot berücksichtigt werden, sofern nicht besonders triftige Gründe eine Abweichung rechtfertigen. Bestehen zwischen den eingeholten Angeboten nur verhältnismäßig unerhebliche Preisunterschiede, so kann dem verlässigsten und leistungs-

---

[1]) Abs. III i. d. Fassg. der Ziff. A 1 der Bek. v. 25. Januar 1924 (GVBl. S. 17).

fähigsten Unternehmer der Vorzug gegeben werden, auch wenn er ein höheres Angebot abgegeben hat[1]).

II Ausnahmsweise kann von der Einholung mehrerer Angebote abgesehen werden, wenn die Übertragung des Umzugs an einen Beförderungsunternehmer in Frage kommt, durch dessen Vermittlung der Beamte eine Wohnung im Tauschweg erlangen kann, und wenn die Forderung des Unternehmers sich in angemessenen Grenzen hält.

7. Sämtliche Ausgaben sind möglichst durch Rechnungen, Quittungen u. dgl. zu belegen. Aus den Rechnungen müssen die einzelnen Lieferungen und Leistungen mit den dafür geforderten Beträgen ersichtlich sein. Insbesondere müssen die Rechnungen über die Beförderung des Umzugsguts die Leistungen des Unternehmers im einzelnen nebst den dafür angesetzten Kostenbeträgen ersehen lassen. Den Rechnungen der Spediteure sind die Eisenbahnfrachtbriefe, aus denen u. a. Zahl und Größe der benützten Möbelwagen ersichtlich sein muß, beizufügen. Soweit Belege nicht beigebracht werden können, hat der Beamte auf Dienstpflicht zu versichern, daß er die Ausgaben für den angegebenen Zweck tatsächlich gemacht hat.

8. Erfolgten Zahlungen in ausländischer Währung, so sind Valutagewinne oder -verluste bei der Festsetzung der Umzugskostenvergütung zu berücksichtigen. Der Kursstand der deutschen Mark ist nach Tunlichkeit durch die Bescheinigung einer Behörde oder eines Bankhauses nachzuweisen.

9. Wird ein Beamter an einen Ort versetzt, an den oder in dessen nächster Umgebung er bereits anläßlich einer der Versetzung vorausgegangenen auswärtigen Beschäftigung umgezogen ist, so ist die Umzugskostenvergütung nach Maßgabe der Ziff. 21 der Bekanntmachung vom 20. Mai 1922 (GVBl. S. 304) um den Betrag zu kürzen, den der Beamte für die Zeit nach dem Umzug an Aufwandsentschädigung für die auswärtige Beschäftigung bezogen hat.

---

[1]) Ziff. 6 Abs. I i. d. Fassg. der FinMinBek. v. 25. März 1927 (GVBl. S. 108).

B. Umzugskostenvergütung bei Versetzung von etatmäßigen Beamten.

I. Reisekosten (§ 2 Nr. 1 der Verordnung).

10.[1]) I Für die Umzugsreise (§ 2 Nr. 1 der Verordnung) erhält der Beamte

a) für seine Person Reisekostenersatz und Aufwandsentschädigung nach den für Dienstreisen geltenden allgemeinen Bestimmungen mit der Maßgabe, daß für den Tag der Ankunft am neuen Dienstorte das Tagegeld für einen vollen Kalendertag und das Übernachtungsgeld zu gewähren ist. Maßgebend ist die Stelle, aus der der Beamte versetzt worden ist;

b) Ersatz der baren Fahrtauslagen einschließlich der Kosten der Gepäckbeförderung und erforderlichenfalls der Gepäckversicherung für die Reise der zu seinem Hausstande gehörigen Personen vom bisherigen nach dem neuen Wohnort in dem gleichen Umfang, in dem diese Auslagen dem Beamten für seine Person vergütet werden. Für das Hauspersonal darf bei Eisenbahn- oder Schiffbenützung höchstens das Fahrgeld für die III. Wagenklasse (II. Schiffsklasse) erstattet werden, sofern nicht aus besonderen Gründen die Mitnahme in die höhere Fahrklasse geboten war. Im allgemeinen kann nur der Reiseaufwand (vgl. auch c) für einen Hausangestellten ersetzt werden;

c) Ersatz der Auslagen für Verpflegung und Unterkunft der zu seinem Hausstande gehörigen Personen während der Zeit der Umzugsreise und der Beförderung des Umzugsguts von Wohnung zu Wohnung unter angemessener Berücksichtigung der gleichzeitig im Familienhaushalt eingetretenen Ersparnis. Der für Ersparnis im Haushalt abgesetzte Betrag ist in der Kostenaufrechnung ersichtlich zu machen. Wenn die Wohnung lediglich deshalb, weil in ihr noch Instandsetzungen vorgenommen wurden, nicht sogleich bezogen worden ist, so dürfen für die Tage vom Eintreffen der Möbel bis zum Beziehen der Wohnung Ausgaben für die Verpflegung und

---

1) Ziff. 10 Abs. I c Satz 2 eingefügt durch Bek. v. 25. Jan. 1924 (GVBl. S. 17).

Unterkunft nur in besonders begründeten Ausnahmefällen vergütet werden.

II Für den Ersatz der Reisekosten ist die kürzeste Entfernung vom bisherigen Wohnorte zum neuen Wohnorte zugrunde zu legen. Waren oder sind der dienstliche Wohnort und der tatsächliche Wohnort nicht gleich, so werden die Reisekosten für die kürzere Strecke vergütet.

III Wenn die Familie nicht gemeinsam reiste und deshalb für die minderjährigen Kinder eine besondere Begleitperson angenommen war, so können Auslagen für diese Begleitperson nur vergütet werden, wenn nachgewiesen ist, daß die gemeinsame Reise unmöglich war und die Kinder ohne Begleitung nicht reisen konnten.

11. Als zum Hausstande des Beamten gehörige Personen gelten außer seiner Ehefrau und den seinen Hausstand teilenden Kindern und Hausangestellten auch solche Verwandte oder Verschwägerte, die in den Hausstand des Beamten bisher nicht lediglich vorübergehend aufgenommen waren, den Hausstand auch ferner teilen sollen und von dem Beamten ganz oder in der Hauptsache unterhalten werden.

II. Hausratsbeförderungskosten (§ 2 Nr. 2 der Verordnung.

12. I Bei Erstattung der Kosten für die Beförderung auf der Eisenbahn oder auf Landwegen ist die kürzeste Entfernung vom bisherigen zum neuen Wohnorte zugrunde zu legen. Waren oder sind der dienstliche und der tatsächliche Wohnort nicht gleich, so werden die Beförderungskosten für die kürzere Strecke erstattet.

II [1]) Findet ein Beamter nicht am neuen Dienstorte, sondern an einem weiter entfernt gelegenen Orte Wohnung, so kann die Vergütung der für den weiteren Weg entstandenen Beförderungskosten zugelassen werden.

III In gleicher Weise kann genehmigt werden, daß Beamten, die nicht nach dem neuen Dienstort übersiedeln können, sondern an einem in der Nähe gelegenen Orte Wohnung

[1]) Ziff. 12 Abs. II in der Fassung der Bek. v. 25. Jan. 1924 (GVBl. S. 17).

finden, der nach der örtlichen Wohnsitte von Beamten des neuen Dienstorts nicht als Wohnsitz gewählt zu werden pflegt, die Kosten eines späteren Umzugs von diesem Orte an den neuen Dienstort ersetzt werden. Vergütung der allgemeinen Umzugskosten (Abschn. B IV) kann nur ausnahmsweise in Fällen eines dringenden Bedürfnisses bewilligt werden.

13. I Das Umzugsgut ist gesammelt zu versenden. Die Kosten für das Vor- und Nachsenden einzelner Stücke als Frachtgut, in Postpaketen u. dgl. können ausnahmsweise nur dann erstattet werden, wenn nachgewiesen ist, daß diese Kosten auch entstanden wären, wenn diese Stücke mit dem übrigen Umzugsgute zugleich versandt worden wären, jedoch vorbehaltlich der in Ziff. 4 vorgesehenen Beschränkung des Laderaums. Die Beförderungskosten für das Reisegepäck werden nach Ziff. 10 vergütet. Nicht erstattungsfähig sind die Kosten für die gesonderte Übersendung von hochwertigen Sachen, wie Wertpapieren, Edelsteinen, Perlen, Gold- und Silberwaren u. dgl., sowie etwaige erhöhte Versicherungskosten bei Übersendung dieser Gegenstände mit dem übrigen Umzugsgute.

II Mehrkosten, die durch die Versendung des Umzugsguts als Eilfracht gegenüber der gewöhnlichen Versendung entstehen, können nicht vergütet werden (vgl. jedoch Ziff. 5).

III Besondere Kosten für die Beförderung von Brennstoffen sind nur erstattungsfähig, soweit es sich in angemessenen Grenzen hält und die Mitnahme im Möbelwagen usw. an und für sich nicht möglich ist.

14. Erstattungsfähig sind in den Grenzen der Ziff. 3, 4, 12, 13:

a) die Kosten für die Gestellung der Möbelwagen, eines Packers und der nötigen Arbeitskräfte zum Ein- und Ausladen einschließlich der vertragsmäßigen, andernfalls der ortsüblichen Trinkgelder, die Kosten für die Anfuhr der Möbelwagen vom Standplatze nach der bisherigen Wohnung, von der bisherigen Wohnung zum Bahnhofe, für die Abfuhr vom Bahnhofe nach der neuen Wohnung und dann zum Standplatze, die Eisenbahnfrachtkosten, gegebenenfalls auch die Kosten für die Her- oder Rücksendung der leeren Möbelwagen einschließlich An- und

Abfuhr sowie die Auslagen für die Reise des Packers nach dem bisherigen und dem neuen Wohnorte des Beamten und zurück;

b) Leihgebühren für Kisten, Körbe und Säcke einschließlich der Kosten für die Rücksendung, ferner die Kosten für sonstige Verpackungsmittel, wie Papier, Stroh, Holzwolle. Sind Kisten und Körbe oder Säcke zugekauft worden, so können höchsten 30 v. H. der in angemessenen Grenzen sich haltenden Anschaffungskosten bis zur Höhe der andernfalls angefallenen Leihgebühren erstattet werden; für gekaufte Reise- oder Waschkörbe wird kein Zuschuß gewährt;

c) die Kosten für die Versicherung des Umzugsguts während der Beförderung. Die Versicherungskosten werden nur insoweit erstattet, als sie nicht über das übliche Maß hinausgehen und das Umzugsgut nicht über Gebühr bewertet ist. Als Höchstgrenzen für die Versicherung des Umzugsguts werden jeweils die für die Reichsbeamten geltenden, im Reichsbesoldungsblatte zur Veröffentlichung kommenden Beträge bestimmt. Die Versicherung ist zur Ersparung der Kosten für die Vermittlung nach Tunlichkeit unmittelbar einem Versicherungsunternehmen zu übertragen. Die Versicherungskosten einschließlich der Kosten einer etwaigen Vermittlung dürfen bis auf weiteres in der Regel nur bis zum Betrage von 3 vom Tausend der Versicherungssumme vergütet werden. Ausnahmen sind aus triftigen Gründen zulässig, insbesondere wenn der Beamte nicht die Möglichkeit hat, sich wegen der Versicherung unmittelbar an ein Versicherungsunternehmen zu wenden.

Nicht erstattungsfähig sind Kosten für eine Aufruhrversicherung und für ähnliche Versicherungen, ferner nicht Kosten für die Versicherung der Möbel gegen Gefahren jeder Art während der Zeit, in der sich die Möbel in Lager-, Speicher- oder sonstigen Unterstellräumen befinden;

d) die Standgelder, die für die nicht rechtzeitige Be- oder Entladung der Eisenbahnwagen an die Eisenbahnverwaltung zu zahlen sind, sofern kein Verschulden vorliegt. Die Zahlung von Standgeldern ist eingehend zu begründen. Nicht erstattungsfähig sind die Stand- und Lagergelder, die einzelne Speditionsfirmen anfordern, wenn der beladene Möbelwagen auf ihren Lagerplätzen usw. noch einige Zeit untergestellt werden muß;

e) die Kosten der Beförderung des Hausrats vom Bahnhofe zum Lager-, Speicher-, Unterstellraum und vom Lager usw. nach der Wohnung oder Notwohnung einschließlich der Kosten für das Ein- und Auslagern sowie etwaige Trinkgelder in den Grenzen der Ziff. 14a.

Die Kosten der Lagerung selbst (für Lager-, Speichermiete usw.) sind nicht erstattungsfähig.

15. I Hausratsbeförderungskosten können nur vergütet werden, wenn der Beamte bereits im Zeitpunkte der Versetzung am bisherigen Wohnort einen eigenen Hausstand geführt oder eine mit seinen eigenen Möbeln ausgestattete Wohnung innegehabt hat. Nicht erstattungsfähig sind Hausratsbeförderungskosten und sonstige Aufwendungen, die durch die erstmalige Einrichtung eines eigenen Hausstandes veranlaßt sind. Jedoch können

a) verheirateten Beamten, die am bisherigen Dienst- oder Wohnort infolge der Wohnungsnot keinen eigenen Hausstand einrichten konnten und daher ihren Hausrat an diesem Orte untergestellt hatten, im Falle der Versetzung Kosten für die Überführung des Hausrats an den neuen Dienst- oder Wohnort erstattet werden;

b) Beamten, die sich erst nach der Versetzung verehelicht haben, am neuen Dienst- oder Wohnorte jedoch keine Familienwohnung erhalten und deshalb ihren an einem anderen Orte stehenden Hausrat nicht heranziehen konnten, im Falle einer weiteren Versetzung an einen dritten Ort die durch diese Versetzung entstehenden Mehrausgaben für die Überführung des Hausrats an den neuen Dienst- oder Wohnort vergütet werden;

c) Beamten, die kurz vor ihrer Verheiratung versetzt worden sind, vor der Bekanntgabe der Versetzungsverfügung die zur Eheschließung gesetzlich notwendigen Schritte unternommen und den Tag der Eheschließung bereits festgesetzt hatten, ferner die Möbel ganz oder zum größten Teil bereits beschafft und am bisherigen Dienst- oder Wohnort einen eigenen Hausstand eingerichtet oder die Möbel untergestellt haben, die Kosten für die Überführung des Hausrats nach dem neuen Dienst- oder Wohnort ersetzt werden.

II War in den Fällen unter Abs. I a der Hausrat nicht am bisherigen Dienst- oder Wohnorte, sondern an einem dritten Orte untergestellt, so können nur die infolge der Versetzung entstandenen Mehrausgaben für die Beförderung des Hausrats an den neuen Dienst- oder Wohnort vergütet werden. Dasselbe gilt, wenn in den Fällen unter Abs. I c der Hausrat nicht am bisherigen Dienst- oder Wohnorte beschafft und untergestellt war und eine Beförderung des Hausrats an den bisherigen Dienst- oder Wohnort zwecks Einrichtung des Hausstandes ohnehin notwendig geworden wäre.

III Außer den in Abs. I, II aufgeführten Beförderungskosten können in den bezeichneten Fällen die nach Ziff. 10 Abs. I b, c und Ziff. 21 a—d vergütungsfähigen Auslagen erstattet werden. Weitere allgemeine Umzugskosten (Abschnitt B IV) können nicht vergütet werden.

III. Mietzins-, Mietwert-Entschädigung.
(§ 2 Nr. 3 der Verordnung.)

16. I Die Gewährung der Mietzinsentschädigung ist davon abhängig, daß der Beamte sofort nach Empfang der ersten amtlichen Mitteilung von der Versetzung seine Wohnung, allenfalls unter Geltendmachung des ihm nach §§ 570, 580, 565 Abs. 1 Satz 1 BGB. zustehenden Kündigungsrechts, auf den ersten Termin, für welchen die Kündigung zulässig und möglich ist, kündigt und den Vermieter in die Lage versetzt, über die Wohnung unter Umständen schon vor Ablauf der Mietzeit anderweit zu verfügen. Der Beamte muß sich von dem genannten Zeitpunkt an auch sonst — z. B. durch Anschlag und allenfalls Ausschreiben der Wohnung, durch Anbieten der Wohnung an den Amtsnachfolger — die Weitervermietung der Wohnung angelegen sein lassen.

II Die Entschädigung darf, wenn die amtliche Mitteilung von der Versetzung dem Beamten noch während der ersten drei Werktage eines Kalendervierteljahrs zugegangen ist, keinesfalls über den Schluß des betreffenden Kalendervierteljahrs hinaus, im Falle einer späteren Bekanntgabe der Versetzung äußerstenfalls bis zum Schlusse des nächsten Kalendervierteljahrs gewährt werden. Besteht für ein Mietverhältnis eine kürzere als die in § 565 Abs. 1 Satz 1 BGB. bestimmte Kündigungsfrist, so kann auch die Mietzinsentschädigung nur für einen entsprechend kürzeren Zeitraum beansprucht werden.

III Ist die Wohnung nach Abgang des Beamten vom bisherigen Dienstorte durch seine Familie noch weiter benützt worden, so schließt dies die Gewährung der Mietzinsentschädigung nicht aus, sofern durch das Verbleiben der Familie in der Wohnung nicht die frühere Auflösung des Mietverhältnisses oder die Weitervermietung unmöglich gemacht worden ist.

17. Hat der Beamte bisher im eigenen Hause gewohnt, so erhält er, falls er die Wohnung nach seinem Umzuge leer stehen lassen mußte, für die Zeit des Leerstehens eine Entschädigung in der Höhe des ortsüblichen Mietwerts der Wohnung für die Dauer von höchstens 3 Monaten (Mietwertentschädigung).

18.[1]) Bei der Festsetzung der Mietzins- oder der Mietwertentschädigung hat der den fünften Teil (20 v. H.) der mit der bisherigen Stelle verbundenen Anfangsbesoldung übersteigende Mehrbetrag der Jahresmiete oder des Jahresmietwerts der Wohnung außer Ansatz zu bleiben. Die Rechnungsprüfungsstellen können beim Vorliegen besonderer örtlicher oder sonstiger besonders berücksichtigenswerter Verhältnisse Ausnahmen zulassen.

19. Neben der Mietzinsentschädigung kann eine beim Auszug aus der bisherigen Wohnung gezahlte Wohnungsabnützungsentschädigung in angemessenen Grenzen vergütet werden, wenn der Beamte auf Grund des Mietvertrags zur Zahlung der Entschädigung verpflichtet war und die Über-

---

[1]) Satz 2 in der Fassg. der Bek. v. 25. Januar 1924 (GVBl. S. 17).

nahme der Verpflichtung der Ortssitte entsprach oder aus besonderen Gründen nicht zu vermeiden war.

20. Die Zentral- und Mittelstellen, denen die Verfügung von Versetzungen (Beförderungen, Anstellungen) in eigener Zuständigkeit übertragen ist, haben sich dieser Aufgabe nach Tunlichkeit in einer Weise zu unterziehen, daß es den versetzten Beamten möglich ist, ihre bisherige Wohnung für den nächsten nach der Erledigung der in Betracht kommenden Stelle sich ergebenden Kündigungstermin zu kündigen.

IV. Allgemeine Umzugskosten (§ 2 Nr. 4 der Verordnung).

21.[1]) Erstattungsfähig sind

a. in angemessenen Grenzen die Aufwendungen zur Erlangung einer Wohnung, wie Anzeigekosten, Vermittlungsgebühren.

Als Aufwendungen zur Erlangung einer Wohnung kommen auch Ausgaben in Betracht, die dem Beamten dadurch erwachsen, daß er genötigt ist, dem bisherigen Inhaber der Wohnung z. B. zur Entschädigung für dessen eigenen Umzug oder dgl., eine Abfindungssumme zu zahlen. Voraussetzung für die Erstattung solcher Ausgaben ist, daß dem Beamten beim Verzicht auf die unter der Bedingung der Abfindung angebotene Wohnung die Übersiedlung mit seinem Hausrat an den Dienstort mangels anderen Unterkommens nicht möglich wäre und ihm infolgedessen voraussichtlich noch mindestens 2 Monate Entschädigung für getrennte Haushaltführung in einer Höhe gezahlt werden müßte, die die Annahme des Wohnungsangebots trotz der Ausbedingung der Abfindung noch als vorteilhaft erscheinen läßt. Für die Vergütung von Aufwendungen der in Frage stehenden Art bedarf es der Genehmigung des Staatsministeriums der Finanzen, wenn der Betrag, dessen Erstattung beansprucht wird, mit Einschluß der sonstigen Aufwendungen für die Erlangung der Wohnung, wie Anzeigekosten, Vermittlungsgebühren, das dreißigfache des Tagessatzes der Entschädigung für getrennte

---

[1]) Zu vgl. Bek. v. 25. Januar 1924 (GVBl. S. 17).

Haushaltführung übersteigt. Die Ersparung an Entschädigung für getrennte Haushaltführung ist hierbei nach den Entschädigungssätzen zu berechnen, die zur Zeit des Umzugs gelten. Im Rahmen dieser Höchstgrenze darf eine Abfindung nur insoweit gewährt werden, als die Forderung des bisherigen Wohnungsinhabers mit Rücksicht auf seine eigenen Kosten und sein eigenes Interesse am Umzug in angemessenen Grenzen bleibt. Der Betrag der Entschädigung für getrennte Haushaltführung für zwei Monate bildet auch in den der Genehmigung des Staatsministeriums der Finanzen vorbehaltenen Fällen in der Regel die äußerste Grenze der Bewilligung;

b. die baren Fahrtauslagen (im allgemeinen nur bis zur Höhe des Fahrgeldes für die 3. Eisenbahnwagenklasse) und die tatsächlichen Mehrausgaben für Verpflegung und Unterkunft für die einmalige Reise einer Person zum Suchen oder Mieten einer Wohnung am neuen Dienst- oder Wohnorte, sofern sich hier noch kein erwachsenes Familienmitglied aufhält. Zum Suchen oder Mieten der Wohnung dürfen neben den Reisetagen für die Hin- und Rückreise höchstens 3 Tage zugebilligt werden. Mehrkosten für Schnellzugsbenützung sind nur dann zu erstatten, wenn durch die Benützung des Schnellzugs nachweislich eine Verminderung der Zahl der Reisetage erreicht worden ist oder wenn nach den Umständen des Falles die Benützung eines gewöhnlichen Zuges nicht tunlich erschien. Von den Kosten für Verpflegung und Unterkunft ist ein angemessener, in der Kostenaufrechnung ersichtlich zu machender Betrag für die im Haushalt eingetretene Ersparnis abzusetzen. Die Kosten für eine etwaige Begleitperson können nur in besonders begründeten Ausnahmefällen und nur dann erstattet werden, wenn ohne die Begleitperson die Reise zwecklos gewesen wäre;

c. die Paßgebühren und sonstigen Kosten für Ausweise, Reisepässe, für die hierzu erforderlichen Lichtbilder in angemessenen Grenzen sowie die baren Fahrtauslagen und die Mehrausgaben (vgl. Ziff. 21 b) für etwaige zur Erlangung der Papiere unbedingt erforderliche Reisen;

d. die baren Fahrtauslagen und die tatsächlichen Mehrausgaben für die einmalige Reise einer Person zur Vorbereitung und Leitung des Umzugs in den Grenzen der Ziff. 21 b. Diese Ausgaben sind nur dann erstattungsfähig, wenn zur Zeit des Umzugs die Ehefrau oder ein anderes erwachsenes Familienmitglied nicht mehr am bisherigen Wohnort anwesend war. Hatte die Familie den bisherigen Wohnort verlassen, ohne das Umzugsgut einem Spediteur oder dgl. zu übergeben, so können die Auslagen für eine Reise nur ersetzt werden, wenn nachgewiesen ist, daß die unverzügliche Abreise aller Familienmitglieder geboten war;

e. die Kosten für das Abnehmen und Aufmachen der Vorhänge, Bilder und Beleuchtungseinrichtungen in den Grenzen der Ziff. 3, 4; neben den Arbeitslöhnen können auch die Kosten für die bei diesen Arbeiten notwendigen kleineren Ersatz- und Zubehörteile (z. B. Schnüre, Zugringe, Ringband, Ösen, Klammern, Stifte, Muffen, Nippel, Fassungen, Litze, Draht, Isolierrohr, Dichtungs- und Befestigungsmittel u. dgl.) berücksichtigt werden.

Erstattungsfähig sind auch die Ausgaben

1. für Stoffe einfacher Art zur Verlängerung oder Umänderung nicht passender Vorhänge. Die Kosten für die Anschaffung neuer Gardinen usw. können nicht ersetzt werden, auch wenn die Anschaffung durch die größere Zahl der Fenster in der neuen Wohnung veranlaßt war,
2. für Ersatzbeschaffung von Vorhangstangen und Vorhangbrettern einfacher Art,
3. für notwendige Zugvorrichtungen für Fenster, soweit infolge des Umzugs die vorhandenen Zugvorrichtungen nicht ausreichen,
4. für das Abnehmen und Wiederanbringen der Badeeinrichtung und von Gasherden, sofern es sich nicht um gelegentlich des Umzugs erst bewirkte Neuanschaffungen handelt und die Ausgaben sich in angemessenen Grenzen halten.

Im übrigen dürfen Ausgaben für Neu- und Ersatzbeschaffungen und Aufwendungen für kostspieligere Gegenstände der bezeichneten Art nicht vergütet werden;

f. in den Grenzen der Ziff. 3, 4 die Anschaffungskosten bis zu 50 v. H. für Glühbirnen, die wegen verschiedener Stärke der Stromspannung in der alten und in der neuen Wohnung neu beschafft werden mußten. Werden in der neuen Wohnung mehr Lampen oder Glühbirnen gebraucht als in der bisherigen, so wird für die Mehranschaffungen ein Zuschuß nicht gewährt. Die Kosten für die Ersatzbeschaffung von Glühstrümpfen sind voll ersatzfähig;

g. die Kosten für die Umänderung von Beleuchtungskörpern für Gaslicht in solche für elektrisches Licht, wenn in der alten und in der neuen Wohnung nicht die gleiche Beleuchtungsart vorhanden ist; die Kosten für die hierzu unbedingt notwendigen neuen Glühbirnen können bis zu 50 v. H. des Anschaffungswerts ersetzt werden.

Falls aus dem gleichen Grunde die etwaige Umänderung von Beleuchtungskörpern für elektrisches Licht in solche für Gaslicht in Frage kommen sollte, ist zunächst zu prüfen, ob es nicht wirtschaftlicher ist, an Stelle der Umänderung eine einfache elektrische Lichtleitung anzulegen oder neue Gasbeleuchtungskörper anzuschaffen, wobei im letzteren Falle die Zahl der Brennstellen in der neuen Wohnung nicht höher sein darf als in der bisherigen Wohnung. Bis zur Höhe der Kosten der hiernach billigsten Maßnahme kann ein Zuschuß zu den tatsächlichen Ausgaben gewährt werden, der jedoch 50 v. H. der Kosten für die etwa neu zu beschaffenden Gasbeleuchtungskörper nicht übersteigen darf;

h. die Ausgaben für das einfache Reinigen der bisherigen Wohnung einschließlich der Treppen und Flure, nicht aber die Kosten für das Reinigen der Wohnungseinrichtung.

Ausgaben für das Reinigen der neuen Wohnung können erstattet werden, wenn sie sich unter Berücksichtigung der Umstände des Einzelfalls in angemessenen Grenzen halten.

i. Ausgaben für die infolge des Umzugs unbedingt notwendige Anschaffung von Schulbüchern, sofern die Erstattung bei Beamten mit mehr als einem schulpflichtigen Kinde zur Vermeidung von unbilligen Härten geboten erscheint;

k. notwendige Portoauslagen sowie Ausgaben für Ferngespräche und Telegramme, die im Zusammenhange mit dem Umzug entstanden sind.

22. Nicht vergütungsfähig sind außer den schon in den vorhergehenden Bestimmungen als nicht erstattungsfähig bezeichneten Ausgaben noch insbesondere

a. die Kosten für die Benützung von Schlafwagen;

b. die Kosten des Umzugs vom Gasthaus oder von einem möblierten Zimmer oder einer möblierten Wohnung oder von einer Notwohnung oder Wohnung in ein Gasthaus oder in ein möbliertes Zimmer oder eine möblierte Wohnung oder eine Notwohnung oder Wohnung am bisherigen oder neuen Wohnorte;

c. die Instandsetzungskosten für die während des Umzugs beschädigten Möbel.

Wenn durch Versendung der Möbel als Stückgut oder im Eisenbahnwagen — nicht im Möbelwagen — eine Beschädigung der Möbel eingetreten ist und weder die Eisenbahnverwaltung noch eine Versicherungsgesellschaft haftbar gemacht werden kann, kann in besonderen Fällen vom zuständigen Staatsministerium im Benehmen mit dem Staatsministerium der Finanzen ausnahmsweise ein Zuschuß in angemessenen Grenzen bewilligt werden. Für leicht zerbrechliche Sachen, wie Glas, Porzellan, Geschirr u. dgl., wird Ersatz nicht geleistet;

d. etwaige Verluste an Lebensmitteln oder an gestohlenen oder sonstwie abhanden gekommenen Sachen;

e. die Kosten für die Instandsetzung der neuen Wohnung.

Ausnahmsweise kann vom zuständigen Staatsministerium im Benehmen mit dem Staatsministerium der Finanzen eine Beihilfe zu den in den Grenzen des unbedingt notwendigen Aufwandes sich haltenden Wohnungsinstandsetzungskosten bewilligt werden, wenn die Instandsetzung aus besonderen Gründen, z. B. aus hygienischen Rücksichten, unabweislich geboten war. Aus dem Gesuche muß ersichtlich sein, in welcher Höhe der Vermieter sich an der Kostentragung beteiligt. Der Instandsetzung muß ferner eine Besichtigung der Wohnung durch einen oder mehrere Beauftragte der vorgesetzten Dienstbehörde vorangegangen sein, auf Grund der sich die vorgesetzte Dienstbehörde zu dem Gesuche gutachtlich zu äußern hat. Durch die Besichtigung der Wohnung dürfen der Staatskasse Kosten nicht erwachsen. Zu den Kosten für Wohnungsinstandsetzungen jeder Art, die ohne vorherige Verständigung der vorgesetzten Dienstbehörde vorgenommen wurden, können Beihilfen nicht gewährt werden. Die Kosten für das Streichen usw. der Fenster, Türen und Fußböden und für andere laufende Instandsetzungsarbeiten, für die der Instandsetzungszuschlag nach § 3 Abs. I Nr. 3 des Reichsmietengesetzes vom 24. März 1922 (RGBl. S. 273) bestimmt ist, müssen bei der Bemessung der Beihilfe unberücksichtigt bleiben. Die Beihilfe kann beim Vorliegen der angeführten Voraussetzungen bis zur Höchstgrenze des dreißigfachen Betrages des Tagessatzes bemessen werden, der als Entschädigung für getrennte Haushaltführung für Beamte der in Betracht kommenden Entschädigungsstufe zur Zeit der Wohnungsinstandsetzung festgesetzt ist. Voraussetzung ist jedoch in jedem Falle, daß der Beamte mindestens ein Drittel der entstandenen Kosten selbst trägt.

Beihilfen zur Instandsetzung von Wohnungen in eigenen Häusern können nicht bewilligt werden;

f. die Ausgaben für die Anlage von elektrischen Licht-, von Gas-, Wasser-, Klingelleitungen oder für die Erweiterung solcher Einrichtungen. Als Anlage in diesem Sinne gilt auch die Umlegung einer bereits bestehenden Leitung, wenn auch nur in einem Zimmer der Wohnung;

g. die Kosten für Abänderung von elektrischen Kochtöpfen, Bügeleisen u. dgl. infolge anderer Stromspannung;

h. abgesehen von der Ausnahme unter Ziff. 21 i die infolge des Schulwechsels entstandenen Ausgaben für die Kinder, wie erhöhte Schulgelder u. dergl.;

i. Zinsen für die zur Deckung von Umzugsauslagen geliehenen Beträge und Zinsen, die dadurch entgangen sind, daß eigene Gelder zur Deckung der Umzugsauslagen verwendet wurden (vgl. Ziff. 44);

k. Ausgaben für das Waschen, Stärken, Bügeln und Spannen der Fenstervorhänge.

C. Umzugskostenvergütung bei Versetzung von nichtetatmäßigen Beamten sowie deren Ernennung zu etatmäßigen Beamten, bei erstmaliger etatmäßiger oder nichtetatmäßiger Anstellung und bei Wiederanstellung aus dem Staatsdienst ausgeschiedener Personen (§§ 3, 7 der Verordnung).

23. I Nichtetatmäßige Beamte erhalten im Falle einer nicht durch ihr eigenes Verhalten verschuldeten Versetzung

(Wechsel im Amtssitz) sowie bei ihrer Ernennung zum etatmäßigen Beamten

a. Ersatz der Kosten der Umzugsreise nebst Aufwandsentschädigung für ihre Person nach den für etatmäßige Beamte geltenden Bestimmungen (vgl. Ziff. 10 a),

b) eine Beihilfe zu den sonstigen Umzugskosten in den Grenzen des unumgänglich notwendigen Aufwandes bis zur Höhe des Betrags, der ihnen als etatmäßigen Beamten für den Umzug vom bisherigen an den neuen Amtssitz gemäß den Bestimmungen unter Abschn. B I—IV zustehen würde. Kostenanforderungen, die den Rahmen des unbedingt Notwendigen überschreiten, sind entsprechend zu kürzen.

II Die Beihilfe nach Abs. I b darf im Falle eines Wechsels im Amtssitz im allgemeinen nur dann gewährt werden, wenn die Verwendung am neuen Amtssitz auf längere Zeit berechnet, d. h. wenn anzunehmen ist, daß vor Ablauf eines Jahres vom Zeitpunkte des Umzugs an eine Änderung des Amtssitzes nicht eintreten wird. Bei kürzerer Dauer der Verwendung kommt die Gewährung einer Umzugskostenbeihilfe nur in Frage, wenn der Umzug mit Rücksicht auf die durch den Wegfall der Entschädigung für getrennte Haushaltführung erzielbare Ersparnis oder aus sonstigen besonderen Gründen geboten ist. In Zweifelsfällen ist vor dem Umzuge die Entscheidung der Stelle einzuholen, welche die den Wechsel des Amtssitzes bedingende Verwendung verfügt hat.

24. Ziff. 23 findet entsprechend Anwendung auf Staatsdienstanwärter, die nach Erfüllung der für die Anstellung als nichtetatmäßige Beamte vorgeschriebenen Voraussetzungen oder während der vorgeschriebenen Wartezeit mit der Stellvertretung von Beamten oder mit der Versehung erledigter Stellen betraut oder zu einer sonstigen Aushilfe verwendet werden (§ 31 der Bek. v. 11. März 1921 in der Fassung der Bek. v. 24. Aug. 1921, GVBl. S. 73 und 140).

25. I Personen, die erstmals in den Staatsdienst als etatmäßige oder nichtetatmäßige Beamte übernommen werden, können erhalten

a. im Falle der sofortigen Übernahme als etatmäßige Beamte Vergütung der Kosten der Dienstantrittsreise und der durch den Umzug vom bisherigen Wohnorte nach dem

Orte der Anstellung (Amtssitz) verursachten Umzugskosten in den Grenzen des unbedingt notwendigen Aufwandes bis zur Höhe der bei dienstlichen Versetzungen von Staatsbeamten erstattungsfähigen Beträge,

d. im Falle der Übernahme als nichtetatmäßige Beamte Vergütung der Kosten der Dienstantrittsreise und eine Beihilfe zu den Kosten des Umzugs vom letzten Wohnorte nach dem Einberufungsort (Amtssitz). Die Beihilfe ist in der Regel bis zur Höhe von 80 v. H. der nach Abschn. B II und den hierzu etwa noch ergehenden Ergänzungsbestimmungen bei Versetzung eines etatmäßigen Beamten erstattungsfähigen Hausratsbeförderungskosten zu bemessen. Voraussetzung für die Gewährnug der Beihilfe ist, daß trotz der Einkommensverbesserung infolge des Übertritts in den Staatsdienst die Hausratsbeförderungskosten von dem Beamten nach seinen Vermögensverhältnissen nicht getragen werden können. Ziff. 23 Abs. II findet entsprechende Anwendung.

II Die Vergütung für die Dienstantrittsreise bemißt sich nach Ziff. 10 a Satz 1; Reisekostenersatz und Aufwandsentschädigung sind nach der Stellung zu gewähren, in die der Beamte berufen wird.

III Liegt der letzte Wohnort in den Fällen unter Abs. I a außerhalb Deutschlands, in den Fällen unter Abs. I b außerhalb Bayerns, so bestimmt das zuständige Staatsministerium im Benehmen mit dem Staatsministerium der Finanzen, bis zu welcher Höhe Umzugskostenvergütung oder Beihilfe zu gewähren ist.

26 Ziff. 25 gilt entsprechend für die Fälle der Wiederanstellung aus dem Staatsdienst ausgeschiedener Personen.

27. Ziff. 15 findet in den Fällen der Ziff. 23—26 entsprechende Anwendung.

28. Unberührt bleiben die besonderen Bestimmungen über die Gewährung von Umzugskostenvergütung an Beamtenanwärter aus dem rechtsrheinischen Bayern bei der erstmaligen Anstellung in der Pfalz und die Bestimmungen über die Gewährung von Umzugskostenvergütung aus Reichsmitteln an die in den Landesdienst übernommenen Beamten aus den abgetretenen Gebieten und an die aus dem Heers-,

Marine-, Kolonialdienst oder aus dem Dienste der Reichsschatzverwaltung in den Landesdienst übernommenen Beamten, Berufsoffiziere und Berufsunteroffiziere.

D. Umzugskostenvergütung bei Umzügen aus dienstlichem Anlaß innerhalb des Wohnorts.

(§ 10 der Verordnung).

29. I Beamte, die aus Anlaß einer Versetzung ohne Ansuchen oder aus Anlaß einer aus dienstlichen Gründen erfolgenden Zuweisung oder Räumung einer Dienstwohnung zu einem Umzug am gleichen Orte von einer Dienstwohnung in eine andere Dienstwohnung oder eine Privatwohnung oder von einer Privatwohnung in eine Dienstwohnung genötigt sind, erhalten als Umzugskostenvergütung Ersatz der Kosten der Beförderung des Hausrats und des sonstigen durch den Umzug verursachten unbedingt notwendigen Aufwandes in den Grenzen der nach Abschn. B II—IV erstattungsfähigen Beträge.

II[1]) Ist im Falle des Umzugs aus einer Privatwohnung in eine Dienstwohnung die für die Dienstwohnung zu entrichtende Mietentschädigung erheblich geringer als der für die bisherige Privatwohnung gezahlte Mietzins, so kann nur eine Beihilfe zu den Umzugskosten in den Grenzen von 50 bis 80 v. H. des nach Abs. I erstattungsfähigen Aufwandes gewährt werden.

III Die Bestimmungen in Abs. I, II gelten auch für den Fall, daß einem Beamten ein Dienstzimmer als Wohnung zugewiesen wird.

30. Über die Gewährung von Umzugskostenvergütung in sonstigen Fällen, in denen ein Beamter ohne sein Zutun aus dienstlichen Gründen in eine andere am gleichen Orte gelegene Wohnung umzuziehen genötigt ist, entscheidet das zuständige Staatsministerium im Benehmen mit dem Staatsministerium der Finanzen.

---

[1]) Abs. II i. d. Fassg. der Bek. v. 25. Januar 1924 (GVBl. S. 17).

E. Versetzungen auf Ansuchen.

31. Die Kosten einer von dem Beamten selbst erbetenen oder beantragten Versetzung, für die lediglich die Rücksicht auf die persönlichen Wünsche oder die privaten Verhältnisse des Beamten ausschlaggebend war (Versetzung auf Ansuchen), können auf die Staatskasse nicht übernommen werden. Ausnahmen von diesem Grundsatze sind nur nach Maßgabe des § 4 Abs. II der Verordnung zulässig.

32. Ein die Umzugskostenvergütung ausschließendes Ansuchen liegt auch dann vor, wenn ein Beamter sich um eine Stelle der in § 4 Abs. III der Verordnung bezeichneten Art bewirbt, sofern die Bewerbung hinsichtlich des künftigen Dienstorts nicht allgemein gehalten, sondern durch die Bezeichnung eines bestimmten Platzes, an den der Beamte befördert oder versetzt sein will, oder durch bestimmte Ausschließung eines oder mehrerer in Betracht kommenden Plätze oder auf sonstige Weise eingeschränkt ist. Werden dagegen in einem sonst allgemein gehaltenen Gesuch im Sinne des § 4 Abs. III nur Wünsche hinsichtlich des künftigen Dienstorts vorgebracht, durch welche die freie Verfügung in Bezug auf die Bestimmung der neuen Dienststelle nicht beeinträchtigt wird, so steht dies der Gewährung von Umzugskostenvergütung nicht entgegen.

33.[1]) I Die ausnahmsweise Gewährung einer Umzugskostenbeihilfe setzt voraus:

1. daß die Versetzung aus ganz besonderen Gründen dringend erforderlich war.

Soweit Gesundheitsrücksichten geltend gemacht werden, können jedenfalls die Behauptung der Unzuträglichkeit des Klimas oder ähnliche in Versetzungsgesuchen erfahrungsgemäß wiederkehrende, allgemein gehaltene Begründungen die Bewilligung einer Beihilfe nicht rechtfertigen; die Versetzung muß vielmehr zur Verhütung einer ernstlichen Gesundheitsschädigung dringend geboten gewesen sein, worüber in der Regel eine amtsärztliche Bescheinigung beizubringen ist. Die Amtsärzte haben hiebei den strengsten Maßstab anzulegen.

---

[1]) Ziff. 33 i. d. Fassg. der Bek. v. 26. Febr. 1930 (GVBl. S. 35).

Ist die Versetzung wegen der Ausbildung der Kinder erbeten worden, so wird eine Umzugskostenbeihilfe ausnahmsweise nur noch gewährt, wenn ohne die Versetzung das wirtschaftliche Fortkommen des Beamten gefährdet gewesen wäre und wenn dem Beamten die Bestreitung der Umzugskosten trotz der Einsparung, die an den Ausbildungskosten durch die Versetzung eingetreten ist oder noch eintreten wird, unverhältnismäßige Opfer verursachen würde. Eine Beihilfe wird insbesondere dann nicht bewilligt, wenn die Kinder des Beamten auch nach der Versetzung die Schule nicht am neuen Wohnsitz der Eltern oder in dessen nächster Umgebung besuchen können,

2. daß der Beamte nach seinen Einkommens-, Vermögens- und Familienverhältnissen einer Beihilfe ganz besonders bedürftig erscheint.

34. I Die Höhe der Umzugskosten bildet für sich allein keinen Grund für die Gewährung einer Beihilfe aus der Staatskasse. Beim Fehlen zwingender Gründe für die Versetzung kann ferner, und zwar gleichviel, ob der Beamte sich zur Tragung der Umzugskosten ausdrücklich bereit erklärt hat oder nicht, mit der Bewilligung einer Umzugskostenbeihilfe auch für den Fall nicht gerechnet werden, daß die Umzugskosten in der Zeit zwischen der Einreichung des Versetzungsgesuchs und der Versetzung oder der Ausführung des Umzugs sich erhöht haben.

II Auch die Dauer der Dienstzeit an einem Orte kann im allgemeinen für die Bewilligung einer Umzugskostenbeihilfe nicht ausschlaggebend ins Gewicht fallen, sofern nicht im einzelnen Falle außergewöhnliche Umstände gegeben sind, die die Berücksichtigung des Versetzungsgesuchs als dringend geboten erscheinen lassen.

35.[1]) Gesuche um Gewährung von Beihilfen sind bei den Rechnungsprüfungsstellen einzureichen und von diesen nach Prüfung der Kostenzusammenstellung mit gutachtlichem Antrag dem zuständigen Staatsministerium vorzulegen, das im Benehmen mit dem Staatsministerium der Finanzen entscheidet.

---

[1]) Ziff. 35 i. d. Fassg. der Bek. v. 26. Febr. 1930 (GVBl. S. 35).

36. Unberührt bleiben die besonderen Bestimmungen über die Gewährung von Umzugskostenvergütung oder -beihilfen bei Versetzungen auf Ansuchen aus dem rechtsrheinischen Bayern in die Pfalz und bei Versetzungen auf Ansuchen aus der Pfalz nach dem rechtsrheinischen Bayern.

37. I Jedes Versetzungsgesuch muß eine ausführliche Darlegung der Gründe, aus denen die Versetzung angestrebt wird, ferner eine ausdrückliche Erklärung des Beamten darüber enthalten, ob er die Umzugskosten selbst zu tragen bereit ist oder das Gesuch nur unter der Voraussetzung gestellt haben will, daß eine Umzugskostenbeihilfe gewährt wird. Im letzteren Falle sind auch die Vermögens-, Einkommens- und Familienverhältnisse unter Versicherung der Richtigkeit der Angaben auf Dienstpflicht eingehend darzulegen.

II Versetzungsgesuche, die im Zeitpunkte der Veröffentlichung dieser Bekanntmachung bereits eingereicht waren, sind, wenn die Versetzungsbitte aufrecht erhalten werden will, in der vorstehend angebenen Weise zu ergänzen.

F. Prüfung der Kostenaufrechnungen, Anweisung der Vergütungen, Gewährung von Kostenvorschüssen.

38. I Die Prüfung der Umzugskostenaufrechnungen und die Anweisung der Vergütungen obliegt in der Regel der Rechnungsprüfungsstelle, welche jener Kasse vorgesetzt ist, die den mit der neuen oder der erstmals übertragenen Stelle verbundenen Besoldungsbezug zu bezahlen und zu verrechnen hat. Die Prüfung der Kostenaufrechnungen der Volksschullehrer und die Anweisung der diesen zustehenden Umzugskostenvergütungen erfolgt durch die Finanzmittelstellen im Benehmen mit den Regierungen, Kammern des Innern.

II Bei den Beamten, welche die mit der neuen oder der erstmals übertragenen Stelle verbundenen Besoldungsbezüge unmittelbar oder durch Vermittlung einer anderen Kasse von der Staatshauptkasse erhalten, obliegt die Prüfung der Rechnungskammer, bei den Beamten der höheren Lehranstalten, Lyzeen und der Lehrerbildungsanstalten der Finanzmittelstelle, zu deren Bezirk der empfangsberechtigte Beamte nach seinem Wohnorte gehört.

III [1]) Die Rechnungsprüfungsstellen haben auch die nach Abschn. C bei der Versetzung von nichtetatmäßigen Beamten oder ihrer Ernennung zu etatmäßigen Beamten, ferner bei der erstmaligen etatmäßigen oder nichtetatmäßigen Übernahme in den Staatsdienst sowie bei Wiederanstellung aus dem Staatsdienst ausgeschiedener Personen zu gewährenden Umzugskostenvergütungen oder -beihilfen und die Beihilfen nach Ziff. 29 Abs. II in eigener Zuständigkeit festzusetzen und anzuweisen.

IV Prüfung, Festsetzung, Anweisung und Auszahlung haben ohne Verzug zu erfolgen. Formelle Beanstandungen sind tunlichst zu vermeiden.

39. Ziffer 39 durch die Bek. vom 25. Jan. 1924 (GVBl. S. 17) aufgehoben. Die allgemeinen Umzugskosten dürfen im Rahmen der bestehenden Vorschriften von den Rechnungsprüfungsstellen ohne Begrenzung auf eine bestimmte Höchstsumme in eigener Zuständigkeit angewiesen werden.

40. I Die erstattungsfähigen Umzugskosten sind unter Benützung des beigegebenen Formblattes I[2]) anzufordern. Die Kosten sind hierbei in derselben Reihenfolge vorzutragen, in der sie in den vorstehenden Bestimmungen aufgeführt sind. Für die gesonderte Anforderung der Mietzins- oder Mietwertentschädigung können die Formblätter II, III benützt werden. Wird die Aufrechnung der Mietzins- oder Mietwertentschädigung mit der Anforderung der übrigen Umzugskosten verbunden, so hat die Kostenaufrechnung (Formblatt I) die in den Formblättern II, III vorgeschriebenen Angaben zu enthalten.

II Der Kostenaufrechnung sind außer den Rechnungen über die einzelnen Ausgaben (vgl. Ziff. 7), die in der Regel quittiert sein müssen, als Belege anzureihen:

a) eine beglaubigte Abschrift der Entschließung, durch welche die Versetzung (Beförderung, Anstellung usw.) verfügt worden ist;

b) bei Beamten mit Familie oder Dienstpersonal eine von dem nächsten Vorgesetzten des Beamten oder, falls dieser nicht

---

[1]) Abs. III in der Fassg. der Bek. v. 25. Januar 1924 (GVBl. S. 17).
[2]) Hier nicht abgedruckt.

in der Lage ist, die Angaben des Beamten auf ihre Richtigkeit nachzuprüfen und zu bestätigen, eine von der Ortspolizeibehörde des Abgangsorts ausgestellte Bescheinigung, in welcher die Zugehörigkeit der Personen, für die Ersatz von Reisekosten gefordert wird, zur Familie oder zum Hausstande des Kostenaufrechners sowie das Alter der an der Umzugsreise beteiligten Kinder bestätigt ist;

c) bei Gesuchen um Mietzinsentschädigung die Quittung über die bezahlte Miete, deren Ersatz beansprucht wird, der Mietvertrag oder die schriftliche Erklärung des Vermieters über die Dauer des Mietverhältnisses, die vereinbarte Kündigungsfrist und die Höhe des Mietzinses, eine Bestätigung der Ortspolizeibehörde, daß die Wohnung während der Zeit, für die Ersatz des Mietzinses beansprucht wird, weder ganz oder teilweise anderweitig vermietet war, sondern leer gestanden hat oder nur von Personen des Hausstandes des Beamten bewohnt gewesen ist;

d) bei Gesuchen um Mietwertentschädigung eine von der zuständigen Ortspolizeibehörde bestätigte Erklärung des Beamten über den ortsüblichen Mietwert der Wohnung sowie darüber, daß die Wohnung während der Zeit, für die Entschädigung beansprucht wird, weder ganz noch teilweise anderweit benützt worden ist, sondern leer gestanden hat.

III Die Formblätter dürfen von den Behörden oder Dienststellen auf Rechnung der haushaltmäßigen Mittel für Geschäftsbedürfnisse beschafft werden.

41. I Von dem Verlangen der Vorlegung von Rechnungen darf bei geringfügigen Ausgaben abgesehen werden.

II Die Rechnungsprüfungsstellen können, wenn die Höhe der aufgerechneten Ausgaben zu Bedenken Anlaß gibt, eine Bestätigung der Ortspolizeibehörde darüber verlangen, daß die angesetzten Kostenbeträge den ortsüblichen oder gewöhnlichen Preis für die betreffende Leistung oder Verrichtung nicht übersteigen.

42. Die Richtigkeit der Angaben ist in allen Aufrechnungen von dem Beamten auf Dienstpflicht zu bestätigen. Im Falle der Anforderung von Mietzins- oder Mietwertentschädigung hat der Beamte auf Dienstpflicht zu versichern, daß er

nicht imstande war, sich für den aufgerechneten Betrag durch Weitervermietung schadlos zu halten.

43. Beschwerden gegen Abstriche oder sonstige Verfügungen der Rechnungsprüfungsstelle sind bei dieser anzubringen. Hält diese die Beschwerde für zweifellos begründet, so hat sie ihr abzuhelfen; andernfalls legt sie die Beschwerde mit gutachtlichem Berichte dem Staatsministerium der Finanzen vor, das im Benehmen mit dem Staatsministerium entscheidet, dessen Geschäftsbereich der beschwerdeführende Beamte angehört. Ist die Beschwerdeverfügung von einer dem Staatsministerium der Finanzen nicht untergeordneten Stelle ausgegangen, so steht die Entscheidung dem dieser Stelle vorgesetzten Staatsministerium im Benehmen mit dem Staatsministerium der Finanzen zu.

44. I Zur Bestreitung des Aufwandes für die Umzugsreise und die Beförderung des Hausrats kann der Beamte nach Bekanntgabe der Versetzungs-(Anstellungs-)verfügung einen angemessenen Vorschuß erheben. Der Vorschuß ist, wenn der Beamte zur Zeit der Erhebung bereits am neuen Dienstorte sich befindet, bei der zur Zahlung der Umzugskosten berufenen Kasse, andernfalls bei der Kasse anzufordern, von der die Besoldungsbezüge der bisherigen Stelle ausbezahlt wurden. Letzterenfalls ist von der Gewährung des Vorschusses alsbald der Rechnungsprüfungsstelle Anzeige zu erstatten, damit diese an die zur Auszahlung der Umzugskostenvergütung berufene Kasse Weisung wegen des Rückersatzes des Vorschusses erläßt.

II Der Vorschuß darf bis zur Höhe des voraussichtlichen vergütungsfähigen Kostenaufwandes, der auf Verlangen glaubhaft zu machen ist, gewährt werden. Bei Zweifeln über das Vorhandensein der Voraussetzungen für die Umzugskostenvergütung hat sich der Vorstand der Kasse vor Gewährung des Vorschusses unverzüglich unter Vorlage einer Abschrift der Versetzungs-(Anstellungs-)verfügung Weisung von der zur Prüfung der Kostenaufrechnung berufenen Stelle zu erholen.

27. Bekanntmachung
über die Vergütung von Umzugskosten.
(Vom 25. Jan. 24 (GVBl. S. 17).

A. Die Bekanntmachung zum Vollzuge der Umzugskostenverordnung vom 3. Mai 1923 (GVBl. S. 171) wird im Einverständnis mit den übrigen Staatsministerien mit Wirkung vom 1. Februar 1924 abgeändert und ergänzt wie folgt:[1])

2. Zu Ziff. 10 b. Die Fahrtauslagen für die Übersiedlung der zum Hausstande gehörigen Personen an den neuen Wohnort dürfen, wie die Fahrtkosten für Reisen zum Suchen und Mieten einer Wohnung oder zur Vorbereitung des Umzugs (Ziff. 21 b, d), im allgemeinen nur bis zur Höhe des Fahrgeldes der III. Wagenklasse (II. Schiffsklasse) vergütet werden. Die Kosten der Benützung einer höheren Wagen-(Schiffs-) klasse können nur ausnahmsweise beim Vorliegen besonders triftiger Gründe ersetzt werden.

3. Unter Ziff. 10 Abs. I c fallen auch die dem Beamten für seine Person entstehenden Auslagen, soweit ihm nicht für die in Frage kommende Zeit Tage- und Übernachtungsgeld nach Ziff. 10 Abs. I a oder Entschädigung für getrennte Haushaltführung zusteht.

4. Die in Ziff. 12 Abs. II, III bezeichneten Kosten können von den Rechnungsprüfungsstellen in eigener Zuständigkeit vergütet werden. Mit Rücksicht auf die hohen Kosten eines Umzugs ist in den Fällen der Ziff. 12 Abs. III jeweils zu prüfen, ob ein Umzug überhaupt notwendig ist und ob dem Beamten nicht vielmehr das tägliche Fahren zum Dienst und zurück zugemutet werden kann.

5. Besondere Kosten für die Beförderung von Brennstoffen können nur noch bis zur Höhe von 50 v. H. unter den in Ziff. 13 Abs. III bezeichneten Voraussetzungen erstattet werden.

6. Zu Ziff. 14 a. Bei Vergebung des Auftrages zur Aus-

---

[1]) Die Abänderungen sind bereits im Texte der Bek. vom 3. Mai 1923 berücksichtigt; nachstehend sind nur die Ergänzungen abgedruckt.

führung des Umzugs ist darauf Bedacht zu nehmen, daß Reisen des Packers von Ort zu Ort auf die Fälle beschränkt bleiben, in denen die Besorgung des Auspackens durch den gleichen Packer zur Vermeidung der Gefahr einer Beschädigung des Hausrats unbedingt geboten erscheint. Die Gründe für die Verrechnung solcher Kosten sind gegebenenfalls in der Umzugskostenaufstellung näher darzulegen.

7. Zu Ziff. 14c und 22c. Versicherungen des Umzugsguts der Beamten gegen Transportschäden aller Art dürfen für Rechnung der Staatskasse nicht mehr abgeschlossen werden. Der Staat übernimmt das Umzugsgut in Selbstversicherung in der Weise, daß etwa während des Umzugs entstehende Schäden aus der Staatskasse vergütet werden. Von den Beamten wird erwartet, daß sie nach wie vor die Vorsichts- und Sicherheitsmaßnahmen eines ordentlichen Hausvaters beim Umzug nicht außer Acht lassen. Falls während des Umzugs ein Schaden an den Hausratsgegenständen entsteht, für den weder der Spediteur noch die Eisenbahnverwaltung haftbar gemacht werden kann, dürfen die nachweislich entstandenen Kosten für Instandsetzung oder Ersatz nach eingehender Prüfung des Falles in angemessenem Umfange von der Rechnungsprüfungsstelle erstattet und unter den Umzugskosten verrechnet werden.

Für Schäden haftet der Staat in gleichem Umfange wie bei einer unter folgenden Bedingungen abgeschlossenen Versicherung:

a) Die Versicherung umfaßt durchstehendes Risiko von Wand zu Wand, d. h. sie beginnt mit dem Augenblicke der Wegbeförderung der Möbel aus der bisherigen Wohnung und endet mit dem Zeitpunkt, in dem die Möbel in der neuen Wohnung aufgestellt sind.

b) Bruch von Porzellan, Glas, Spiegeln und Marmorplatten ist bis zu 5 v. H. des Gesamtwertes des Umzugsguts in die Versicherung eingeschlossen.

c) Spiegel, Bilder, Gemälde, Kunstgegenstände, Gold und sonstige Schmucksachen sowie andere hochwertige Gegenstände sind ohne weiteres mitversichert, wenn ihr Wert sich in einem angemessenen Verhältnis zu dem Werte des Umzugsguts hält.

Als angemessen wird es anzusehen sein, wenn diese Gegenstände etwa 5 v. H. des Wertes des Gesamtumzugsguts ausmachen.

d) Diebstahl (nicht nur Einbruchsdiebstahl) und Abhandenkommen sind mitversichert.

10. Aufwendungen zur Erlangung einer Wohnung können unter den in Ziff. 21a bezeichneten Voraussetzungen bis zum zweifachen Monatsbetrage der Entschädigung für getrennte Haushaltführung von den Rechnungsprüfungsstellen in eigener Zuständigkeit vergütet werden. Zu weitergehenden Bewilligungen, die in der Regel nur dann in Frage kommen können, wenn einem voraussichtlich noch längere Zeit zu getrennter Haushaltführung genötigten Beamten durch die Bewilligung die Erlangung einer Wohnung innerhalb eines Jahres seit der Versetzung ermöglicht wird, ist die Genehmigung des Staatsministeriums der Finanzen einzuholen.

Ausnahmsweise können auch Vergütungen in angemessenen Grenzen gewährt werden, um Wohnungen für versetzte Beamte, die Entschädigung für getrennte Haushaltführung beziehen, durch Ausbau von Räumen in Privathäusern zu gewinnen. Voraussetzung hierfür ist, daß durch eine Vereinbarung mit dem Hauseigentümer unter Mitwirkung des Wohnungsamts Vorsorge dafür getroffen wird, daß die Wohnung auch nach dem Auszuge des Beamten für eine bestimmte, nicht zu kurz bemessene Zeit anderen Beamten zum Bezuge vorbehalten bleibt. Auch hier ist bei Vergütungen, die über den zweifachen Monatsbetrag der Entschädigung für getrennte Haushaltführung hinausgehen, die Entscheidung des Staatsministeriums der Finanzen einzuholen.

Die Beamten haben bei ihren Bemühungen um Erlangung einer Wohnung alle unter den heutigen Verhältnissen nicht mehr zu rechtfertigenden besonderen persönlichen Ansprüche in Bezug auf den Umfang und die Beschaffenheit der Wohnung zurückzustellen. Als ausreichend muß im allgemeinen eine solche Wohnung für den Beamten erachtet werden, wie sie das Wohnungsamt einem Wohnungssuchenden in gleicher Lage als Dauerwohnung zuzuweisen pflegt. Lehnt der Beamte eine solche ihm vom Wohnungsamt oder im Tauschwege zugewiesene oder angebotene Wohnung ab, so ist nicht nur die Entschädigung für getrennte Haushaltführung einzuziehen, sondern es sind auch die Umzugskosten lediglich in dem Betrage zu vergüten, der beim rechtzeitigen Bezuge dieser Wohnung angefallen wäre.

13. Zu Ziff. 22b. Die Kosten des Umzugs aus einer von dem Beamten am neuen Dienstort bezogenen Notwohnung in die endgültige Wohnung können in den Grenzen des Betrags erstattet werden, der durch das vorzeitige Beziehen der Notwohnung an Entschädigung für getrennte Haushaltführung erspart worden ist, wenn der Umzug aus der Notwohnung innerhalb einer Frist von längstens zwei Jahren ausgeführt wird. Als Notwohnungen im Sinne dieser Bestimmung kommen nur Wohnungen in Betracht, in denen nach Lage der Verhältnisse ein Verbleiben für den Beamten auf die Dauer unmöglich ist. Hierunter fallen in der Regel nicht Wohnungen in dem Ausmaße, wie sie von den Wohnungsämtern Wohnungssuchenden mit ähnlichem Wohnraumbedürfnis bei vergleichbaren Familienverhältnissen als Dauerwohnung zugewiesen zu werden pflegen. Nötigenfalls ist hierüber eine Bescheinigung des Wohnungsamts einzuholen. Ergeben sich aus der den Grundsätzen des Wohnungsamts entsprechenden Aberkennung der Eigenschaft als Notwohnung für den Beamten besondere Härten, so ist die Entscheidung des zuständigen Staatsministeriums einzuholen.

14. Zu Ziff. 22e Abs. 2. Die Gewährung von Beihilfen zu Wohnungsinstandsetzungskosten muß auf ganz besondere Ausnahmefälle beschränkt bleiben, in denen eine außerordentliche Instandsetzung der Wohnung ausschließlich aus hygienischen Gründen unabweislich geboten erscheint. Keinesfalls dürfen Kosten laufender Instandsetzungsarbeiten, die nach dem Reichsmietengesetz vom Vermieter aus dem allgemeinen Instandsetzungszuschlag zu bestreiten sind, aus der Staatskasse vergütet werden. Die Rechnungsprüfungsstellen werden ermächtigt, bei zweifelsfreiem Nachweis der Voraussetzungen Beihilfen bis zur Höhe eines Monatsbetrags der Entschädigung für getrennte Haushaltführung in eigener Zuständigkeit zu gewähren.

16. Die Bestimmung in Ziff. 39 wird aufgehoben. Die allgemeinen Umzugskosten dürfen im Rahmen der bestehenden Vorschriften von den Rechnungsprüfungsstellen ohne Begrenzung auf eine bestimmte Höchstsumme in eigener Zuständigkeit angewiesen werden.

17. Zu Ziff. 44. Mit Rücksicht auf die dem Beamten gebotene Möglichkeit, zur Bestreitung der Ausgaben für die Umzugsreise und die Hausratsbeförderung Vorschüsse zu erheben, können Mehrkosten, die dem Beamten infolge nicht rechtzeitiger Begleichung der Rechnung des Beförderungsunternehmers entstehen, nicht auf die Staatskasse übernommen werden.

B. Die Umzugskostenbeihilfen für Beamte im Ruhestand und Hinterbliebene von Beamten nach den Bekanntmachungen vom 26. September 1922, GVBl. S. 559 / 16. April 1923, GVBl. S. 151, können bis zum Betrage von 90 v. H. der vergütungsfähigen Hausratsbeförderungskosten gewährt werden, wenn der Umzug innerhalb eines Jahres nach der Ruhestandsversetzung oder dem Ableben des Beamten ausgeführt wird. Für etwa später bewerkstelligte Umzüge verbleibt es bei der bisherigen Höchstgrenze von 80 v. H. der Hausratsbeförderungskosten.

Bei Räumung von Dienstwohnungen oder von Mietwohnungen, die sich in staatlichen Gebäuden oder in Privatgebäuden zugleich mit Diensträumen befinden und für amtliche Zwecke freigemacht werden müssen, sind vorbehaltlich der aus Ziff. III der Bekanntmachung vom 16. April 1923 (GVBl. S. 151) sich ergebenden Einschränkung die vollen Umzugskosten in den unbedingt notwendigen Grenzen nach den für Versetzungen von Beamten geltenden Bestimmungen zu vergüten, wenn der Umzug innerhalb Jahresfrist seit der Ruhestandsversetzung oder dem Ableben des Beamten vorgenommen wird. Bei späterer Bewerkstelligung des Umzugs können nur Umzugskostenbeihilfen bis zur Höhe von 80 v. H. der vergütungsfähigen Hausratsbeförderungskosten gewährt werden.

---

28. Verordnung
über die Entschädigung der Beamten bei auswärtigen Dienstgeschäften.

Vom 20. Mai 1922 (GVBl. S. 297).

I. Einleitende Bestimmungen.

§ 1. I Die Beamten erhalten bei Dienstreisen Aufwandsentschädigung (Tage- und Übernachtungsgelder) und Reisekostenersatz nach den Bestimmungen dieser Verordnung, wenn das auswärtige Dienstgeschäft durch Gesetz, Verordnung, allgemeine Dienstvorschriften oder besonderen Auftrag der vorgesetzten Behörde begründet war.

II Das gleiche gilt für die im staatlichen Vorbereitungsdienste stehenden Personen und für die Personen, die, ohne als Beamte erklärt zu sein, mit den Verrichtungen von Beamten ständig oder vorübergehend betraut sind (Art. 25 des Beamtengesetzes), sofern ihre Entschädigung bei Dienstreisen nicht durch Vertrag anderweit geregelt ist.

III Die Entschädigung bei Dienstreisen von Angehörigen der (k) Landespolizei, soweit diese nicht Beamte im Sinne des Art. 1 des Beamtengesetzes sind, bemißt sich nach den für die Angehörigen des Reichsheeres geltenden Bestimmungen.

§ 2. I Für Dienstgeschäfte innerhalb des Gemeindebezirkes des Amtssitzes und für Dienstgeschäfte an Orten außerhalb dieses Bezirkes, die vom Amtssitze weniger als drei Kilometer entfernt sind, stehen den Beamten, unbeschadet der Bestimmung in § 14 Abs. I, weder Tage- und Übernachtungsgelder noch Reisekostenersatz zu.

II Das gleiche gilt, unbeschadet der Bestimmung in § 14 Abs. II, für Dienstgeschäfte innerhalb des Gemeindebezirkes des vom Orte des Amtssitzes verschiedenen tatsächlichen Wohnortes oder an Orten, die von diesem weniger als drei Kilometer entfernt sind. Nötigen jedoch in diesem Falle dienstliche Gründe dazu, das Dienstgeschäft vom Orte des Amtssitzes aus anzutreten, so werden die Auslagen für die Beförderung erstattet. Keinesfalls dürfen Mehrkosten dadurch erwachsen, daß der Beamte nicht am Orte des Amtssitzes wohnt.

II. Aufwandsentschädigung.

(Tage- und Übernachtungsgelder).

§ 3. I Das Tage- und das Übernachtungsgeld bilden eine sich gegenseitig ergänzende Entschädigung zur Bestreitung des Mehraufwandes aus Anlaß der Dienstreise.

II Die Höhe der Aufwandsentschädigung richtet sich nach der Entschädigungsstufe, der die unter § 1 fallenden Personen nach der Anlage zugeteilt sind.

III Die zuständigen Ministerien sind ermächtigt, Personen, die in den Entschädigungsstufen II bis IV nicht bezeichnet sind, im Benehmen mit dem Staatsministerium der Finanzen einer dieser Stufen zuzuteilen, sofern im Hinblick auf ihre Verwendung und Vorbildung ihre Entschädigung nach Stufe I nicht angezeigt ist.

IV Für die Gesandten verbleibt es bei dem bisherigen Verfahren der Aufrechnung der baren Auslagen.

§ 4. I[1]) Als Aufwandsentschädigung erhalten die Beamten der

Stufe	ein Tagegeld von	ein Übernachtungsgeld von
I	4.50 RM	3.50 RM
II	7.— „	4.50 „
III	10.— „	5.— „
IV	12.— „	6.— „

II Für Beamte, die weder eigenen Haushalt führen, noch in voller häuslicher Verpflegung bei ihren Familienangehörigen stehen, ermäßigt sich der Tagegeldsatz um ein Viertel.

§ 5. I Das Tagegeld wird nach Kalendertagen berechnet und für die notwendige Dauer des auswärtigen Dienstgeschäfts einschließlich der Reisezeit bewilligt.

II [2]) Für Dienstreisen, die an demselben Kalendertag angetreten und beendet werden und nicht mehr als 3 Stunden

---

[1]) Zu vgl. Ziff. I 1 der Bek. v. 27. Dez. 1924 (GVBl. S. 249).
[2]) Abs. II u. III i. d. Fassg. der Ziff. 1 u. 2 der VO. v. 31. Okt. 1923 (GVBl. S. 375).

dauern, wird ein Tagegeld nicht gewährt. Dauert eine solche Dienstreise mehr als 3, jedoch nicht über 6 Stunden, so werden drei Zehntel, dauert sie mehr als 6, jedoch nicht über 8 Stunden, so werden fünf Zehntel des Tagegeldes gezahlt. Für Reisen, die an demselben Kalendertag angetreten und beendet werden und über 8 Stunden dauern, aber eine anschließende auswärtige Übernachtung nicht erfordern, werden acht Zehntel des Tagegeldes gewährt.

III [1]) Erstreckt sich eine Dienstreise auf zwei oder mehrere Tage, so ist das Tagegeld für den Hin- und den Rückreisetag nach den Bestimmungen des ersten und zweiten Satzes des vorstehenden Absatzes je besonders zu berechnen. Dabei sind auch bei längerer als 8stündiger Dauer der Abwesenheit an dem betreffenden Tage nicht mehr als fünf Zehntel des Tagegeldes zu gewähren; wird jedoch die Hinreise vor 2 Uhr nachmittags angetreten oder die Rückreise nach 2 Uhr nachmittags beendet, so ist für den Hin- oder den Rückreisetag das volle Tagegeld zu zahlen.

IV [2]) Bei mehreren Dienstreisen an einem Kalendertage wird jede Reise für sich entschädigt. Es darf jedoch für einen Kalendertag nicht mehr als acht Zehntel und, wenn die Reisen zusammen nicht über acht Stunden gedauert haben, nicht mehr als fünf Zehntel des Tagesgeldes gezahlt werden.

§ 6. I Das Übernachtungsgeld wird für jedes auswärtige Nachtquartier bei Dienstreisen gewährt.

II [3]) Das Übernachtungsgeld gebührt auch für die Nächte, die der Beamte, ohne ein Nachtquartier zu nehmen, zur Reise verwendet, sofern die Hinreise vor drei Uhr morgens angetreten oder die Rückreise nach zwei Uhr morgens beendigt wird. Das Übernachtungsgeld wird nicht gewährt, wenn die Reise lediglich zur Vornahme von Dienstgeschäften während der Nacht ausgeführt wird. An Stelle des Übernachtungsgeldes dürfen

---

[1]) Zu vgl. Fußnote 2 auf Seite 325.

[2]) Abs. IV i. d. Fassg. der Ziff. 1 der VO. v. 29. Januar 1924 (GVBl. S. 19).

[3]) Zu Abs. II zu vgl. FinMinBek. v. 30. April 1926 (GVBl. S. 322).

bei Benützung des Eisenbahnschlafwagens die Kosten der Bettkarte aufgerechnet werden.

III Bei Benützung staatlicher oder staatlich gemieteter oder sonstwie von Amtswegen zur Verfügung gestellter Räume zum Übernachten erhält der Beamte ein Viertel des Übernachtungsgeldes, sofern nicht vom zuständigen Staatsministerium im Benehmen mit dem Staatsministerium der Finanzen aus besonderen Gründen etwas anderes bestimmt ist.

§ 7.[1]) I Ob und in welcher Höhe Beamte Aufwandsentschädigung erhalten, die vorübergehend außerhalb ihres Amtssitzes bei einer Behörde beschäftigt werden oder die sich sonst zu auswärtigen Dienstgeschäften an demselben Orte voraussichtlich länger als vierzehn Tage aufzuhalten haben, bestimmt das Staatsministerium der Finanzen im Benehmen mit den übrigen Staatsministerien.

II Für die Dauer der Hin- und Rückreise erhalten die Beamten die regelmäßigen Tage- und Übernachtungsgelder.

§ 8. Für Dienstreisen, die aus besonderen Gründen einen außergewöhnlichen Aufwand erfordern, kann vom zuständigen Staatsministerium im Benehmen mit dem Staatsministerium der Finanzen die Aufwandsentschädigung angemessen erhöht oder die Erstattung des als unvermeidlich anerkannten, durch die zustehende Aufwandsentschädigung nicht gedeckten baren Mehraufwandes genehmigt werden. Die Befugnis zur Erhöhung der Aufwandsentschädigung oder zur Genehmigung der Erstattung des baren Mehraufwandes kann den Rechnungsprüfungsstellen übertragen werden.

III. Reisekosten.

§ 9. I Als Reisekosten werden — abgesehen von den Fällen der §§ 11 und 12 — nur die wirklichen Auslagen für die Beförderung der Person sowie für die Beförderung und erforderlichenfalls für die in angemessenen Grenzen sich haltende Versicherung des notwendigen Gepäcks vergütet.

II Bei Dienstreisen müssen stets die billigsten der nach den Umständen in Betracht kommenden regelmäßigen Verkehrs-

---

[1]) § 7 i. d. Fassung der Ziff. 2 der VO. v. 29. Januar 1924 (GVBl. S. 19).

mittel, insbesondere Eisenbahnen, Straßenbahnen, Dampfschiff-, Post- und Kraftwagenverbindungen benützt werden, soweit dies ohne Nachteil für den Reisezweck geschehen kann.

III Läßt sich nach Lage der Umstände die Benützung eines besonderen Fuhrwerkes nicht vermeiden, so können die Beamten der Stufen III und IV den Aufwand für einen Wagen mit zwei Pferden, die übrigen Beamten, sofern nicht wegen besonderer Verhältnisse die Benützung eines zweispännigen Fuhrwerkes geboten war, den Aufwand für einen einspännigen Wagen aufrechnen.

IV Fuhrwerkskosten dürfen, sofern nicht aus besonderen Gründen eine Ausnahme gerechtfertigt ist, nur aufgerechnet werden, wenn der Weg zum und vom Geschäftsort oder der Weg zu oder von der dem Amtssitze (Wohnort) oder Geschäftsorte nächstgelegenen Station (Haltestelle usw.) eines vorhandenen und benützbaren regelmäßigen Verkehrsmittels (Abs. II) je mindestens fünf Kilometer beträgt. Beamte der Stufe I dürfen außerdem, sofern nicht besondere Umstände eine Ausnahme begründen, bei selbständiger Vornahme auswärtiger Dienstgeschäfte die Kosten eines Fuhrwerkes nur für die Tage aufrechnen, an denen sie ohne die Möglichkeit der Benützung eines regelmäßigen Verkehrsmittels (Abs. II) eine Wegstrecke von mehr als fünfzehn Kilometer zurückzulegen haben.

V Die Zulässigkeit der Benützung eines gemieteten Kraftwagens richtet sich nach den hierüber getroffenen besonderen Bestimmungen.

§ 10. I Bei Reisen auf Eisenbahnen oder Schiffen sind

a) zur Benützung der II. Schiffs- oder III. Wagenklasse die Beamten der Stufen I und II,

b) zur Benützung der I. Schiffs- oder II. Wagenklasse die Beamten der Stufe III und aus Stufe IV die Beamten der Besoldungsgruppen A XIII und B 1,

c) zur Benützung der I. Schiffs- oder I. Wagenklasse die übrigen Beamten berechtigt.

II Wird eine niedrigere Schiffs- oder Wagenklasse benützt, als zulässig ist, so darf nicht mehr als der wirklich entrichtete Fahrpreis aufgerechnet werden.

III Sind an einem auswärtigen Dienstgeschäfte mehrere Beamte beteiligt und ist ihr Zusammenreisen in einer Schiffs- oder Wagenklasse aus dienstlichen Gründen veranlaßt, so dürfen auch die Beamten, die sich einer niedrigeren Schiffs- oder Wagenklasse zu bedienen hätten, die höhere Schiffs- oder Wagenklasse benützen. Außerdem kann für weite und besonders anstrengende Reisen die Benützung einer höheren Wagenklasse im einzelnen Falle von der vorgesetzten Behörde genehmigt werden.

§ 11. I[1]) Für Wegstrecken, die nicht auf Eisenbahnen, Schiffen oder mit sonstigen regelmäßigen Verkehrsmitteln (§ 9 Abs. II) zurückgelegt werden können, wird, sofern nicht die Kosten für ein Fuhrwerk zur Aufrechnung kommen (§ 9 Abs. III), eine Vergütung von 0,15 Mark für jeden zurückgelegten Kilometer des Hin- und Rückwegs ohne Begrenzung auf einen bestimmten Höchstbetrag für den Kalendertag gewährt.

II Als zurückgelegte Wegstrecke gilt die kürzeste benützbare Landwegstrecke zwischen dem Orte, von dem die Reise beginnt, und dem Orte, nach dem die Reise geht. Bei Reisen mit der Eisenbahn, dem Schiffe oder einem anderen regelmäßigen Verkehrsmittel wird die Wegstrecke vom Abgangsorte bis zur Verkehrsstelle (Eisenbahnstation, Anlegeplatz, Haltestelle) und von da bis zum Geschäftsort und umgekehrt vergütet, wenn die Verkehrsstelle außerhalb des Abgangs- oder Geschäftsortes gelegen und von diesem mehr als drei Kilometer entfernt ist.

III Bringt die Art des auswärtigen Dienstgeschäfts es mit sich, daß der Beamte von dem Orte, wo die dienstliche Verrichtung beginnt, sich weiterbegeben muß, so kann für die Wegstrecken, die in Ausübung der dienstlichen Verrichtung zurückgelegt werden, die Vergütung nicht in Ansatz gebracht werden.

IV Die in Abs. I bestimmte Vergütung kann nur aufgerechnet werden, wenn die an einem Kalendertage zurückgelegte

[1]) Zu vgl. Ziff. III der Bek. v. 14. August 1922 (GVBl. S. 410) und Ziff. II der Bek. v. 2. Januar 1924 Nr. 74487, StAnz. Nr. 2 v. 3. Januar 1924.

vergütungsfähige Wegstrecke mehr als sechs Kilometer beträgt.

§ 12. Die Entschädigung der Beamten, die selbst Pferdefuhrwerk oder ein eigenes Reitpferd oder Kraftfahrzeug halten und diese bei Dienstreisen mit Anspruch auf Reisekostenersatz benützen, wird vom zuständigen Staatsministerium im Benehmen mit dem Staatsministerium der Finanzen bestimmt.

IV. Sonstige Bestimmungen.

§ 13. Beamte, deren regelmäßige Dienstaufgabe in äußeren Dienstgeschäften besteht, erhalten Tage- und Übernachtungsgelder und Reisekostenersatz (§§ 9—11) nur dann, wenn sie auswärtige Dienstgeschäfte an Orten außerhalb des von der zuständigen Behörde bestimmten Bezirkes vornehmen. Für auswärtige Dienstgeschäfte innerhalb des ihnen zugewiesenen Bezirkes kann ihnen beim Vorliegen besonderer Verhältnisse vom zuständigen Staatsministerium im Benehmen mit dem Staatsministerium der Finanzen eine Vergütung für notwendigen Zehrungs- und Übernachtungsaufwand sowie Ersatz der notwendigen Reiseauslagen gewährt werden.

§ 14. I Bei Dienstgeschäften innerhalb des Gemeindebezirkes des Amtssitzes oder in geringerer Entfernung als drei Kilometer von diesem werden die Auslagen für die durch das dienstliche Interesse gebotene oder durch sonstige besondere Umstände gerechtfertigte Benützung einer Fahrgelegenheit ersetzt; § 9 Abs. II, § 10 finden Anwendung. Außerdem können die sonstigen wirklichen und notwendigen, durch das einzelne Dienstgeschäft unmittelbar veranlaßten Auslagen in angemessenen Grenzen vergütet werden, wenn sie durch besondere Umstände gerechtfertigt sind.

II Für Beamte, die nicht im Gemeindebezirke des Amtssitzes wohnen, gelten die Bestimmungen des Abs. I auch bei Dienstgeschäften innerhalb des Gemeindebezirkes des tatsächlichen Wohnortes oder an Orten, die von diesem weniger als drei Kilometer entfernt sind.

III Auf Beamte der im § 13 bezeichneten Art finden die

Bestimmungen des Abs. I und II nur Anwendung, soweit dies für besondere Fälle vom zuständigen Staatsministerium im Benehmen mit dem Staatsministerium der Finanzen ausdrücklich zugelassen wird.

§ 15. I Die Staatsministerien können im Benehmen mit dem Staatsministerium der Finanzen für einzelne Beamte oder Beamtengattungen oder für einzelne Arten von Dienstgeschäften besondere von dieser Verordnung abweichende Bestimmungen treffen, insbesondere für Beamte, denen ein Amtsbezirk überwiesen ist oder die nach der Art ihrer Dienstaufgabe häufig auswärtige Dienstgeschäfte vorzunehmen haben, an Stelle der in dieser Verordnung vorgesehenen Entschädigungen anderweitige Beträge festsetzen oder Pauschvergütungen an Stelle der Aufwandsentschädigung und des Reisekostenersatzes gewähren.

II Durch die Sonderregelung darf im ganzen keine höhere Entschädigung gewährt werden, als nach dieser Verordnung zulässig ist.

§ 16. I Beamte, die an Stelle der Aufwandsentschädigung und des Reisekostenersatzes eine Pauschvergütung (§ 15) beziehen, erhalten die verordnungsmäßige Aufwandsentschädigung und Reisekostenersatz neben der Pauschvergütung nur dann, wenn sie an Orten außerhalb ihres Dienstbezirkes auswärtige Dienstgeschäfte vornehmen, die ihnen nach den Dienstvorschriften regelmäßig nicht obliegen, oder wenn es sich um ein auswärtiges Dienstgeschäft an Orten innerhalb des Dienstbezirkes handelt, für das die Pauschvergütung nicht bestimmt ist.

II Werden Beamte, die eine Pauschvergütung beziehen, wegen Urlaubs oder sonstiger Verhinderung vertreten, so ist die Entschädigung des Stellvertreters bei Vornahme auswärtiger Dienstgeschäfte aus der Pauschvergütung zu bestreiten, soweit dieser die Kosten bei Vornahme des auswärtigen Dienstgeschäfts durch den vertretenen Beamten zur Last gefallen wären. Die unter besonderen Umständen zulässigen Ausnahmen bestimmt das zuständige Staatsministerium im Benehmen mit dem Staatsministerium der Finanzen.

§ 17. I Die zur Ausführung dieser Verordnung erforderlichen allgemeinen Vorschriften erläßt das Staatsministerium der Finanzen im Benehmen mit den übrigen Staatsministerien.

II Das Staatsministerium der Finanzen ist ermächtigt, im Benehmen mit den übrigen Staatsministerien die Entschädigungssätze dieser Verordnung den jeweiligen wirtschaftlichen Verhältnissen anzupassen sowie sonstige ergänzende Anordnungen zu treffen.

§ 18. I Diese Verordnung tritt mit Wirkung vom 1. April 1922 an mit der Maßgabe in Kraft, daß auf Dienstreisen, die bis zur Veröffentlichung dieser Verordnung im Gesetz- und Verordnungsblatt angetreten sind, die bisherigen Vorschriften Anwendung finden, soweit sie für den Beamten günstiger sind.

II Alle dieser Verordnung entgegenstehenden Vorschriften sind aufgehoben, soweit sie nicht auf Grund des § 15 oder des nachstehenden Abs. III von den zuständigen Staatsministerien im Benehmen mit dem Staatsministerium der Finanzen ausdrücklich aufrecht erhalten werden. Soweit in bestehenden Vorschriften lediglich auf die Verordnung vom 17. Juli 1915 (GVBl. S. 563) oder die diese Verordnung abändernden oder ergänzenden Verordnungen verwiesen ist, treten an deren Stelle diese Verordnung und die dazu erlassenen Vollzugsvorschriften.

III Für die Übergangszeit können die zuständigen Staatsministerien im Benehmen mit dem Staatsministerium der Finanzen für einzelne Beamte oder Beamtengattungen besondere Bestimmungen treffen.

IV Unberührt bleiben

die Vorschriften der Gerichtsvollzieherordnung vom 16. Dezember 1899 über die Entschädigung der Gerichtsvollzieher bei Vornahme von Dienstgeschäften,

die Vorschrift der Verordnung vom 17. November 1902 / 4. August 1910 über die Gebühren für ärztliche Dienstleistungen bei Behörden,

die Vorschriften über die Impfgebühren der Impfärzte und deren Stellvertreter, die Vorschriften über die Gebühren der Tierärzte bei Vornahme der Hundevisitationen, der Schlachtvieh- und Fleischbeschau, der Beaufsichtigung der Viehmärkte, dann für die Mitwirkung bei der Körung der Bullen, Eber, Ziegenböcke und Schafböcke.

V Bei Geschäften, die nicht zur ordentlichen Dienstaufgabe der Beamten oder der im staatlichen Vorbereitungsdienste stehenden Personen gehören, dann bei Geschäften der im § 1 Abs. II bezeichneten sonstigen Personen ist das zuständige Staatsministerium ermächtigt, die Aufwandsentschädigung im Benehmen mit dem Staatsministerium der Finanzen besonders zu regeln. Bis zu einer Neuregelung bleiben die bestehenden Vorschriften aufrechterhalten.

Anlage
zu § 3 der Verordnung.

Stufeneinteilung [1].

Stufe I.

Die etatmäßigen und nichtetatmäßigen Beamten der Besoldungsgruppen 7c, 8 bis 12 der Besoldungsordnung A, dann alle sonstigen in den Stufen II—IV nicht bezeichneten Personen, auf die die Verordnung Anwendung findet.

Stufe II.

Die etatmäßigen und nichtetatmäßigen Beamten der Besoldungsgruppen 4b, 4c, 4d, 5, 6, 7a und 7b der Besoldungsordnung A,

die sonstigen unter § 1 der Verordnung fallenden Personen, deren Entlohnung nach einer dieser Besoldungsgruppen bemessen ist,

die im staatlichen Vorbereitungsdienste stehenden Referendare.

Stufe III.

Die etatmäßigen und nichtetatmäßigen Beamten der Besoldungsgruppen 1d, 2, 3 und 4a der Besoldungsordnung A,

---

[1]) Zu vgl. VO. v. 21. März 1929 (GVBl. S. 41).

die sonstigen unter § 1 der Verordnung fallenden Personen, deren Entlohnung nach einer dieser Besoldungsgruppen bemessen ist,
die geprüften Anwärter des höheren Staatsdienstes (Assessoren), dann
die Hilfsärzte der Landgerichtsärzte und der Bezirksärzte,
die bezirksärztlichen Stellvertreter,
die Privatdozenten und die Assistenten der Hochschulen, ferner die Assistenten der veterinärpolizeilichen Anstalt, der Landesimpfanstalt und der bakteriologischen Untersuchungsanstalten,
die Grenztierarztassistenten und die Assistenten der Tierzuchtinspektoren,
die Steuer- und Gemeindeeinnehmer.

Stufe IV.

Die etatmäßigen Beamten der Besoldungsgruppen 1 a, 1 b und 1 c der Besoldungsordnung A und die Beamten der Besoldungsordnung B.

---

29. Bekanntmachung
über die Entschädigung der Beamten bei auswärtigen Dienstgeschäften.

Vom 20. Mai 1922 (GVBl. S. 304).

Auf Grund des § 17 der Verordnung vom 20. Mai 1922 über die Entschädigung der Beamten bei auswärtigen Dienstgeschäften wird im Einverständnisse mit den übrigen Staatsministerien folgendes bestimmt:

A. Allgemeine Bestimmungen.

Personenkreis. 1.

I Die Verordnung findet auf alle etatmäßigen und nichtetatmäßigen Beamten und auf die im staatlichen Vorbereitungsdienste stehenden Personen, ferner, falls nicht durch Vertrag etwas anderes bestimmt ist, auf die unter Art. 25 des

BG. fallenden Personen Anwendung, die, ohne als Beamte erklärt zu sein, mit den Verrichtungen von Beamten ständig oder vorübergehend betraut sind.

II Nicht unter die Verordnung fallen nach § 1 Abs. III die Angehörigen der (k) Landespolizei mit Ausnahme der Beamten im Sinne des Art. 1 des Beamtengesetzes.

2.

Dienstreisen (auswärtige Dienstgeschäfte) im Sinne der Verordnung und der Bekanntmachung.

Dienstreisen (auswärtige Dienstgeschäfte) im Sinne der Verordnung und dieser Bekanntmachung sind nur solche Reisen und Dienstgeschäfte, bei denen der Ort der Geschäftsvornahme (Geschäftsort) außerhalb der im § 2 der Verordnung bestimmten örtlichen Umgrenzung liegt.

3.

Vermeidung nicht unbedingt notwendiger Dienstreisen und nicht unbedingt notwendiger Abordnung zu solchen.

Dienstreisen dürfen nur vorgenommen werden, wenn sie im dienstlichen Interesse unumgänglich notwendig sind und der Zweck des Dienstgeschäfts nicht auf andere Weise erreicht werden kann. Die Zahl der abzuordnenden Beamten ist auf das im dienstlichen Interesse unbedingt notwendige Maß zu beschränken. Notwendige Schriftführer (Protokollführer) sind nach Tunlichkeit aus dem Personal einer Behörde am Geschäftsorte zu entnehmen.

4.

Ausführung der Reisen und der auswärtigen Dienstgeschäfte im allgemeinen.

I Die auswärtigen Dienstgeschäfte sind mit tunlichster Beschleunigung durchzuführen und dürfen über die zur Erreichung der dienstlichen Zwecke erforderliche Zeit nicht ausgedehnt werden.

II Unnötiges Hin- und Herreisen ist zu vermeiden, auf die Verbindung mehrerer Dienstgeschäfte bei einer Reise tunlichst Bedacht zu nehmen, wie überhaupt darauf zu achten, daß der Staatskasse möglichst geringe Kosten erwachsen. Die Reisen sind in der Regel ohne Unterbrechung durchzuführen; Ausnahmen sind zu begründen. Von mehreren zum Reiseziele führenden Wegen ist der kürzeste nur dann nicht zu wählen, wenn ein anderer Weg nach Lage des Falles zweckmäßiger ist. Zur Reise sind nach Tunlichkeit auch Sonn- und Feiertage zu benützen, wenn dadurch Mehrkosten vermieden werden können.

III Nach Beendigung des Dienstgeschäfts hat die Weiter- oder Rückreise tunlichst noch an demselben Tage zu erfolgen. Schnellfahrende Züge müssen benützt werden, wenn dies im dienstlichen Interesse gelegen ist oder andernfalls höhere Gesamtkosten für das Dienstgeschäft erwachsen würden. Die Aufrechnung der Kosten für die Benützung von Luxuszügen ist nur mit Genehmigung des zuständigen Staatsministeriums zulässig.

IV Eine nicht zu vermeidende Wartezeit darf in die Reisezeit eingerechnet werden. Die Einrechnung einer besonderen Erholungszeit ist nur zulässig, wenn die Dauer der notwendigen Abwesenheit mehr als sechs Stunden beträgt.

5.

Zeitpunkt des Beginns und der Beendigung der Reisen.

I Bei Reisen mit der Eisenbahn, dem Schiffe, der Post oder mit anderen regelmäßigen Verkehrsmitteln ist für die Zeit des Beginns und der Beendigung der Reise die fahrplanmäßige Abgangs- und Ankunftszeit an der Station oder an dem Anlegeplatze des Amtssitzes (Wohnortes) maßgebend. Dies gilt auch dann, wenn zur Fahrt zum und vom Bahnhof oder zu den sonstigen Stationsplätzen des Amtssitzes (Wohnortes) die Straßenbahn oder ein anderes Verkehrsmittel (Droschke, Kraftwagen usw.) benützt wird. Verspätungen bei der Ankunft kommen nur in Betracht, wenn sie mehr als eine Stunde betragen.

II Bei anderen Reisen ist für den Beginn und die Beendigung der Reise der Zeitpunkt des Verlassens oder des Wiederbetretens der Wohnung, des Dienstraums usw. maßgebend, je nachdem die Reise von einem dieser Orte aus angetreten oder dort beendigt wird. Das gleiche gilt in den Fällen des Abs. I, wenn die Eisenbahnstation (die Haltestelle) oder der

Anlegeplatz außerhalb des Ortes des Amtssitzes (Wohnortes) gelegen und von diesem mehr als drei Kilometer entfernt ist.

Feststellung der Entfernungen. 6.

I Der Berechnung der Entfernungen (§§ 2, 11, 14 der Verordnung) sind die Angaben in den amtlichen Ortsentfernungstabellen oder, wenn diese nicht ausreichen, die Angaben in anderen amtlichen Behelfen (amtliche Straßen- und Ortsentfernungskarten u. dgl.) zu Grunde zu legen. Erforderlichenfalls ist die Länge der Wegstrecke behördlich feststellen zu lassen.

II Für die Feststellung der Entfernung zwischen zwei Orten ist die kürzeste benützbare Landwegstrecke von Ortsmitte zu Ortsmitte maßgebend. Steht die Ortsmitte nicht ohne weiteres fest, so kann als solche ein inmitten des Ortes gelegenes öffentliches Gebäude oder ein öffentlicher Platz angenommen werden.

7.

Amtssitz (Ort des Amtssitzes), Geschäftsort (Ort des Dienstgeschäfts usw.).

I Amtssitz (Ort des Amtssitzes) im Sinne der Verordnung und dieser Bekanntmachung ist der Ort, wo die Behörde oder Dienststelle sich befindet, bei der der Beamte angestellt oder verwendet ist, oder der Ort, der dem Beamten als Amtssitz ausdrücklich angewiesen ist. Geschäftsort (Ort des Dienstgeschäfts, Ort der Geschäftsvornahme) ist der Ort, in dem das Dienstgeschäft ausgeführt wird. Als Ort im Sinne dieser Bestimmungen gilt die hauptsächlich von Gebäuden oder eingefriedigten Grundstücken eingenommene Fläche eines Gemeindebezirkes. Besteht ein Gemeindebezirk aus mehreren getrennt von einander liegenden, in sich geschlossenen Ortschaften oder Ortsteilen, so ist für die Bestimmung des Ortes des Amtssitzes und des Geschäftsortes jede Ortschaft und jeder Ortsteil für sich als ein Ort anzusehen, sofern die Ortschaften oder Ortsteile nicht durch die üblichen Verkehrsmittel (Straßenbahn u. dgl.) miteinander verbunden sind. Liegt die Stelle, an der das Dienstgeschäft ausgeführt wird (Dienstverrichtungsstelle), außerhalb eines solchen Ortes, so ist der nach der Luftlinie nächstgelegene Ort im Sinne dieser Bestimmungen als Geschäftsort anzusehen. Bei Dienstverrichtungsstellen, die nicht zu einer Ortsflur gehören (z. B. ausmärkischen Forstbezirken), ist die natürliche Lage maßgebend.

II In Zweifelsfällen und in Fällen, in denen eine zusammenhängende dienstliche Tätigkeit sich über mehrere benachbarte Orte erstreckt, bestimmt das zuständige Staatsministerium im Benehmen mit dem Staatsministerium der Finanzen, welcher Ort als Amtssitz oder als Geschäftsort zu gelten hat.

III In sinngemäßer Weise bestimmt sich der Begriff des auswärtigen Übernachtungsortes und des Urlaubsortes.

IV Unter dem Gemeindebezirke des Amtssitzes ist der Bezirk der politischen Gemeinde zu verstehen, zu der der Ort des Amtssitzes gehört.

8.

Fahrten und Gänge zwischen Wohnung und Dienststätte.

Die Fahrten oder Gänge eines Beamten zwischen seiner Wohnung und seiner regelmäßigen Dienststätte sind weder Dienstreisen noch Dienstgänge, für die eine Entschädigung beansprucht werden kann. Dies gilt auch dann, wenn ein Beamter in der Gemeinde des Amtssitzes zeitweise bei einer anderen Dienststelle als derjenigen, der er ständig zugewiesen ist, verwendet wird oder tätig ist.

9.

Verbindung einer Dienstreise mit einer Urlaubsreise, Rückberufung aus dem Urlaub.

I[1]) Die Verbindung einer Dienstreise mit einer Urlaubsreise ist nur ausnahmsweise mit Genehmigung der vorgesetzten Behörde zulässig.

II Die Aufwandsentschädigung wird in einem solchen Falle nur für die zu dienstlichen Zwecken verwendete Zeit gewährt; als solche gilt

1. beim Anschluß einer Urlaubsreise an eine Dienstreise die Zeit vom Abgang am Orte des Amtssitzes (Wohnortes) bis zur Beendigung des Dienstgeschäftes,

---

[1]) Abs. I i. d. Fassung der Ziff. 1 der Bek. v. 29. Jan. 1924 (GVBl. S. 20).

2. beim Anschluß einer Dienstreise an eine Urlaubsreise die Zeit vom Abgang am Urlaubsorte bis zur Rückkehr an den Amtssitz (Wohnort),
3. bei Unterbrechung des Urlaubs durch eine Dienstreise die Zeit vom Abgang am Urlaubsorte bis zur Rückkehr dahin oder, falls der Beamte den weiteren Urlaub an einem anderen Orte verbringt, bis zur Beendigung des Dienstgeschäftes,
4. bei Vornahme eines Dienstgeschäftes am Urlaubsort oder an einem von diesem nicht mehr als drei Kilometer entfernten Orte die zur Erledigung des Dienstgeschäftes notwendige Zeit.

III [1]) Reisekostenersatz wird gewährt

im Falle des Abs. II Ziff. 1 für die Strecke vom Orte des Amtssitzes (Wohnort) bis zum Geschäftsort,

im Falle des Abs. II Ziff. 2 für die Strecke vom Urlaubsorte zum Geschäftsort und von diesem zum Orte des Amtssitzes (Wohnort), soweit sie die Strecke übersteigt, die der Beamte auch ohne das Dienstgeschäft zur Rückkehr vom Urlaub hätte zurücklegen müssen,

im Falle des Abs. II Ziff. 3 für die Strecke vom Urlaubsorte zum Geschäftsort und von diesem zu dem Orte, wo der Beamte den weiteren Urlaub verbringt, für die letztere Strecke aber nur, soweit sie nicht größer ist als die erstere.

IV Bei Unterbrechung des Urlaubs infolge Rückberufung an den Amtssitz bleibt die Zeit des Aufenthaltes daselbst für die Bemessung der Aufwandsentschädigung in der Regel außer Betracht.

Unterbrechung einer Dienstreise. 10.

I Jede wegen unvorhergesehener Umstände eintretende Unterbrechung einer Dienstreise oder der dienstlichen Tätigkeit während einer Dienstreise ist alsbald der vorgesetzten Behörde anzuzeigen.

---

[1]) Abs. III i. d. Fassung der Ziff. 2 der Bek. v. 29. Jan. 1924 (GVBl. S. 20).

II Muß ein Beamter ein auswärtiges Dienstgeschäft wegen Erkrankung oder wegen sonstiger von seinem Willen unabhängiger Ereignisse unterbrechen, ohne daß die Rückkehr an den Amtssitz (Wohnort) möglich ist, so darf die Aufwandsentschädigung für die über eine Woche hinausgehende Zeit der Unterbrechung nur vom zuständigen Staatsministerium im Benehmen mit dem Staatsministerium der Finanzen bewilligt werden. Stehen in einem solchen Falle der Rückkehr an den Amtssitz (Wohnort) weder dienstliche noch sonstige zwingende Gründe entgegen, so werden anstatt der Tage- und Übernachtungsgelder für die Zeit der Unterbrechung Reisekosten nebst Aufwandsentschädigung für die Heimreise und die Rückreise an den Geschäftsort gewährt, sofern dies für die Staatskasse günstiger ist.

III Durch eine Unterbrechung aus einem in der Person des Beamten liegenden Grunde oder aus Rücksichten privater Natur (z. B. Urlaub, Dienstbefreiung) dürfen, mit Ausnahme des Falles der Erkrankung, der Staatskasse keine Mehrkosten erwachsen. Der Bezug der Aufwandsentschädigung endigt in solchen Fällen mit der Tageshälfte der vorübergehenden Einstellung und beginnt wieder mit der Tageshälfte der Wiederaufnahme des Dienstgeschäftes. Reisekosten werden in der Regel weder für die Abreise vom Geschäftsorte noch für die Rückreise dorthin ersetzt.

Tägliche Rückkehr an den Amtssitz bei mehrtägiger auswärtiger Tätigkeit.

IV Abs. II Satz 2 gilt entsprechend, wenn ein Beamter bei einer mehrere Tage dauernden auswärtigen Diensttätigkeit täglich zum Zwecke des Übernachtens an den Amtssitz (Wohnort) zurückkehrt.

Sonn- und Feiertage.

11.

Die Aufwandsentschädigung wird, soweit sich nicht aus Ziff. 10 Abs. III und IV etwas anderes ergibt, auch für die in die Dauer einer Dienstreise oder auswärtigen Beschäftigung fallenden Sonn- und Feiertage gewährt.

B. Aufwandsentschädigung.

(Tage- und Übernachtungsgelder).

12.

Erhöhung der Aufwandsentschädigung für besonders teuere Städte.

I[1]) Für Dienstreisen nach besonders teueren Städten wird bis auf weiteres für die Beamten der

Stufe	das Tagegeld auf	das Übernachtungsgeld auf
I	7.— *RM*	4.50 *RM*
II	9.— „	6.— „
III	12.— „	9.— „
IV	14.— „	10.— „

erhöht.

II Als besonders teuere Städte sind anzusehen: Aachen, Altona, Berlin, Bremen, Breslau, Chemnitz, Coblenz, Dortmund, Dresden, Düsseldorf, Duisburg, Essen, Flensburg, Frankfurt a. M., Fürth, Hamburg, Hannover, Kiel, Köln, Königsberg i. Pr., Konstanz, Leipzig, Magdeburg, Mainz, Mannheim, München, Oppeln, Stettin, Trier und Wiesbaden, die zur Ortsklasse A gehörigen Nordseeinseln, ferner alle übrigen nach dem Ortsklassenverzeichnis zur Ortsklasse A gehörigen Orte mit mehr als 100000 Einwohnern und die in die Ortsklasse A eingereihten kreisunmittelbaren Städte der Pfalz (Frankenthal, Kaiserslautern, Landau i. Pf., Ludwigshafen a. Rh., Neustadt a. H., Pirmasens, Speyer, Zweibrücken). Maßgebend für die Einwohnerzahl ist das Ergebnis der letzten amtlichen Volkszählung.

III Werden an einem Tage mehrere Orte berührt, für die verschiedene Aufwandsentschädigungssätze in Betracht kommen, so ist für die Bemessung der Aufwandsentschädigung der Ort maßgebend, an dem der Beamte am Abend des Tages zwecks Übernachtung eintrifft. Findet eine Übernachtung nicht statt, so ist der Ort entscheidend, an dem der Beamte die Hauptmahlzeit eingenommen hat oder am längsten dienstlich tätig war.

---

[1]) Zu vgl. Ziff. I 1 der Bek. v. 27. Dez. 1924 (GVBl. S. 249), zu vgl. weiter Ziff. II der Bek. v. 14. Aug. 1922 (GVBl. S. 410).

IV Für den Tag der Rückkehr von einer Dienstreise an den Amtssitz (Wohnort) oder auswärtigen Beschäftigungsort oder Urlaubsort darf, auch wenn diese Orte zu den besonders teueren Städten gehören, die erhöhte Aufwandsentschädigung für besonders teuere Städte nur dann aufgerechnet werden, wenn der Beamte an diesem Tage an einem anderen besonders teueren Orte die Hauptmahlzeit eingenommen hat oder dort längere Zeit dienstlich tätig war.

13.

Einreihung in die Entschädigungsstufen nach der Zugehörigkeit zu den Besoldungsgruppen.

I Für die Einreihung der Beamten in die Entschädigungsstufen (Anlage zu § 3 der Verordnung) ist die Zugehörigkeit zu einer der Besoldungsgruppen ohne Rücksicht auf den Rang maßgebend. Dies gilt auch dann, wenn einem Beamten abweichend von der Besoldungsordnung ein höherer oder geringerer Grundgehalt verliehen oder ein Beamter ohne Änderung seines Grundgehaltes mit der Versehung einer Amtsstelle betraut ist, für die in der Besoldungsordnung ein höherer Grundgehalt vorgesehen ist.

Beginn des Bezugs der höheren Entschädigungen bei Beförderung, Einweisung in höhere Besoldungsgruppen usw.

II Bei einer die Einreihung in eine höhere Entschädigungsstufe begründenden Anstellung, Beförderung oder Einweisung in eine höhere Besoldungsgruppe beginnt der Anspruch auf die höhere Aufwands- und Reiseentschädigung mit dem Tage, an dem die Anstellung, Beförderung oder Einweisung wirksam wird, bei Anstellungen, Beförderungen oder Einweisungen mit rückwirkender Kraft jedoch nicht vor dem Tage der Bekanntgabe der Anstellung, Beförderung oder Einweisung in die höhere Besoldungsgruppe.

14.

Aufrundung von Bruchteilen des Tage- oder des Übernachtungsgeldes auf halbe oder volle Markbeträge.

Bemißt sich die Aufwandsentschädigung nach Bruchteilen des Tage- oder des Übernachtungsgeldes (z. B. § 4 Abs. II, § 5 Abs. II, III, § 6 Abs. III, § 7 der Verordnung), so sind nicht durch fünfzig teilbare Pfennigbeträge, die sich bei der Berechnung der einzelnen Bruchteile ergeben, je auf den nächsten durch fünfzig[1]) teilbaren Betrag aufzurunden.

15.

Eigener Haushalt, volle häusliche Verpflegung bei Familienangehörigen.

I Ein eigener Haushalt im Sinne des § 4 Abs. II der Verordnung ist dann anzunehmen, wenn der Beamte eine Wohnung mit eigener Geräteausstattung besitzt, eigene Küche führt und eine Person unterhält, die durch die Besorgung seiner Hauswirtschaft ausschließlich oder vorwiegend in Anspruch genommen ist.

II Als Familienangehörige im Sinne der Bestimmung kommen nur in Betracht Verwandte und Verschwägerte auf- und absteigender Linie, Adoptiv- und Pflegeeltern und -Kinder, Geschwister und deren Ehegatten.

16.[2])

Mehrere Dienstreisen an einem Kalendertage.

I Gebühren für die einzelnen Dienstgeschäfte Tagegelder nicht nach den gleichen Sätzen, so darf für den Kalendertag ein Tagegeld nach dem höchsten dieser Sätze aufgerechnet werden, sofern der Gesamtbetrag der für die einzelnen Dienstgeschäfte sich berechnenden Tagegelder nicht geringer ist.

Verbindung einer Dienstreise mit anderen Dienstgeschäften außerhalb des Bereichs der Amts- (Betriebs-) stätte.

II Werden im Zusammenhange mit einer Dienstreise Dienstgeschäfte vorgenommen, für die nach § 2 der Verordnung Tage- und Übernachtungsgelder nicht beansprucht werden können, so ist die Zeit, die auf die Erledigung dieser Dienstgeschäfte entfällt, von der gesamten auf die äußere Diensttätigkeit verwendeten Zeit abzurechnen und die hiernach verbleibende Zeit für die Bemessung des Tagegeldes in Ansatz zu bringen.

---

[1]) Zu vgl. Ziff. V der FinMinBek. v. 30. Januar 1924 (GVBl. S. 23).

[2]) Ziff. 16 i. d. Fassg. der Ziff. 2 der Bek. v. 29. Jan. 1924 (GVBl. S. 20).

Schlafwagenbenützung. 17.

I Die Kosten für Schlafwagenbenützung (§ 6 Abs. II der Verordnung) werden nur dann vergütet, wenn die Benützung des Schlafwagens aus dienstlichen Gründen dringend geboten war. Die Benützung des Schlafwagens I. oder II. Klasse ist nur den Beamten gestattet, die zur Benützung der entsprechenden Wagenklasse berechtigt sind. Ausnahmen hiervon sind nur aus besonders dringenden dienstlichen Gründen zulässig, die in der Kostenaufrechnung darzulegen sind.

II Neben der Erstattung der Schlafwagenkosten kann ausnahmsweise der Aufwand für Beibehaltung des Hotelzimmers bis zur Höhe des Übernachtungsgeldes ersetzt werden, falls ein Beamter auf der Rück- oder Weiterreise wegen des späten Abganges des Nachtzugs gezwungen war, das Hotelzimmer für die Nacht noch beizubehalten.

18.[1])

I Bei einer vorübergehenden, nicht länger als 14 Tage dauernden auswärtigen Beschäftigung bei einer Behörde (§ 7 der Verordnung) erhalten die Beamten für die ganze Dauer der Beschäftigung Tage- und Übernachtungsgelder nach den allgemeinen verordnungsmäßigen Sätzen. Gehört der auswärtige Beschäftigungsort zu den besonders teuren Städten (Ziff. 12), so werden statt der vorbezeichneten Beträge die Sätze für besonders teuere Orte gewährt. Dauert die auswärtige Beschäftigung länger als 14 Tage und war dies von vornherein anzunehmen, so erhalten die Beamten vom Beginne der zweiten Woche ab ermäßigte Aufwandsentschädigungen (Beschäftigungstagegelder) nach Maßgabe der vom Staatsministerium der Finanzen im Benehmen mit den übrigen Staatministerien zu erlassenden näheren Bestimmungen. Steht bei einer länger als 14 Tage dauernden auswärtigen Beschäftigung diese längere Dauer von vornherein nicht fest, sondern stellt es sich erst im Laufe der Beschäftigung heraus, daß sie über 14 Tage dauern wird, so ist das Beschäftigungstagegeld vom Tage nach dieser Feststellung ab, frühestens jedoch vom Beginne der 2. Woche und spätestens vom Beginne

[1]) Zu vgl. Ziff. 3 der Bek. v. 29. Jan. 1924 (GVBl. S. 20).

der 3. Woche ab zu zahlen. Die Feststellung ist von der Beschäftigungsbehörde möglichst innerhalb der ersten 14 Tage zu treffen und dem Beamten umgehend mitzuteilen.

II Unverheiratete Beamte ohne eigenen Haushalt — mit Ausnahme der den verheirateten gleichzustellenden ledigen Beamten — erhalten bei auswärtiger Beschäftigung an einem Orte einer gleichen oder höheren Orts- oder Ortssonderzuschlagsklasse für die ersten 7 Tage Dienstreisetage- und -übernachtungsgelder. Für weitere 7 Tage erhalten sie ermäßigte Aufwandsentschädigungen (Beschäftigungstagegelder). Vom Beginne der 3. Woche ab wird eine Aufwandsentschädigung nicht mehr gewährt. Bei Verwendung an einem Orte einer höheren Orts- oder Ortssonderzuschlagsklasse ist den genannten Beamten von diesem Tage ab der Unterschiedsbetrag in den Orts- und örtlichen Sonderzuschlägen — auf den Tag berechnet — als Beschäftigungstagegeld zu zahlen.

III Unverheiratete Beamte im Sinne des vorstehenden Absatzes, die nach einem Orte einer niedrigeren Orts- oder Ortssonderzuschlagsklasse abgeordnet werden, erhalten Aufwandsentschädigung nach den Bestimmungen des vorstehenden Absatzes. Ihre regelmäßigen Dienstbezüge werden ihnen nach den für ihren Amtssitz geltenden Sätzen auch nach Ablauf von 14 Tagen unverändert weiter gewährt.

IV Außerdem sind den in Absatz II, III bezeichneten unverheirateten Beamten bis zur Dauer von zwei Monaten vom Beginne des Dienstantritts ab auf Antrag diejenigen Kosten in angemessenem Umfange zu ersetzen, die durch die Beibehaltung der Wohnung am Amtssitz (Wohnort) erwachsen, sofern für die Beamten eine Vertrags- oder sonstige Rechtsverpflichtung zur Tragung solcher Kosten besteht. In besonderen Ausnahmefällen kann die Frist von zwei Monaten vom zuständigen Staatsministerium oder der von diesem ermächtigten unmittelbar nachgeordneten Stelle verlängert werden.

V Die Reisetage scheiden bei den vorstehenden Zeitberechnungen aus. Für die Tage der Hin- und Rückreise erhalten die Beamten Tage- und Übernachtungsgelder nach den allgemeinen Vorschriften mit der Maßgabe, daß für den Tag des Wiedereintreffens am Amtssitz (Wohnort) das Übernachtungsgeld zu zahlen ist, wenn der Beamte nicht in der Lage war, in seiner eigenen Wohnung zu übernachten.

VI Wird während der auswärtigen Beschäftigung eines Beamten der Beschäftigungsort gewechselt, so beginnen die Fristen von neuem. Das gleiche gilt, wenn die Geschäftsvornahme durch Rückberufung an den Amtssitz oder durch sonstige vom Willen des Beamten unabhängige Vorkommnisse länger als eine Woche unterbrochen wird. Inwieweit bei einer über mehrere benachbarte Orte sich erstreckenden zusammenhängenden dienstlichen Tätigkeit durch Verlegung des Aufenthaltsortes an einen dem ursprünglichen Beschäftigungsorte benachbarten Ort die Fristen von neuem in Lauf gesetzt werden, bestimmt nach Lage des Einzelfalles das zuständige Staatsministerium im Benehmen mit dem Staatsministerium der Finanzen. Im übrigen laufen die Fristen vom Beginne der Beschäftigung ab.

19[1]).

Beamte, die sich — abgesehen von dem Falle der Ziff. 18 — sonst zu auswärtigen Dienstgeschäften an demselben Orte aufzuhalten haben, erhalten, falls die auswärtige Tätigkeit nicht länger als 14 Tage dauert, für die ganze Dauer dieser Tätigkeit Tage- und Übernachtungsgelder nach den allgemeinen verordnungsmäßigen Sätzen, zutreffendenfalls die für besonders teure Orte festgesetzten Beträge. Dauert die auswärtige Tätigkeit länger als 14 Tage und war dies von vornherein anzunehmen, so erhalten die Beamten vom Beginne der 3. Woche ab ermäßigte Aufwandsentschädigungen (Beschäftigungstagegelder) nach den vom Staatsministerium der Finanzen gemäß Ziff. 18 Abs. I zu erlassenden näheren Bestimmungen. Stellt sich bei einer länger als 14 Tage dauernden auswärtigen Tätigkeit diese längere Dauer erst im Laufe der Tätigkeit heraus, so ist das Beschäftigungstagegeld vom Tage nach dieser Feststellung, frühestens jedoch vom Beginne der 3. Woche und spätestens vom Beginne der 4. Woche ab zu zahlen. Die Feststellung ist möglichst innerhalb der ersten 14 Tage von der Behörde, die den Beamten zu der auswärtigen Tätigkeit abgeordnet hat, zu treffen.

---

[1]) Zu vgl. Anm. 1 zu Ziff. 18.

20[1]).

Beamte, die für eine vorübergehende auswärtige Beschäftigung Aufwandsentschädigung nach Ziff. 18, 19 (Tage- und Übernachtungsgelder oder Beschäftigungstagegelder) beziehen, erhalten bei Dienstreisen, die sie vom vorübergehenden Aufenthaltsort (Beschäftigungsort) aus zu unternehmen haben, vorbehaltlich der Einschränkung in Satz 2, 3 neben der Aufwandsentschädigung für die vorübergehende auswärtige Beschäftigung die für die Dienstreise nach den allgemeinen verordnungsmäßigen Bestimmungen zustehenden Tage- und Übernachtungsgelder. Bei mehrtägigen Dienstreisen sind zwei Drittel der für die vorübergehende auswärtige Beschäftigung zustehenden Tagegelder oder Beschäftigungstagegelder auf die für die Dienstreise gebührenden Tagegelder mit Ausnahme jener Tage anzurechnen, für die gemäß § 5 Abs. II, III der Verordnung das Dienstreisetagegeld nur zu einem Bruchteil gewährt wird. Wird die Dienstreise vom Beschäftigungsort aus während des Bezugs der ungekürzten Tage- und Übernachtungsgelder ausgeführt, so erhält der Beamte das Übernachtungsgeld nur einmal nach dem für den Ort der tatsächlichen Übernachtung zustehenden Satze; das Übernachtungsgeld für den vorübergehenden Beschäftigungsort kommt für die Zeit der Abwesenheit in Wegfall. Als mehrtägige Dienstreisen gelten solche Reisen, die eine Abwesenheit von mehr als 24 Stunden erfordern.

21[1]).

Dienstreisen vom Beschäftigungsort an den Amtssitz (Wohnort).

Unternimmt ein Beamter, der zu einer vorübergehenden auswärtigen Beschäftigung abgeordnet ist, eine Dienstreise nach dem Orte seines Amtssitzes (Wohnort), so steht ihm, wenn er seine bisherige Wohnung am Amtssitz (Wohnort) beibehalten hat, das Dienstreisetage- und -Übernachtungsgeld nur für die Hin- und Rückreise zu. In diesem Falle wird dem Beamten für die am Beschäftigungsorte während der dienst-

[1]) Zu vgl. Anm. 1 zu Ziff. 18.

lichen Abwesenheit erwachsenden Auslagen ein Drittel des Beschäftigungstagegeldes belassen. Im übrigen gilt Ziff. 20 entsprechend.

22.

Die Bestimmungen in Ziff. 20, 21 gelten sinngemäß für Beamte, die Entschädigung für getrennte Haushaltführung beziehen und während der Dauer der getrennten Haushaltführung vom neuen Amtssitz aus Dienstreisen auszuführen haben.

23.[1]).

„I Den außerhalb des dienstlichen Wohnsitzes beschäftigten Beamten sind während eines Urlaubs zu gewähren:

a) für die ersten drei Tage die Beschäftigungstagegelder und

b) für die weitere Urlaubszeit die für die Beibehaltung der Wohnung am Beschäftigungsort erwachsenen tatsächlichen Auslagen bis zur Höhe der Beschäftigungstagegelder.

II Den verheirateten Beamten können, wenn sie aus einem nicht in ihrer Person liegenden Grunde verhindert sind, nach Antritt des Urlaubs den Beschäftigungsort zu verlassen, die Beschäftigungstagegelder während eines Urlaubs oder während eines Teiles desselben weitergewährt werden.

III Den verheirateten Beamten werden die unverheirateten Beamten gleichgestellt, die im eigenen Hausstand auf Grund gesetzlicher oder sittlicher Verpflichtung Verwandten bis zum vierten Grade, Verschwägerten bis zum zweiten Grade sowie Adoptiv- und Pflegekindern und -eltern und unehelichen Kindern Wohnung und Unterhalt gewähren. Dabei bestimmt sich der Grad der Verwandtschaft nach der Zahl der sie vermittelnden Geburten und der Grad der Schwägerschaft nach dem Grade der sie vermittelnden Verwandtschaft (vergl. §§ 1589/90 BGB).

24.[2]).

In Krankheitsfällen bemißt sich die Weiterzahlung des

---

[1]) Ziff. 23 i. d. Fassg. der Bek. v. 29. August 1924 (GVBl. S. 198).
[2]) Zu vgl. Anm. 1 zu Ziff. 18.

Beschäftigungstagegeldes nach Ziff. 10 Abs. II. Kehrt der Beamte wegen Erkrankung an den Amtssitz (Wohnort) zurück, so können ihm die notwendigen tatsächlichen Auslagen für die Beibehaltung der Wohnung am Beschäftigungsorte bis zur Höhe der Beschäftigungstagegelder vergütet werden, sofern die Krankheit nur von vorübergehender Dauer und eine baldige Wiederaufnahme des Dienstes am auswärtigen Beschäftigungsorte zu erwarten ist.

25.[1]).

Zieht ein Beamter anläßlich der Abordnung zu einer länger dauernden auswärtigen Beschäftigung unter Aufgabe seiner Wohnung am Amtssitz (Wohnort) an den Beschäftigungsort oder an einen in dessen nächster Nähe gelegenen Ort um, so ist, wenn der Beamte später im Anschluß an die auswärtige Beschäftigung an den Beschäftigungsort oder an den Ort, wohin der Umzug erfolgt ist, versetzt wird, auf die zu gewährende Umzugskostenvergütung der Gesamtbetrag an Aufwandsentschädigung anzurechnen, den der Beamte für die Zeit nach dem Umzug an den Beschäftigungsort oder den diesem benachbarten Ort bezogen hat. Ein etwaiger Mehrbetrag der Aufwandsentschädigung ist zurückzuerstatten. Der anzurechnende und gegebenenfalls zurückzuerstattende Betrag mindert oder erhöht sich um den Unterschiedsbetrag, um den sich der von dem Beamten bis zur Versetzung bezogene Ortszuschlag und ein etwaiger Teuerungszuschlag erhöht oder vermindert hätte, wenn der Beamte mit Wirkung vom ersten des auf den Umzug folgenden Monats an den Beschäftigungsort oder den diesem benachbarten Ort, an den der Umzug erfolgt ist, versetzt worden wäre.

26.

Weiterverwendung versetzter Beamter am bisherigen Amtssitze.

Einem versetzten oder beförderten Beamten, der aus dienstlichen Gründen noch am bisherigen Amtssitze weiter beschäftigt wird, steht, solange der Umzug nach dem neuen

---

[1]) Zu vgl. Anm. 1 zu Ziff. 18.

Amtssitze (Wohnort) nicht ausgeführt ist, für die Dauer dieser Weiterbeschäftigung Aufwandsentschädigung nicht zu. Dauert die Weiterbeschäftigung bei Beamten mit eigenem Haushalt auch noch nach dem Umzuge fort, so wird für diese Zeit Aufwandsentschädigung nach den Sätzen gewährt, die versetzten Beamten bei getrennter Haushaltführung zustehen.

27.

Erhöhung der Aufwandsentschädigung.

I Eine Erhöhung der Aufwandsentschädigung kann auf Grund des § 8 der Verordnung nur dann und insoweit bewilligt werden, als die Dienstreise einen außergewöhnlichen Aufwand für Verpflegung und Unterkunft erfordert, sei es infolge der außergewöhnlichen Teuerungsverhältnisse am Orte des Dienstgeschäftes oder aus sonstigen nicht lediglich auf besonderen persönlichen Ansprüchen des Beamten beruhenden Gründen. Der Umstand, daß die Dienstreise nach einem Orte außerhalb Bayerns zu unternehmen ist, begründet für sich allein nicht ohne weiteres die Erhöhung der Aufwandsentschädigung.

II Die Erhöhung wird, unter Berücksichtigung des Umstandes, daß das Tage- und das Übernachtungsgeld eine sich gegenseitig ergänzende Entschädigung zur Bestreitung des persönlichen Mehraufwandes bei Dienstreisen bilden (§ 3 Abs. I der Verordnung), je nach Lage der Verhältnisse bis zum eineinviertelfachen, in besonderen Ausnahmefällen bis zum eineinhalbfachen Betrage des Tage- oder des Übernachtungsgeldes oder beider gewährt.

III Das erhöhte Übernachtungsgeld darf, sofern nichts anderes bestimmt ist, nur für tatsächliche Übernachtungen während des auswärtigen Aufenthaltes, für den die Erhöhung bewilligt ist, aufgerechnet werden.

IV Um die Erhöhung der Aufwandsentschädigung ist tunlichst vor Antritt der Dienstreise nachzusuchen.

28.

Erstattung des baren Mehraufwandes.

I Erstattung des baren Mehraufwandes (§ 8 der Verordnung) kann nur bewilligt werden, wenn der einem Beamten für eine Dienstreise zustehende Gesamtbetrag an Aufwandsentschädigung aus besonderen Gründen zur Deckung der nach Lage des Falles unvermeidlichen Aufwendungen nicht ausgereicht hat. Ein Bedürfnis für Mehraufwandserstattung kann im allgemeinen nicht als gegeben erachtet werden, wenn es sich nur um geringfügige Beträge handelt und die Umstände des Falles die Annahme rechtfertigen, daß der geringe Mehraufwand durch Erübrigungen an anderen Dienstreisetagen ausgeglichen werden kann.

II Bei mehrtägigen Dienstreisen kommt eine Mehraufwandserstattung für einzelne Dienstreisetage nur unter der Voraussetzung in Frage, daß nicht von der Aufwandsentschädigung für die anderen Dienstreisetage Erübrigungen zu erzielen waren, die zur Deckung des Mehraufwandes ganz oder teilweise herangezogen werden können. Dasselbe gilt für Dienstreisen, zwischen denen ein Zeitraum von nicht mehr als sieben Tagen liegt. Die auf Dienstpflicht abzugebende Bestätigung des Beamten, daß ihm der geltend gemachte Mehraufwand erwachsen ist, schließt in solchen Fällen auch die Versicherung in sich, daß derartige Erübrigungen bei den anderen in Betracht kommenden Dienstreisetagen oder Dienstreisen nicht erzielt wurden.

III Der aufgerechnete Mehraufwand ist nach Tunlichkeit durch Angabe der Auslagen, durch die er hauptsächlich verursacht wurde, zu erläutern. Zur Glaubhaftmachung, daß die Auslagen in der aufgerechneten Höhe tatsächlich gemacht wurden, genügt im allgemeinen die pflichtmäßige Versicherung des Beamten. Von einer Belegung kann in der Regel abgesehen werden.

IV Bei der Erstattung des baren Aufwandes an Stelle der Tage- und Übernachtungsgelder ist die Ersparnis infolge des Wegfalls des regelmäßigen Aufwandes für Verpflegung am Wohnorte während der Dienstreise entsprechend in Rechnung zu ziehen, wobei hinsichtlich der Höhe des Abzugs zwischen Beamten, die eigenen Haushalt führen oder in voller häuslicher Verpflegung bei Familienangehörigen stehen, und Beamten, bei denen diese Voraussetzungen nicht zutreffen, zu unterscheiden ist.

C. Reisekosten.

29.

Reisekosten. Benützung einer Fahrgelegenheit zu und von den Bahnhöfen usw.

I Zu den nach § 9 der Verordnung als Reisekosten aufrechnungsfähigen Auslagen zählen notwendigenfalls auch die Kosten für die Benützung einer Fahrgelegenheit und für die Gepäckbeförderung zu und von den Bahnhöfen sowie zu und von den übrigen Abgangs- und Ankunftsplätzen. Hierbei haben die Beamten in erster Linie die vorhandenen regelmäßigen Verkehrsmittel (§ 9 Abs. II), bei Vorhandensein mehrerer solcher Verkehrsmittel das billigste unter ihnen zu benützen. Die Erstattung der Kosten für die Benützung anderer Verkehrsmittel (Droschke, Kraftwagen usw.) ist nur dann zulässig, wenn die regelmäßigen Verkehrsmittel aus besonderen Gründen nicht benützt werden konnten oder solche nicht vorhanden sind. Die Notwendigkeit der Inanspruchnahme ist in diesen Fällen in der Kostenaufrechnung zu begründen.

Platzkarten.

II Die Ausgabe für Platzkarten in Schnellzügen können zu den Fahrkosten gerechnet werden.

III Öffentliche regelmäßige Kraftwagenverbindungen sollen nur benützt werden, wenn die Benützung eines anderen regelmäßigen Verkehrsmittels nicht möglich ist und ein dringendes dienstliches Interesse die Kraftwagenbenützung geboten erscheinen läßt.

Unentgeltliche Benützung von Verkehrsmitteln; Trinkgelder.

IV Bei unentgeltlicher Benützung von Verkehrsmitteln wird keine Reiseentschädigung gewährt, jedoch können die baren Auslagen, z. B. Trinkgelder, ersetzt werden, soweit sie unvermeidlich sind und sich in angemessenen Grenzen halten. Trinkgelder an Personen, die eine Entlohnung aus der Staatskasse beziehen, werden nicht vergütet.

30.

Gepäckbeförderungs- und Versicherungskosten.

Das Gepäck ist auf das für den Beamten zur Ausführung der Dienstreise und des auswärtigen Dienstgeschäftes unbedingt notwendige Maß zu beschränken. Eine etwaige Versicherung muß sich in den Grenzen des wirklichen Wertes der Gegenstände halten und darf sich nur auf die für die Dienstreise erforderlichen Gegenstände erstrecken. Die Aufrechnung besonderer Kosten für Gepäckbeförderung und -Versicherung wird im allgemeinen nur bei Reisen von längerer Dauer veranlaßt sein. Im übrigen muß von den Beamten erwartet werden, daß sie, wie andere Reisende, ihr Gepäck in das Abteil mitnehmen und selbst beaufsichtigen.

31.

Sonstige Auslagen anläßlich des auswärtigen Dienstgeschäftes.

Mußte der Beamte aus Anlaß des auswärtigen Dienstgeschäftes besondere nicht zu den Reisekosten zählende Nebenauslagen bestreiten, die neben der Aufwandsentschädigung zu vergüten sind (z. B. für Miete und Beheizung eines Geschäftsraums, für Bekanntmachungen, Telegramme, Boten-, Gehilfenlöhne), so sind diese Auslagen auf Dienstreisekosten zu verrechnen, sofern nichts anderes bestimmt wird. Zu den neben der Aufwandsentschädigung besonders vergütungsfähigen Auslagen zählen nicht Nebenauslagen für Verpflegung und Unterkunft, wie Trinkgelder, Fremden-, Wohnsteuern u. dergl. sowie Ausgaben für besondere Anschaffungen für die Dienstreise.

32.

Fuhrwerksbenützung.

Die Beamten der Stufe I dürfen an den Tagen, an denen sie eine Wegstrecke von nicht mehr als fünfzehn Kilometer zurückzulegen haben (§ 9 Abs. IV der Verordnung), ein Fuhrwerk nur mit Genehmigung des Dienstvorstandes benützen. Diese ist in der Regel nur dann zu erteilen, wenn die Geschäftsvornahme so dringlich ist, daß das Dienstgeschäft von dem Beamten ohne Fuhrwerksbenützung nicht rechtzeitig würde erledigt werden können. Im übrigen dürfen die bezeichneten Beamten die Kosten eines Gefährtes (Pferdegespanns) nur für die Tage aufrechnen, an denen sie Wegstrecken von mehr als fünfzehn Kilometer zurückzulegen haben, ohne daß die Benützung eines regelmäßigen Verkehrsmittels möglich oder im Interesse des Dienstes gelegen ist.

33[1]).

Benützung der II. statt der III. Wagenklasse für weite, anstrengende Reisen.

Bei Beamten, die bei Dienstreisen die III. Wagenklasse zu benützen haben, ist die Voraussetzung für die Gestattung der Benützung der II. Wagenklasse nach § 10 Abs. III Satz 2 der Verordnung im allgemeinen dann als gegeben zu erachten, wenn die Reisestrecke mehr als 400 km beträgt, die Reise ohne Unterbrechung zurückgelegt wird und der Beamte alsbald nach der Ankunft am Geschäftsorte das Dienstgeschäft vornehmen muß.

Gemietete Kraftwagen. 34.

I Die Benützung eines gemieteten Kraftwagens (§ 9 Abs. V der Verordnung) ist in der Regel nur zulässig, wenn die Benützung eines anderen Verkehrsmittels nicht möglich ist oder wenn bei Vornahme mehrerer auswärtiger Dienstgeschäfte der Gesamtbetrag der Aufwandsentschädigung und der Reisekosten sich ermäßigt oder wenn die Reise aus zwingenden dienstlichen Gründen besonders beschleunigt werden muß. Ein Kraftwagen kann ferner benützt werden, wenn sonstige triftige dienstliche Gründe, z. B. die Möglichkeit einer zweckmäßigen Zusammenlegung mehrerer Reisen, die Erzielung einer erheblichen, im dienstlichen Interesse liegenden Zeitersparnis dies rechtfertigen und eine unverhältnismäßige Erhöhung der Reisekosten nicht eintritt.

II Die Kostenaufrechnungen haben über diese Voraussetzungen für die Kraftwagenbenützung die erforderlichen Angaben zu enthalten.

35.

Benützung von Dienstkraftwagen zu Dienstreisen.

Die Benützung von Dienstkraftwagen zu Dienstreisen ist nur unter denselben Voraussetzungen zulässig, unter denen nach Ziff. 34 die Kosten für einen gemieteten Kraftwagen aufgerechnet werden können.

---

[1]) Zu vgl. Ziff. 4 der Bek. v. 29. Jan. 1924 (GVBl. S. 20).

36.

Vereinbarung über Fuhrwerkstellung mit Fuhrwerksunternehmern.

Wenn Beamte einer Behörde häufig auswärtige Dienstgeschäfte mit Fuhrwerksbenützung vorzunehmen haben, so soll die Behörde nach Tunlichkeit auf den Abschluß eines Vertrags über die Stellung angemessener Fuhrwerke bei Dienstreisen mit einem Fuhrwerksbesitzer Bedacht nehmen.

37.

Benützung eigener Wagen und Pferde der Beamten.

I Benützen Beamte, die selbst Wagen und Pferde halten, bei Dienstreisen, zu denen Fuhrwerksbenützung zulässig ist, ihr eigenes Gefährt, so dürfen sie zwei Drittel des ortsüblichen Preises für das ihnen zustehende zwei- oder einspännige Fuhrwerk aufrechnen, falls nicht die Kosten des Fuhrwerks der Pauschvergütung für Reisekosten zur Last fallen.

II Bei Benützung eines eigenen Reitpferdes darf unter der gleichen Voraussetzung die Hälfte des ortsüblichen Preises für ein zweispänniges Fuhrwerk aufgerechnet werden.

38.

Gemeinschaftliche Benützung von Gefährten.

I Sind bei einem Dienstgeschäfte mit zulässiger Fuhrwerksbenützung mehrere Beamte beteiligt, so haben sie, auch wenn sie verschiedenen Verwaltungszweigen angehören, sich eines gemeinschaftlichen Gefährtes bei der Hin- und Rückreise zu bedienen, soweit der Raum zureicht oder nicht besondere Verhältnisse eine Ausnahme rechtfertigen. In solchen Fällen haben auch Beamte, die ein eigenes Gefährt benützen, den bei dem Dienstgeschäfte weiter Beteiligten in ihrem Wagen einen Platz einzuräumen.

II Beamte, die auf Grund des Abs. I ein Gefährt mitbenützten oder hätten mitbenützen können, aber dies ohne Grund unterließen, erhalten keine Reisekostenentschädigung.

39.

Kilometervergütung a) bei Untunlichkeit der Benützung eines vorhandenen regelmäßigen Verkehrsmittels.

I Die Kilometervergütung für die Zurücklegung von Wegstrecken (§ 11 der Verordnung) kann auch dann aufgerechnet werden, wenn ein regelmäßiges Verkehrsmittel (Eisenbahn, Straßenbahn, Dampfschiffverbindung usw.) zwar vorhanden ist, aber nach der Zeit, in der das Dienstgeschäft vorgenommen werden mußte, oder aus sonstigen besonderen Gründen ausnahmsweise nicht benützt werden konnte.

b) bei Fahrrad- (Kraftrad-) benützung.

II Die Kilometervergütung wird auch für Wegstrecken gewährt, die der Beamte bei Dienstreisen mit eigenem Fahrrad oder Kraftrad zurücklegt, sofern nicht an Stelle des Reisekostenersatzes eine Pauschvergütung festgesetzt oder über die Entschädigung für Fahrrad- (Kraftrad-)Benützung eine besondere Bestimmung getroffen ist. Der Betrag der Vergütung darf jedoch in den Fällen, in denen das Fahrrad (Kraftrad) an Stelle eines vorhandenen und nach Lage der Verhältnisse benützbaren anderen Verkehrsmittels benützt wird, die Kosten der Fahrgelegenheit nicht übersteigen, deren der Beamte sich sonst zu bedienen gehabt hätte.

Ersatz der Kosten für Fahrrad- (Kraftrad-) beförderung auf der Eisenbahn usw.

III Bei Dienstreisen, die teilweise mit einem regelmäßigen Verkehrsmittel (Eisenbahn, Dampfschiff usw.) und teilweise mit Fahrrad (Kraftrad) ausgeführt werden, können die Kosten für die Beförderung des Fahrrads (Kraftrads) neben der Kilometervergütung nur dann aufgerechnet werden, wenn an der Mitnahme des Fahrrads ein erhebliches dienstliches Interesse bestand (z. B. erhebliche Abkürzung der Reisedauer, gesteigerte Dienstleistung in gleicher Zeit).

40.

Zusammenrechnung und Aufrundung der Zahl der Kilometer.

Die zurückgelegten anrechnungsfähigen Wegstrecken werden für die Berechnung der Kilometervergütung zusammengerechnet und alsdann auf volle Kilometer aufgerundet.

41.

Kilometervergütung für den Weg zum und vom Bahnhof usw.

In den Fällen des § 11 Abs. II Satz 2 ist für die Berechnung der Entfernung die natürliche Lage der Verkehrsstelle (Eisenbahnstation usw.) maßgebend.

42.

Keine Kilometervergütung a) in den Fällen der §§ 13, 16 usw. der Verordnung.

Beamte, denen für Dienstreisen innerhalb eines bestimmten Bezirkes oder für einzelne Arten von Dienstreisen kein Reisekostenersatz zusteht oder an Stelle des Reisekostenersatzes eine Pauschvergütung bewilligt ist (vgl. §§ 13, 16 der Verordnung), können für solche Dienstreisen die im § 11 der Verordnung bestimmte Vergütung nicht aufrechnen.

43.

b) für in Ausübung der eigentlichen dienstlichen Verrichtung zurückgelegte Wegstrecken.

I Als Wegstrecken, für die nach § 11 Abs. III der Verordnung die Kilometervergütung nicht in Ansatz gebracht werden kann, kommen insbesondere die bei Messungen, Flurbereinigungen, Besichtigungen, Straßenbauten, Enteignungsverhandlungen u. dgl. in Ausübung der eigentlichen dienstlichen Tätigkeit zurückgelegten Wegstrecken in Betracht. Die Kilometervergütung kann in solchen Fällen nur aufgerechnet werden für die Strecken vom Amtssitze (Wohnort) bis zu dem Orte, in dem die eigentliche dienstliche Tätigkeit beginnt, und von dem Orte, in dem diese Tätigkeit beendet wird, bis zum Amtssitz (Wohnort) oder zum Orte anderweitiger dienstlicher Tätigkeit.

c) für den Weg zwischen Übernachtungs- (Verpflegungs-) ort und Dienstverrichtungsstelle.

II Bei einer über mehrere Tage oder Wochen sich erstreckenden auswärtigen Beschäftigung kann für den Weg zwischen dem Orte, wo der Beamte übernachtet oder die Verpflegung einnimmt, und der Dienstverrichtungsstelle (Arbeitsstätte) die Kilometervergütung nicht aufgerechnet werden. (Vgl. Ziff. 8.)

III Was als Ort im Sinne dieser Bestimmungen zu gelten hat, bemißt sich nach Ziff. 7.

D. Sonstige Bestimmungen.

44.

Dienstgeschäfte am Amtssitz oder in geringerer Entfernung als 3 Kilometer von diesem außerhalb des örtlichen Bereichs der regelmäßigen Dienst- (Betriebs-) stätte.

Unter § 14 der Verordnung fallen nur Dienstgeschäfte, die außerhalb des örtlichen Bereichs der regelmäßigen Dienst-(Betriebs-)stätte des Beamten vorgenommen werden. Über den Umfang des örtlichen Bereichs der regelmäßigen Dienst-(Betriebs-)stätte entscheidet im Zweifelsfalle das zuständige Staatsministerium.

a) Fahrtauslagenersatz.

45.

I Die Benützung einer Fahrgelegenheit zur Erledigung von Dienstgeschäften innerhalb des Gemeindebezirkes des Amtssitzes (Wohnortes) oder in geringerer Entfernung als drei Kilometer von diesem kann als durch das dienstliche Interesse geboten (§ 14 der Verordnung) nur dann erachtet werden, wenn dadurch eine im dienstlichen Interesse gelegene erhebliche Abkürzung der Gesamtdauer des Dienstgeschäftes erzielt wird.

II Bei solchen Fahrten sind im allgemeinen die regelmäßigen Verkehrsmittel zu benützen und zwar auch dann, wenn der Ort des Dienstgeschäftes nicht an einer Haltestelle gelegen, von einer solchen aber ohne erheblichen Zeitverlust zu erreichen ist. Die Benützung eines Gefährtes ist nur ausnahmsweise beim Vorliegen besonderer Verhältnisse und nur mit besonderer Genehmigung zulässig, die für Beamte, die einer Zentralstelle, Mittelstelle oder einer äußeren Behörde angehören, dem Vorstande, für die Vorstände und die übrigen Beamten der unmittelbar vorgesetzten Behörde zusteht, soweit nicht vom zuständigen Staatsministerium — bei allgemeinen Anordnungen im Benehmen mit dem Staatsministerium der Finanzen — anders verfügt wird.

III Dieser besonderen Genehmigung bedarf es auch zur Benützung einer Fahrgelegenheit (Straßenbahn usw.) zu den in

Ausübung des regelmäßigen Dienstes ständig wiederkehrenden oder sonst häufig sich wiederholenden Dienstgeschäften und Dienstgängen innerhalb des Gemeindebezirkes des Amtssitzes oder in geringerer Entfernung als drei Kilometer von diesem. Die Genehmigung darf nur erteilt werden, wenn die dienstlichen Interessen die Benützung einer Fahrgelegenheit zur beschleunigten Erledigung der Dienstgeschäfte dringend erfordern. Bei der Aufrechnung ist, soweit erforderlich, auf die Genehmigung hinzuweisen.

IV Zur Rückfahrt ist erforderlichenfalls eine andere Fahrgelegenheit zu benützen als zur Hinfahrt, wenn dies geringere Kosten verursacht.

46.

b) Vergütung sonstiger Auslagen, insbesondere des Zehrungsmehraufwandes.

Zu den sonstigen, bei Dienstgeschäften innerhalb des Gemeindebezirkes des Amtssitzes usw. vergütungsfähigen Auslagen (§ 14 Abs. I Satz 2 der Verordnung) zählen hauptsächlich sonstige notwendige Unkosten für das Fortkommen, wie Brückengeld, Fährgeld u. dgl., ferner der notwendige wirkliche Mehraufwand für Zehrung. Die Gewährung einer Vergütung für Zehrungsmehraufwand kann jedoch im allgemeinen nur bei einer notwendigen Dauer der ununterbrochenen dienstlichen Abwesenheit von mindestens sechs Stunden und nur dann in Frage kommen, wenn der Ort der Dienstverrichtung vom Dienstgebäude (Dienstzimmer) des Beamten, nach der Luftlinie gemessen, mindestens drei Kilometer entfernt ist. In den Fällen des § 14 Abs. II tritt an die Stelle des Dienstgebäudes (Dienstzimmers) die Wohnung des Beamten.

II Der Zehrungsaufwand ist nur vergütungsfähig, soweit er sich in angemessenen Grenzen hält und nicht durch die Ersparnis infolge Wegfalls der sonstigen regelmäßigen Verpflegung (im eigenen Haushalt, im Gasthaus usw.) ausgeglichen wird.

47.

Pauschvergütungen und Höchstbeträge.

I Ob und in welcher Höhe den Beamten, die bis zum Inkrafttreten der Verordnung im Bezug einer Pauschvergütung für Aufwandsentschädigung und Reisekosten standen, solche Pauschvergütungen weiterhin gewährt werden, bleibt besonderer Verfügung vorbehalten. Bis dahin beziehen diese Beamten die seitherige Pauschvergütung weiter.

II Die für einzelne Beamten oder Beamtengattungen festgesetzten jährlichen Höchstbeträge, über die hinaus die Aufrechnung von Tage- und Übernachtungsgeldern und von Reisekosten nicht zulässig ist, bilden auch bis auf weiteres die Grenze, bis zu der Aufwandsentschädigungen und Reisekosten in einem Verwaltungsjahr aufgerechnet werden dürfen.

48.

Reisen etatmäßiger und nichtetatmäßiger Beamter zur Ablegung vorgeschriebener Prüfungen.

Den etatmäßigen und nichtetatmäßigen Beamten können bei Reisen zur Ablegung der vorgeschriebenen Prüfungen die wirklich erwachsenen Fahrtauslagen für die Eisenbahnfahrkarte III. Klasse nebst den notwendigen Gepäckbeförderungs- und -versicherungskosten vergütet werden. Die Gewährung von Tage- und Übernachtungsgeldern kommt nicht in Frage.

Kostenausscheidung.

49.

I Ist bei einer Reise zur Vornahme mehrerer Dienstgeschäfte die Ausscheidung der Gesamtkosten auf die einzelnen Dienstgeschäfte veranlaßt, wie z. B. in den Fällen, in denen die Kosten der Reise nicht im ganzen Betrage der Staatskasse zur Last fallen, so ist die Ausscheidung nach der Zeitdauer der einzelnen Dienstgeschäfte vorzunehmen, sofern nicht besondere Gründe eine andere Verteilung rechtfertigen.

II Die Kostenausscheidung ist auch bei Dienstgeschäften vorzunehmen, die gelegentlich anderer Dienstgeschäfte vorgenommen werden; sie kann unterbleiben, wenn die miterledigten Dienstgeschäfte Mehrkosten nicht verursacht, nur kurze Zeit beansprucht oder geringe Bedeutung im Verhältnisse zu den Hauptgeschäften haben.

Kostenvorschuß. 50.[1]).

Den Beamten dürfen bei Vornahme auswärtiger Dienstgeschäfte auf Verlangen angemessene Vorschüsse auf die Aufwandsentschädigung und die Reisekosten bis zum voraussichtlich notwendigen Bedarf für höchstens einen Monat verabfolgt werden. Der Betrag des Vorschusses und die Kasse, die ihn ausgezahlt hat, sind in der Kostenaufrechnung anzugeben.

51.

Reisetagebücher, Nachweis der Verwendung von Pauschvergütungen.

Die Vorschriften über die Führung von Reisetagebüchern und über den Nachweis der Verwendung von Pauschvergütungen jeder Art bleiben unberührt.

52.

Form der Aufrechnung, Formblattbenützung und Anschaffung der Formblätter auf Kosten der Staatskasse.

I Die Aufwandsentschädigungen und die Reisekosten, für die eine Pauschvergütung nicht gewährt oder über die ein Tagebuch nicht zu führen ist, sind nach Maßgabe des anliegenden Formblattes[2]) und unter Beachtung der diesem vorgedruckten Anweisung aufzurechnen, sofern nicht für einzelne Verwaltungszweige anders bestimmt wird. Von der Verwendung des Formblattes kann abgesehen werden, wenn lediglich Reisekosten aufzurechnen sind.

II Die Formblätter dürfen von den Behörden oder Dienststellen auf Rechnung der haushaltmäßigen Mittel für Geschäftsbedürfnisse angeschafft werden.

Bestätigung auf Dienstpflicht.

III Die Richtigkeit der Angaben ist in allen Aufrechnungen von dem Beamten auf Dienstpflicht zu bestätigen.

53.

Einweisung und Weiterbehandlung der Kostenaufrechnungen.

I Die Aufrechnungen sind vorbehaltlich anderweitiger Be-

[1]) Fassung nach der FinMinBek. vom 30. April 1923 Nr. 26441, StAnz. Nr. 100 vom 1. Mai 1923.

[2]) Hier nicht abgedruckt.

stimmungen bei der Behörde einzureichen, der der Beamte angehört, und zwar tunlichst alsbald nach Abschluß des Dienstgeschäftes oder einer Reihe gleichartiger Dienstgeschäfte, längstens mit Ablauf des Kalendervierteljahres.

II Die Vorstände der Behörden haben die Kostenaufrechnungen der ihnen unterstellten Beamten einzusehen und einen Vermerk hierüber unter Beifügung etwaiger Erinnerungen der Kostenaufrechnung beizusetzen.

III Die Kostenaufrechnungen sind ohne Verzug der zur Prüfung und Festsetzung der Kosten zuständigen Stelle (Rechnungsprüfungsstelle) zuzuleiten. Die Aufrechnungen, die bei einer den Regierungen, Kammern des Innern oder der Forsten, untergeordneten Behörden eingereicht werden, sind der Regierung, Kammer des Innern oder der Forsten, vorzulegen, von dieser in allen nicht rechnerischen Beziehungen zu würdigen und sodann mit den etwaigen Erinnerungen der zuständigen Finanzstelle zuzuleiten. Die Anordnungen, nach denen bestimmte Arten von Kostenaufrechnungen nicht unmittelbar der Rechnungsprüfungsstelle, sondern einer anderen Behörde (z. B. in Strafsachen dem Finanzamte) zuzuleiten sind, bleiben bis auf weiteres in Kraft.

54.

Prüfung, Festsetzung, Einweisung, Auszahlung der Kosten.

I Hinsichtlich der Zuständigkeit zur Prüfung der Kostenaufrechnungen, zur Festsetzung und Einweisung der Kosten und hinsichtlich der Belegung der Kostenaufrechnungen bleiben die seitherigen Vorschriften maßgebend.

II Den hiernach zuständigen Rechnungsprüfungsstellen obliegt auch die Prüfung der Kostenaufrechnungen sowie die Kostenfestsetzung und -einweisung in den Fällen des § 14 der Verordnung, soweit nicht vom zuständigen Staatsministerium bei allgemeinen Anordnungen im Benehmen mit dem Staatsministerium der Finanzen anders verfügt wird. Ziffer 28 Abs. II gilt entsprechend.

III Prüfung, Festsetzung, Einweisung und Auszahlung haben ohne Verzug zu erfolgen. Die Auszahlung der aufgerechneten Beträge vor der Einweisung durch die zuständige Stelle ist unzulässig. Hiervon abweichende bisherige Ausnahmebestimmungen bleiben bis auf weiteres aufrechterhalten.

IV Bei der Prüfung sind formelle Beanstandungen tunlichst zu unterlassen. Bei zu niedrigen Ansätzen sind die Beamten mit dem Anheimgeben der Richtigstellung aufzuklären, sofern nicht wegen offensichtlichen Irrtums sofortige Berichtigung durch die Rechnungsprüfungsstelle angängig ist. Ungebührliche Aufrechnungen sind abzustreichen.

Beschwerden. 55.

Beschwerden sind bei der Rechnungsprüfungsstelle anzubringen. Hält diese die Beschwerde für zweifellos begründet, so hat sie abzuhelfen; andernfalls legt sie die Beschwerde der zur Bescheidung zuständigen Stelle mit gutachtlicher Äußerung vor.

---

30. Satzung

der Krankenkasse für die bayerischen Staatsbeamten in der derzeit geltenden Fassung.

(Bekanntmachungen des Staatsministeriums der Finanzen vom 13. 3. 1926 — Bayer Staatsanzeiger vom 22. 3. 1926 Nr. 66, vom 29. 7. 1927 — Bayer. Staatsanzeiger vom 29. 7. 1927 Nr. 172, vom 28. 9. 1927 — Bayer. Staatsanzeiger vom 28. 9. 1927 Nr. 223 — vom 31. 7. 1928 — Bayer. Staatsanzeiger vom 2. 8. 1928 Nr. 177).

A. Mitgliedschaft.

Berechtigung zur Versicherung.

§ 1. I. Der Krankenkasse können beitreten:

1. die etatmäßigen Staatsbeamten im Dienste vorbehaltlich des § 2,
2. die nichtetatmäßigen Staatsbeamten,
3. die sonstigen Beamten im Sinne des Art. 1 des Beamtengesetzes, soweit sie besoldet sind,

4. die Staatsdienstanwärter unabhängig von der Besoldung,
5. die Staatsbeamten im Ruhestande vorbehaltlich des § 2,
6. die nach den allgemeinen Vorschriften witwen- und waisengeldberechtigten Hinterbliebenen von Staatsbeamten auf die Dauer ihrer Berechtigung vorbehaltlich des § 2.

II. Das Staatsministerium der Finanzen behält sich vor, im Benehmen mit den übrigen Staatsministerien den Kreis der versicherungsberechtigten Personen zu erweitern.

§ 2. Ausgeschlossen bleiben die im Ruhestande befindlichen Beamten der auf das Reich übergegangenen bayer. Verwaltungen (Eisenbahn, Post, Finanz, Zoll), und die in den Landesdienst zurückgetretenen und noch im Reichsdienste verwendeten und vom Reiche besoldeten Beamten dieser Verwaltungen, sowie die Hinterbliebenen solcher Beamten.

§ 3. I. Die nach § 1 Versicherungsberechtigten können bei der Krankenkasse mitversichern:

a) ihre Ehefrauen,
b) ihre unterhaltsberechtigten Kinder, soweit sie das 18. Lebensjahr noch nicht vollendet haben,
c) Kinder im Alter über 18 Jahren und sonstige Verwandte oder Verschwägerte in der geraden Linie oder in der Seitenlinie bis zum zweiten Grade, solange sie in den Haushalt der Versicherungsberechtigten nicht bloß vorübergehend aufgenommen sind und im Unterhalte der Versicherungsberechtigten stehen.

II. Das Recht Ehefrau und Kinder mitzuversichern bleibt unberührt, wenn die Aufnahme des Versicherungsberechtigten abgelehnt oder widerrufen wird (§ 5, § 6 Abs. III).

§ 4. I. Die nach § 1 Versicherungsberechtigten können der Krankenkasse ohne Rücksicht auf ihr Lebensalter binnen zwei Jahren nach Eintritt der Versicherungsberechtigung im Sinne des § 1 Abs. I Ziff. 1 oder 6 beitreten.

II. Der Versicherungsberechtigte kann seine Ehefrau nur sogleich bei seinem Beitritt oder im Falle späterer Eheschließung nur binnen drei Monaten nach der Eheschließung mitversichern; das Alter der Ehefrau spielt keine Rolle. Andere Personen, welche das 45. Lebensjahr vollendet haben, können nicht mitversichert werden.

III. Die Versicherungskammer kann aus besonderen Gründen Ausnahmen zulassen und dabei dem vorgeschrittenen Alter der zu versichernden oder mitzuversichernden Person entsprechende Bedingungen festsetzen, insbesondere das Sterbegeld angemessen mindern.

§ 5. I. Personen, welche mit dauernden Krankheiten oder Leiden behaftet sind, können für diese Krankheiten oder Leiden der Krankenkasse nicht beitreten.

II. Die Krankenkasse kann die Aufnahme von Personen, die nach ihrem bisherigen Gesundheitszustand eine häufigere oder langandauernde Erkrankung befürchten lassen, ablehnen oder an Bedingungen knüpfen.

Beitritt.

§ 6. I. Der Versicherungsberechtigte meldet sich und die mitzuversichernden Personen bei der Krankenkasse für Staatsbeamte in München 22 (Versicherungskammer) an. Dabei ist anzugeben:

a) der Tag, an dem die Versicherung wirksam werden soll,

b) für jede angemeldete Person

1. Vor- und Zuname, Stand und Geburtstag,
2. Verwandtschaftsverhältnis zum Versicherungsberechtigten,
3. ob sie nicht mit einer Krankheit oder einem Leiden im Sinne des § 5 behaftet ist,
4. ob sie zurzeit mit einem sonstigen Leiden oder körperlichen Gebrechen oder Schaden oder mit einer sonstigen Krankheit behaftet ist, bejahendenfalls welcher Art,
5. an welcher Krankheit sie etwa im letzten Halbjahr gelitten hat,
6. ob die zur Mitversicherung angemeldeten Personen nicht nur vorübergehend in den Haushalt des Versicherungsberechtigten aufgenommen sind und im Unterhalte der Versicherungsberechtigten stehen,

7. ob sie einer anderen Krankenversicherung angehört, gegebenenfalls welcher, und ob und wann diese Versicherung etwa erlischt,

c) die Dienstbehörde und die Wohnung des Versicherungsberechtigten, die Besoldungsgruppe, in die er zur Zeit der Anmeldung eingereiht ist oder aus der seine Versorgungsbezüge berechnet sind, sowie die Zahlstelle, von der er die Besoldung oder die Versorgungsbezüge erhält.

II. Abs. I gilt entsprechend für die nachträgliche Anmeldung von Angehörigen.

III. Hat der Versicherungsberechtigte bei der Anmeldung falsche oder unvollständige Angaben gemacht, so ist die Versicherungskammer berechtigt, binnen eines Monats, von dem Tage an gerechnet, an dem sie von der Unrichtigkeit oder Unvollständigkeit Kenntnis erhalten hat, die Aufnahme des Versicherten, auf den sich die falsche oder unvollständige Angabe bezieht, zu widerrufen. Die satzungsmäßige Leistungspflicht bleibt in diesem Falle für die bis zum Tage des Widerrufes angefallenen Aufwendungen bestehen, soweit sie auch bei richtigen und vollständigen Angaben gegeben wäre. Ein Rückersatz von Beiträgen findet nicht statt.

Beginn der Versicherung.

§ 7. I. Die Versicherung oder Mitversicherung beginnt an dem vom Versicherungsberechtigten hierfür bestimmten Tage, frühestens aber am Tage nach dem Einlaufe der Anmeldung bei der Versicherungskammer.

II. Bei neugeborenen Kindern beginnt die Mitversicherung am Tage der Geburt, wenn sie innerhalb 14 Tagen nach der Geburt angemeldet werden. Die Anforderung des Zuschusses für Geburten (§ 24 Abs. I) gilt nicht als Anmeldung des Kindes.

Wartezeit.

§ 8. I. Die zur Krankenkasse angemeldeten Personen (Versicherungsteilnehmer) erlangen Anspruch auf die Leistungen der Krankenkasse zwei Monate nach dem Beginne der Versicherung oder Mitversicherung. Für Krankheiten und körperliche Gebrechen oder Schäden, welche bei der Zulassung zur Krankenkasse schon bestanden haben oder innerhalb der Wartezeit von zwei Monaten auftreten, steht ihnen kein Anspruch an die Krankenkasse zu. Auf Verlangen der Versicherungskammer hat der Versicherte auf seine Kosten ein ärztliches oder amtsärztliches Gutachten über den Gesundheitszustand der angemeldeten Personen beizubringen.

II. Für neugeborene Kinder besteht keine Wartezeit, vorausgesetzt, daß sie innerhalb 14 Tagen nach der Geburt angemeldet werden.

§ 9. Erleiden Versicherungsteilnehmer während der Wartezeit einen Unfall, so haben sie Anspruch auf die satzungsmäßigen Leistungen.

Beendigung der Versicherung.

§ 10. I. Die Versicherung oder Mitversicherung endigt

a) mit dem Tode,

b) durch Austrittserklärung sowie durch Abmeldung von Mitversicherten,

c) durch Ausschluß (Abs. III) oder Widerruf (§ 6 Ab. III),

d) für Kinder und für sonstige Mitversicherte mit dem Ausscheiden aus dem Haushalte des Versicherten,

e) im übrigen, wenn die Voraussetzungen für die Berechtigung zur Teilnahme an der Krankenkasse nicht mehr vorliegen; ausnahmsweise kann die Versicherungskammer in besonderen Fällen die Weiterversicherung genehmigen.

II. Der Austritt und die Abmeldung sind nur zum Schlusse eines Kalendervierteljahres zulässig. Die schriftlich abzugebende Erklärung muß spätestens einen Monat vorher bei der Versicherungskammer eingehen.

III. Ein Versicherungsteilnehmer kann aus der Krankenkasse ausgeschlossen werden:

1. wegen eines mit dem Zwecke der Kasse unverträglichen Verhaltens,

2. wenn er trotz Mahnung mit den Beiträgen länger als zwei Monate schuldhaft im Rückstand ist.

IV. Aufwendungen, welche nach Beendigung des Versicherungsverhältnisses anfallen, werden nicht ersetzt.

V. Erlischt die Mitgliedschaft eines Versicherten, so endigt zugleich die Versicherung der durch ihn nach § 3 Mitversicherten. Im Falle des Todes des Versicherten bleiben die Mitversicherten weiterversichert, solange sie den Haushalt des Verstorbenen fortsetzen.

Veränderungsanzeigen.

§ 11. I. Änderungen im Stande des Versicherten und Mitversicherten (z. B. Geburten, Todesfälle, Ausscheiden von Kindern und sonstigen Mitversicherten aus dem Haushalte oder dem Unterhalte des Versicherten oder Verehelichung von Versicherungsteilnehmern), Versetzungen und Änderungen der Besoldungsgruppe sind der Versicherungskammer spätestens binnen 14 Tagen anzuzeigen.

II. Kinder, welche vor der Vollendung des 18. Lebensjahres nicht abgemeldet wurden, gelten auch weiterhin als mitversichert.

B. Leistungen der Krankenkasse.

Allgemeine Grundsätze.

§ 12. I. Die Krankenkasse ersetzt vorbehaltlich der nachfolgenden Einzelbestimmungen die notwendigen Aufwendungen für Krankenhilfe, nämlich

a) für ärztliche Behandlung mit Einschluß von Operationen,

b) für ärztlich verordnete Heilmittel (Arzneien und Hilfsmittel gegen Verunstaltung und Verkrüppelung), Bäder und Bademaßnahmen, soweit sie nicht unter Abs. III fallen,

c) für Behandlung in Krankenhäusern und Heilanstalten,

d) für Zahnbehandlung und Zahnersatz.

II. Sie gewährt außerdem feste Zuschüsse bei Geburten und in Todesfällen.

III. In besonders begründeten Fällen kann die Krankenkasse zu Badekuren und ähnlichen Kuren (z. B. Bestrahlungskuren, psychotherapeutische Kuren, Inhalationskuren) Zuschüsse leisten, wenn vorher die Zustimmung der Versicherungskammer erholt worden ist.

IV. Zu den notwendigen Aufwendungen für ärztlich angeordnete berufsmäßige Krankenpflege können Zuschüsse gewährt werden.

V. Die Kosten eines ärztlichen Gutachtens ersetzt die Krankenkasse nur dann, wenn es auf Verlangen der Versicherungskammer ausgestellt wurde.

VI. Die Krankenkasse vergütet nur den Aufwand für die Zuziehung eines approbierten Arztes oder Zahnarztes, eines innerhalb der Befugnisse nach §§ 122, 123 der Reichsversicherungsordnung tätig gewordenen Zahntechnikers oder eines innerhalb seiner Befugnisse tätig gewordenen Baders, nicht auch anderer Personen (Kurpfuscher, Naturheilkundige, Inhaber von Heilinstituten usw.).

§ 13. I. Nicht ersatzfähig sind die schon durch eine anderweitige Versicherung gedeckten Aufwendungen.

II. Leistungen einer anderweitigen Versicherung, welche einem Versicherten als Bauschbeträge (z. B. als Wochenhilfe, als Sterbegeld) unabhängig von dem wirklichen Aufwande zufließen, haben keine Kürzung der Leistungen der Krankenkasse zur Folge.

§ 14. Steht einem Versicherungsteilnehmer ein Anspruch auf Ersatz des Schadens, der ihm aus einer Krankheit erwachsen ist, gegen einen Dritten zu, so kann die Versicherungskammer verlangen, daß der Anspruch bis zu der Höhe, in der die Krankenkasse einzutreten hat, an diese abgetreten wird. Richtet sich der Ersatzanspruch gegen einen mit dem Versicherungsteilnehmer in häuslicher Gemeinschaft lebenden Angehörigen, so kann die Abtretung nur verlangt werden, wenn der Angehörige den Schaden vorsätzlich verursacht hat.

§ 15. Die Rechte des Versicherten ruhen für ihn und die Mitversicherten, wenn er sich mit seinen Beiträgen über einen Monat schuldhaft im Rückstande befindet.

Einzelbestimmungen.

§ 16. I. Den Versicherungsteilnehmern ist die Wahl der Ärzte freigestellt. Die Krankenkasse ersetzt die Kosten der ärztlichen Behandlung mit Einschluß der Operationen, soweit sie ortsüblich sind und sich im Rahmen des Notwendigen halten, bis zu folgenden Höchstsätzen:

a) für allgemeine ärztliche Verrichtungen

in Beitragsklasse (s. § 31 Abs. II)	für Beratung bis zu	für Besuch bis zu
1 und 2	2.— *RM*	3.— *RM*
3	2.50 *RM*	4.— *RM*
4	3.50 *RM*	5.— *RM*

b) für Sonderleistungen

in Beitragsklasse	bis zu den
1 und 2	1½
3	2
4	2½

c) für Operationen

in Beitragsklasse	bis zu den
1 und 2	3
3 und 4	4

(zu b und c:) fachen Mindestsätzen nach der amtlichen für Bayern übernommenen Preußischen Gebühren-Ordnung für appr. Ärzte und Zahnärzte (Min.-Verordn. v. 27. 9. 24 Nr. 5188 a 28 — StAnz. Nr. 226) in der jeweils gültigen Fassung. (Die Allg. Bestimmungen der amtl. Preuß. Gebühren-Ordnung, insbesondere die §§ 7—9 sind entsprechend zu berücksichtigen.)

II. Hat der Versicherungsteilnehmer anstatt eines Arztes aus der näheren Umgebung einen weiter entfernten Arzt beigezogen, so hat er die dadurch erwachsenen Mehrkosten selbst zu tragen.

III. Wenn ein Versicherungsteilnehmer gleichzeitig aus Anlaß der gleichen Krankheit zwei oder mehr Ärzte in Anspruch genommen hat, so werden nur die Kosten für einen Arzt ersetzt, es sei denn, daß nachweislich auf Veranlassung des behandelnden Arztes ein Facharzt beigezogen wurde.

IV. In besonders begründeten Fällen kann die Versicherungskammer Ausnahmen zulassen.

V. Besteht Anlaß zur Annahme, daß ein Versicherungsteilnehmer bei der Inanspruchnahme ärztlicher Hilfe das erforderliche Maß erheblich überschritten hat, oder daß die dem Versicherungsteilnehmer aufgerechneten Kosten außer Verhältnis zu seiner wirtschaftlichen Lage stehen, so kann die Versicherungskammer die Ersatzleistung der Krankenkasse von dem Gutachten eines im Benehmen mit der ärztlichen Berufsvertretung zu bildenden ärztlichen Ausschusses abhängig machen.

§ 17. I. Die Krankenkasse ersetzt:

a) die notwendigen Aufwendungen für ärztlich verordnete Verbände zu $^{8}/_{10}$,

b) die notwendigen Aufwendungen für polizeilich angeordnete Desinfektionen zu $^{8}/_{10}$.

c) die notwendigen Kosten für die Verbringung eines nichtgehfähigen Kranken in ein Krankenhaus sowie die notwendigen Aufwendungen für die Reise in eine Heilanstalt, falls die Versicherungskammer die Reise genehmigt, zu $^{8}/_{10}$, ferner die notwendigen Kosten der Beförderung mit Kraftwagen zu $^{8}/_{10}$, jedoch nur, wenn eine andere Möglichkeit der Beförderung nicht bestand und nur bis zum Höchstbetrage von 100 *RM* im Jahre,

d) die notwendigen Aufwendungen für ärztlich verordnete Arzneien zu $^{8}/_{10}$,

e) die notwendigen Aufwendungen für ärztlich verordnete Bäder und Bademaßnahmen (§ 12 Abs. I Buchstabe b) bei Vorlage der Badescheine zu $^{5}/_{10}$,

f) die notwendigen Aufwendungen für Lichtbehandlung und andere Anwendungen des elektr. Stromes (Höhensonne, Diathermie, Hochfrequenzströme, Röntgenbehandlung), für Massagen, medikomechanische Behandlung, Heißluftbehandlung, psychotherapeutische Maßnahmen (§ 12 Abs. I Buchstabe b) zu $^{5}/_{10}$.

II. Die notwendigen Aufwendungen nach Abs. I Buchstabe e und f werden ohne vorgängige Genehmigung der Kasse nur für 6 Behandlungen in einem Krankheitsfall ersetzt.

§ 18. Aufwendungen für ärztlich verordnete M i n e r a l w ä s s e r zu Trinkkuren können in besonders berücksichtigenswerten Fällen aus Anlaß schwerer Erkrankung höchstens zu fünf Zehntel ersetzt werden.

§ 19. Nicht ersatzfähig sind die Aufwendungen für:

a) Nahrungs- und Genußmittel sowie Stärkungsmittel,

b) kosmetische Mittel,

c) Gegenstände der häuslichen Gesundheitspflege (wie Eisbeutel, Fieberthermometer, Heizkissen, Inhalierapparate, Irrigatoren, Schuheinlagen für gewöhnlichen Plattfuß, Vorbeugungsmittel jeder Art, Wäsche usw.),

d) Arzneimittel, soweit sie durch Anwendung billigerer, gleich wirksamer Heilmittel hätten erspart werden können und für Mittel, deren Zusammensetzung nicht bekannt ist.

§ 20. I. Für ärztlich verordnete Hilfsmittel (Leibbinden besonderer Art, Bruchbänder, künstliche Glieder u. dgl.) ersetzt die Krankenkasse die Kosten einfacher Ausführung zu $^{8}/_{10}$, für Leibbinden jedoch nur bis zum Höchstbetrage von 25 *RM*, für einseitige Bruchbänder bis zum Höchstbetrage von 9 *RM*, für doppelseitige Bruchbänder bis zum Höchstbetrage von 15 *RM*, für ein Paar Gummistrümpfe bis zum Höchstbetrage von 25 *RM* und insgesamt nur bis zum Höchstbetrage von 150 *RM* innerhalb eines Jahres. Für Schuheinlagen wird ein Ersatz nur bei nachgewiesener erheblicher Fußverbildung und nur bis zum Höchstbetrage von 30 *RM* innerhalb eines Jahres geleistet; in diesem Betrage sind die Nebenkosten (für ärztliche Untersuchung, Gipsabdruck u. dgl.) eingerechnet.

II. Unter Jahr im Sinne des Abs. I Satz 1 ist das Kalenderjahr zu verstehen. Beginnt die Versicherung erst im Laufe eines Kalenderjahres, so tritt in diesem Kalenderjahr an die Stelle des Gesamtbetrags von 150 *RM* der der Dauer der Versicherung entsprechende Teilbetrag.

§ 21. Bei der ärztlich verordneten erstmaligen Beschaffung von Augengläsern werden bis zu 10 *RM*, späterhin bei Veränderung der Sehschärfe für die Ersatzgläser bis zu 5 *RM* ersetzt.

§ 22. I. Für Unterbringung und Verpflegung in öffentlichen oder privaten Krankenhäusern ersetzt die Krankenkasse die wirklich erwachsenen Kosten, höchstens aber täglich 7 RM und für Kinder bis zum vollendeten 14. Lebensjahre höchstens täglich 3 RM 50 Rpf. Durch diese Vergütung sind die Kosten der allgemeinen ärztlichen Überwachung und Nachtwachen abgegolten.

II. Die Aufwendungen für weitere, namentlich unter Abschnitt II B der ärztlichen Gebührenordnung fallende Verrichtungen, werden nach Maßgabe des § 16 Abs. I ersetzt. Besondere Operationsauslagen (Operationssaalbenützung, Arzneien, Wäsche, Betäubungs- und Verbandmittel usw.) ersetzt die Krankenkasse bis zu einem Fünftel des nach § 16 Abs. I Buchst. c für die Operation sich berechnenden Betrags.

III. Zur Aufnahme in ein Krankenhaus ist die vorherige Zustimmung der Versicherungskammer nicht erforderlich.

IV. Die Kosten der Unterbringung in Heilanstalten übernimmt die Krankenkasse ebenfalls im Rahmen der Absätze I und II, jedoch nur dann, wenn diese Unterbringung nach ärztlichem Gutachten zur Wiederherstellung der Gesundheit dringend erforderlich ist und — von Notfällen abgesehen — vorher die Zustimmung der Versicherungskammer beantragt und erteilt worden ist. Die Versicherungskammer kann die Notwendigkeit der Unterbringung in einer Heilanstalt durch einen Amtsarzt nachprüfen lassen und ihre Zustimmung an Bedingungen knüpfen.

V. War ein Versicherungsteilnehmer insgesamt ein Jahr lang in einer Heilanstalt untergebracht, so stehen weitere Ansprüche an die Krankenkasse aus Anlaß der Erkrankung, die die Unterbringung in die Anstalt erforderlich machte, nicht zu.

VI. Unter den Bedingungen des Abs. IV erstattet die Krankenkasse auch die Kosten der Unterbringung eines Kindes in einem Säuglingsheim oder in einer Kinderheilanstalt, höchstens aber täglich 3.50 RM.

§ 23. I. Von den wirklichen Aufwendungen für Zahnbehandlung und Zahnersatz vergütet die Krankenkasse:

1. für Ziehen eines Zahnes oder seiner Wurzeln bis zu 1.— RM
2. für Einspritzung zwecks örtlicher Betäubung „ „ 1.— „
   jedoch für eine Kieferhälfte insgesamt nur „ „ 2.— „

3. für eine Zahnfüllung mit oder ohne Wurzelbehandlung . . . . „ „ 2.50 „
4. für Entfernen des Zahnsteins . . . . . „ „ 1.50 „
5. für künstlichen Zahnersatz:
   a) für einen Kunstzahn . . . . „ „ 2.50 „
   b) für eine Gaumenplatte . . . . „ „ 5.— „
   c) für eine Klammer . . . . „ „ 1.50 „
   d) für eine Krone mit Vorbehandlung . „ „ 5.— „
   e) für einen Stiftzahn mit Vorbehandlung „ „ 5.— „
   f) bei Brücken für jedes Glied . . . . . . „ „ 5.— „
6. für Umarbeitung künstlicher Zahnersatzstücke:
   a) für jeden Zahn . . . . „ „ 1.50 „
   b) für die Platte . . . . „ „ 5.— „
   c) für die Klammer . . . . „ „ 1.50 „
7. für Ausbesserung oder Ergänzung von Zahnersatzstücken:
   a) für Ausbesserung eines Sprunges oder Bruches einer Gaumenplatte . . . . „ „ 2.50 „
   b) für Ansetzen eines einzelnen neuen Zahnes . . . . „ „ 3.— „
   c) bei Ansetzung mehrerer neuer Zähne für jeden Zahn . . . . „ „ 2.50 „
   d) für Ansetzen eines einzelnen alten Zahnes „ „ 2.— „
   e) bei Ansetzung mehrerer alter Zähne für jeden Zahn . . . . „ „ 1.50 „

II. Die Vergütung der Aufwendungen für Zahnbehandlung und Zahnersatz darf jedoch für den einzelnen Versicherungsteilnehmer innerhalb eines Kalenderjahres den Gesamtbetrag von 50 *RM* nicht übersteigen. § 20 Abs. II Satz 2 gilt entsprechend.

§ 24. I. Die Krankenkasse gewährt für Frühgeburten nach siebenmonatiger, für rechtzeitige Geburten nach neunmonatiger Versicherungsdauer ohne Nachweis der wirklichen Ausgaben auf Grund des vorgelegten Geburtsscheines einen Zuschuß von 80 *RM*.

II. Die Kosten der vor, bei oder nach der Geburt etwa erforderlichen ärztlichen Behandlung werden nach § 16 besonders ersetzt.

III. Die Kosten der Unterbringung in einer ärztlich geleiteten Entbindungsanstalt ersetzt die Krankenkasse nach Maßgabe des § 22 Abs. I und II dann, wenn diese Unterbringung nach ärztlicher Bestätigung wegen einer regelwidrigen oder gefährlichen Geburt erforderlich war, und nur soweit als die nach § 22 Abs. I und II berechneten Kosten den Zuschuß von 80 *RM* übersteigen.

§ 25. Als Zuschuß zu den Bestattungskosten gewährt die Krankenkasse auf Grund der vorgelegten Sterbeurkunde ohne Nachweis der wirklichen Ausgaben: für Versicherungsteilnehmer

im Alter von mehr als 18 Jahren	250 *RM*,
im Alter von 6—18 Jahren	80 *RM*,
im Alter bis zu 6 Jahren	50 *RM*.

§ 26. I. Nach der Beendigung des Krankheitsfalles hat der Versicherte die Rechnungen des Arztes sowie sonstige Rechnungen oder Quittungen sogleich, spätestens aber binnen 2 Monaten, an die Versicherungskammer einzusenden und dabei die Art der Krankheit nach der ihm vom behandelnden Arzte erteilten Auskunft anzugeben, soweit die Rechnung diese Angabe nicht ohnedies enthält. Zugleich sind die Leistungen anderer Versicherungen mitzuteilen; ferner ist anzugeben, ob noch sonstige Ersatzansprüche bestehen.

II. Die ärztliche Rechnung muß ersehen lassen:

1. den Namen der behandelten Person,
2. die Behandlungstage,
3. die ärztlichen Einzelleistungen und die dafür verrechneten Sätze, sowie die einschlägigen Ziffern der Gebührenordnung (§ 16 Abs. I).

III. Die Rechnung des Zahnarztes oder Zahntechnikers muß ersehen lassen:

1. den Namen der behandelten Person,
2. die ausgeführten Arbeiten und die dafür verrechneten Kosten,
3. die Dauer (Beginn und Ende) der Behandlung,
4. welche Zähne behandelt oder ersetzt wurden.

IV. Die Rechnungen über Arzneien und Heilmittel müssen durch die ärztliche Verordnung belegt sein.

V. Bei Anträgen auf Ersatz der Kosten von Augengläsern ist anzugeben, ob es sich um eine erstmalige Anschaffung handelt. Bei der Einsendung von Rechnungen über Ersatzgläser ist die Sehschärfe anzugeben.

§ 27. Nach Prüfung der Rechnungen und Belege läßt die Versicherungskammer den als ersatzfähig anerkannten Betrag an den Versicherten unmittelbar und mit möglichster Beschleunigung auszahlen. Auf Antrag können in begründeten Fällen unverzinsliche Vorschüsse gewährt werden.

§ 28. Alle aus der Krankenkasse zu unrecht erhobenen Beträge sind ihr zu erstatten.

§ 29. Falls ein satzungsmäßiger Anspruch auf Kassenleistungen noch nicht oder nicht mehr besteht, kann die Versicherungskammer in besonders begründeten Fällen zum Ausgleich besonderer Härten einen einmaligen Zuschuß bis zur Höhe von sechs Monatsbeiträgen gewähren.

§ 30. Auf Ansuchen kann die Versicherungskammer dem Versicherten in besonders begründeten Fällen nach Maßgabe der verfügbaren Mittel ein unverzinsliches Darlehen bis zur Höhe des durch die Krankenkasse nicht gedeckten Teiles der wirklichen Aufwendungen gewähren. Dieses Darlehen ist in Teilbeträgen zurückzuerstatten, die je nach den Verhältnissen festgesetzt und am Diensteinkommen oder an den Versorgungsbezügen einbehalten werden.

C. Aufbringung der Mittel.

§ 31. I. Die erforderlichen Mittel werden durch feste Beiträge gedeckt.

II. Der Beitrag beträgt monatlich:

a) für jeden Versicherten:

in Beitragsklasse 1 (Besoldgs.-Gr. A 12 und 11) 2.50 *RM*
(bisher I—III)

„ „ 2 (Besoldgs.-Gr. A 10 mit 6) 3.50 *RM*
(bisher IV—VI)

„ „ 3 (Besoldgs.-Gr. A 5 mit 4) 5.— *RM*
(bisher VII—IX)

in Beitragsklasse 4 (Besoldgs.-Gr. A 3 mit 1
und Besoldgs.-Gr. B 5 mit 1) 6.50 RM
(bisher X u. ff.).

b) für die noch nicht 18 Jahre alten Kinder eines Versicherten oder einer versicherten Witwe, sofern die Kinder im Unterhalte des Versicherten stehen und dieser den Kinderzuschlag hierfür bezieht, bis zu drei Kindern:

in Beitragsklasse	1	für jedes Kind	1.— RM
" "	2	" " "	1.— "
" "	3	" " "	1.50 "
" "	4	" " "	2.— "

(für das vierte Kind und die weiteren Kinder eines Versicherten wird kein besonderer Beitrag erhoben);

c) für jeden anderen Mitversicherten das gleiche wie für den Versicherten selbst.

III. Beitragsnachschüsse sind ausgeschlossen. Änderungen des Beitragssatzes werden frühestens am Ersten des auf die Bekanntgabe der Änderung (§ 37) folgenden Monats wirksam.

IV. Der Versicherte hat die Beiträge für sich und für die von ihm zur Mitversicherung angemeldeten Personen jeweils bis zum 7. des Monats zu entrichten.

V. Die Beiträge sind für den Monat, in dem die Versicherung beginnt, sowie für den Monat, in dem sie endigt, voll zu entrichten. Für mitversicherte Kinder ist der Beitrag nach Abs. II Buchst. a von dem Monat an zu entrichten, in dem sie das 18. Lebensjahr vollenden.

§ 32. Der Versicherte hat die Beiträge auf seine Kosten an die Krankenkasse einzusenden, soferne nicht das Staatsministerium der Finanzen den Abzug der Beiträge bei der Auszahlung der Besoldungen und Versorgungsbezüge durch die Zahlstelle verfügt.

§ 33. Eine Beitrittsgebühr wird nicht erhoben.

D. Verwaltung der Krankenkasse.

§ 34. Die Krankenkasse wird von der Versicherungskammer verwaltet.

§ 35. I. Für die Krankenkasse wird ein Beirat von 7 Teilnehmern gebildet. Diese und je zwei Ersatzmänner ernennt das Staatsministerium der Finanzen im Benehmen mit den übrigen Staatsministerien.

II. Der Beirat ist mindestens einmal im Jahre zur Entgegennahme des Rechnungsberichtes einzuberufen. Er ist berechtigt, hierbei in den auf die Krankenkasse bezüglichen Angelegenheiten Anträge an die Versicherungskammer zu stellen.

III. Die auswärtigen Teilnehmer (Abs. II Satz 1) erhalten von der Krankenkasse Ersatz der Reisekosten und Aufwandsentschädigung nach den für die Staatsbeamten geltenden Bestimmungen.

E. Schiedsgericht.

§ 36. I. Gegen Verfügungen der Versicherungskammer über Rechtsansprüche steht den Versicherungsberechtigten Beschwerde zu einem Schiedsgerichte zu. Dieses entscheidet endgültig unter Ausschluß des Rechtsweges.

II. Die Beschwerde ist binnen 4 Wochen nach Zustellung der Verfügung bei der Versicherungskammer schriftlich unter Angabe der Gründe einzureichen.

III. Das Schiedsgericht besteht aus einem Vorsitzenden und zwei Beisitzern. Den Vorsitzenden und seinen Stellvertreter ernennt das Staatsministerium der Finanzen im Benehmen mit den übrigen Staatsministerien. Die zwei Beisitzer und je zwei Ersatzmänner wählt der Beirat aus seiner Mitte.

F. Satzungsänderungen.

§ 37. I. Die Satzung kann gemeinschaftlich von der Versicherungskammer und dem Staatsministerium der Finanzen im Benehmen mit den übrigen Staatsministerien geändert werden. Vor der Änderung soll der Beirat gehört werden. Die Änderung wird durch ihre Veröffentlichung im „Bayerischen Staatsanzeiger" an dem in der Bekanntmachung angegebenen Tage wirksam.

II. Aufwendungen, die nach dem Inkrafttreten der Änderung anfallen, werden nach den neuen Bestimmungen ersetzt.

G. Uebergangsbestimmungen.

§ 38. I. Personen, die die Versicherungsberechtigung im Sinne des § 1 Abs. I Ziff. 1, 5 oder 6 bereits im Zeitpunkte der Einrichtung der Krankenkasse besitzen, können ohne Rücksicht auf ihr Lebensalter der Krankenkasse binnen 2 Jahren nach deren Einrichtung beitreten. § 4 Abs. II, III gilt entsprechend.

II. Für die vor dem 2. Juli 1926 zur Versicherung angemeldeten Personen besteht keine Wartezeit. Für Krankheiten, Leiden, körperliche Gebrechen oder Schäden, die bei der Anmeldung zur Krankenkasse schon bestanden haben, steht ein Anspruch gegen die Krankenkasse nicht zu. Die Krankenkasse gewährt aber vom Tage des Beginns der Versicherung oder Mitversicherung an Zuschüsse bei Geburten (§ 24).

---

31. Bekanntmachung

des Staatsministeriums der Finanzen v. 16. März 1929 Nr. 6928 über die Krankenkasse der bayerischen Staatsbeamten.

(StAnz. Nr. 66.)

Die Bekanntmachung des Staatsministeriums der Finanzen vom 13. März 1926 Nr. 12647 B (StAnz. Nr. 66) wird durch folgende Bestimmungen ersetzt:

1. Die Anmeldung des Versicherungsberechtigten und der mitzuversichernden Personen erfolgt durch Antragstellung bei der Krankenkasse für Staatsbeamte in München 22 (Versicherungskammer) unter Verwendung des hierfür vorgesehenen Formblattes. Das Formblatt ist bei der Versicherungskammer oder der für den Versicherungsberechtigten zuständigen Zahlstelle erhältlich.

2. Die Versicherungskammer verständigt den Antragsteller von der Genehmigung oder Ablehnung des Antrags. Bei Genehmigung des Antrags teilt sie ihm den Zeitpunkt des Versicherungsbeginns und die Höhe des monatlichen Beitrags mit. Eine Mitteilung gleichen Inhalts richtet sie an die für den Versicherten zuständige Zahlstelle.

3. Die Zahlstellen behalten die Beiträge der Versicherten an den Besoldungen oder den Versorgungsbezügen ein und führen sie bis spätestens zum 5. eines jeden Monats in einer Summe an die Versicherungskammer (Staatsbeamtenkrankenkasse) — Postscheckkonto Nr. 1940 beim Postscheckamt München — ab. Eine Haftung des Staates wird hierdurch weder gegenüber der Krankenkasse noch gegenüber den Versicherten übernommen.

4. Die Auszahlung der satzungsmäßigen Leistungen ist von den Versicherten unter Verwendung des hierfür vorgesehenen Formblattes bei der Krankenkasse zu beantragen. Auch dieses Formblatt erhält der Versicherte von der Versicherungskammer oder der für ihn zuständigen Zahlstelle.

5. Neu zugehende Versicherungsberechtigte sind unter Aushändigung eines Stückes der Satzung sowie des Formblattes für die Anmeldung auf die Möglichkeit des Beitritts zur Staatsbeamtenkrankenkasse aufmerksam zu machen. Diese Verpflichtung obliegt bezüglich der Volksschullehrer und Volksschulfachlehrer den Bezirks- oder Stadtschulbehörden, bezüglich der übrigen Staatsbeamten im Dienste den Stellen, bei denen sie beschäftigt sind, und bezüglich der Ruhestandsbeamten und Hinterbliebenen von Staatsbeamten den zur Auszahlung der Versorgungsbezüge zuständigen Zahlstellen. Außerdem ist durch geeignete Anschläge in den Amtsräumen auf die Staatsbeamtenkrankenkasse hinzuweisen.

Der Bedarf an Stücken der Satzung samt Formblättern ist bei der Versicherungskammer anzumelden.

6. Für die Zeit nach dem Inkrafttreten der Krankenversicherung der Staatsbeamten (1. April 1926) werden den Beamten und Beamtenhinterbliebenen Unterstützungen oder Notstandsbeihilfen für Krankheits-, Geburts- und Sterbefälle, gegen die sie sich durch Beitritt zu der Staatsbeamtenkrankenkasse versichern können, nicht mehr gewährt. Dafür leistet der Staat an die Staatsbeamtenkrankenkasse nach Maßgabe der einschlägigen Willigungen des Staatshaushalts Zuschüsse.

Sachregister.

Die Zahlen bedeuten die Seiten.

E.

H.

L.

Q.

R.

S.

T.

U.

Z.

In Schweitzers braunen Handausgaben.

Bayer. Beamtenbesoldungsgesetz

mit den Vollzugsvorschriften

Erläutert von **Dr. August Legat,**
Ministerialrat im Bayer. Finanzministerium.

1928. 8°. VIII, 449 S. Ganzleinen geb. RM. 9.—

Mitteilungen der Gemeindebeamtenkammer:

... Seine Anschaffung dürfte sich besonders für alle Stellen dringend empfehlen, welche mit dem Vollzug des Beamtenbesoldungsgesetzes betraut sind, denn gerade bei dem Vollzug dieses Gesetzes ist es notwendig, ein durchaus zuverlässiges Werk an der Hand zu haben. Die Erwartungen, die man an einen von Ministerialrat Legat in Aussicht gestellten Kommentar zu dem neuen Beamtenbesoldungsgesetz knüpfte, sind im vollen Umfange erfüllt worden.

Sammlung

in der Praxis oft angewandter Verwaltungsgesetze nebst Verordnungen in Bayern.

Herausgegeben von Ministerialrat **Dr. Gg. Ziegler,** München.

5. Auflage 1927. Bd. I: Reichsteil. Gr. 8°. 798 S.; Bd. II: Landesteil. Gr. 8°. 1067 S.; Nachtrag 1928. Gr. 8°. 118 S. Leinen geb. RM. 37.—, Nachtrag allein RM. 2,40.

In „Schweitzers braunen Handausgaben"

Die Verfassungsurkunde

des Freistaats Bayern

Mit den einschlägigen Gesetzen, dem Konkordat und den Verträgen mit den protestantischen Kirchen.

Erläutert von Regierungsrat **Dr. Jakob Kratzer** in München.

8°. 374 Seiten. In Ganzleinen gebunden RM. 9.—.

Das Buch wird der Praxis ausgezeichnete Dienste leisten.

J. Schweitzer Verlag (Arthur Sellier) München, Berlin, Leipzig

Die Bayerische Gemeinde-, Bezirks- u. Kreisordnung

Erläutert von **Dr. W. Laforet,**
Geheimrat, Professor an der Universität Würzburg.

H. von Jan
Staatsrat im Bayer. Staatsministerium des Innern.

M. Schadenfroh
Regierungsrat im Bayer. Staatsministerium des Innern

Bisher liegen vor Lfg. 1—6. 8°. 1219 S. Geh. RM. 23.90
(Schweitzers braune Handausgaben).

Geheimrat Dr. Laforet, früher der Gemeinderechtsreferent des Staatsministeriums des Innern, ist der Verfasser des Regierungsentwurfs; sein Mitarbeiter war Regierungsrat Schadenfroh, der auch jetzt noch dem Gemeinderechtsreferat zugeteilt ist; Staatsrat von Jan ist der Wahlrechtsspezialist im Staatsministerium des Innern. Die Namen der Verfasser bürgen dafür, daß die Interessenten hier gediegene und authentische Aufschlüsse finden werden.

In „Schweitzers Handausgaben" erschien
ein unveränderter Neudruck des

Grund- und Haussteuergesetzes

mit den Vollzugsvorschriften

Erläutert von **Dr. H. Berolzheimer,** Rechtsanwalt in München.
(Die Bayer. Ertragssteuergesetze Band I)
1922. 8°. 111 S. Geheftet RM. 3.—.

Das Bayerische Aufenthaltsgesetz

vom 21. August 1914 und das

Freizügigkeitsgesetz

vom 1. November 1867 mit den Vollzugsvorschriften und den übrigen einschlägigen Bestimmungen

Erläutert von **Dr. Georg Ziegler,** Ministerialrat in München.
4. Aufl. 1930. 8°. X, 163 S. In Leinen geb. RM. 7.70
Schweitzers braune Handausgaben.

Das neue Fürsorgerecht wirkt in zahlreichen Fällen auf die Bestimmungen über den Aufenthalt und die Freizügigkeit ein. Die vielen entstandenen Unstimmigkeiten wurden in der neuen Auflage im Wege der Auslegung beseitigt.

J. Schweitzer Verlag (Arthur Sellier) München, Berlin, Leipzig